आज और आज से पहले

[आलोचना]

आज और आज से पहले

कुँवर नारायण

राजकमल प्रकाशन

ISBN : 978-81-7178-842-2

मूल्य : ₹995

पहला संस्करण : 1998
तीसरा संस्करण : 2015
This book is printed on **Print on Demand** Technology : 2026

प्रकाशक : राजकमल प्रकाशन प्रा. लि.
1-बी, नेताजी सुभाष मार्ग, दरियागंज
नई दिल्ली-110 002

शाखाएँ : अशोक राजपथ, साइंस कॉलेज के सामने, पटना-800 006
पहली मंजिल, दरबारी बिल्डिंग, महात्मा गांधी मार्ग, प्रयागराज-211 001
1, अनमोल सोराबजी संतुक लेन, धोबी तलाव, मरीन लाइंस, मुम्बई-400 002
वेबसाइट : www.rajkamalprakashan.com
ई-मेल : info@rajkamalprakashan.com

AAJ AUR AAJ SE PAHALE
Criticism by Kunwar Narayan

अनुक्रम

दो

तीन

चार

कुछ बातें

लगभग एक किताब की तरह समाप्ति पर है अब बीसवीं सदी। इसके अंतिम दशक को हम किसी महागाथा के अंतिम परिच्छेद की तरह पढ़ सकते हैं। उत्तर-उपनिवेशवाद, उत्तर-संरचनावाद, उत्तर-आधुनिकतावाद, उत्तर-मार्क्सवाद—मानो एक 'उत्तर-कथन' में पूरी सदी अपना सार-संक्षेप दे रही हो। एक बार तो ऐसा लगता है गोया बीसवीं सदी ने हमें अपने इतिहास से ही मुक्त कर दिया हो : पुराने अनुबंधों से छूटकर हम अब एक ऐसी जगह खड़े हैं जहाँ से कई नयी राहें फूटती हैं, और हम सहसा तय नहीं कर पा रहे कि हमारे लिए कौन-सा रास्ता ठीक होगा। संकट, दिशाहीनता का उतना नहीं, जितना शायद ढेरों विकल्पों में से किसी एक या दो को चुनने का है। आसान फ़ैसला तो यही जान पड़ता है कि जिधर सब जा रहे हम भी उसी तरफ़ चलें ! सब अगर पश्चिम के पीछे-पीछे या इर्द-गिर्द चल रहे तो सबके साथ चलने का सीधा मतलब निकलता है दुनिया के साथ चलना। लेकिन दुनिया का मतलब अब न तो सिर्फ़ पश्चिम रह गया है, न सबके साथ चलने का अर्थ सबकी तरह हो जाना है। साहित्य की चिंता, वैसे भी, सही फ़ैसले की चिंता है जो हमें एक ज़्यादा बड़े चिंतन-क्षेत्र में ले जाती है : जहाँ हम मनुष्य के कल्याण और समृद्धि के अर्थ को केवल भौतिक नहीं उससे ज़्यादा बड़े परिप्रेक्ष्य में सोचते हैं।

कलाएँ और साहित्य हमारे जीवन को जिस स्तर पर एकता और पूर्णता का आभास कराते हैं उसे मात्र रोज़मर्रा की ज़रूरतों की भाषा में नहीं व्याख्यायित किया जा सकता। आपसी संबंधों के गहरे जैविक स्रोतों को हम उस तरह नहीं समझ सकते जैसे हम चीज़ों के साथ आदमी के रिश्तों को सोचते-समझते हैं। जीवन-बोध, केवल वस्तुगत नहीं, चेतना-सापेक्ष होता है, और साहित्य की निगाह दोनों पर रहती है।

* * *

भारत की आज़ादी का यह पचासवाँ वर्ष है—और साहित्य के भी ये अत्यंत सक्रिय पचास वर्ष रहे हैं, विदेशी साहित्यों के भी और भारतीय साहित्यों के भी, ख़ासकर हिंदी खड़ी बोली के जो इसी अल्पावधि में एक पूर्णतः विकसित साहित्यिक भाषा के रूप में प्रौढ़ हुई है। साहित्यिक, सामाजिक, राजनीतिक और आर्थिक परिवर्तनों का एक अत्यंत वैविध्यपूर्ण परिदृश्य हमारे सामने है : उसे समझने की कोशिश इतिहास की एक बहुत

ही जटिल सदी के अध्ययन द्वारा मनुष्य और उसके कर्म के उन तमाम अंतर्द्वंद्वों, प्रेरणाओं और बाध्यताओं को भी समझना है जो साहित्यों में तरह-तरह प्रतिध्वनित होते रहे हैं।

इन लेखों में पिछले चार-पाँच दशकों के हिंदी साहित्य का क्रमबद्ध इतिहास नहीं है : उस इतिहास में एक सजग मौजूदगी का एहसास है। कई गण्य साहित्यकारों और प्रमुख विषयों की चर्चा इन लेखों में नहीं आ पाई है : इस दृष्टि से यह पुस्तक बिल्कुल अपूर्ण है। फिर भी, इसमें अगर किसी तरह की एकता है तो वह मात्र उस दृष्टि की है जिससे इस विविध और दीर्घ काल-खंड को देखा गया है—प्रमुखतः एक रचनाकार के दृष्टिकोण से। वैसे तो इन निबंधों को बहुत पहले ही पुस्तक-रूप में छप जाना चाहिए था, पर वैसा नहीं हो सका। अब इतनी देर से छपने का अगर कोई औचित्य बनता है तो इतना ही कि समग्रता में इनका सामने आना शायद एक दूसरी तरह का दस्तावेज़ी महत्त्व रखता है।

ये कुछ लेख अलग-अलग मौक़ों पर लिखे गए लेखों में से हैं। इनमें से कई **कल्पना, युग चेतना, कृति, आलोचना, पूर्वग्रह** आदि पत्रिकाओं में छप चुके हैं : कुछ विभिन्न विचार-गोष्ठियों और साहित्यिक आयोजनों में पढ़ गए। एकविषयनिष्ठ पुस्तक में जो प्रबंध, केंद्रीयता और व्यवस्था होनी चाहिए उसे इस 'संग्रह' में ढूँढ़ना व्यर्थ होगा। कई लेखों में मेरे कुछ मूलाग्रहों और शब्दावली का दुहराव भी है। उन्हें काट-छाँट कर दुरुस्त किया जा सकता था। पर अतीत इतिहास की तरह होता है, चाहे वह निजी ही क्यों न हो। उसे सुधारकर प्रस्तुत करना मुझे ठीक न लगा। लेखों में जो भी त्रुटियाँ हैं उन्हें वैसे ही छोड़ दिया गया है, यह मानते हुए कि अगर दृष्टि कमियों पर ही हो तो कोई भी प्रयास बेदाग़ नहीं। अन्यथा, इन फैले बिखरे पन्नों में भी ऐसा कुछ मिल सकता है जिनमें साहित्य के प्रति निष्ठा से समर्पित एक रचनाकार की सोच-समझ का छोटा-सा किंतु प्रामाणिक जीवन है।

इस बात को लेकर पूरी तरह सचेत हूँ कि हमारा परिवेश अब काफ़ी कुछ बदल चुका है, लेकिन यह भी जानता हूँ कि कुछ सचाइयों के केवल बाहरी रूप बदलते हैं जबकि साहित्य की प्रमुख चिंता इसमें है कि वह उन स्थायी सचाइयों पर भी हमारी पकड़ को ढीली न होने दे जिन पर एक उदार और मानवीय संस्कृति की नींव पड़नी चाहिए।

* * *

इस सदी में हमारे जीवन, विचारों और धारणाओं पर विज्ञानसम्मत शब्दावली और उसकी चिंतन-पद्धति का व्यापक असर रहा है। कुछ शब्द हैं जिनका जादुई प्रभाव हमारे सोचने के ढंग को निदेशित करता रहा। 'आधुनिकता', 'तकनीक', 'प्रगति', 'प्रयोग', 'क्रांति', 'संघर्ष' 'बहिर्मुखता (objectivity) जैसे शब्दों में विज्ञान की स्पष्ट ध्वनियाँ हैं, और साहित्य ही नहीं तमाम अन्य विषयों की भाषा में भी घुलमिली हैं। इनके बिना किसी भी 'नए' विचार को परिभाषित करना मुश्किल हो जाता है। यह दिलचस्प बात है कि इस सदी के दो सबसे प्रभावशाली आंदोलन—'आधुनिकता' (या 'आधुनिकतावाद')

और 'मार्क्सवाद'—सारे मतभेदों के बावजूद, इस माने में एक हैं कि बिना 'वैज्ञानिक दृष्टिकोण' की दुहाई दिए वे अपनी-अपनी वैधता सिद्ध नहीं कर पाते ! ये शब्द, या इसी तरह के विज्ञान-प्रेरित शब्द, हमारी बुद्धि और कल्पना पर लगभग एक अंधविश्वास की सीमा तक हावी रहे हैं। विज्ञान और तकनीक की नयी-नयी उपलब्धियाँ मानो, तुरत फल देनेवाले देवताओं की तरह पूजित रहीं ! इस धुन के पीछे, निस्संदेह, एक बेहतर जीवन जीने, या जी पाने की, चिरंतन लालसाएँ और आशाएँ रहते हैं जिनके बहुरूपी, रंगारंग, मिथकों को आदमी स्वयं ही रचता और स्वयं ही उनके पीछे भागता है। 'प्रगति', 'प्रयोग', या इनसे अलग 'उपभोक्ता', के जो भी 'वाद' या 'मिथक' बने उनके साथ 'वैज्ञानिक' का दबदबा कुछ इस शान से जुड़ा रहा मानो वह साधन नहीं अपने आप में साध्य हो। यह सोचना भी पिछड़ापन लगता था कि 'क्रांति' या 'प्रगति' के कोई दूसरे वस्तु-निरपेक्ष अर्थ भी हो सकते हैं। मध्ययुगों में, कुछ इसी तरह, धार्मिक शब्दावली का आतंक रहा जिसे खारिज करते हुए पंद्रहवीं सदी में योरपीय नवजागरण (रिनेसान्स) ने मनुष्यता के अर्थ को धार्मिक अंधविश्वासों में नहीं उसके आत्मविश्वास में खोजा। विज्ञान का उदय अगर अंधविश्वासों से मुक्ति की दिशा में एक सही क़दम था तो अणु-युग में उसका प्रवेश, तो स्वयं को समझने की दृष्टि से, एक दूसरे 'अंध-युग' में प्रवेश था ! आज अगर पृथ्वी और उस पर बसे प्राणियों की सुरक्षा को लेकर हम चिंतित हैं तो इसका कारण वैज्ञानिक प्रगति नहीं, हममें उस दूरदृष्टि का अभाव है जो प्रगति को केवल भौतिक अर्थों में परिभाषित करती है। इसका मतलब है हम आपसी संबंधों के आधार को आदमी में नहीं, चीज़ों में ढूँढ़ रहे हैं।

हमारे जीवन में भौतिक-विज्ञान की चिंतन-पद्धति का प्रभाव एक हद तक ज़रूरी था : इससे हमारी जानकारियों और सोचने के ढंग में व्यवस्था और तर्क-संगति आई। लेकिन इसका एक दुष्परिणाम भी हुआ कि पूरे जीवन को ही हम यांत्रिक ढंग से सोचने लगे। वैज्ञानिक दृष्टिकोण मूलतः तथ्यपरक और वस्तुनिष्ठ है। निजी भावनाओं, प्रेम, आस्था, अनुभूति आदि को लेकर वह बिल्कुल तटस्थ है। धार्मिक, दार्शनिक और आध्यात्मिक ढंग की चिंताओं में उसकी कोई दिलचस्पी नहीं। उसके लिए आदमी भी भौतिक पदार्थों की तरह ही अध्ययन, विश्लेषण और विवेचन की 'वस्तु' है। एक जटिल कम्प्यूटर। एक स्वचालित यंत्र।

यह मनुष्य के स्वत्व, उसके व्यक्तित्व, का अगर सर्वथा अस्वीकार नहीं तो उसकी उपेक्षा अवश्य है। यह अवहेलना केवल विज्ञान-संबंधी विषयों तक सीमित नहीं : उन सभी विषयों, विचारों और गतिविधियों में व्याप्त है जो अपने को वैज्ञानिक ढंग का चिंतन मानती हैं। मार्क्सवाद में व्यक्ति, 'व्यक्तिवाद' के रूप में तिरस्कृत है और उसका व्यक्तित्व मात्र आर्थिक-सामाजिक तथ्यों का नतीजा है। आज की पूँजीवादी बाजार-संस्कृति में वह उपभोग-सामग्री की ख़रीदार-वस्तु में बदल गया है। आधुनिकीकरण की अन्धी दौड़ में हमने 'आगे बढ़ने' के पूरे मतलब को इस धारणा में सीमित कर लिया है कि उपभोक्ता-सामग्री के उत्पादन और बिक्री की होड़ में कहीं हम दूसरों से पीछे न

रह जाएँ !

यह सही है कि हम विज्ञान द्वारा की गई अब तक की सारी उन्नति को नकार नहीं सकते, लेकिन यह इससे ज़्यादा सही है कि यह सब अगर हमारी आंतरिक उन्नति की क़ीमत पर हुआ है तो नतीजा आत्मघाती भी हो सकता है।

*　　　　*　　　　*

इस प्रसंग में उत्तर-आधुनिक 'स्थिति' की ओर ध्यान जाता है—कि वह स्वयं एक 'वाद' या 'विचारधारा' से अधिक उन पर सोचने का एक फर्क़ तरीक़ा है। लगभग उस पिछली परंपरा का निषेध है जो किसी 'वाद' को लेकर बलपूर्वक दावे के साथ बोलती और सोचती है। पहली बार यह वाद विवाद, पक्ष विपक्ष की दुर्धर्ष भाषा न होकर आत्म-परीक्षण की ठंडी, बेलौस और मोहभंग की भाषा है—और यही शायद इसका सबसे सकारात्मक पहलू भी है। यह समीक्षा का क्रमशः अभिव्यक्ति के माध्यम (मानो खुद की) की गहरी छानबीन की ओर लौटना है। चरित्रहीन राजनीति, भ्रष्ट समाज, विकृत अप-संस्कृति... सभी अपनी-अपनी तरह भाषा को प्रदूषित करते हैं। विकृत भाषा मिथ्या भाषा है जो स्वस्थ विचारों और उदात्त जीवनमूल्यों को पूरी तरह वहन और संप्रेषित नहीं कर पाती। उसके लिए एक नयी भाषा चाहिए। भाषा का अपनी ओर लौटना एक तरह से बाह्य यथार्थ से असंतोष का द्योतक भी है। कबीर जब झूठ और पाखंड के इस (मिथ्या) जगत को ही झूठ कहकर खारिज करते हैं तो सबसे पहले वे उसके व्यवहार-जगत की भाषा का विखंडन करते हैं। उनकी 'उलटबाँसी' उस भाषा का—और प्रतीकरूप से उस यथार्थ का—आमूल विध्वंस है। लेकिन यह अस्वीकार न तो नकारात्मक है, न ही पलायनवादी। इस व्यावहारिक भाषा से परे हटकर—लगभग बेहद की हद पर—कबीर एक समानान्तर 'परा-भाषा' (मेटा-लैंगुएज) में एक संत-भाव का प्रति-यथार्थ रचते हैं—रचते ही नहीं, उसे जीकर उसकी प्रामाणिकता को सिद्ध भी करते हैं। जीवन की विसंगतियों (ऐबसर्डिटीज़) का हल कबीर मनुष्य की तर्कबुद्धि में नहीं उसकी रहस्यभावना, उसके श्रद्धा और विश्वासों में देखते हैं।

यह यथार्थ की विकृतियों की एक ऐसे रहस्यलोक (अति-यथार्थ) में परिणति है जिस पर वे नैतिक आध्यात्मिक मूल्यों की नींव रखना ज़्यादा सुरक्षित समझते हैं। यह जीवन को एक ऐसे लगभग असंभव बिंदु पर जीने की कोशिश है जिसका जादू इस विश्वास में है कि नैतिक वैभव का दर्जा सांसारिक वैभव से कहीं ऊँचा है। वे हमारा ध्यान बाहरी 'संपत्ति' से हटाकर भीतरी 'संपदा' पर केंद्रित करते हैं ! उनका कवि-कर्म भी मानो इसी अंतर्दृष्टि का निर्वाह है—एक स्तर पर जीवन की कठोर वास्तविकता से निर्भीक सामना, तो दूसरे पर एक पराभौतिक मूल्य-स्रोत का स्पर्श !

गाँधीजी ने जब देश की आज़ादी की 'लड़ाई' (घोर यथार्थ) के साथ अहिंसा, सत्याग्रह, ईश्वर, चरित्र, जैसे आदर्शों को जोड़ा तो बहुतों को—ख़ासकर उनके विरोधियों को—उनकी यह 'उलटबाँसी' तब समझ में आई जब ब्रिटिश साम्राज्यवाद की नींवें हिल गईं ! यह उनकी राजनीति का सबसे दूरदर्शी पक्ष था कि जीवन की किसी भी महत्त्वपूर्ण

'लड़ाई' को हम बिना नैतिक औचित्य और आत्मबल के नहीं जीत सकते। नेता के अर्थ को उन्होंने राजनीति से पहले नैतिकता से जोड़ना, और उसे चरितार्थ करना, ज़रूरी समझा।

*　　*　　*

हम आज एक नयी शताब्दी की चौखट पर खड़े हैं। भारतीय राजनीति आज अगर बिलकुल भ्रष्ट और चरित्रहीन दिखाई दे रही है तो उसके पीछे चीज़ों का अभाव नहीं, अभाव अगर है तो उस आत्मबल और आत्मसम्मान का जो नैतिकता को दृढ़ आधार दे सके। साहित्य और राजनीति के बीच, मैं समझता हूँ, कभी भी गठबंधन का रिश्ता वांछनीय नहीं। राजनीति की पहली ज़रूरत है सत्ता और शक्ति : इसके बिना वह कुछ नहीं कर सकती, और इसके लिए वह कुछ भी कर सकती है—उन्हीं लोगों के साथ धोखा तक जिनका समर्थन उसे सत्ता देता है। यह सिर्फ़ आज की बात नहीं, हमेशा की बात है। हम चाहे अख़बार पढ़ें, चाहे इतिहास की किताबें, इसी अप्रिय नतीजे पर बार-बार पहुँचते हैं।

बड़ा साहित्य न तो राजनीति का गुलाम रहा है, न ही उसका दुश्मन। साहित्य-चिंता के मूल में रहते हैं वे जीवनमूल्य जो मनुष्य के हित में हों—जो उसकी रक्षा कर सकें उसकी अपनी ज़्यादतियों से, और दूसरों की ज़्यादतियों से भी। संतुलित बुद्धि और उदार संवेदनशीलता से साहित्य अपने चारों तरफ़ देखता है, केवल राजनीति की ही तरफ़ नहीं—न किसी एक ही जगह खड़े होकर। यह चौतरफ़ा दृष्टि तभी संभव है जब एक पर्यवेक्षक की तरह वह अपनी जगह बदलने के अधिकार को प्राथमिक महत्त्व दे। साहित्य की राजनीति को अपने लिए मैं कुछ इसी तरह समझता रहा हूँ कि वह एकदिशात्मक, बेलोच और इतमिनानी दृष्टिकोण न अपनाकर एक निरीक्षक और विवेचक की तरह अपने समय और समाज पर चौकन्नी नज़र रखे।

*　　*　　*

अपनी 'पहचान', 'अस्मिता', 'स्थानीयता' और इन्हीं के बरक्स 'वैश्वीकरण' (ग्लोबलाइज़ेशन) आदि से जुड़े तमाम प्रश्न पिछले दो दशकों की प्रमुख चिंताओं में से रहे हैं : केवल भारत में ही नहीं, लगभग हर देश में अलग-अलग तरह, पर उपनिवेशवाद की कटु यादों से ग्रस्त देशों में ख़ासकर। 'पहचान' या 'अस्मिता' की समस्या को जब हम अपने ही राष्ट्र, राज्य, देश, प्रदेश, जाति, धर्म, समाज, संस्कृति, भाषा, साहित्य, परंपरा, राजनीति, स्थानीयता, परिवार आदि जैसे स्थूल आधारों को सबसे आगे रखकर सोचते हैं तो वह सुलझने के बजाय और भी उलझती चली जाती है। हमारे आपसी संबंधों में दरारें और दूरियाँ बढ़ने लगती हैं। लेकिन जब हम इस सवाल को उनसे ऊपर उठकर सोचते हैं और यह मानकर चलते हैं कि 'मैं क्या हूँ ?' जैसी जिज्ञासाएँ सिर्फ़ हमारे बाहरी स्वरूप-निर्धारण और वर्गीकरण के लिए नहीं बल्कि एक कहीं ज़्यादा बड़ी विकलता और खोज का हिस्सा हैं तो सबके प्रति हमारी दृष्टि अधिक उदार और मूल्यपरक होने लगती है। (इस अर्थ में मनोविज्ञान और आत्मज्ञान के बीच बहुत बड़ी

दूरी नहीं है : खुद को जानने-समझने के दोनों ही के क्रियाशील संदर्भ-पद आश्चर्यजनक रूप से परस्पर-व्यापी हैं।)

वैसे, इधर स्थूल 'पहचान' के आधारों में भी तेज़ी से बदलाव आया है। राष्ट्र-भावना के इधर कुछ कमज़ोर पड़ने से जातियों, धर्मों, भाषाओं और स्थानीय संस्कृतियों से संबंधित आग्रह और पूर्वग्रह अधिक प्रबल हुए हैं। पर भारत जैसे देश में जहाँ सदियों से अनेक जातियाँ, अनेक धर्म, अनेक भाषाएँ, अनेक संस्कृतियाँ, अनेक परंपराएँ साथ रहते आए हैं, और आगे भी साथ ही रहेंगे, वहाँ अलगाववाद को रेखांकित करनेवाला कोई भी प्रचार ख़तरनाक है। पहचान के सवाल को अगर हम अपनी भौगोलिक और ऐतिहासिक सामग्री से ज़्यादा बड़ा कोई जैविक आधार नहीं दे पाते तो देश की अखंडता और समता की किसी भी दलील में प्राण नहीं डाल सकेंगे—न भारतीय स्तर पर, न ही वैश्विक स्तर पर। एडवर्ड सईद ने अपनी कई पुस्तकों में 'उत्तर-उपनिवेशीय स्थितियों' पर गहराई से विचार किया है : उन्हीं की 'कल्चर एंड इंपीरियलिज़्म' पुस्तक का यह अंतिम पैरा दृष्टव्य है :

"कोई भी आज केवल एक ही चीज़ नहीं बचा है। जैसे भारतीय या स्त्री, या मुस्लिम, या अमरीकी जैसे ठप्पों से शुरू तो कर सकते हैं, लेकिन आगे बढ़ते ही हमारे अनुभव उन्हें एकदम खारिज कर देते हैं। साम्राज्यवाद ने संस्कृतियों और पहचानों को एक-दूसरे में घोल दिया। लेकिन इसका सबसे बड़ा और बुरा विरोधाभास यह था कि हम अपने को मुख्यतः, और सर्वप्रथम गोरे, या काले, या पश्चिमी या पूर्वी मानकर सोचने लगे। दरअसल, जैसे आदमी अपना इतिहास बनाता है, उसी तरह अपनी संस्कृतियों और पहचानों को भी। इसमें संदेह नहीं कि लंबी परंपराओं, रहन-सहन के स्थायी तौर-तरीकों, राष्ट्र-भाषाओं और सांस्कृतिक भूगोलों की अटूट धाराएँ होती हैं; लेकिन इसमें सिवाय शक़ और संदेह के दूसरा कोई कारण नहीं दिखता कि उन्हें एक-दूसरे से अलग और विशिष्ट मानकर इस तरह बरता जाए मानो मनुष्य के जीवन का इससे बड़ा कोई उद्देश्य ही न हो। जीवन का अर्थ है चीज़ों के बीच संबंध परिलक्षित कर सकना : जैसा इलिअट ने कहा है, 'यथार्थ को हम उन तमाम ध्वनियों से ख़ाली तो नहीं कर दे सकते जो पूरे बाग़ में रची-बसी हैं।' दूसरों को जब ग़ैर मानकर नहीं, अपनी ही तरह मानकर सोचते हैं, जो मुश्किल ज़रूर है, तो वह हमें समृद्ध करता है। बशर्ते कि इसके पीछे भी हमारी मंशा कहीं भी दूसरों पर शासन करने या धाक जमाने या वर्गभेद या रंगभेद आदि पैदा करने की न हो, और सबसे बढ़कर तो यह शेख़ी बघारना ज़रूरी नहीं कि हमारा देश हमारी संस्कृति ही सबसे बढ़कर है...।"

—एडवर्ड सईद की
'कल्चर एंड इंपीरियलिज़्म' पुस्तक से।

*　　　*　　　*

विश्व-साहित्य पर आज किसी एक देश का दबदबा, या किसी एक विचारधारा का दबाव नहीं बचा है। हमारे सोचने-विचारने का तरीक़ा भी अब काफ़ी हद तक बहु-विषयक

और बहु-स्रोतीय हो गया है। कई छोटे देशों ने, और अल्प-विदित भाषाओं ने विश्व-स्तर का साहित्य देकर अंतर्राष्ट्रीय मान्यता पाई है। इससे उनमें एक नयी तरह का आत्मविश्वास बढ़ा है। इस अर्थ में संसार के साहित्यिक नक़्शे में एक बुनियादी अंतर आया है। यह सही है कि इधर दुनिया-भर में अंग्रेज़ी भाषा का इस्तेमाल बढ़ा है, लेकिन उसी अनुपात में मूल अंग्रेज़ी साहित्य का भी प्रभाव बढ़ गया हो ऐसा नहीं है, क्योंकि अंग्रेज़ी भाषा के ही माध्यम से दुनिया के अनेक ऐसे साहित्यों ने अपनी विश्व-स्तरीय पहचान बनाई है जो अब तक न केवल अपनी ही भाषाओं तक सीमित थे बल्कि उसमें जीवित रह पाने में भी मुश्किल अनुभव कर रहे थे।

मेरा संकेत केवल अंग्रेज़ी अनुवादों की ही ओर नहीं है, अंग्रेज़ी भाषा में हो रहे उस मौलिक लेखन की ओर भी है जिसके मूल लेखक अंग्रेज़ या अमरीकी नहीं। अंतर्राष्ट्रीय परिदृश्य पर यह एक बिल्कुल नयी और दिलचस्प घटना है। यह मात्र किसी एक भाषा का विस्तारवाद नहीं, एक भाषा द्वारा साहित्य का विस्तार है : और इस तथ्य की पुष्टि है कि एक सशक्त प्रतिभा अपनी भाषा के पार भी किसी अन्य भाषा में अपनी सशक्त और प्रामाणिक पहचान बनाकर स्वीकृति पा सकती है। किसी भिन्न संस्कृति-बोध और स्थानीय संवेदनाओं का दूसरों तक पहुँचना उसका विलोम नहीं, प्रसार है—ठीक उसी तरह जैसे अन्य साहित्यों से हमारा निकट संपर्क हमारे अपने साहित्य-बोध को विस्तृत करता है, क्षीण नहीं।

*　　*　　*

मीडिया और यातायात की तकनीकों में असाधारण विकास, और उनका हमारे निजी और सार्वजनिक जीवन में बरबस प्रवेश, शायद हमारे समय का सबसे चटक लक्षण है। उनके प्रतिदिन बढ़ते हुए प्रभावों के बीच हम अपनी दुनिया को छोटी करके नहीं रह सकते : पूरे विश्व-संदर्भ में जीने के लिए मजबूर हैं। हमें इस वास्तविकता का विरोध करके नहीं, इसके साथ सही समझौते करके ही रहना होगा—और मेरे लिए इन समझौतों के प्रारूपों के संकेत विभिन्न साहित्यों के बदलते हुए आपसी रिश्तों और रवैयों में हमेशा मौजूद रहे हैं। एक तो यह कि परिवर्तनों को पीछे-पीछे, प्रत्यय-बुद्धि से, न चलकर उन्हें आगे बढ़कर थोड़ा पहले से सोचें तो उन्हें ज़्यादा संतुलित और रचनात्मक ढंग से स्वीकार कर सकेंगे : दूसरे, मीडिया और यातायात के साधनों ने अगर एक अर्थ में हमारी बाहरी दुनिया को बहुत छोटा कर दिया है, तो दूसरे अर्थ में हमारी निजी दुनिया को बहुत बड़ा भी। हमारे बीच अपरिचय घटा है। एक छोटा परिवार बहुत बड़ा परिवार हो गया है—इतना बड़ा कि अक्सर ऐसा भी लगता है कि उसमें भौतिक एकता तो है लेकिन वह घनिष्ठता नहीं जो 'वसुधैव कुटुम्बक' के आदर्श को चरितार्थ करती हो। एक दूसरे के निकट आने के साधनों का अगर हम सही उपयोग नहीं कर पा रहे, या दुरुपयोग कर रहे, तो उसके लिए साधन नहीं हम दोषी हैं। जितनी ही बड़ी शक्ति हमारे हाथों में होगी उसके सदुपयोग की उतनी ही बड़ी ज़िम्मेदारी भी हम पर होगी। यह एक बुनियादी सचाई है, और जैसा मैंने शुरू में कहा, इन सचाइयों के संदर्भ भले ही बदलते

रहते हैं लेकिन मूलाधार बहुत कम बदलते हैं—और साहित्य शायद इस आधार पर टिके रहने, या कम-से-कम उसे उजागर करते रहने की एक दुस्साहसी मगर ज़रूरी कोशिश है। हम इस तरह सोचें कि 'सूचनाओं' और 'साधनों' का जो इतना बड़ा भंडार हम सबके लिए खुल गया है उसका सही इस्तेमाल कर सकनेवाली समझ का हम कैसे निर्माण करें।

* * *

हिंदी साहित्य में, कभी-कभी ऐसा लगता है, मानो यह विचारों की सरगर्मी और वाद-विवादों की गहमागहमी से थोड़ी फुरसत का वक़्त है। यह ख़ामोशी शायद बंजर नहीं, सारगर्भित है। इसका मतलब यह भी हो सकता है कि फिलहाल ख़ास कुछ कहने को नहीं है—और यह भी कि ख़ास कुछ कहने से पहले गहरा सोच-विचार ज़रूरी है।

दरअसल, संकट आज रचना का उतना नहीं जितना समीक्षा का है। समीक्षा की दुनिया सिद्धांतों और विचारों की है जिनके सहारे वह एक साहित्यिक कृति का आकलन करती है, जबकि रचनात्मक साहित्य स्वभावतः जीवन-परक हुए बिना अपनी प्रामाणिकता और विश्वसनीयता सिद्ध नहीं कर सकता। समीक्षा जब भी यह विवेक खो देगी कि एक साहित्यिक रचना सबसे पहले एक कलाकृति है, महज़ एक कार्यक्रम नहीं, समीक्षा की अपनी साख कमज़ोर पड़ जाएगी।

आज भी जब हम पाश्चात्य समीक्षा पर भाषाविज्ञान के बढ़ते हुए प्रभाव को सोचते हैं तो कुछ बातों की ओर ख़ासतौर पर ध्यान जाता है जो चौथे दशक में, 'नयी समीक्षा' के संदर्भ में, जॉन क्रो रैन्सम ने उठाई थीं, और जो मुझे आज भी उल्लेखनीय लगती हैं। एक तो यह कि "समीक्षा बिना प्रौढ़ बौद्धिक और शास्त्रीय योग्यता की पृष्ठभूमि के अधूरी है : समीक्षा का पूरी तरह अधकचरे पुस्तक-समीक्षकों के हाथों में चले जाना समीक्षा के हित में नहीं होगा :" इस बारे में, उनका कहना था, कि विश्वविद्यालयों के प्राध्यापकों और बुद्धिजीवियों को अधिक ज़िम्मेदार और सक्रिय होना पड़ेगा। दूसरी ओर यह सावधानी भी ज़रूरी है कि साहित्य धीरे-धीरे भाषायी अध्ययन की सामग्री मात्र न होकर रह जाए : इसके लिए उसे भाषाविज्ञान की अपेक्षा इतिहास, नीतिशास्त्र, सौंदर्यशास्त्र जैसे विषयों के ज़्यादा निकट जाना चाहिए।

हम जानते हैं कि संस्कृत काव्य-शास्त्र के इतिहास में भी कभी भाषाविदों और वैयाकरणों के आतंक ने किस तरह साहित्य-समीक्षा को दूसरे दर्जे का विषय बना दिया था। अतः जब बौद्धिक और शास्त्रीय अनुशासनों की बात उठती है तो उसमें यह विवेक निहित मानना चाहिए कि साहित्य-समीक्षा किसी बड़ी विचारधारा या अध्ययन-प्रणाली की प्रतिध्वनि मात्र होकर न रह जाए। आज जब हम समीक्षा में कभी 'पाठ' तो कभी 'पाठक' तो कभी 'लेखक' के लोप की बात पढ़ते हैं तो यह चिंता बहुत बेमानी नहीं लगती कि कहीं यह सब साहित्य के ही लोप की भूमिका तो नहीं ?... लेकिन साहित्य की जिजीविषा को लेकर मैं दूर तक आशावादी हूँ। साहित्यों ने बुरे-से-बुरे वक़्त देखे हैं और किसी तरह जीवित रहे हैं—अकसर तो उन्हीं बुरे वक़्तों से खूराक खींचकर !

विश्वविद्यालय और प्राध्यापकीय आलोचना की बात यहाँ मैं एक दूसरी वजह से भी उठा रहा हूँ। यद्यपि पं. रामचंद्र शुक्ल के समय में हिंदी समीक्षा को एक शास्त्रीय और बौद्धिक गरिमा मिली, पर आधुनिक और नए लेखन के प्रति वह समीक्षा बहुत उदार नहीं बन पाई—उनके बाद भी कम ही। नया लेखन अपने पक्ष की वकालत के लिए खुद पर ही निर्भर करता रहा, और दोनों के बीच एक फाँक-सी बराबर बनी रही। विचारों और विचारधाराओं की चुनौतियों को लेकर भी कवि और लेखक ही ज़्यादा सक्रिय रहे। हिंदी विभाग उन्हें मानो अपने विभाग से बाहर का विषय, इसलिए साहित्य से भी बाहर का मामला ही, मानते रहे। विश्वविद्यालयों से जो प्रतिभाएँ आलोचना के क्षेत्रों में आईं भी वे या तो स्वयं भी कवि, लेखक थे; या फिर उनकी अपनी प्रतिबद्धताएँ थीं। मेरा मतलब जिस तरह की शुद्ध, निष्पक्ष और अकादेमिक समीक्षा से है वह दुर्लभ ही रही। इंग्लैंड, फ्रांस, जर्मनी, अमरीका आदि देशों में विश्वविद्यालयों से जुड़े एक समर्थ समीक्षक वर्ग के सक्रिय रहने से समीक्षा में एक संतुलन बना रहा। इधर हमारे समकालीन लेखन को भी भारतीय विश्वविद्यालयों में दाख़िला मिला है—पाठ्यक्रमों में भी और शोध में भी, लेकिन शोध का स्तर देखकर ख़ासी निराशा होती है जबकि यही वह जगह है जहाँ साहित्य के बारे में छात्रों में सही सोच-समझ और रुचि के संस्कार डाले जा सकते हैं। एक साहित्य-मर्मज्ञ का निर्माण पढ़ने-लिखनेवालों की गंभीर दुनिया में होता है, और अगर हमारी पढ़ाने-लिखाने की जगहें इस ज़िम्मेदारी को लेकर उदासीन हैं, या कम सचेत हैं, तो इसका दुष्प्रभाव दूर तक जाता है।

इधर इस ज़रूरत को नए सिरे से अनुभव किया जा रहा है कि साहित्य-समीक्षा की अपनी शब्दावली, उसके अपने संदर्भ-पद, परिभाषाएँ, वर्गीकरण, मुहावरे आदि विकसित हों। वह अपनी 'भाषा' में बात करे, अन्य विषयों की भाषा में नहीं। यह दुराग्रह भी नहीं होना चाहिए कि वह अन्य विषयों से अपने को अलग रखे पर यह सावधानी भी बहुत ज़रूरी है कि अन्य विषय उस पर हावी न हो जाएँ। राजनीति, अर्थशास्त्र, समाज-शास्त्र, नृ-शास्त्र, भाषाविज्ञान वगैरह भी अंततः तो मनुष्य-जीवन से ही जुड़े विषय हैं, लेकिन अपनी-अपनी तरह। ठीक इसी तर्क से साहित्य-शास्त्र और साहित्य-समीक्षा की भी बिलकुल अपनी जायज़ और स्वतंत्र ज़मीन बनती है—बशर्ते कि हम इस 'स्वतंत्रता' की रक्षा और इस 'ज़मीन' को हरा-भरा रख सकने में सक्षम हों : अन्यथा, या तो उस पर दूसरे कब्ज़ा कर लेंगे, या उस पर खर-पतवार उग आएँगे। साहित्य-शास्त्र और समीक्षा-साहित्य पर एक उड़ती नज़र डालना भी हमें यह यक़ीन दिला सकने के लिए काफ़ी है कि यह ज़मीन न तो कम है, न ही बंजर—सिर्फ़ थोड़ी मेहनत और लगन माँगती है, लहलहा उठने के लिए !

*　　　　*　　　　*

इधर कविता के अस्तित्व को लेकर कई तरह की आशंकाएँ उठती रही हैं, ख़ासकर टीवी, वीडिओ, सिनेमा आदि के बढ़ते हुए प्रभावों के कारण। हम बहुधा अनजाने में ही इस व्यावसायिक मानसिकता से सोचते हैं कि कविता भी हमारी किसी तरह की स्थूल ज़रूरत

को पूरा करने के काम आनेवाली चीज़ है। पर, गंभीर कविता की किसी अन्य प्रकार के साहित्यिक या ग़ैर-साहित्यिक विधा से कोई होड़ नहीं। उसकी अपनी बिलकुल अलग जगह है। वह हमारे प्रत्यक्ष और परोक्षबोध, हमारी कल्पना-शक्ति और चिंतन-क्षमता पर इस तरह इकट्ठा दबाव डालती है कि कविता और उसके पाठक के बीच रचना और प्रतिरचना का दुहरा संबंध बनता है। कविता में पाठक अपनी तरफ़ से भी बहुत कुछ जोड़ता है जबकि टी.वी. और सिनेमा जैसे चाक्षुक माध्यमों में यह प्रक्रिया एकतरफ़ा और इसलिए इकहरी होती है। दर्शक अपनी ओर से दृश्य में कुछ भी जोड़-घटा नहीं सकता : उसे बने-बनाये निश्चित बिंबों की दुनिया दी जाती है जिसमें हेरफेर की कोई गुंजाइश नहीं। उसका सौंदर्यबोध चंद नायक-नायिकाओं की दैहिक छवियों में सीमित हो जाता है—यही उसके स्वप्न-लोक का सीमान्त है। राम या कृष्ण की दैवी छवि के 'भाव' का एक परिचित अभिनेता के व्यक्तित्व में विघटित हो जाना उस आदि मिथक-शक्ति का अवमूल्यन है जिसे कविता आह्वानात्मक ढंग से इस्तेमाल करती है। कविता का तरीक़ा अगर उद्‌बोधनात्मक है तो टीवी या सिनेमा का सीधा-सीधा वितरण; इन्हें हम शरीर की आँखों से देखते हैं, जबकि एक शब्द-रचना को मन और कल्पना की आँखों से।

संप्रेषण की तकनीकों का विकास शब्दों की दुनिया के लिए किसी प्रकार का ख़तरा नहीं है। शब्दों का बहुत बड़ा संसार है : कविता की उसमें एक छोटी-सी, लेकिन अनिवार्य जगह बनती है—कहीं हमारे दिल, दिमाग़ और आत्मा के बहुत नज़दीक : कभी-कभी हमसे इतनी अभिन्न कि हमें दिखाई तक नहीं देती, लेकिन उसके बेजान पड़ते ही हम अपने अंदर और बाहर एक अजीब तरह का उखड़ापन और नीरसता अनुभव करने लगते हैं। कविता का उत्स जैविक है : उसके लक्षण हमारे जीवाश्मों में बसे हैं, हमारे हृदय की गति और लय की तरह।

भाषा के पर्यावरण में कविता की मौजूदगी का तर्क जीवन-सापेक्ष है : उसके प्रेमी और प्रशंसक हमेशा रहेंगे—बहुत ज़्यादा नहीं, लेकिन बहुत समर्पित ! कविता के अस्तित्व और उसकी सार्थकता का शायद इतना बड़ा आधार काफ़ी है।

*　　*　　*

बिलकुल ऊपरी तौर पर मैंने यहाँ कुछ उन बातों का ज़िक्र-भर किया है जिनके निकट या दूर के आग्रहों को अपने लेखन पर महसूस करता रहा हूँ। जिन तथ्यों पर पहुँचता हूँ उनके आधार पर सबके लिए, या साहित्य के लिए, कोई अंतिम निष्कर्ष निकालना मुश्किल है। लेकिन अपने लिए अवश्य यह कह सकता हूँ कि जीवन को एक ख़ास तरह देखने और सोचने से मुझे खुद को स्थिर रखने में मदद मिली है।

मैं मानता हूँ कि जीवन द्वंद्व मूलक है : तनाव और विरोधाभास प्रकृति में हैं, और रहेंगे। उनसे लड़कर हम उन्हें समाप्त नहीं कर सकते। लेकिन, इतनी छूट, इतनी आज़ादी हमें दी गई है कि हम अपने अंदर कहीं एक ऐसा संतुलन-केंद्र रच सकें जो हमें समाहित करे, और दूसरों के प्रति हमें अधिक सहिष्णु और उदार बनाये। इतनी इच्छा-शक्ति हमें दी गई है कि हम अपनी जगह, अपनी हिस्सेदारी की शर्तों को अपने

स्वभाव और सामर्थ्य के मुताबिक निर्धारित करें। जब मैंने साहित्य को चुना तो यह बाकी सबका नकार या उससे पलायन नहीं था : अपने विशिष्ट क्षेत्र का चुनाव था, और उसी के माध्यम से पूरे जीवन से सामना था। कोई भी कविता या रचना अगर किसी-न-किसी स्तर पर जीवन से इस गहरी वाबस्तगी का एहसास नहीं करा पाती तो उसमें कहीं कुछ कमी है, वह कमज़ोर है। इसके मतलब हैं कि वह ज़िंदगी को अपनी तरह देखने, सोचने, समझने और व्यक्त करने में असमर्थ है। समर्थ कविता शब्दों के गहरे समाधिस्थ मौन को तोड़ती है। इस माने में वह मात्र बाह्य यथार्थ का प्रतिबिंब नहीं, सबसे पहले उस 'दूसरी आवाज़' की प्रतिध्वनि है जो हमारे अंदर कहीं सोई पड़ी रहती और जिसे कविता मुखर करती है। जो हमसे पूछती है कि हम जीवन को किन शर्तों पर जीना चाहते हैं ?—किन रास्तों से चलकर 'घर लौटना' चाहते हैं ? जीवन को हम किस तरह परिभाषित करते हैं—असली चुनाव यहाँ करना है। हर हालत में पहली ज़रूरत है गहरी मननशीलता, अपने को सही-सही समझ सकने की कोशिश, क्योंकि वह पहली सीढ़ी है जीवन को सही-सही समझ सकने की दिशा में। मैं इस कोशिश को प्राथमिकता देता हूँ क्योंकि यहीं से इस आत्म-संस्कृति, इस मानवीय संवेदना का विस्तार, संभव है कि हम समष्टि का अलग एक नगण्य स्थूल हिस्सा मात्र नहीं, संपूर्ण समष्टि-चेतना से अविभाज्य हैं।

*   *   *

बाह्य यथार्थ से जूझता हुआ 'यथार्थवादी साहित्य' : अपने भीतर की दुनिया को खोजता हुआ 'अंतर्मुखी साहित्य' : और, इन दो ध्रुवों के बीच से कोई तीसरा रास्ता निकालता हुआ साहित्य—साहित्य-चिंता के इन तीन प्रमुख वर्गों के आसपास, और कभी उनके आरपार, अनेक ऐसे जटिल छोटे-बड़े वर्ग बनते हैं जिन्हें हम आज भी आसानी से पहचान सकते हैं, और आज से पहले भी। इस माने में साहित्य और विचारों का 'समय' शताब्दियों का अनुगामी नहीं होता : उनका पूर्वगामी भी हो सकता है। यह भी संभव है कि सदियों पहले जो सोचा और लिखा गया वह अकस्मात् आज, या भविष्य में, एक नयी तरह प्रासंगिक हो जाय : और यह भी कि आज जो लिखा जा रहा है कल वह बहुत महत्त्व का न ठहरे। साहित्यकार की दृष्टि केवल तत्काल पर ही नहीं रहती, क्योंकि वह केवल 'नया' कुछ ही नहीं 'स्थायी' कुछ भी रचना चाहता है।

1997

—कुँवर नारायण

एक

सुदूर अतीत का दबाव : परंपरा की पुनर्व्याख्या*

कवि के रूप में आधुनिक हिंदी भाषा से मेरा पहला सामना—भारतीय परंपरा और संस्कृति का, जिससे मैं संबद्ध हूँ—पहला अनुभव भी था। कविता भाषा में बँधती है और भाषा जीवन से बँधती है—जीवित वर्तमान के अनुभव तथा उन स्मृतियों के रूप में जिन्हें वह झटककर अपने से अलग नहीं कर सकता। आधुनिक हिंदी के जड़ें संस्कृत तथा उत्तर भारत की स्थानीय बोलियों में धँसी हैं और फ़ारसी तथा अरबी जैसी इस्लामी भाषाओं में भी, जो मुसलमानों के साथ भारत में आई थीं। उन्नीसवीं शती में अंग्रेज़ों के बढ़ते हुए प्रभुत्व और अंग्रेज़ी भाषा के शिक्षा का माध्यम बनाए जाने के साथ-साथ भारत एक और बलशाली प्रभाव ग्रहण करने के लिए बाध्य था, जिसके परिणाम दूरगामी थे। हिंदी अंग्रेज़ी भाषा के साथ उसी प्रकार विकसित नहीं हो सकती थी जिस प्रकार वह मुसलमानों की भाषा के साथ विकसित हुई थी, जो यहाँ बस गए थे और जिनका भारतीय जीवन, संस्कृति और कलाओं के साथ-साथ आदान-प्रदान बहुत गहरा हो गया था। यद्यपि भारतीय लेखन पर अंग्रेज़ी भाषा और साहित्य के प्रभाव का अर्थ संसार के साहित्यों और विचारों से व्यापक संपर्क अवश्य था, पर इसका अर्थ पहचान का संकट भी था—भारतीय संस्कृति और परंपरा की मुख्यधारा में एक औपनिवेशिक हस्तक्षेप। शासक वर्ग की भाषा और संस्कृति में वह कुछ भी नहीं था जो उन जन-समूहों में था जिन पर वे शासन करते थे। यह एक बहुत गहरी विभाजन रेखा थी। भारतीय भाषाएँ अपने उस पद के लिए संघर्ष कर रही थीं जिस पर धीरे-धीरे अंग्रेज़ी का कब्जा होता जा रहा था। किसी भारतीय भाषा में लिखना एक ऐसी भाषा में लिखने के समान था जिसके अपने ही अतीत और परंपरा के प्रत्यक्ष संबंध किसी भारी दबाव में पड़ गए हों। किसी देश और उसके निवासियों को किसी उधार की भाषा के माध्यम से नहीं जाना जा सकता और किसी भारतीय लेखक के लिए, जो अपनी ही मातृभाषा में पराएपन का अनुभव कर रहा था, अंग्रेज़ी का सरकारी भाषा और शिक्षा का माध्यम बन जाना बहुत महत्त्वपूर्ण हो गया था। खैर, ब्रिटेन के लोग भारत में आनेवाले पहले यूरोपीय जन नहीं थे—प्राचीन काल में भी यूनानियों और अन्य विदेशियों से हमारे निकट संबंध थे

* यह निबंध सितंबर 1987 में स्वीडेन की स्टॉकहोम यूनिवर्सिटी में पढ़ा गया था। अंग्रेज़ी से अनूदित।

और आज जो विशिष्ट रूप से भारतीय प्रतीत होता है उसमें बहुत-से अभारतीय स्रोतों से अर्जित तत्त्वों का होना संभव है। किसी भारतीय लेखक की अपने विगत से संबंधित चेतना में कम से कम तीन पृथक् सांस्कृतिक विशेषताएँ साथ-साथ तथा एक-दूसरे को थोड़ा-बहुत ढकती हुई पाई जाती हैं—हिंदू, भारतीय-इस्लामी तथा भारतीय-यूरोपीय। यह बोध इन विशेषताओं में से किसी एक पक्ष या विपक्ष में पूर्वाग्रहयुक्त हो सकता है किंतु वह अपने चित्त और अपने चारों ओर घिरी हुई वास्तविकताओं में उनकी निरंतर उपस्थिति को नकार नहीं सकता।

अंतिम विश्लेषण में हम यह पा सकते हैं कि किसी प्रभाव या प्रभावों द्वारा किसी साहित्य या कलाओं की पहचान का निर्णय नहीं होता : वे केवल मूल रचनात्मक शक्तियों को कुछ नया प्रदान करने के लिए उत्प्रेरित करते हैं, किंतु उसकी जड़ें क्षेत्रीय आधार में होती हैं : देखा जाए तो कविता पर आधुनिकतावादी आंदोलन का विश्वव्यापी प्रभाव पड़ा, फिर भी प्रत्येक भाषा की आधुनिक कविता ने अपनी पहचान करानेवाली विशेषताओं को सुरक्षित रखा। भारतीय कला ने अपनी विशिष्ट भारतीयता खोए बिना विदेशी प्रभावों को आत्मसात् करते हुए शताब्दियाँ पार कर दीं। मैं प्रायः महसूस करता हूँ कि यह अभिवृत्ति ही वह विधि है जिससे एक भारतीय कृतिकार एक ऐसे अतीत से समझौता कर लेता है जो एकल और संगत परंपरा के रूप में व्याख्यायित करने के लिए बहुत विविध और दीर्घकालिक है। सांस्कृतिक दृष्टि से कहें तो भारत अनेक भाषाओं, अनेक विश्वासों और फलतः अनेक परंपराओं का योग है। भारतीय संस्कृति के विषय में उसी प्रकार एक धर्म के रूप में सोचना कठिन है जबकि यूरोपीय संस्कृति के विषय में ईसाइयत के रूप में सोचना सहज है। भारतीय इतिहास के किसी विशिष्ट युग को बहुजातीय तथा बहु-सांस्कृतिक अर्थ से भिन्न किसी अन्य अर्थ में विशिष्ट रूप से भारतीय नहीं कहा जा सकता। मैं केवल इस तथ्य पर बल देने के लिए इस बिंदु को तूल दे रहा हूँ कि इस जटिल सांस्कृतिक घटना के प्रति किसी आधुनिक भारतीय लेखक की प्रतिक्रिया में किसी हद तक अस्पष्टता होना लाज़मी है। भारतीय अतीत पर एक एकांगी या उड़ती-सी दृष्टि डालें तो कुछ समस्याएँ कुछ अन्य को अनदेखा कर देने से हल हो सकती हैं, पर मैं समझता हूँ, भारतीय इतिहास का उत्कट और व्यापक अध्ययन परंपरा के किसी बहुत संसक्त अर्थ का पोषण करता हुआ नहीं प्रतीत होता। मेरा झुकाव यह कहने की ओर है कि एक लंबे और विविधतापूर्ण अतीत का अर्थ आवश्यक रूप से एक सुदृढ़ और निरंतर परंपरा नहीं होता : इसके विपरीत, इसकी संरचना में खामियों और सुधारों के निशान दिखाई दे सकते हैं—भारतीय संदर्भ में एक विशेष ध्यान देनेवाला तथ्य। प्रसंगतः, उन देशों के लिए जिनका इतिहास अपेक्षाकृत छोटा है अपनी परंपरा का अधिक एकीकृत अर्थ समझना संभव है—यह कहना विरोधोक्ति-सा लगता है कि यह एक ऐसा घटक है जो संभवतः उनके आधुनिकीकरण की प्रक्रिया को तीव्र करने में सहायक होता है, बनिस्बत उस देश के जिसकी दीर्घ परंपरा में कितनी ही ऐसी समस्याएँ होती हैं जिनको बिना हल किए उसे किसी एक उद्देश्य

के निमित्त परिवर्तन स्वीकार करने के लिए प्रेरित नहीं किया जा सकता। मैं यह महसूस करता हूँ कि भारतीय परंपरा का सार और नमनशीलता उसकी निरंतरता में उतनी नहीं जितनी कि उसकी स्वाभाविकता शांतिप्रियता और विचार मिश्रण की प्रवृत्तियों में निहित है, जो आधुनिकता के चमचमाते पक्षों की अपेक्षा उसके सर्वाधिक सजीव पक्षों को आत्मसात् करने की ओर अग्रसर रही हैं।

अपनी इतिहास-परक कविताओं में मैंने इस अनुभव के कुछ अनित्य क्षणों को चुना है और उन्हें ऐसे शब्दों के घेरे में बाँधकर, एक कृत्रिम वास्तविकता प्रदान करने का प्रयास किया है, जिनमें आज भी एक ऐसे अतीत की स्मृतियों की गूँज-सी भरी है जो हमारे व्यक्तिगत और सामूहिक अचेतन में बहुत कुछ विद्यमान हैं। प्राचीन समय इतिहास के रूप में उतना स्पष्ट नहीं है जितना कि रस्म-रिवाज़ों, विश्वासों, अनुष्ठानों और व्यापक रूप से मूल्य-तंत्र, अथवा धर्म में विद्यमान है जो हिंदू-जीवन और चिंतन-विधि को शासित करता है। यह सत्य है कि बेमेल धार्मिक प्रचलन घुलते-मिलते नहीं, किंतु जब वे साथ-साथ एक लंबे अर्से तक रहते हैं तो उनके सारभूत विचार एक-दूसरे में छन जाते हैं। जिस प्रकार कुछ बहुत ही असमान, बल्कि असंगत, विशेषताएँ शताब्दियों के अंतराल में धीरे-धीरे भारतीय जीवन, विचार, संस्कृति और कलाओं की मुख्य धारा में पचा ली गईं, उसे गहराई तक समझा नहीं जा सकता जब तक कोई धार्मिक तथा जातीय पूर्वाग्रहों से ऊपर उठकर यह न देखे कि उनमें सर्वाधिक मानवीय क्या था। नितांत पंचमेल तत्त्व जो अंततः उस सामान्य भाषा में समाविष्ट हो गए जिसे आज हिंदी कहा जाता है, एक ऐसा प्रतिमान है जिसको अतीत-संदर्भित भारतीय अनुभव के विषय में विचार करते समय हमें अपने मन में रखना चाहिए, विशेषकर उस परंपरा के संदर्भ में विचार करते हुए जिसे हम भारतीय कहना चाहते हैं। रूढ़िवादी धार्मिक प्रचलनों के प्रति मेरी अपनी प्रतिक्रिया किसी माने में द्विमुख, अस्पष्ट तथा आलोचनात्मक रही है। उनमें से बहुतों को मैं कोलाहलपूर्ण और दिखावटी पाता हूँ। पंद्रहवीं शती के भारत में, महान कवि-संत कबीर को जो खटका था आज भी बहुत कुछ सच है और एक संवेदनशील कवि प्रायः उसी तरह महसूस करेगा। ख़ैर, मुझे तो हिंदुत्व के दार्शनिक और नैतिक पक्ष आकर्षित करते हैं : उनमें जीवन को एक सौम्य तथा शांतिप्रद गुण प्रदान करने की क्षमता है : मनुष्य की नैतिक और आध्यात्मिक संस्कृति की अभिवृद्धि पर उनका बल देना आज के संदर्भ में भी, जबकि भौतिकवाद का भूत सवार होता जा रहा है, एक विशेष अर्थ रखता हुआ प्रतीत होता है। वस्तुओं की अपेक्षा मनुष्य को अधिक महत्त्व प्रदान करना मूल्यों की इस समझ की ओर इंगित करता है जो बलपूर्वक कहती है कि भौतिक उन्नति का प्रयोजन मानवीय चेतना को दास बनाना नहीं, बल्कि उसकी सेवा करना है।

'आत्मनिष्ठता' का विचार भी, जैसा कि वह भारतीय संस्कृति में विकसित हुआ, कुछ विस्तार से परीक्षा करने के योग्य है। आत्मनिष्ठता के सूक्ष्म भेद हैं जो भिन्न संस्कृतियों में भिन्न प्रकार से विकसित होते हैं : इसे संकेत का एक रूढ़ पद समझ लेना काव्य में इसकी कुछ सारभूत गतिविधियों एवं अभिव्यक्तियों को खो देना है। भारतीय

चिंतन-विधि में 'आत्म' के अर्थ में केवल भौतिक जगत् से संबंधित एक आत्म-केंद्रित व्यक्ति अंतर्भूत नहीं है : सबसे बढ़कर, इसमें आत्म-ज्ञान, अन्य 'आत्माओं' के प्रति सम्मान तथा एक विश्वात्मा की चेतना सम्मिलित हैं। विचारशील 'मैं' का यह द्वैतरहित अथवा 'अद्वैत' बोध महत्त्वपूर्ण है। मेरे कथन का अभिप्राय यह नहीं है कि यह विभेदीकरण संपूर्ण भारतीय काव्य पर घटित होता है, किंतु काव्य में इस प्रकार के विभेदों का महत्त्व होता है जो कभी-कभी अंतर-सांस्कृतिक संप्रेषणों में कठिनाइयाँ उत्पन्न कर सकते हैं : ख़ासकर काव्य के अनुवादों में।

यदि '50 और '60 के दशकों में भारतीय काव्य का बहुत बड़ा अंश प्राचीन महाकाव्यों (जैसे महाभारत और रामायण), हिंदू पौराणिकी अथवा दार्शनिक मूल पाठों की ओर खिंच गया था तो इसका कारण खोजने दूर नहीं जाना है। मनोविज्ञान, नृशास्त्र, भाषा विज्ञान और आनुवंशिकी आदि के क्षेत्रों में हुई हाल की खोजें आधुनिक तथा साहित्यिक संवेदन शक्तियों का भाग बनती जा रही थीं। मनुष्य के अतीत और वर्तमान से उसके सजीव संबंध सूत्रों का उद्‌घाटन नवीन अभिव्यंजनात्मक, संदर्भात्मक तथा गुणार्थक आयामों को भाषा से जोड़ रहे थे। अतीत के महत्त्व की व्याख्या करने के नए साधनों ने काव्य में नए प्रयोगों को प्रेरित किया। (प्रसंगतः कहें कि किसी को भी गाँधी की भगवद्‌गीता की व्याख्या या नेहरू की 'डिस्कवरी ऑव् इंडिया' को संभवतः अतीत के सूक्ष्म उपयोग द्वारा देश के सामाजिक-राजनीतिक पर्यावरण को पुनः जीवित करने के अचेतन प्रयास के रूप में सह-संबंधित करने का लोभ हो सकता है।)

ये प्राचीन शास्त्र हमारे सांस्कृतिक आचार के अभिन्न अंग हैं : उनमें आज भी एक उद्‌बोधनात्मक शक्ति है जिसे शुद्ध बौद्धिक पदों में समझा पाना कठिन है। यदि आज का भारतीय लेखन इस स्रोत का उपयोग करने में हिचकता है तो शायद इसीलिए कि वह अतीत के मोहक रूप की प्रतीति कराकर किसी हद तक विवेकहीन अथवा पलायनवादी प्रवृत्तियों को बढ़ावा देने के विरुद्ध सावधानी बरतना चाहता है। परंपरा या इतिहास पर अतिरिक्त बल देना विरुद्ध फलदायक हो सकता है और वर्तमान पर ऋणात्मक दबाव डाल सकता है। निस्संदेह आधुनिक भारतीय कविता को प्रोत्साहन प्राप्त करने के लिए विपुल पैतृक संपत्ति उपलब्ध है, किंतु साथ ही उसे उतनी ही जटिल और अशांतिकर वास्तविकता को भी अपनी पकड़ में लेना है।

इधर के भारतीय लेखन—मौजूदा सामाजिक, राजनीतिक तथा आर्थिक वास्तविकताओं से उसके गहरे संबंधों—की ओर संकेत करना आज की कविता की केंद्रीय रुचियों और जनता से उसके जटिल संबंधों को समझने के लिए आवश्यक है। किसी स्थापित परंपरा के दबाव पुरानी आदतों और चिंतन की प्रचलित विधियों के रूप में, लोगों पर ज़्यादा प्रभाव रखते हैं बनिस्बत लेखक के जिस पर नए विचारों और आधुनिक जीवन की ज़रूरतों का अधिक खिंचाव रहता है। इससे अपने समय से आगे देखने के प्रयत्न में संलग्न नए साहित्य और लोगों की परंपरागत संवेदन-शक्तियों के बीच, जिनमें पिछड़ने की प्रवृत्ति होती है, तनावपूर्ण संबंधों की सृष्टि होना स्वाभाविक है। यदि खिंचाव अधिक

हो गया तो दोनों के बीच के क्षीण सूत्र टूट भी सकते हैं और भारत में जहाँ आधुनिक शिक्षा अभी जन-समूहों तक नहीं पहुँची है, नए लेखक को या तो लोकप्रिय समझौते करने पर विवश होना पड़ता है या फिर किसी हद तक विच्छिन्न महसूस करना पड़ता है। प्रायः ऐसा महसूस होता है कि भारतीय परंपरा नहीं, बल्कि इसके सर्वाधिक महत्त्वपूर्ण पक्षों में से कुछ के बारे में अज्ञान है, जो समय-समय पर हमें नए विचारों के साथ आदान-प्रदान करने और साहसपूर्वक उनका आकलन करने से रोक लेता है।

किसी परंपरा की जीवंतता पुराने विश्वासों को आगे बढ़ाने और उनका संरक्षण करने की ज़िद पर नहीं, नयी चुनौतियों का मुक़ाबला करने की क्षमता पर भी निर्भर करती है। भारतीय परंपरा, जिस प्रकार मैं उसे समझता हूँ, चिंतकों में और विश्वास करनेवालों में भेद करती है—ऐसा भेद जिसे नए विचारों के संदर्भ में भी निगाह से ओझल नहीं करना चाहिए। उदार वाद-विवाद, खंडनमंडन, विश्लेषण, आलोचनाएँ और वर्गीकरण हमारी दार्शनिक एवं साहित्यिक विरासत के कुछ सर्वाधिक महत्त्वपूर्ण वैशिष्ट्य हैं : ज्ञान अर्जित करने और परिष्कृत करने की ये विधियाँ आज भी प्रामाणिक हैं। मैं इस परंपरा को कोई बँधी हुई परिभाषा नहीं देना चाहूँगा, इस भय से कि कहीं मैं इसके बहुत ही आधारभूत मूल्य का उल्लंघन न कर जाऊँ कि सच्चा ज्ञान बंधन में नहीं डालता, वह मुक्त करता है और प्रगतिशील है।

1988

हिंदी आलोचना और रचनात्मक साहित्य

हिंदी आलोचना और हिंदी रचनात्मक साहित्य के संबंधों की जाँच से पहले हिंदी आलोचना के उन मानदंडों की जाँच ज़रूरी है, जिनके आधार पर वह नए और पुराने साहित्य का मूल्यांकन और पुनर्मूल्यांकन करती रही हैं। शायद इस अनुभव में मैं अकेला नहीं हूँ कि वे साहित्यकार जो स्वतंत्रता के बाद से सक्रिय रहे हैं, उन्हें विदेशी रचनात्मक साहित्य की अपेक्षा विदेशी आलोचनात्मक साहित्य ने अधिक प्रभावित किया, विशेषकर ऐसे आलोचनात्मक साहित्य ने जिसने साहित्य संबंधी बुनियादी प्रश्न उठाये। टी. एस. इलियट कवि से अधिक आलोचक के रूप में महत्त्वपूर्ण रहे। मलार्मे की कविताओं के लिए शायद ही कोई यह दावा कर सके कि वे पूरी तरह समझी जा सकती हैं—अनुकरणीय तो नहीं ही हैं—लेकिन मलार्मे ने प्रतीकवाद के सिलसिले में जिन साहित्यिक सिद्धांतों का निरूपण और प्रतिपादन किया, उनका व्यापक प्रभाव न केवल फ्रांसीसी और यूरोपीय कविता पर बल्कि विश्व कविता पर पड़ा। स्वयं इलियट और एज़रा पाउंड के साहित्यिक विचारों के निर्माण में प्रतीकवादी सिद्धांतों का महत्त्वपूर्ण योग रहा है।

स्वतंत्रता प्राप्ति के बाद के रचनात्मक साहित्य के लिए अकसर यह सुनने-पढ़ने को मिलता रहता है कि उस पर विदेशी साहित्य का प्रभाव है। बात बहुत ग़लत न होते हुए भी अकसर बहुत ग़लत तरीके से समझी जाती है। इस ग़लत समझने के पीछे एक विशेष प्रकार का अधैर्य दिखता है, जो न तो विदेशी प्रभाव को ही समझना ज़रूरी मानता है, न उस साहित्य को ही जिसे वह विदेशी प्रभाव से प्रभावित मानता है। इससे एक विचित्र प्रकार का द्वैध हिंदी आलोचना की मान्यताओं में आ गया है। एक ओर तो ऐसे आलोचक हैं जिनकी आलोचना पर, अन्य हिंदी आलोचकों की अपेक्षा, विदेशी समीक्षा का प्रभाव अधिक रहा है। दूसरी ओर आलोचना की ही शुद्ध भारतीय परंपराओं की बात उठाई जाती है और तथाकथित नए आलोचकों का एक प्रमुख वर्ग ऐसा है जो अपने दृष्टिकोण का सीधा संबंध प्राचीन संस्कृत समीक्षा-सिद्धांतों से जोड़ता है।

सबसे पहले इस आलोचक-वर्ग की बात उठाना ज़रूरी है, क्योंकि नए साहित्य ने सबसे कड़ा विरोध इसी वर्ग से अनुभव किया, और इनके ही विरोध को समझना सबसे कठिन

पाया। उदाहरण के लिए, कविता में छंद और तुक को लेकर जो वाद-विवाद निराला से शुरू हुआ, वह अज्ञेय और उनके बाद तक किसी निष्कर्ष पर नहीं लाया जा सका, जबकि एक नए साहित्यकार के लिए इस धारणा का ही समुचित कारण खोज पाना कठिन रहा है कि कविता में छंद या तुक या दोनों अनिवार्य हैं। कीथ के अनुसार संस्कृत के किसी प्राचीन विद्वान ने "काव्य-शास्त्र के विवेचन में छंद को कविता का अनिवार्य अंग मानने की ग़लती नहीं की। क़ानून, वैद्यक, नक्षत्रविद्या, ज्योतिष, व्याकरण, दर्शन आदि सभी प्रकार की विद्याएँ छंद में लिखी जाती थीं और उनका छंदों में होना मात्र उस अंतर को नहीं मिटा देता था, जो सूचनात्मक साहित्य और रसात्मक साहित्य में होता है।" यद्यपि छंद की अनिर्वायता की बात न तो संस्कृत साहित्य, न विदेशी साहित्य से ही पुष्टि होती है, फिर भी नयी कविता का सबसे अधिक शक्ति-अपव्यय इसी प्रकार के साहित्यिक अंधविश्वासों के खंडन में होता रहा। लेकिन यहाँ इस प्रकार की निराधार मान्यताओं का विवेचन अभीप्सित नहीं, मैं उस संबंध की बात उठाना चाहता हूँ, जो संस्कृत रचनात्मक साहित्य और आलोचना के बीच रहा, पर शायद हिंदी रचनात्मक साहित्य और आलोचना के बीच नहीं रहा। संस्कृत रचनात्मक साहित्य के आधार पर साहित्यिक सिद्धांत बने। रचनात्मक साहित्य उनसे अनुशासित नहीं रहा, बल्कि सिद्धांत उनसे आकलित हुए। बाद में उन नियमों पर पुनर्विचार भी नए साहित्य की आवश्यकताओं को ध्यान में रखते हुए किया गया और जहाँ वांछनीय समझा गया, वहाँ या तो पुराने नियमों में ही परिवर्तन कर लिया गया या फिर नए आलोचनात्मक संप्रदाय बने। उदाहरण के लिए, भरत ने केवल चार अलंकार यमक, उपमा, रूपक और दीपक का उल्लेख अपने नाट्यशास्त्र में किया, किंतु आगे चलकर भामह, दंडी, रुद्रट और रुय्यक के पुनर्चिंतन से न केवल अलंकार शास्त्र अधिक विकसित हुआ, बल्कि स्वयं भरत के अलंकार और 'लक्षणों' के बीच नए संबंध निकाले गये। साथ ही यह बात ध्यान में रखना आवश्यक है कि भरत के बाद में आनेवाले साहित्य-शास्त्रियों ने परंपरा को ग्रहण अवश्य किया, लेकिन उसका अंधानुकरण नहीं—उनके लिए साहित्य पर स्वतंत्र और मौलिक चिंतन अधिक महत्त्व रखता था, यहाँ तक कि प्रत्येक संप्रदाय के प्रवर्तक के लिए अपने मतों को पिछले मतों से ऊपर रखना कोई अजीब बात नहीं थी। ध्वनिवादी आनंदवर्धन ने भरत के रस-सिद्धांत को स्वीकार किया, किंतु अपने ध्वनि सिद्धांत के अंतर्गत। निश्चय ही संस्कृत आलोचना में ये आंदोलन मुख्यतः उस रचनात्मक साहित्य से प्रेरित होते रहे, जो भरत के बाद लिखा जाता रहा। भामह को 'वक्रोक्ति' शब्द की आलोचनात्मक संभावनाओं की प्रेरणा ही शायद 'कादंबरी' और 'अमरुशतक' से मिली, जिसे बाद में कुंतक ने विकसित किया।

रीति-काल में साहित्यिक सिद्धांतों को लेकर कोई बहुत मौलिक चिंतन नहीं हुआ। अधिकतर संस्कृत के अलंकार, रस और ध्वनि सिद्धांतों के आधार पर वर्गीकरण और उदाहरण देने की प्रवृत्ति ही प्रधान रही। सच पूछा जाय तो संस्कृत के साहित्य-सिद्धांत रीति-काल में इस प्रकार रूढ़ हो गए कि रचनात्मक-साहित्य का विकास ही रुक गया।

केशव की 'रामचंद्रिका' उस रचनात्मक-साहित्य का दयनीय उदाहरण है जिसमें कवि की प्रतिभा उसकी शास्त्रीयता से पूर्णतः आक्रान्त है। एक ही प्रकार के सिद्धांतों से आग्रहीत होने के कारण रत्नाकर तक सारे ब्रजभाषा-साहित्य में एक ही काव्य-परंपरा मिलती है—यहाँ तक कि यदि नाम न दिये जाएँ तो शायद दो कवियों की रचनाओं को अलग-अलग पहचान सकना भी कठिन हो। मौलिक प्रतिभाओं का यह अपव्यय ब्रजभाषा तक ही सीमित न रहा। आरंभ में खड़ी बोली काव्य भी इसी कोशिश में रहा कि वह ब्रजभाषा काव्य की बराबरी कर सके : इसीलिए ब्रजभाषा के साहित्यिक भाषा न रह जाने पर भी वह परंपरा खड़ी बोली में जीवित रही, जिसे ब्रजभाषा के साथ समाप्त हो जाना चाहिए था। अयोध्यासिंह उपाध्याय का **प्रियप्रवास** खड़ी बोली में होते हुए भी मुख्यतः उसी काव्य परंपरा का है जिसमें अधिकांश ब्रजभाषा काव्य है। **प्रियप्रवास** की प्रसिद्धि का शायद सबसे विशेष कारण ही यह था कि उसने खड़ी बोली में वह करके दिखा दिया, जो केवल ब्रजभाषा में ही संभव समझा जाता था। खड़ी बोली-काव्य का आदि-काल ब्रजभाषा-काव्य-परंपरा से लगभग निर्धारित-सा रहा। कविता को परखने की कसौटी प्राचीन काव्य-सिद्धांत रहे—चाहे वे संस्कृत से सीधे लिए गए, चाहे रीति-कालीन साहित्य-शास्त्रियों द्वारा आए। सिद्धांतों को लेकर मौलिक चिंतन या पुनर्चिंतन की आवश्यकता तो प्रतीत ही तब होती, जब किसी प्रतिभा-सम्पन्न साहित्यकार ने ब्रजभाषा की प्रचलित परंपरा से असंतोष अनुभव किया होता। यह खड़ी बोली का शैशव-काल था। एक नयी काव्य-परंपरा की नींव डालने से पहले उसे एक प्रौढ़ साहित्यिक भाषा के रूप में स्वीकृत होना था। अवधी, ब्रजभाषा और उर्दू जैसी भाषाओं के बावजूद खड़ी बोली की साहित्यिक स्थापना के पीछे एक और कारण भी था, जिसे अकसर नज़र-अंदाज़ कर दिया जाता है।

जहाँ अन्य भाषाओं का आदिकाल बहुधा काव्यमय या पद्यमय होता है, वहाँ खड़ी बोली का आदिकाल गद्य-प्रधान है। ब्रज और अवधी की लंबी काव्य-परंपरा तो थी, लेकिन नए विचारों को वहन कर सकने लायक सशक्त गद्य-परंपरा नहीं। पाश्चात्य शिक्षा के प्रसार के साथ-साथ आये नए विचारों की पहली माँग थी—प्रौढ़ गद्य, जो नए विचारों को शीघ्रता से, प्रचारात्मक स्तर पर भी, प्रसारित कर सके : और क्योंकि खड़ी बोली उस समय शहराती भाषा थी, इसलिए पत्र-पत्रिकाओं आदि में इसी भाषा का प्रयोग होने लगा। लेकिन कविता के लिए ब्रजभाषा ही उपयुक्त है, ऐसा साहित्यिक पक्षपात आरंभ से ही बना रहा। भारतेंदु बाबू भी जहाँ गद्य में खड़ी बोली का उपयोग कर रहे थे, वहाँ कविता के लिए ब्रजभाषा को ही पसंद करते थे। इसीलिए आगे चलकर एक नितांत कृत्रिम अंतर पद्य और गद्य की भाषा के बीच बन गया। गद्य की भाषा अलग, पद्य की भाषा अलग। यहाँ तक कि जब कविता की भाषा ब्रज की जगह खड़ी बोली रखी गई, तो भी कोशिश यही रही कि वह ब्रज के अनुरूप अलंकार, रस-चमत्कार-प्रधान विशेष भाषा हो। छायावाद-युग में इस प्रवृत्ति की अभिव्यक्ति कविता और गद्य की दो नितांत भिन्न शब्दावली के रूप में हुई। एक ओर प्रसाद की

भाषा थी, जिसे ब्रजभाषा के हिमायती भी अस्वीकार नहीं कर पा रहे थे, दूसरी ओर प्रेमचंद का गद्य, जो अपना संबंध सीधे सामाजिक यथार्थ से जोड़ता था। नयी कविता की एक महत्त्वपूर्ण कोशिश भाषा के इस अनावश्यक अंतर को मिटाना भी रही। आचार्य महावीरप्रसाद द्विवेदी ने आरंभ में ही इस अंतर के प्रति स्पष्ट चेतावनी दी थी : "गद्य और पद्य की भाषा पृथक्-पृथक् न होनी चाहिए। हिंदी ही एक ऐसी भाषा है, जिसके गद्य में एक प्रकार की और पद्य में दूसरे प्रकार की भाषा लिखी जाती है। सभ्य समाज की जो भाषा हो, उसी भाषा में गद्य-पद्यात्मक साहित्य होना चाहिए।"

लेकिन इस उद्धरण के सैद्धांतिक पक्ष के साथ ही यहाँ हिंदी समीक्षा के उस व्यावहारिक पक्ष की बात उठाना आवश्यक है, जिसका रचनात्मक साहित्य से अधिक सीधा संपर्क होता है। सिद्धांतों की अपेक्षा उसमें समीक्षक का साहित्यिक संस्कार अधिक मानी रखता है। द्विवेदीजी का उद्धरण नयी कविता की एक आधारभूत मान्यता को पुष्ट करता है : लेकिन क्या द्विवेदीजी का काव्य-संस्कार आज की कविता को स्वीकार कर सका होता ? अपनी सारी उदारता और समझ के बावजूद शुक्लजी छायावाद को पूरा अनुमोदन नहीं दे सके। निराला का मुक्त छंद अंत तक आलोचक को खटकता रहा। मुझे लगता है आज भी हिंदी समीक्षा के सिद्धांत-पक्ष और व्यवहार-पक्ष में यह विषमता बनी है। अधिकांश समीक्षा के पीछे बिलकुल व्यक्तिगत रुचि और काव्यानुभव रहता है—समीक्षा के सुचिंतित मानदंड या तो होते ही नहीं, या ऊलजलूल होते हैं। द्विवेदीजी या शुक्लजी जैसे योग्य आलोचकों के हाथ में हिंदी समीक्षा-शैली अधिक पैनी और विश्लेषणात्मक अवश्य हुई, किंतु उनकी साहित्यिक रुचि मूलतः संस्कृत और रीति-कालीन कविता से ही बँधी रही। इसीलिए शायद शुक्लजी जैसे कुशल समीक्षक के होते हुए भी नयी कविता की ही तरह छायावाद में भी कविता के नए मान स्पष्ट करने की ज़िम्मेदारी कवियों पर ही पड़ी। ऐसे कुछ उद्धरण नीचे दे रहा हूँ, जिनसे आज की कविता समर्थित होती है, लेकिन उन उद्धरणों से कहीं अधिक महत्त्वपूर्ण वे नाम और युग हैं, जब नयी कविता जैसी चीज़ की कल्पना भी नहीं की जा सकती थी !—

"गद्य और पद्य दोनों ही में कविता हो सकती है। यह समझना अज्ञानता की पराकाष्ठा है, कि जो कुछ छंदोबद्ध है, सभी काव्य है। कविता का लक्षण जहाँ कहीं पाया जाए, चाहे वह गद्य में हो चाहे पद्य में, वही काव्य है।"—**महावीरप्रसाद द्विवेदी**

"...वाणी जो शब्द-विधान करती आई है, उसे कविता कहते हैं।...काव्य में अर्थग्रहण मात्र से काम नहीं चलता; बिंबग्रहण अपेक्षित होता है।"—**रामचंद्र शुक्ल**

"...काव्य में शुद्ध आत्मानुभूति की प्रधानता है या कौशलमय आकारों या प्रयोगों की ?" "बाह्य उपाधि से हटकर आंतरहेतु की ओर कवि-कर्म प्रेरित हुआ। इस नए प्रकार की अभिव्यक्ति के लिए जिन शब्दों की योजना हुई*, हिंदी में पहले वे कम समझे जाते थे; किंतु शब्दों में भिन्न प्रयोग से एक स्वतंत्र अर्थ उत्पन्न करने की शक्ति है। समीप के शब्द भी उस शब्द-विशेष का नवीन अर्थ द्योतन करने में सहायक होते हैं।

---

* कविता में 'शब्द-स्थापना' के महत्त्व पर महावीरप्रसाद द्विवेदी के वक्तव्य भी विचारणीय हैं।

भाषा के निर्माण में शब्दों के इस व्यवहार का बहुत हाथ होता है। अर्थ-बोध व्यवहार पर निर्भर करता है, शब्द-शास्त्र में पर्यायवाची तथा अनेकार्थवाची शब्द इसके प्रमाण हैं।''* —**जयशंकर प्रसाद**

''मनुष्यों की मुक्ति की तरह कविता की भी मुक्ति होती है। मनुष्यों को मुक्ति कर्मों के बंधन से छुटकारा पाना है, और कविता की मुक्ति छंदों के शासन से अलग हो जाना।''—**निराला**

''...आनेवाला युग मनुष्य समाज का वैज्ञानिक ढंग से पुनर्निर्माण करना चाहता है। ज्ञान को सदैव विज्ञान ने वास्तविकता प्रदान की है।''—**पंत**

आगे चलकर नयी कविता ने जो प्रश्न उठाए, उनके मुहावरे और शब्दावली उपर्युक्त उद्धरणों से काफ़ी मिलती-जुलती है, लेकिन उनका अभिप्राय भिन्न है। अनेक ऐसे आलोचनात्मक पद और शब्द हैं जिनके संदर्भ और व्याख्या हर युग में बदलते रहते हैं। उदाहरण के लिए, शब्द 'यथार्थवाद' की 19वीं सदी से अब तक—यदि और पीछे न भी जायें—अनेक स्तरों पर व्याख्या प्रस्तुत की जा चुकी है, किंतु हिंदी में जिस असावधानी से यह शब्द प्रयुक्त हो रहा है, वह कभी-कभी विचित्र हैरानी में डाल देता है—ख़ासकर कहानी के सिलसिले में जो बहस चल रही है, उसमें मुझे अगर कोई शब्द सबसे अधिक बेमानी लग रहा है, तो वह 'यथार्थ' है। 'यथार्थ' शब्द आलोचना में इस प्रकार प्रयुक्त हो रहा है, मानो वह कोई निरपेक्ष पद (ऐबसोल्यूट टर्म) हो—मानो बालज़क-ज़ोला स्कूल का यथार्थ, फ़्लोबेअर का वैज्ञानिक यथार्थवाद, मार्क्सवादियों का सामाजिक यथार्थवाद, मनोवैज्ञानिक यथार्थवाद सबके साहित्यिक और ग़ैर-साहित्यिक आशय एक ही हों। रिचार्ड हर्ड का कथन याद आता है कि निकृष्ट आलोचना और निकृष्ट दर्शन का एक ही स्रोत है—पदों का दुरुपयोग।

प्रत्येक युग का एक विशिष्ट यथार्थ-बोध होता है, जो न केवल अपने युग को नयी तरह सोचता-समझता, बल्कि अतीत का भी पुनर्मूल्यांकन उसी के आधार पर करता है। इसी यथार्थ-बोध पर उस युग का रचनात्मक स्वभाव (क्रिएटिव टेम्पर) निर्भर करता है। द्विवेदी-युग, छायावाद, प्रगतिवाद और प्रयोगवाद भिन्न साहित्यिक-युग हैं, क्योंकि उनका यथार्थ-बोध एक-दूसरे से भिन्न है, यद्यपि काल की दृष्टि से वे लगभग 50 वर्षों से अधिक को नहीं समेटते, लेकिन रीतिकाल 200 वर्ष लंबा होते हुए भी एक ही साहित्यिक युग कहलाता है, क्योंकि इस बीच उसका यथार्थ-बोध लगभग नहीं बदला।

प्रश्न उठता है कि नए हिंदी साहित्य के इस यथार्थ-बोध का मूल स्रोत क्या रहा और उसे हिंदी के रचनात्मक साहित्य तथा आलोचनात्मक साहित्य ने किस रूप में ग्रहण किया। आमतौर पर लगभग हर साहित्य में नवीनतम साहित्यिक प्रवृत्तियों के प्रति आलोचनात्मक सहानुभूति कुछ पिछड़कर बनती है, क्योंकि जीवन के बदलते हुए संदर्भों के प्रति रचनात्मक चेतना जितनी सजग रहती है, आलोचनात्मक चेतना उतनी सजग

* फ्रेंच प्रतीकवादी—मुख्यतः मलार्मे— के सिद्धांतों से तुलनीय ''द लाइन ऑफ़ पोइट्री, विच फ्राम ए नंबर ऑफ़ सिलेबल्स रिमेक्स ए न्यू एंड ऑलइम्ब्रेसिंग वर्ड, ए स्ट्रेन्जर इन दैट लैंग्वेज।''

नहीं रह पाती। संभवतः इसीलिए नए साहित्य के अनुरूप समीक्षा भी पहले रचनात्मक क्षेत्र से आती है, बाद में विशुद्ध समीक्षा के क्षेत्र से। टी. एस. इलियट और एज़रा पाउंड इस युग के सबसे बड़े आलोचक नहीं हैं, लेकिन नयी काव्य-चेतना के पक्ष को श्रेष्ठतम समीक्षा दिलवा सकने का श्रेय उन्हें ही प्राप्त है। कुछ-कुछ उसी तरह अज्ञेय भी हिंदी के नए साहित्य के प्रति—विरोध के बावजूद—हिंदी समीक्षा को आकृष्ट कर सके। 1920 में प्रकाशित टी. एस. इलियट के 'सैक्रेड वुड' को पढ़कर प्रो. टिलयार्ड का कथन कि 'मैंने अजीब-सी परेशानी अनुभव की और मुझे लगा कि उसकी अवहेलना करना असंभव है' उस समय के विश्वविद्यालय समीक्षक-वर्ग की प्रतिक्रिया व्यक्त करता है।

अभी मैंने आधुनिक युग के विशिष्ट यथार्थ-बोध की बात उठाई थी। हिंदी के संदर्भ में उसे ठीक से समझने के लिए कुछ ऐसे साहित्यिक पदों की पुनर्व्याख्या पर संक्षिप्त प्रकाश डालना चाहूँगा, जिनका व्यापक प्रभाव आधुनिक काव्य-चेतना पर पड़ा, जैसे 'रोमैंटिक और क्लासिकल', 'बिंब' (इमेजरी), 'लय' (रिद्म), 'शब्द-योजना' (डिक्शन), 'परंपरा' (ट्रेडिशन), 'प्रतीक' (सिंबल) आदि।

साहित्य में रोमैंटिसिज़्म के विरुद्ध एक गहरी प्रतिक्रिया के साथ इस सदी का आरंभ होता है। 19वीं सदी का मुख्य साहित्यिक दृष्टिकोण यदि रोमैंटिक था, तो बीसवीं सदी का झुकाव निश्चित रूप से 'क्लासिसिज़्म' के पक्ष में रहा। योरप में रोमैंटिसिज़्म के पतन का एक कारण वह ह्रासोन्मुख—डिकेडेंट—साहित्य भी था, जो 19वीं सदी के अंतिम 10-15 वर्षों में लिखा गया और जिनके अगुआ लेखकों में आस्कर वाइल्ड, लोत्रिआमों, ईज़्मा, पिएर लुई आदि के नाम लिए जाते हैं। निस्संदेह रोमैंटिसिज़्म का यह अस्वस्थ पक्ष था, जिसमें साहित्य अप्राकृतिक आचार-विचार का नज़ाकत और नफ़ासत भरा पलायनवाद होकर रह गया था। इसके विरुद्ध यथार्थ की ठोस भूमि पर आधारित 'क्लासिसिज़्म' की प्रतिक्रिया लाज़िम थी। यहाँ इतना सावधान करा देना आवश्यक है कि 'रोमैंटिक' और 'क्लासिक' भी वस्तुतः सापेक्ष पद हैं जिनकी अनेक परिभाषाएँ कालांतर में योरपीय विद्वान करते रहे हैं। मोटे तौर पर रोमैंटिक से कल्पना-प्रधान, भावुक, स्वच्छंद, अलौकिक, स्वप्निल ढंग का साहित्य अभिप्रेत है, जबकि क्लासिकल योरप में उस साहित्य के लिए प्रयुक्त होता रहा है जो ग्रीक और रोमन कला के आदर्शों के अनुरूप संतुलन, दृढ़ता, एकता, संयम, भव्यता, सादगी, वास्तविकता, सौष्ठव आदि गुणों को प्रधानता दे। दोनों शब्द परिभाषा की दृष्टि से अनिश्चित अर्थ देते हुए भी दो नितांत भिन्न प्रकार की साहित्य-चेतनाओं को पहचनवा सकने में सहायक होते हैं। जैसे, हिंदी में संस्कृत साहित्य-सिद्धांतों के अनुरूप रचा गया रीतिकालीन साहित्य यदि 'क्लासिकल' प्रकृति का कहा जा सकता है, तो छायावादी साहित्य 'रोमैंटिक' कहा जाएगा।

1912 के लगभग योरप में 'मूर्तिवाद'—इमेजिज़्म—काव्यधारा के आरंभ के साथ ही कुछ ऐसे काव्य-सिद्धांत सामने आये, जिनका क्रांतिकारी प्रभाव नए साहित्य पर पड़ा, यद्यपि यह काव्यधारा स्वयं बहुत दिनों तक न चल सकी। रोमैंटिसिज़्म के विरुद्ध

टी. ई. ह्यूम के जो विचार उसके 'स्पेकुलेशन्स' में व्यक्त हुए, वे उस समय के साहित्यिक असंतोष का लगभग प्रतिनिधित्व करते हैं–'मुझे अच्छे से अच्छे रोमैंटिक साहित्य पर आपत्ति है। रोमैंटिक भावकोण पर और भी आपत्ति है। मुझे उस फिसड्डीपन से चिढ़ है, जो एक कविता को तब तक कविता मानने के लिए तैयार नहीं, जब तक वह किसी न किसी बात को लेकर रो-कलप न रही हो...हाल यह है कि अगर एक कविता कठोर और शुष्क है, जैसी क्लासिकल कविताएँ होती हैं, तो वह कविता ही नहीं मानी जाती ...कविता तभी कविता मानी जाएगी जब उसमें ऐसे भाव हों, जो शब्द 'अनंत' के आस-पास मँडरा रहे हों...?' यह कथन छायावाद के संदर्भ में भी उतना ही सटीक है जितना रोमैंटिसिज़्म के लिए। 'पल्लव' के पंतजी का कहना था कि " 'पल्लव' काल में मैं उन्नीसवीं सदी के अंग्रेज़ी कवियों–मुख्यतः शेली, वर्ड्सवर्थ, कीट्स और टेनीसन–से विशेषरूप से प्रभावित रहा हूँ..."[1] प्रसाद के अनुसार, जब वेदना के आधार पर स्वानुभूतिमयी अभिव्यक्ति होने लगी, तब हिंदी में उसे छायावाद के नाम से अभिहित किया गया।[2] छायावाद के विरुद्ध प्रयोगवाद और नयी कविता का विद्रोह बहुत कुछ वैसा ही था, जैसा इलियट-आडेन युग के कवियों का विद्रोह रोमैंटिक्स के विरुद्ध। आगे चलकर टी. एस. इलियट की आलोचनाओं में यह दृष्टिकोण और पुष्ट हुआ। इलियट अपने को क्लासिक्स का हिमायती मानता है। प्रसंगवश, डॉ. देवराज का 'छायावाद का पतन' यहाँ इस दृष्टि से उल्लेखनीय है कि उसके लेखक की सहानुभूति भी क्लासेक्स के पक्ष में ही है। संस्कृत रचनात्मक साहित्य के आधार पर क्लासिक्स का विशुद्ध भारतीय आदर्श क्या हो सकता है, इस दृष्टि से डा. देवराज की 1960 में प्रकाशित **भारतीय संस्कृति : महाकाव्यों के आलोक में** पठनीय है, यद्यपि पुस्तक का मूल मंतव्य भारतीय क्लासिसिज़्म का विवेचन नहीं है। अभिप्राय यहाँ भी 'क्लासिकल' शब्द का विवेचन उतना नहीं जितना हिंदी में भी उस बदलते हुए दृष्टिकोण की ओर ध्यान आकर्षित करना है जिसका एक रूप हमें बीसवीं सदी के विदेशी साहित्य में मिलता है और उसी से मिलता-जुलता दूसरा रूप हिंदी में छायावाद के बाद, चाहे वह **छायावाद का पतन** जैसी पुस्तकों में व्यक्त हो रहा हो, चाहे प्रगतिवाद के अधिक वस्तुपरक मार्क्सवादी दृष्टिकोण में। दोनों साहित्यों के असंतोष की इस बुनियादी समानता को ध्यान में रखते हुए इलियट का एक उद्धरण 1933 में प्रकाशित उसके लेख **शेली ऐंड कीट्स** से देना चाहूँगा, जो इस असंतोष और उसके निराकरण की ओर सार्थक संकेत करता है : 'शेली के विचार मुझे हमेशा बचकाने लगे... और इसी प्रकार शेली के लिए उत्साह भी बचपना ही है...किसी कविता में व्यक्त मत, सिद्धांत, विश्वास या 'जीवन-दृष्टि' जब ऐसे हों कि पाठक उन्हें तर्कसंगत, प्रौढ़ एवं अनुभव के सत्य से निकला हुआ स्वीकार कर सके, तब उसके काव्यानंद में कोई बाधा नहीं आती, भले ही पाठक उन धारणाओं से सहमत न भी हो।... किंतु समझदार पाठक जब उन्हें

---

1. 'गद्य-पथ', 1953 सं.। पृ. 57।
2. 'काव्य और कला तथा अन्य निबंध'; यथार्थवाद और छायावाद से।

बचकाना या कमज़ोर मानकर अस्वीकार कर देता है, तब उसके लिए काव्यानंद लगभग असंभव हो जाता है।' दान्ते और शेली की कविताओं के बीच अंतर स्पष्ट करते हुए इलियट ने 'क्लासिकल' और 'रोमैंटिक' काव्य-प्रवृत्तियों की चर्चा की है—'दान्ते की कविता के रसास्वादन के लिए उसके धार्मिक विश्वासों से सहमत होना आवश्यक नहीं, जबकि शेली को उसके बचकाने उत्साहों से अलग कर सकना असंभव है।'

छायावाद की रोमैंटिक भावधारा से असंतोष 1935 के आसपास स्पष्ट रूप से साहित्य में व्यक्त होने लगा था। प्रगतिवाद, जिसका प्रेरणा-स्रोत मार्क्सवाद था, निराला और पंत जैसे छायावादियों को अपनी ओर आकृष्ट कर रहा था—"युग के सृजन एवं निर्माण-काल में संस्कृति के मूल सदैव परिस्थितियों की वास्तविकता ही में होते हैं'—(पंत) किंतु मार्क्सवादी समीक्षा के आधार साहित्य की अपेक्षा राजनीति और सामाजिक-आर्थिक मसलों से अधिक संबंधित रहे। इसीलिए अकसर घटिया साहित्य भी केवल मार्क्सवादी विचारधारा का समर्थक होने के नाते उत्कृष्ट मान लिया जाता था। टी. एस. इलियट ने इस युग की संवेदनाओं का जब विशुद्ध साहित्यिक एवं सौंदर्यशास्त्रीय पदों (terms) में विश्लेषण प्रस्तुत किया, तो उसका एक पक्ष यह भी था कि साहित्यिक उत्कृष्टता का सवाल वैचारिक मतभेदों से नत्थी न होने पाये। आज हम दान्ते के धार्मिक विचारों के कारण उसके साहित्य को उत्कृष्ट नहीं मानते, बल्कि उन गुणों के कारण जिन्हें इलियट तथा कई अन्य समीक्षकों ने 'क्लासिक्स' के अंतर्गत विचारा है। विचारपक्ष भी एक कृति का सशक्त अंश हो सकता है : किंतु वह उसकी साहित्यिक उत्कृष्टता के लिए पर्याप्त नहीं। विचारधारा कोई भी हो, सवाल है उसकी साहित्यिक अभिव्यक्ति कितनी प्रौढ़ और सुंदर बन पड़ी है—और यहीं साहित्य में तकनीक का महत्त्व प्रमुख हो जाता है। यशपाल के **गीता** उपन्यास में मार्क्सवाद का अधिक स्पष्ट रूप सामने आता है, किंतु उनका **झूठा-सच** बेहतर कृति है, क्योंकि उसमें मार्क्सवाद से अधिक उपन्यास के शिल्प को महत्त्व दिया गया है। प्रगतिवाद ने इस सीमा तक मार्क्सवाद को महत्त्व दिया कि मौलिकता को जन्म देनेवाला व्यक्ति-वैशिष्ट्य ही नाजायज़ लगने लगा।

प्रयोगवाद इस व्यक्ति-वैशिष्ट्य को जायज़ मानकर चला, साथ ही तकनीक संबंधी प्रश्नों को उठाकर उसने साहित्य के उन आधार तत्त्वों का विवेचन आरंभ किया, जो विदेशी साहित्यों में भी उठ रहे थे और जिनकी ओर हिंदी साहित्यकार का भी ध्यान जाना अनिवार्य था। उदाहरण के लिए, 1919 में प्रकाशित टी. एस. इलियट के लेख **ट्रेडिशन एंड द इंडविजुअल टैलेंट** में लेखक ने परंपरा के बारे में लिखा था कि वह "प्रमुखतः ऐतिहासिकता का बोध है...; और ऐतिहासिकता के बोध से तात्पर्य उस दृष्टि से है, जो अतीत की अनुपस्थिति ही नहीं, बल्कि उसकी उपस्थिति के प्रति भी सचेत हो..." इलियट के इस प्रकार के कथनों ने न केवल योरप बल्कि अन्य देशों में भी 'परंपरा' के विभिन्न पक्षों पर नए सिरे से चिंतन प्रोत्साहित किया। **ट्रेडिशन इन द मेकिंग आफ़ माडर्न पोएट्री** (हावर्ड सार्जन्ट) **माडर्न पोएट्री एंड द ट्रेडीशन** (क्लीन्थ ब्रुक्स) आदि

अनेक ऐसी विदेशी पुस्तकों के नाम लिए जा सकते हैं, जिसमें आधुनिक कविता और परंपरा के बीच नए संबंधों को स्थापित करने का प्रयत्न किया गया है। इसी प्रकार भारतीय परंपरा और नयी साहित्यिक चेतना की बात उठाते हुए अज्ञेय का कहना था, "...बुद्धि के नए अनुभवों के आधार पर क्रमशः नया स्फुरण और प्रस्फुटन होता है और नया अनुभव पुराने अनुभव को मिटा नहीं देता, उसमें जुड़कर उसे नयी परिपक्वता देता है...साहित्य के क्षेत्र में हम परंपरा की चर्चा इसी अर्थ में करते हैं..." (समालोचना और नैतिक मान)। नयी कविता में आये 'इतिहास-बोध', 'क्षण', 'समय' आदि अनेक ऐसे शब्द हैं, जिनके विविध प्रयोगों का आधार परंपरा के पुनर्मूल्यांकन से जुड़ता है।

नए साहित्य की अनेक़ समस्याएँ भाषा-संबंधी हैं : विशेषरूप से नयी कविता के शिल्प को समझने के लिए उन सवालों से शुरू करना आवश्यक है, जो 19वीं सदी के फ्रेंच प्रतीकवादियों—ख़ासकर मलार्मे—ने उठाये थे। इलियट के अपने काव्य-शिल्प के पीछे बोदलेअर, मलार्मे, कोरबिएर और लाफ़ोर्ज जैसे प्रभाव रहे हैं। मलार्मे ने कविता का मूलाधार 'शब्द' को माना था और भाषा की लय को संगीत के अनुकरण पर रचना चाहता था। इस प्रयास में उसने शब्दों को भाषा के प्रचलित संदर्भों और नियमों से विच्छिन्न कर सर्वथा नए और अपरिचित संदर्भों में इस प्रकार रखा कि उसकी बहुत-सी कविताओं का कोई अर्थ लगाना ही कठिन हो गया। यह उक्ति कि 'असली कविता समझी जाने से पहले संवेदनीय होती है' शायद मलार्मे की कविता के लिए जितनी सही है, उतनी और किसी के लिए नहीं। आगे चलकर नयी कविता में 'बिंब', 'प्रतीक', 'लय', 'अर्थ', 'शब्द-योजना' आदि पर अधिक ज़ोर दिया जाना इस बात का प्रमाण है कि नए कवियों का ध्यान उन बुनियादी तत्त्वों की ओर जा रहा था, जिनका सम्मिलित रूप भाषा कहा जाता है। हिंदी ही नहीं, किसी भी साहित्य की नवीनतम समीक्षा-पद्धतियों की बात जब हम करते हैं, तो टी. एस. इलियट का **सैक्रेड वुड**, आइ. ए. रिचर्ड्स का **मीनिंग ऑफ़ मीनिंग** और **प्रिंसिपल्स ऑफ़ लिटरेरी क्रिटिसिज़्म**, विलियम एम्पसन की **सेविन टाइम्स** ऑफ़ **ऐंबिगुइटी** आदि के प्रच्छन्न प्रभाव को भाषा-संबंधी चिंतन पर अवश्य पाते हैं। संक्षेप में, कह सकते हैं कि भाषा को लेकर जो वैज्ञानिक ढंग से शोध पिछले 50 वर्षों में होता रहा है, उसका गहरा प्रभाव आज के रचनात्मक और आलोचनात्मक साहित्य पर पड़ा है। उस खोज को, किसी भी वैज्ञानिक सत्य की तरह, देश-विशेष के ही परिवेश में बाँधकर नहीं समझा जा सकता।

इस लेख में मैंने केवल सरसरी तौर पर कुछ ऐसे साहित्यिक पदों की ओर ध्यान आकर्षित कराना चाहा है, जिनका महत्त्व हिंदी के रचनात्मक और समीक्षात्मक संबंधों को बेहतर समझा सकने में है। आशा है, ऐसा न मान लिया जाएगा कि सारा आधुनिक हिंदी साहित्य विदेशी प्रभावों से ही अनुप्राणित है। अंग्रेज़ी साहित्य से प्रभावित होना एक बात है, अंग्रेज़ी भाषा में उपलब्ध जानकारी से प्रभावित होना दूसरी बात। यह कहना

कि हिंदी साहित्य में बहुत-से नए विचार विदेशी हैं, एक तरह से यह स्वीकार करना भी हो सकता है कि हिंदी भाषा बहुत-से नए विचारों के लिए विदेशी है ! मेरी दृष्टि में नयी साहित्य-चेतना की पुराने से सबसे महत्त्वपूर्ण भिन्नता इसी में रही है कि उसने अपने को हर तरह से प्रभाव के प्रति खुला रखा और हिंदी साहित्य के परिवेश को विस्तृत किया।

1964 : 'क ख ग' में प्रकाशित।

भारतीय विश्वविद्यालयों में हिंदी

बड़ी सीमा तक इसे साहित्य का दुर्भाग्य ही समझा जाएगा कि तथाकथित ऊँची शिक्षा का प्रयोजन मुख्यतः ऊँचे पदों के लिए हो और उसी भभ्भड़ में कहीं विशुद्ध साहित्यिक रुचि का कुंठित निर्माण भी। दोनों के बीच एक ऐसी 'ऐटीट्यूडनल' विषमता है जो साहित्य के लिए घातक है और क्रमशः चिंतनशील मन को उस आदर्श से दूर भटका देती है जो केवल दैनिक आवश्यकताओं की पूर्ति से अधिक महत्त्व चिंतन-मनन को देता है। प्राचीन भारत की बात तो दूर है, उस सीमा तक तो शायद ही अब हम मानसिक जीवन को महत्त्व दे सकें, लेकिन प्रो. बिनडाफ के शब्दों में अभी 19वीं सदी तक अंग्रेज़ी विश्वविद्यालयों में विद्यार्थियों का एक बड़ा वर्ग ऐसा था जिसके लिए 'डिगरी' का महत्त्व आय के नाते उतना नहीं था जितना सभ्यता और संस्कृति के नाते।

जहाँ तक हमारे विश्वविद्यालयों में हिंदी अध्ययन-अध्यापन का सवाल है यह बात विशेष महत्त्व रखती है कि अंग्रेज़ी समय में साधारणतः हर जगह, लेकिन विश्वविद्यालयों में मुख्यतः, हिंदी उपेक्षित रही है। कुछ अपवादों को छोड़कर, हिंदी पढ़ाने का काम भी आमतौर पर ऐसे लोगों के हाथ में रहा जिन्हें हिंदी और शायद संस्कृत के अलावा अन्य देशी-विदेशी साहित्यों में उतनी ही कम दिलचस्पी थी जितनी विदेशी साहित्य पढ़ानेवालों को हिंदी में। नतीजा यह हुआ कि हिंदी साहित्य एक ओर तो अंग्रेज़ीवालों की 'स्नाबरी' और दूसरी ओर हिंदीवालों की संकीर्ण मनोवृत्ति का कुछ इस तरह शिकार बनी रही कि उसका पूर्ण विकास नहीं हो सका। दूसरे, हिंदी साहित्य को छोड़कर शेष लगभग सभी विषयों को पढ़ाने का माध्यम अंग्रेज़ी रही जिसके कारण भी हिंदी भाषा का विकास अत्यंत संकुचित क्षेत्रों में ही हो सका। नयी कविता में दुरूहता का एक मुख्य कारण यह भी है कि उसकी सांकेतिक भाव-शैली अब ऐसे विचार-क्षेत्रों से भी मुहावरे ग्रहण करती है जो अब तक हिंदी में नहीं आ सके हैं। नए हिंदी साहित्य में बहुत-से विदेशी कहे जानेवाले मुहावरे केवल इसलिए विदेशी लगते हैं क्योंकि हम हिंदी में उनके अभ्यस्त नहीं। तमाम ऐसे विषय हैं जिनका संबंध हमारे जीवन से तो है लेकिन उसी अनुपात में हमारी भाषा से नहीं स्थापित हो पाया है। यह विषमता तब तक बनी रहेगी जब तक हिंदी के माध्यम द्वारा अन्य गंभीर विषयों पर भी मौलिक चिंतन नहीं होता और मूल ग्रंथ नहीं लिखे जाते। विश्वविद्यालयों में हिंदी साहित्य के अतिरिक्त शायद ही कोई

ऐसा विषय हो जिसमें 'थीसिस' हिंदी में लिखी जाती हो। निस्संदेह कई विषयों में ऐसी अनिवार्य कठिनाइयाँ हैं जिनके कारण अंग्रेज़ी के अतिरिक्त और किसी भाषा में 'थीसिस' लिखना दुसाध्य हो जाएगा, लेकिन जहाँ ऐसी कठिनाइयाँ नहीं भी हैं वहाँ भी हिंदी के लिए न तो विद्यार्थी ही कोई उत्साह दिखाता है, न निर्देशक, क्योंकि इसमें संदेह नहीं कि हिंदी में 'थीसिस' प्रस्तुत करने में विद्यार्थी और निर्देशक दोनों को अंग्रेज़ी की अपेक्षा दूनी मेहनत पड़ जाएगी, यद्यपि यह भी निश्चित है कि यह शोधकार्य हिंदी के लिए भी विषय से कम महत्त्वपूर्ण नहीं सिद्ध होगा।

लेकिन विश्वविद्यालयों में हिंदी विभागों का हिंदी साहित्य को लेकर अधिक गंभीर दायित्व है। साहित्य के निर्देशित पाठ्यक्रम में नए साहित्य का अभाव इतना चिंताजनक फिर भी नहीं जितना अकसर नए दृष्टिकोण का भी अभाव। 'प्राचीनों' और 'क्लासिक्स' पर जोर दिया जाना तो उचित ही है लेकिन उनके किस पक्ष पर कितना जोर दिया जाए इसका विवेक स्वयं में हिंदी साहित्य से अधिक विकसित साहित्य या साहित्यों के भी गंभीर ज्ञान की अपेक्षा रखता है। तुलसी और सूर को पढ़ानेवाले भी कभी-कभी उसी युग के मालूम देने लगते हैं, इस युग के नहीं जिसके संदर्भ में प्राचीनों का महत्त्व विचारा जाना चाहिए। विश्वविद्यालयों में अकसर प्राचीनों को जितनी भक्ति से पढ़ाया जाता है शायद उतनी समझदारी से नहीं। साहित्य को इस प्रकार पढ़ाया जाना, विद्यार्थी को कदाचित् साहित्य इसी प्रकार पढ़ाने के योग्य-भर ही रखता है। उसमें उस स्वतंत्र दृष्टिकोण का विकास नहीं होने पाता जिसका संबंध रचनात्मक साहित्य से है।

इस शिक्षण-प्रथा का हिंदी की आलोचना-परंपरा से घनिष्ठ संबंध है। साहित्य के रचना-पक्ष पर भले ही इस शिक्षण-पद्धति का बहुत गहरा असर न पड़ सके—क्योंकि रचना-प्रक्रिया स्वभाव का विद्रोही पक्ष अधिक है अनुसरण पक्ष कम—लेकिन हिंदी साहित्य का आलोचना अंग अवश्य ऐसा है जिस पर विश्वविद्यालयों की भरपूर छाप देखी जा सकती है। यहाँ इतना स्पष्ट कर देना चाहता हूँ कि मेरा अभिप्राय 'क्लासिक्स' या प्राचीनों को किसी भी प्रकार निरादर से देखना नहीं बल्कि उनके अध्ययन के एक ढंग विशेष का परीक्षण करना है—वह ढंग जिसके कारण प्राचीनों को लेकर एक खास तरह की आलोचना हिंदी में ढेरों लिखी गई और लिखी जा रही हैं। इस श्रद्धा-गद्गद समीक्षा को पढ़-सुनकर तो यही लगता है कि सारी नयी साहित्यिक चेष्टा और चेतना ही बेकार है। एक अच्छे नए लेखक के लिए यदि मृत्यु से भी बड़ी कोई दुर्घटना हो सकती है तो वह जीवित रहना है, क्योंकि बिना मरे वह अमर नहीं हो सकता और जीते जी मरे से बदतर है ! हमारे कई विश्वविद्यालयों में नए की ओर से यह उपेक्षा भाव इस सीमा तक है कि जहाँ लगभग सभी विदेशी विश्वविद्यालयों में यह नियम-सा हो गया है कि प्रसिद्ध जीवित लेखकों को समय-समय पर बुलाकर उनसे 'स्पेशल लेक्चर्स' दिलवाए जाएँ या 'विशिष्ट साहित्यिक सेमिनार्स' में हिस्सा लेने को कहा जाए वहाँ हमारे विश्वविद्यालयों में नए साहित्य को सहानुभूतिपूर्वक पढ़ना या पढ़ाना भी अनावश्यक लगता है। परिणामतः विद्यार्थियों का एक बड़ा वर्ग या तो नए साहित्य ही से अनभिज्ञ

रहता है, या नए साहित्य को जन्म देनेवाली प्रेरक शक्तियों से। स्पष्ट है कि दोनों ही दशाओं में नए साहित्य पर जो भी साहित्य लिखा जाएगा वह 'नए' के साथ कितना न्याय कर सकेगा, या पुराने पर भी कितना नया प्रकाश डाल सकेगा। लेकिन यहाँ यह कहना भी ज़रूरी है कि इधर हमारे कई विश्वविद्यालयों से ऐसी प्रतिभाएँ आई हैं जिन्होंने साहित्य को न केवल अपना सृजनात्मक योग दिया बल्कि उसकी नवीनतम प्रवृत्तियों को कई तरह से प्रोत्साहित भी किया।

अंत में मैं इस बात पर विशेष जोर देना चाहूँगा कि विदेशों में आलोचना, ख़ासकर व्यावहारिक आलोचना (Practical Criticism) अधिकांश विश्वविद्यालयों की ही देन है, शिक्षकों द्वारा और रिसर्च के विद्यार्थियों द्वारा। अभी भी श्रेष्ठ आलोचना का ज़्यादा बड़ा हिस्सा अध्यापक-विद्यार्थी वर्ग से आ रहा है जो पूर्णतः साहित्य की नयी परिस्थितियों के प्रति अपने को सचेत रखने का प्रयत्न करता है। अपने यहाँ भी प्राचीन टीकाएँ और साहित्यशास्त्र 'आचार्यों' से ही अधिक संबंधित हैं, लेखकों और कवियों से कम। अतः, यदि हिंदी का शिक्षक-वर्ग यह महसूस करता है कि हिंदी का अध्ययन-अध्यापन उपलब्ध हिंदी आलोचना ग्रंथों तक ही सीमित है तो यह उनकी अपनी सीमा है, साहित्य की नहीं। साहित्यशास्त्र एवं समीक्षा-सिद्धांत संबंधी बाहरी पुस्तकें भी हैं, और अनिवार्य हैं। एक विकसित और विस्तृत साहित्यिक दृष्टिकोण स्वयं साहित्य-सृजन न करते हुए भी साहित्य-सृजन को कितने क्रांतिकारी रूप से प्रभावित कर सकता है इसका पर्याप्त उदाहरण संसार के अनेक ऐसे विद्वान हैं जो मुख्यतः विश्वविद्यालयों से संबंधित रहे।

1958 : 'युगचेतना' (संपादकीय)।

अध्ययन और रचनात्मक साहित्य

बहुत से अंधमतों की तरह यह मत भी काफी प्रचलित है, कम से कम व्यवहार में, कि रचनात्मक साहित्य लिखनेवालों के लिए अधिक पढ़ा-लिखा होना आवश्यक नहीं : लेखक के पास प्रतिभा और प्रेरणा यदि है तो वह महान् साहित्य रच सकता है। बहुविषयक जानकारी उसके लिए अनावश्यक बोझ है। इस मत की पुष्टि में अकसर शेक्सपियर का उदाहरण दिया जाना रोचक है, यद्यपि शेक्सपियर शायद उतना कम पढ़ा नहीं था जितना कम पढ़े लोग समझते हैं। आत्मसंतोष के लिए आत्मवंचना के ऐसे तरीके कोई नयी बात नहीं। इस सिलसिले में तुलसीदासजी का नाम नहीं लिया जाता क्योंकि उन्होंने अपने महाकाव्य के आरंभ में ही ''नानापुराणनिगमागमसम्मतंयद् रामायण...'' वाली ज़रा असुविधाजनक बात कह दी है। कुछ लोगों का तो यहाँ तक कहना है कि प्रतिभाशाली साहित्यकार को उसूलन ज़्यादा नहीं पढ़ना चाहिए ताकि शक्तिशाली साहित्य लेखक की अपनी मौलिकता पर हावी न हो जाए। इस दलील में एक मज़ेदार तर्क निहित है : साहित्य हर तरह के यथार्थ से प्रभावित हो सकता है लेकिन साहित्यिक यथार्थ से नहीं : या, दूसरे शब्दों में, रचित साहित्य ऐसी वास्तविकता नहीं जिससे प्रभावित हुआ जाए। उनके खयाल से 'जीवन' और 'साहित्य' का एक-दूसरे से कुछ वैसा-सा संबंध है जैसा 'कच्चे माल' और 'बाज़ार के लिए तैयार माल' में होता है। शायद वे उस सीमा तक ठीक भी हैं जहाँ उनके लिए 'साहित्य' बाज़ारू चीज़ से अधिक और कुछ नहीं : वे आसानी से ऐसा 'साहित्यिक माल' तैयार कर सकते हैं जिसकी काफ़ी खपत हो और जिसके लिए ज़्यादा अध्ययन-मनन की ज़रूरत नहीं। लेकिन साहित्य जहाँ जीवन की मात्र व्यावसायिक चेष्टा न होकर सर्वप्रथम उसके कला-पक्ष की अभिव्यक्ति है वहाँ साहित्य और जीवन का संबंध दूसरा होगा। रचा जाने के बाद साहित्य भी उसी जीवन का यथार्थ एवं घनिष्ठ अंग बन जाता है जिससे वह उत्पन्न होता है। जीवन और साहित्य की इस इकट्ठा निधि से ही नया साहित्य विकसित होता चलता है : इन दोनों को अलग करके नहीं रखा जा सकता अन्यथा हमें मनुष्य की हर रचनात्मक उपलब्धि को जीवन से अलग मानना पड़ेगा !—फिर 'जीवन' के नाम पर बच क्या रहेगा, समझ में नहीं आता ? एक जागरूक साहित्यकार के लिए जीवन की हर रचनात्मक चेष्टा से लिप्त होना उतना ही रोचक और आवश्यक है जितना जीवन

से लिप्त होना। मोटे तौर पर जीवन का अनुभव भी केवल एक सतही अभिव्यक्ति पाकर ही रह जाएगा यदि हममें उस पर चिंतन-मनन करने के लिए पर्याप्त बौद्धिक तैयारी नहीं है।

रचनात्मक प्रक्रिया के सिलसिले में 'बौद्धिक' शब्द से जो ध्वनि निकलती है वह तनिक भ्रामक है। पृष्ठभूमि की जिस सांस्कृतिक एवं ऐतिहासिक जीवन-दृष्टि से सम्पन्न विज्ञता से तात्पर्य है उसका संबंध यदि रूखी बौद्धिकता से है भी तो ज़रा दूर का। अध्ययन द्वारा ही हमारी साहित्यिक रुचि का परिष्कार होता है जिसके बिना हम उस प्रौढ़ साहित्यिक विवेक को नहीं पा सकते जिसका मौलिकता से विशेष संबंध है। अध्ययन से मेरा यह आग्रह नहीं कि लेखक सर्वज्ञाता पंडित ही हो लेकिन वह इतनी जानकारी अवश्य प्राप्त कर सकता है कि विविध विषयों में एक प्रबुद्ध रुचि ले सके, उनके महत्त्व या अ-महत्त्व को जीवन से जोड़ सके, उन्हें यदि चाहे तो एक साहित्यिक रूप दे सके। इस प्रकार के बौद्धिक संश्लेषण को, विशेषकर साहित्य के क्षेत्र में, मैं वैज्ञानिक जीवन-दृष्टि की माँग और देन दोनों मानता हूँ—जिसका सर्वोत्कृष्ट उदाहरण शायद लिओनार्दो द विंची था। जितना प्रतिभाशाली लेखक होगा उतनी ही कुशलता से वह अर्जित ज्ञान का मौलिक अर्थ में उपयोग कर सकेगा। निस्संदेह, एक अच्छे साहित्यकार में प्रतिभा तो पहली शर्त है ही लेकिन उस प्रतिभा को सम्पन्न रख सकने योग्य जानकारी के बिना वह आज के युग में किसी तथ्यपूर्ण साहित्यिक उपलब्धि तक पहुँच सकेगा इससे मुझे संदेह है। हिंदी साहित्य में शायद आज प्रतिभा की उतनी कमी नहीं जितनी चिंतन-विवेचन की। आज के साहित्यकार के लिए जीवन की दैनिक कठिनाइयों से ही गुज़रना काफ़ी नहीं : इससे ज़्यादा ज़रूरी है उसके लिए युग के घोर वैचारिक संघर्षों में सक्रिय हिस्सा ले सकना। उस मानसिक विकास तक पहुँचना कि हम मनुष्य की परिस्थितियों के स्रोत-कारणों को समझ सकें : परिस्थितियों में रहते हुए भी उनसे ऊपर उठकर देख सकें।

आज जबकि साहित्य को न केवल सामाजिक होना है बल्कि विवेकशील ढंग से सामाजिक होना है, यह बात आधुनिक नहीं लगती कि साहित्यकार अपने आपको सुशिक्षित रखने की ज़िम्मेदारी से बचे। अब हम अपनी मानसिक संवेदनाओं को उस तरह हर तरफ़ से समेटकर राजा, संरक्षक, देवी-देवता या सामंत जैसी इकाई सत्ता के प्रति एकाग्र नहीं रख सकते जैसा कि पुराने साहित्य में संभव था। आज हम जीवन से, मानवता से, अधिक व्यापक रूप में संबंधित हैं : वस्तुतः, जैसा कि अस्तित्ववादी सार्त्र का कहना है, अधिक व्यक्तिगत अर्थ में भी 'कमिटेड' हैं क्योंकि अब हमारे कर्म का औचित्य किसी नैतिक या धार्मिक मान्यता पर उस प्रकार निर्भर नहीं जिस प्रकार हमारे विवेक तथा चिंतन द्वारा एक सही निर्णय ले सकने पर। नए ज्ञान के प्रकाश में ऐसी बहुत-सी प्राचीन मान्यताएँ हैं जो निराधार सिद्ध होती हैं। जीवन में ऐसी स्थिति हमेशा आती रहती है जबकि हमें एक स्वतंत्र निर्णय लेने पर बाध्य होना पड़ता है—चाहे वह निर्णय ईश्वर या धर्म को स्वीकार करने या न-करने का निर्णय ही क्यों न हो।

इसलिए आवश्यक है कि हम अपनी मान्यताओं के आधारों को दुहराएँ, उन्हें दुहराने के बौद्धिक साधनों से परिचित हों, उन्हें दुहराने की आवश्यकता को समझें। यह तभी संभव है जब हमारी जानकारी का क्षेत्र भरसक विविध और विस्तृत हो। मेरा विश्वास है कि यदि लेखक वास्तव में जिज्ञासु है तो उसके लिए आज की दुनिया में आवश्यक ज्ञान से परिचित हो सकना—ज्ञान के कई गुना बढ़ जाने के बावजूद भी पहले से कहीं अधिक सुलभ और रोचक है। रेडियो, चलचित्र, अखबार, मैगजीनें, पुस्तकें आदि ऐसे माध्यम हैं जिन्होंने संसार को जहाँ हमारे बहुत पास ला दिया है वहाँ हमारी मानसिक प्रतिक्रियाओं को बहुत दूर तक पहुँचा भी सकते हैं। आज हम जो कुछ सोचते या लिखते हैं उसका महत्त्व जिस जीवन के प्रसंग में है वह पहले से कहीं अधिक जटिल और विशाल है। इसी प्रकार आज जहाँ विशिष्ट अध्ययन (Specialised Studies) असाध्य रूप से ज्ञान का दायरा सर्वसाधारण की पहुँच से बाहर कर देते हैं वहाँ उन्हें सरल करके साधारण पाठक तक पहुँचाने के तरीके भी कम नहीं हैं। टेकनिकल विषयों के साधारणीकरण का अर्थ हमेशा उनका विकृतीकरण ही नहीं : विशेषज्ञों द्वारा जब यह काम संपादित होता है तो सापेक्षतावाद जैसे दुरूह विषय भी आवश्यक सीमा तक समझदार शिक्षित पाठक के लिए बोधगम्य बनाए जा सकते हैं।

आधुनिक युग हर चिंतनशील प्राणी से एक नयी तरह की ज़िम्मेदारी की माँग करता है जिसका बहुत ही महत्त्वपूर्ण संबंध हमारे सोचने के ढंग से है। विज्ञानयुग में मनुष्य शायद ईश्वर की रची चीज़ों से उतना प्रशासित या प्रताड़ित नहीं जितना अपनी रची चीज़ों से। कदाचित त्रैलोक्य के स्तर पर भी ईश्वर ने दुनिया का शासन आदमी के हाथों में सौंप दिया है, उसी प्रकार जैसे अंतर्राष्ट्रीय स्तर पर उपनिवेशवाद का अंत हो गया है ! अभी भी अगर आदमी अपने किए के लिए अपने आपको ज़िम्मेदार नहीं समझता तो यदि वह बहुत पीछे नहीं तो कम से कम 19वीं सदी में तो रह ही रहा है ! जिस प्रकार के हिंदी साहित्य की आजकल भी माँग है, और जो काफ़ी मात्रा में पूरी हो रही है, उसे देखकर यह नहीं लगता कि वह इसी युग का साहित्य है। उसे आसानी से 50 वर्ष पीछे रखा जा सकता है। यही नहीं, यदि वास्तव में युगोचित समस्याएँ हिंदी में उठाई जाएँ तो वे विदेशी लगती हैं ! 16 अगस्त 1957 के **टाइम्स लिटरेरी सप्लीमेंट** में भारत की साहित्यिक स्थिति पर एक विवेकपूर्ण लेख छपा था जिसके कुछ अंश विशेष दृष्टव्य हैं : 'नया लेखक अब एक वर्ग विशेष के लिए ही लिखकर संतुष्ट नहीं। वह समाज के प्रति अपनी ज़िम्मेदारी महसूस करता है लेकिन साथ ही अपनी व्यक्तिगत स्वतंत्रता और ईमानदारी का बलिदान भी नहीं करना चाहता। यह समस्या भारत ही नहीं सभी नए लोकतंत्रों के सामने है लेकिन भारत में जो बात इस समस्या को और भी जटिल बना देती है वह यही नहीं कि लेखक और पाठक दो अलग-अलग वर्गों में रह रहे हैं बल्कि यह कि वे दोनों इतिहास के दो अलग- अलग युगों में रह रहे हैं...।''

शायद इसीलिए हमारे यहाँ ऐसे लेखक जो अपने आपको समाज की रुचि और

माँग के प्रति सबसे पहले उत्तरदायी समझते हैं उस युग की बात नहीं करना चाहते जिस युग में अभी उनके पाठक नहीं पहुँच सके हैं ! वास्तव में शायद समस्या का रूप यों है कि लेखक स्वयं उस युग से भलीभाँति परिचित नहीं जिस युग में वे रह रहे हैं। साहित्य में कोरी भावुकता या छिछले यथार्थ का नाटकीय प्रदर्शन, तथा भावों की एक गंभीर स्तर पर अधिक परिष्कृत एवं संयत अभिव्यक्ति कर पाना अप्रौढ़ता से प्रौढ़ता तक विकास की दो स्पष्ट सीमाएँ हैं। साहित्य में रसात्मकता के लिए यह समझना ग़लत होगा कि यह बुद्धि-तत्त्व के कम और हृदय-तत्त्व के ज़्यादा होने से आती है। यदि चलताऊ क़िस्म के साहित्य की माँग और प्रचार अधिक है तो उससे यह निष्कर्ष नहीं निकलता कि दूसरे क़िस्म का साहित्य असामाजिक और ऐकान्तिक है बल्कि यह कि जनसाधारण का स्तर प्रौढ़ता का स्तर नहीं। ऐसी दशा में साधारणीकरण या शायद निम्नस्तरीकरण !—पर अधिक ज़ोर देना प्रौढ़ एवं गंभीर साहित्य की संभावनाओं को कुंठित करना होगा। और क्षेत्रों में भले ही चल जाए पर साहित्य के क्षेत्र में लोकतांत्रिक आधार पर नियमन कम समझ में आता है। किसी हद तक हमें बौद्धिक वर्ग को पूर्ण स्वतंत्रता देनी होगी यदि हमें ऐसा साहित्य चाहिए जो 'बहुजनसुखाय' ही नहीं 'बहुजनहिताय' भी हो। लोग हमेशा वही नहीं चाहते जो उनके लिए हितकर हो। एक जागरूक बुद्धिजीवी के लिए अकसर एक बिलकुल नया रास्ता अपनाना अनिवार्य हो जा सकता है—सृजन के हित में, प्रगति के हित में। जैसा कि मैं अन्यत्र एक लेख में भी कह चुका हूँ, खोज और प्रयास की इस प्रवृत्ति को मैं मानवजाति की सर्वश्रेष्ठ उपलब्धियों का मूलस्रोत मानता हूँ। इस जिज्ञासुबुद्धि से अधिक आदरणीय और कोई सत्य नहीं हो सकता और इसके प्रति हमारा उदार दृष्टिकोण अधिकांश सीमा तक उसी बौद्धिक तैयारी पर निर्भर है जिसकी बात मैं ऊपर कह आया हूँ। यदि अपने को शिक्षित करने के दौरान हमने वैज्ञानिक जीवन-दृष्टि और साहसिक चिंतन के क्रांतिकारी महत्त्व को समझा और सराहा है तो हमारे लिए रचना के क्षेत्र में कोई भी ईमानदार नया प्रयास निरर्थक नहीं : यदि हमारी शिक्षा में प्रधानता धार्मिक एवं मतवादी ढंग के तत्त्वों की रही है तो निस्संदेह हमारी बुद्धि अधिक कट्टर और रूढ़िप्रिय होगी, जो रचनात्मक प्रक्रिया के लिए अनुपयुक्त है।

1958 : 'युगचेतना' (संपादकीय)।

हिंदी पत्रिकाओं में पुस्तक-समीक्षा

हिंदी पत्रिकाओं में पुस्तक-समीक्षा आमतौर पर उस साहित्यिक बेगार की तरह है जो किसी भी लेखक से लिया जा सकता है—और जिसमें ज़्यादातर वे नौसिखिए पकड़े जाते हैं जो साहित्य के नाम पर अपनी दिमाग़ी भड़ास निकालना चाहते हैं, क्योंकि उन्हीं के पास वह मुफ़्त समय होता है जो बड़े-बड़े लेखकों के पास नहीं होता। बड़े-बड़े लेखकों का क़ीमती समय होता है जिसका अपव्यय पुस्तक-समीक्षा जैसी चीज़ों पर नहीं हो सकता। उनमें से कुछ को तो समीक्षार्थ पुस्तक भेजने के अर्थ हैं कि वह अनिश्चित समय के लिए घपले में पड़ गई। साल-डेढ़ साल तक सन्नाटा खींच जाएँ तो कोई बड़ी बात नहीं, तब तक पुस्तक का पर्याप्त भाग्य-निबटारा यों ही हो जाता है। काफ़ी याद करने पर अगर आलोचक की 'मौन' आलोचना से कुछ अधिक प्राप्त भी हो जाए तो ज़्यादा संभावना यही है कि पुस्तक से किसी प्रकार जान छुड़ाई गई हो। ऐसे सिद्ध पारख़ियों की कमी नहीं जो ज़्यादातर "ख़त का मज़मूँ भाँप लेते हैं लिफ़ाफा देखकर।" पुस्तक को देखा, छुआ, उलटा-पुलटा, तौला और अंदाज़ से उसका साहित्यिक 'वज़न' लिख भेजा। बहुत-सी पुस्तकों के लिए शायद यह तरीक़ा बेजा नहीं ! लेकिन यही तरीक़ा हर पुस्तक पर लागू करना लेखक ही नहीं, साहित्य के साथ भी ज़्यादती है।

इसका नतीजा यह होता है कि पत्रिकाओं को समीक्षार्थ पुस्तक ऐसे ही लेखकों के पास भेजने को मजबूर होना पड़ता है जहाँ से समीक्षा समय से मिल सके, भले ही वह संपादक के मनोनीत न हो। पुस्तक-समीक्षा के नाम पर आजकल जो बहुत-सी अनाड़ी चीज़ें पढ़ने को मिलती हैं उनको देखकर अब कुछ ऐसा भ्रम होने लगा है कि शायद यह स्तंभ होता ही इसलिए है कि नयी पुस्तकों पर—जिनके क्लासिक्स होने का कोई डर नहीं—लिखकर साहित्य के अखाड़े में घुसने का इरादा रखनेवाले पहले अपनी पुरानी पढ़ी चीज़ों को दंडवत करें और फिर किसी धाकड़ उस्ताद का नाम लेकर किसी नयी कृति को दे मारें। ये समीक्षाएँ उस कोटि की होती हैं जिनसे पुस्तक के बारे में कम मालूम होता है, आलोचक के बारे में ज़्यादा। इन आलोचकों को उन छोटे-मोटे साहित्यिक नेपोलियनों के साथ रखा जा सकता है जो साहित्य में एक दिन कुछ कर गुज़रने का हौसला-भर रखते हैं, प्रतिभा नहीं। इन्हीं के विपरीत उस ढंग की समीक्षाएँ होती हैं जिन्हें देखकर स्कूली निबंध याद आते हैं—जिनमें बड़ी मेहनत से याद

आलोचनाओं के मुहावरे जुटाए गए हों। इनको पढ़ने से पुस्तक के बारे में निश्चित रूप से इतना ही मालूम हो पाता है कि लेखक कौन है, प्रकाशक कौन है, शीर्षक क्या है, मूल्य क्या है, आकार क्या है, छपाई कैसी है आदि—यानी से सभी बातें जो एक विज्ञापन में होनी चाहिए। पुस्तक का साहित्यिक स्तर क्या है यह जानना उतना ही मुश्किल है जितना आलोचक का साहित्यिक स्तर जानना आसान। कठिनता से कहीं वह ज़िंदा और ताज़ी समीक्षा देखने को मिलती है जो समीक्षक की सूक्ष्म अंतर्दृष्टि एवं विवेकपूर्ण प्रतिक्रिया की परिचायक हो। इसमें संदेह नहीं कि अधिकांश पुस्तकें होती भी ऐसी ही हैं जिनका स्थूल से परे कोई सूक्ष्म व्यक्तित्व नहीं होता, लेकिन जब गंभीर विषयों पर लिखी पुस्तकों के साथ भी "सब धान बाइस पसेरी" वाली नीति बरती जाती है तो प्रचलित समीक्षा-पद्धति को ज़रा नज़दीक से जाँचने की ज़रूरत महसूस होती है। अगर एक साहित्यिक मूल्यांकन मात्र विज्ञापन के स्तर तक पहुँचा दिया जा सकता है तो इसका अंदाज़ा लगाना कठिन नहीं कि एक गंभीर कृति किस स्तर तक पहुँच सकती है।

यह कहना ग़लत होगा कि नयी पुस्तकों के प्रति सारी उदासीनता ज़िम्मेदार लेखकों की ही ओर से होती है। यह धारणा लेखकों ही नहीं, पत्र-संपादकों की भी है कि पुस्तक-समीक्षा को लेकर अपना श्रम और व्यय दोनों बचाना चाहिए। इस दिशा में बहुत बड़ी सीमा तक अकसर संपादकों की अयोग्यता भी ज़िम्मेदार है। पुस्तक के विषय का अनुमान कर सकना और उसके उपयुक्त समालोचक का चुनाव कर सकना, साधारणतः जैसा समझा जाता है उससे अधिक योग्यता की अपेक्षा रखता है। एक कृति उचित साहित्यिक न्याय की आशा कैसे कर सकती है जब तक कि वह ठीक न्यायालय में लाई ही न जाए ? किसी पुस्तक पर अगर एक बार ग़लत फ़ैसला सुना दिया गया तो कैसे वह उसकी आगे की अपील पर भी असर डाल सकता है इसकी बहुत बड़ी ज़िम्मेदारी उस संपादक पर आती है जो एक वकील की हैसियत से न्याय दिलवा सकने में असफल रहा। कहने की आवश्यकता नहीं कि उसे ही यह भी देखना है कि किसी ग़लत पुस्तक के साथ मिलीभगत न होने पाये, क्योंकि वह वकील होते हुए भी किसी का प्राइवेट वकील नहीं—सरकारी वकील है ! उसका पक्ष साहित्यिक सत्य का पक्ष है, किसी फ़ीस का पक्ष नहीं। यहाँ मेरा उन रिव्यू-प्रधान पत्रों से विशेष अभिप्राय नहीं जो प्रकाशकों की ओर से उनकी प्रकाशित पुस्तकों के प्रचारार्थ विशुद्ध व्यावसायिक दृष्टिकोण से निकलते हैं—स्पष्टतः उनके लिए किसी पुस्तक का साहित्यिक मूल्य उतना महत्त्व नहीं रखता जितना उसका बाज़ारू मूल्य—बल्कि उन तमाम साहित्यिक पत्रों से है जिनका उद्देश्य उत्कृष्ट कृतियों को सही साहित्यिक अर्थ में सामने लाना है। हममें से जो अंग्रेज़ी की **टाइम्स लिटरेरी सप्लीमेंट, लंडन मैगजीन, एनकाउंटर, लिसनर** आदि पत्रिकाओं से परिचित हैं—उन्हें यह बताने की आवश्यकता नहीं कि इन पत्रों में निकली समालोचनाओं का स्वयं में कितना बड़ा महत्त्व होता है और एक पाठक उनके आधार पर कहाँ तक बिना धोखा खाए पठनीय साहित्य का सही चुनाव कर सकता है। भले ही लेखक या पाठक आलोचक से सभी बातों में सहमत न हो सके लेकिन यह शिकायत कठिनता

से की जा सकती है कि समीक्षाएँ अप्रौढ़ या टलुआ ढंग से की जाती हैं। पुस्तक का एक निकट और सही अंदाज़ अवश्य मिल जाता है। असहमति के बावजूद भी यह असंभव है कि कोई महत्त्वपूर्ण पुस्तक गंभीर मूल्यांकन से छूट जाए या एक ग़लत पुस्तक की अनुचित सिफ़ारिश हो जाए।

इसका एक कारण वहाँ पाठकों की बौद्धिक जागरूकता भी है। महत्त्वपूर्ण पुस्तकों की समीक्षा लेखक और आलोचक तक ही नहीं सीमित रहती बल्कि उनको लेकर पाठक भी सक्रिय हिस्सा लेता है। 'सम्पादक के नाम पत्र' हमारे यहाँ जहाँ पुस्तक-समीक्षाओं की ओर से सामान्यतः चुप रहते हैं, वहाँ विदेशों में, ग़लती करने पर आलोचक की भी कड़ी आलोचना कर डालते हैं। जहाँ इस प्रकार की सार्वजनिक आलोचना समीक्षक को अपने कार्य के प्रति पूर्ण सतर्क रखती है वहाँ इस ओर सचेत भी कि साधारण पढ़नेवाला इतना साधारण नहीं कि पुस्तक-समीक्षा के नाम पर चलताऊ चीज़ें स्वीकार कर ले। घूम-फिरकर हम देखेंगे कि बात हमारी उस चौतरफ़ा ढिलाई पर आ जाती है जिसका घनिष्ठ संबंध हमारी ठलुआ-दिमाग़ी (mental complacency) से है। आत्मालोचना की कमी ही है कि हम निडरता और ईमानदारी से अपनी कमज़ोरियों का सामना नहीं करना चाहते—उनके कारणों को नहीं समझना चाहते, क्योंकि उसके लिए अकसर अपने सोचने की आदत को कष्टप्रद ढंग से बदलना पड़ता है ! अकसर तो ऐसा लगता है कि हममें जैसे वह सृजनात्मक असंतोष और आत्मविश्वास है ही नहीं जिसका अदम्य उत्साह नयी-पुरानी चीज़ों को रचने, सँवारने, सुधारने के लिए अपने को मुक्त ही नहीं, समर्थ भी समझता हो।

1957 : 'युगचेतना' (संपादकीय)।

आधुनिकता : विचारों की सार्वभौमिकता

आधुनिकता का अर्थ वैज्ञानिक और तकनीकी प्रगति के साथ अनिवार्य रूप से जुड़ा है। उसका सतही अर्थ भी और गंभीर अर्थ भी, उसका संकुचित अर्थ भी और उसका उदार अर्थ भी। आधुनिकता के सतही अर्थ पर टिप्पणी करते हुए उन्नीसवीं सदी में बोदेलेयर ने सावधान किया था कि सिगरेट, माचिस, तमाम उपकरणों और प्रसाधनों आदि के साथ जो आधुनिकता का फूहड़ अर्थ जुड़ता जा रहा है उससे बचना ज़रूरी है। साहित्य और कलाओं में आधुनिकता का मतलब बिलकुल जुदा होता है। पंद्रहवीं सदी में रेनेसाँ काल में आधुनिकता का अर्थ मुख्यतः मानवीय संदर्भ में कलाओं में पहचाना गया था और यही वह समय भी है जब आधुनिक विज्ञान की एक निश्चित पहचान बनने लगी थी। यूरोप में सत्रहवीं सदी तक उस प्रकार के चिंतन की रूपरेखा सामने आ गयी थी जिसका मुख्य आधार तर्क और विश्लेषणमूलक सोच था, उस तरह का भावात्मक और धारणामूलक सोच नहीं जिसके ख़िलाफ़ रेनेसाँ काल में ही प्रतिक्रिया आरंभ हो गयी थी और जो अँधेरे मध्ययुगीन इतिहास को आधुनिक, वैज्ञानिक युग में लानेवाली मानसिकता थी। इस तरह हम देखते हैं कि विज्ञान या वैज्ञानिक चिंतन का एक मतलब जहाँ शुद्ध भौतिक यथार्थ की छान-बीन से जुड़ा वहीं उसका दूसरा और शायद ज़्यादा गहरा मतलब एक ख़ास तरह की मानसिकता यानी तर्क, विवेचन, विश्लेषण, संश्लेषण, अन्वेषण, प्रयोगशीलता आदि से जुड़ा है जिसके प्रत्यक्ष या परोक्ष असर ने आज के साहित्य और कला को वह विशिष्ट पहचान दी है जिसे हम आधुनिक कहते हैं।—मुझे लगता है यह संदर्भ बहुत आवश्यक है। जिसे हम 'तात्कालिक यथार्थ' कहते हैं या जिससे हम प्रतिकृत होते हैं उस प्रतिक्रिया के दौरान हमारी प्रतिक्रिया कितने संदर्भों को स्पर्श करती है—अपने समय के विचार, अपनी ज़मीन की स्थितियों दोनों को लेते हुए—तो यह जो कविता का या साहित्य का **रेफ़रेंशियल नेचर** है यह मुझे इम्पॉर्टेंट लगता है और कई मायनों में आधुनिक चिंतन का एक महत्त्वपूर्ण हिस्सा लगता है। पहले एक **इमोशनल रिएक्शन** था—वह मुझे इस मायने में इतना वैज्ञानिक नहीं लगता, उसके पीछे उस तरह की शक्तियाँ नहीं हैं जो ज़्यादा खोज-बीन या अन्वेषण को प्रोत्साहित करती हैं या कारणों को समझना चाहती हैं। इसीलिए बीसवीं सदी के मानवतावादी विचारकों की मुख्य चिंता यह रही कि आधुनिकता का अर्थ केवल भौतिक

उन्नति से नहीं, आदमी की चेतना के विकास के साथ भी जुड़े और साहित्य तथा कलाओं में उसका पक्ष स्पष्ट और सशक्त उभरे।

इस सदी के पूरे सोच पर बुनियादी असर डालनेवाले तीन प्रमुख विचारकों—मार्क्स, फ्रॉयड और आइन्स्टाइन को लें तो विज्ञान और आधुनिकता के बीच का वह उदार अंतःसंबंध स्पष्ट हो जाएगा जो आज के मनुष्य के सामाजिक, आर्थिक, नैतिक तथा काल और वस्तुसापेक्ष स्थिति को एक बिलकुल तर्कमूलक या **रेशनल** धरातल पर रखकर समझने की कोशिश है। इन विचारकों को लेकर एक ख़ास बात की ओर ध्यान आकर्षित करना चाहता हूँ—कविता को जिस तरह से मैं देखता हूँ आज उससे यह भी जुड़ता है—ये विचार अपने देश-काल से बँधे नहीं हैं। उनके विचारों में एक सार्वभौमिकता है तथा उनका महत्त्व उनके अपने देश और ज़मीन से कहीं ज़्यादा उन देशों और ज़मीनों से है जिनसे उनका कोई सीधा रिश्ता कभी नहीं रहा। अतः आधुनिकता के पहले मतलब को हम सबसे पहले विश्व संदर्भ में ही पहचान पाते हैं। यह विचारों की **यूनिवर्सेलिटी** जो है चाहे मार्क्स हों, चाहे फ्रॉयड हों या आइन्स्टाइन हों, उसको हम इतने **रीजनल** या एक जगह रख नहीं पाते हैं, उनके विचारों में जो इतनी सार्वभौमिकता है, **यूनिवर्सेलिटी** है, वह मुझे आधुनिकता का एक महत्त्वपूर्ण अंग लगता है। दूसरी बात, ये अपने-अपने क्षेत्रों के अत्यंत क्रांतिकारी चिंतक रहे हैं और हमारे पारंपरिक और ऐतिहासिक चिंतन पर ही नहीं, चिंतन के ढंग पर भी सशक्त संदेह और प्रश्न की मुद्रा को जायज़ ठहराते हैं। कविता का यह जो **क्वेश्चनिंग एटिट्यूड** है, निर्णयात्मक न होकर थोड़ा संशयात्मक होना, सवालों को उठाना, उतना जवाब देने की नहीं जितना सही सवाल उठा सकने की प्रवृत्ति। एक वैज्ञानिक दृष्टिकोण से कोई भी खोज या विचार या तथ्य अंतिम नहीं होता, बल्कि गतिशील और विकासशील होता है। लेकिन एक अवैज्ञानिक दिमाग़ के अंदर यह बिलकुल मुमकिन हैं कि वह किसी भी वैज्ञानिक तथ्य को एक स्थिर या स्थापित सत्य या धारणा मानकर चले और उससे धार्मिक किस्म के नतीजे निकाले। उपर्युक्त तीनों ही विचारक इस तरह के ख़तरों के प्रति सचेत थे कि कहीं उनके विचारों की ज़मीन वैज्ञानिक से मतवादी आधारों पर न खिसक जाय...बल्कि एक संदर्भ में मार्क्स ने फ्रांस में इसी तरह की बात के दौरान कहा भी था : **द ट्रबल विद मी इज़ दैट आइ एम नॉट ए मार्क्सिस्ट, आइ एम मार्क्स**। अतः मैं कम से कम आधुनिकता के सबसे ज़रूरी मतलब को न तो वैज्ञानिक दृष्टिकोण से ही अलग कर पाता हूँ, न वैज्ञानिक दृष्टिकोण को उस ख़ास तरह के खुले, निष्पक्ष और उदार चिंतन से ही जिसका इतिहास आधुनिकता के साथ जुड़ा है।

यह मुझे अकसर चिंतित करता है कि हमारी दृष्टि मार्क्स, फ्रॉयड या आइन्स्टाइन के विचारों पर ही केंद्रित रहे, उनके सोचने के तरीकों और उनकी मानसिकता की तरफ़ न जाए। मैं समझता हूँ कि अगर हम आधुनिकता या विज्ञान या इस तरह के किसी पद के सतही अर्थ की ओर जाएँगे तो वह लामोहाला किसी न किसी तरह के अतिवाद में संकुचित हो जाएगा। आधुनिकतावाद में अति-उत्साह के दुष्परिणामों को भी हम

देखते हैं और मुझे वह सावधानी भी ज़रूरी लगती है कि उसके ख़िलाफ़ प्रतिक्रिया भी कहीं दूसरी तरह के अतिवादों में न बदल जाए।

आधुनिकता एक मूल्य नहीं है, मूल्य के प्रति एक दृष्टि है। ये मूल्य समकालीन भी हो सकते, पारंपरिक भी और अतीत के भी। कभी-कभी अतीत का कोई मूल्य हमारे लिए आज के किसी मूल्य से भी अधिक आवश्यक हो सकता है और तब आधुनिकता एक विवेक हो सकती है जो उसका सही मूल्यांकन कर सके। साहित्य में, ख़ासकर समीक्षा में, (यहाँ पर एक बात मैं मूल संदर्भ से थोड़ा अलग भी कहना चाहता हूँ जिसका मुझे लगता है समीक्षा में और आधुनिकता के संदर्भ में भी महत्त्व है) अकसर आधुनिकता या परंपरा जैसे अनेक पदों को वैकल्पिक प्रश्नों या मूल्यों की तरह रखा जाता है। समीक्षा में वैकल्पिक प्रश्नों को, **आल्टरनेटिव्ज़** को बहुत सावधानी से रखा जाना चाहिए, अन्यथा हम बहुत अजीब और कभी-कभी असाहित्यिक नतीजों पर पहुँच सकते हैं। मसलन यह बात जब उठाई जाती है रूप या **फ़ार्म, फ़ार्म** या **कंटेंट,** या श्रेय या प्रेय, या व्यक्तिपरक या समाजपरक, **सब्जेक्टिव** या **आब्जेक्टिव**—इन प्रस्तावों को अगर 'या' करके न उठाया जाए और रूप-**और**-कथ्य, श्रेय-**और**-प्रेय, व्यक्तिपरक-**और**- समाजपरक मानकर चला जाए, तो वह शायद साहित्य की बुनियादी प्रकृति के ज़्यादा अनुकूल चिंतन होगा। विचारों के क्षेत्र में हम जिस तरह वैकल्पिक प्रश्नों को बहस के लिए द्वंद्वी-प्रतिद्वंद्वी रूप में रखते हैं साहित्य में उन्हें उस तरह नहीं रखते। साहित्य अपना सादृश्य जीवन से रखता है और जीवंतता का एक लक्षण यह भी है कि उसमें परस्पर-विरोधी किस्म की धारणाएँ भी मौजूद रहती हैं। थीसिस-एंथीसिस का जो स्वरूप चिंतन में बनता है, साहित्य में बिलकुल वैसा ही नहीं होता। सामान्यतया समझा यही जाता है कि अंतर्विरोधी तत्त्व अपने आप नष्ट करते हैं, उनका सह-अस्तित्व संभव नहीं, लेकिन ऐसा हमेशा होता नहीं है। साहित्य में अगर विरोधी तत्त्वों के **टेंशन** या तनाव को समाप्त कर दिया जाए तो वह निर्जीव और सपाट हो जाएगा। साहित्य मेरी दृष्टि में किसी एक पक्ष की वकालत न होकर दो या दो से भी अधिक पक्षों की अदालत है। इस अदालत का न्यायप्रिय, संतुलित, निष्पक्ष और मानवीय होना मैं बहुत ज़रूरी समझता हूँ।

मार्च 1981 : 'वत्सल निधि' व्याख्यानमाला।

आधुनिक साहित्य-बोध

संग्रहीत पाँच लेखों में* डॉ. हजारीप्रसाद द्विवेदी, डॉ. धर्मवीर भारती, डॉ. देवराज, श्री स. ही. वात्स्यायन 'अज्ञेय' तथा डॉ. नामवर सिंह ने 'आधुनिकता' के विभिन्न पक्षों पर विचार किया है। ये सभी साहित्यकार हिंदी की नवीनतम प्रवृत्तियों से किसी न किसी रूप में संबद्ध रहे हैं—बल्कि काफ़ी सीमा तक उस रुचि के निर्माताओं में से हैं जिसे यहाँ 'आधुनिक साहित्य-बोध' का नाम दिया गया है।

श्री वात्स्यायन ने अपने लेख के आरंभ में 'साहित्य-बोध' शब्द की उपयुक्तता पर संदेह प्रकट करते हुए 'संवेदना' शब्द को अधिक ठीक माना है। मुझे लगा कि शब्द 'आधुनिक' भी यहाँ थोड़ा अनिश्चित अर्थ देता है—यानी प्रमुख रूप से उस 'साहित्य-बोध' को नहीं अलग करता जिसके लिए 'नए' या 'समकालीन' जैसे शब्दों की ज़रूरत पड़ी। जिस 'साहित्य-बोध' की चर्चा इन लेखों में की गयी है, उसे देखते हुए 'आधुनिकता' शब्द आवश्यकता से अधिक व्यापक है।

ये लेख आसानी से दो वर्गों में रखे जा सकते हैं। एक तो वे लेख हैं जिनमें नए साहित्य के बाह्य लक्षणों के अध्ययन से बात उठाई गयी है; दूसरे वे जिनमें उन विचारों को प्रधानता दी गयी है जिनके कारण वे लक्षण साहित्य में उत्पन्न हुए। पहले प्रकार के निबंध डॉ. हजारीप्रससाद द्विवेदी (सौंदर्य-तत्त्व) तथा डॉ. नामवर सिंह (भाषा-तत्त्व) के हैं; और दूसरे प्रकार में डॉ. धर्मवीर भारती, डॉ. देवराज और श्री 'अज्ञेय' के निबंध आते हैं।

दसवीं सदी के आचार्य कुंतक के कथन 'साहित्यमनयोः शोभा-शालितां प्रति काप्यसौ। अन्यूनानतिरिक्तत्वमनीहारिण्यवस्थितिः।' से आरंभ करके द्विवेदीजी ने निष्कर्ष निकाला है कि "...समष्टि-चित्त में अनुकूल भावान्दोलन पैदा करनेवाला तत्त्व ही सौंदर्य है। व्यक्ति उसके प्रतिकूल जाने पर विकृत माना जाता है, अनुकूल जाने पर प्रकृत।" मोटे तौर पर यह कथन ठीक लगते हुए भी कोई ख़ास मानी नहीं रखता जब तक कि 'समष्टि-चित्त' और 'व्यक्ति' जैसे शब्दों का विश्लेषण और स्पष्टीकरण नहीं होता। आगे चलकर लेखक इतना तो मानता है कि 'समष्टि-मानव-चित्त भी निरंतर विकसित और

* प्रकाशक : श्री शिक्षायतन कॉलेज, कलकत्ता।

परिवर्तित होता रहता है", लेकिन वह इस विकास और परिवर्तन की मूल शर्तों के प्रति भी सचेत है, इसका कोई संकेत नहीं मिलता। हो सकता है कि समष्टि-मानव-चित्त के विकास और परिवर्तन का एक प्रमुख कारण वह 'व्यक्ति' ही हो जिसका प्रतिकूल जाना लेखक की दृष्टि में विकृति है !

इसी प्रकार लेखक ने कई जगह 'शाश्वत सत्य' कहकर अपनी बात को सिद्ध मान लिया है। हो सकता है कि इन शब्दों का इस्तेमाल पूरी निष्ठा के साथ ही किया गया हो, लेकिन ऐसे कथन, जो तर्कमूलक न होकर विश्वास या धारणा पर आधारित हों, आधुनिक मन की जिज्ञासा को समुचित संतोष नहीं दे पाते। इसी संग्रह के अंत में डॉ. नामवर सिंह के लेख से एक उद्धरण देना संगत होगा—"...हम कोई बात कहते समय उस संदर्भ के प्रति भी सचेत रहते हैं जिसे तत्काल व्यक्त तो नहीं किया जा सकता है लेकिन जिससे निर्धारित होने का भाव व्यंजित करना संभव है।"

भाषा के प्रति अधिक अनुसंधानात्मक दृष्टिकोण का क्रांतिकारी प्रभाव आज के साहित्य पर पड़ा है। "आधुनिक साहित्य की जटिलता बनाम पाठक : समस्या और समाधान" शीर्षक लेख में डॉ. नामवर सिंह ने नए साहित्य की दुरूहता का विश्लेषण करते हुए साहित्यकार की उस 'भाषा-संबंधी आत्म-सजगता' की चर्चा की है जिसके बिना आधुनिक जीवन की जटिलताओं का उद्‌घाटन और उनकी सफल अभिव्यक्ति संभव नहीं—यानी, हो सकता है कि जिसे हम साहित्य की जटिलता समझ रहे हों, वह वास्तव में जीवन की ही जटिलता हो। लेख यद्यपि भाषा के कुछ ही पक्षों तक सीमित रहता है, लेकिन उस सीमा में बात कुशलता और पूर्णता से कही गयी है—यहाँ तक कि लेखक अंत में नक़ली जटिलता तक से सावधान करा देता है !

वैचारिक स्तर पर 'आधुनिकता' का विश्लेषण करते हुए डॉ. धर्मवीर भारती कहते हैं कि "संकट का बोध और आधुनिकता का बोध बहुधा अभिन्न रहते हैं—परस्परावलंबित।" आज की हमारी ऐतिहासिक स्थिति ऐसी है "कि निर्णय लेने का दायित्व हम पर है"—वह मध्ययुगीन स्थिति अब नहीं रही कि जो कुछ भला या बुरा हो रहा है, उसके लिए किसी पारलौकिक सत्ता को ज़िम्मेदार मानकर मनुष्य निश्चिंत हो जाए। "विज्ञान का उदय इस युग की सबसे महत्त्वपूर्ण घटना है" : यह सिद्ध करने का उसका प्रयास कि "भौतिक जगत् ईश्वर के संकल्प का परिणाम नहीं है...वरन् उसके अपने यांत्रिक नियम हैं", "मध्ययुगीन भावभूमि को मूलतः बहिष्कृत" कर देता है।... "विश्वास के बजाय परीक्षण, श्रद्धा की जगह तर्क, आस्था की जगह विश्लेषण पर बल दिया और उसकी निश्चित परिणति यह हुई कि मानव-नियति के विषय में हमारी मध्ययुगीन धारणा बिलकुल बदल गयी।" यानी मनुष्य जो अब तक "सारे अभियान का केंद्र-बिंदु था" अब एक ऐसे संकल्प-रहित, विवेकरहित तथ्य में बदल गया जिसकी गति भी यांत्रिक नियमों से बँधी थी।" "प्रकृति पर ज्यों-ज्यों विजय प्राप्त हुई मनुष्य त्यों-त्यों अपने को हारता गया।" इस स्थिति का गहरा प्रभाव दर्शन पर भी पड़ा। "दर्शन में जो एक मानवीय पूर्णत्व की दृष्टि थी, वह धीरे-धीरे खंड-चित्रों को स्थान देती गयी।"

इसी प्रकार अन्य समस्याओं को विचारते हुए लेखक का कहना है कि "एक ओर अनगढ़, विराट् भीड़ का दबाव और उसके कारण लेखक के भावस्तर और अभिव्यंजना का संकट, दूसरी ओर औद्योगिक पूँजीवाद की चरम व्यावसायिक दृष्टि..."। लेखक के विचार से इन सबका प्रभाव, यानी 'संकट का बोध' एक जागरूक कलाकार—जो "काव्य या साहित्य...नितांत अंतरंग क्षणों की सूक्ष्मतम अनुभूतियों को बड़े घनिष्ट स्तर पर हमें देने का आदी रहा है"—अपनी 'वैयक्तिक आंतरिकता' पर अनुभव करता है। वह अपने को निर्जीव यंत्र न मानकर स्वतंत्र व्यक्तित्व मानना चाहता है।

डॉ. भारती ने आज के साहित्यकार की स्थिति को विस्तार से समझने-समझाने की कोशिश की है। लेख की योजना में दृढ़ता और तारतम्य है, लेकिन कुछ ऐसी बातों की ओर ध्यान जाता है, जिन पर और बारीकी से विचार किया जाता तो अच्छा रहता। उदाहरण के लिए, मनुष्य की धर्म-भावना को उसकी मध्ययुगीन धर्म-भावना से अलग भी समझना ज़रूरी है। धर्म-भावना का मध्ययुगों के बाद भी एक रूप विकसित होता रहा है : उसी तरह मध्ययुग के पहले भी भारत और यूनान में धर्मों का एक रूप था जिसका आज पौराणिक और मनोवैज्ञानिक महत्त्व है। एक प्रमुख चिंतकवर्ग है जो धर्म-भावना को आधुनिक समय में भी महत्त्वपूर्ण मानता है और उसके पक्ष में विचारणीय वैज्ञानिक दलील दे सका है। अस्तित्ववाद की धर्म-पक्षीय शाखा, डॉ. युंग का मनोविज्ञान, टी. एस. इलियट तथा फ्रांसवा मोरिअक का साहित्य—ये सब किसी न किसी अर्थ में मनुष्य की धर्म-भावना को जायज़ मानकर चलते हैं। इसके अलावा, एक कला-कृति में धर्म-भावना के नैतिक और सौंदर्यवादी पक्षों की सूक्ष्म क्रिया-प्रक्रिया आज भी नगण्य नहीं। धर्म-भावना मनुष्य के जिस विस्तृत मानसिक क्षेत्र की द्योतक है, उसे केवल मध्ययुगीन नहीं माना जा सकता—अन्यथा बहुत-से निष्कर्ष गलत निकल सकते हैं। बहरहाल, इस चेतावनी के बिना भी, लेख में आधुनिक स्थिति का संतुलित निरूपण हुआ है; साथ ही, संग्रह के अन्य विचारकों को समझने के लिए वह एक उपयुक्त वैचारिक पृष्ठभूमि बनाता है।

डॉ. देवराज अपने निबंध "वर्तमान हिंदी-काव्य में आधुनिकता का बोध" में इस युग के "विचारकों के मस्तिष्क पर विज्ञान और उसकी वस्तुमुखी अन्वेषण-पद्धति का आतंक" मानते हुए, आधुनिकता से अधिक साहित्य के स्थायित्व गुण—यानी उसके 'क्लासिक' हो सकने की क्षमता—पर ज़ोर देते हैं। उनके ख़याल से, हमारा "सांस्कृतिक परिवेश...ही वह साक्षी अथवा बोधसामग्री है, जिसके आधार पर हमारी मूल्य-भावना का विकास व निरूपण होता है। मैं आधुनिक कलाकार उसे कहूँगा, जिसका जगद्बोध आधुनिक है और जो उस बोध के आलोक में नयी मूल्य-चेतना का विकास करने के लिए उत्सुक व तत्पर है।" "वर्तमाप युग की समस्याओं की गंभीर अवगति और उनके समाधान की तैयारी के लिए यह ज़रूरी है कि लेखक का मानव-जाति के सांस्कृतिक अतीत से काफ़ी परिचय हो।" "वस्तुतः महत्त्वपूर्ण कलाकार प्रायः उन पाठकों के लिए लिखता है, जो युग के शंका-संदेह से आंदोलित हैं, और साथ ही ईमानदारी से जीवन

के महत्त्वपूर्ण मूल्यों का अनुसंधान कर रहे हैं।"

व्यवस्थित चिंतन और उसके उपयुक्त सधी हुई ठोस भाषा की दृष्टि से डॉ. देवराज का निबंध विशेष दृष्टव्य है : साथ ही यह कि आधुनिकता का सांस्कृतिक पक्ष, जिसके परिष्कार और संवर्द्धन की आवश्यकता पर ज़ोर दिया गया है, नये साहित्य की बहुत-सी ऐसी समस्याओं और समाधानों के मूल में है जिसे विशुद्ध साहित्यिक परिवेश में ही समझना कठिन है। इसीलिए, हिंदी में साहित्य के जिन तत्त्वों को अकसर 'पश्चिम का प्रभाव' मान लिया जाता है, वे वास्तव में विदेशी न होकर मानव-जातीय हैं। श्री वात्स्यायन ने साहित्यिक प्रभावों के इसी व्यापक आदान-प्रदान की चर्चा करते हुए उसे संकुचित राष्ट्रीयता से उच्चतर एक अनिवार्य सांस्कृतिक प्रक्रिया माना है—"हम भारतीय साहित्य के संदर्भ में 'पश्चिम के प्रभाव' की चर्चा करते हैं, अथवा दूसरे एशियाई देशों पर भारत के प्रभाव की बात करते हैं; लेकिन यह भूल जाते हैं कि प्रभावित होने या प्रभाव ग्रहण करने की भी एक प्रतिभा होती है और कुछ अवदानों का श्रेय दाता को नहीं, प्राप्ता को मिलना चाहिए।"

कुल मिलाकर ये लेख साहित्य-चिंतन संबंधी हिंदी गद्य की अच्छी बानगी प्रस्तुत करते हैं। आधुनिकता की समस्या जिस रूप में हिंदी के सामने आयी, उसका स्पष्टीकरण जिन देशीय और विदेशीय तथ्यों के प्रकाश में होना चाहिए था उस पर पर्याप्त ध्यान रखा गया है। लेकिन समग्रता में ऐसा लगता है कि ये लेख कुछ ज़्यादा सिद्धांत-बोझिल हो गये हैं। आधुनिक संवेदना विषय से अधिक भाषा, शैली और 'टेकनीक' में अभिव्यक्त हुई है—उसी अनुपात में इन तत्त्वों का अध्ययन नहीं हो सका है। नये साहित्य की सैद्धांतिक पृष्ठभूमि इनसे अवश्य बनती है, पर सही साहित्य तक पहुँच सकने का निर्देश भी इनसे मिलता है, इसमें संदेह है। केवल डॉ. नामवर सिंह, और थोड़ा-बहुत डॉ. देवराज, ने ही अपने मंतव्यों को हिंदी उदाहरणों से जोड़ा है। इसीलिए शायद, मतभेद की संभावनाओं के बावजूद भी, उनके निबंध अधिक निश्चित दिशा में सोचने के लिए प्रोत्साहित करते हैं। कहने का यह मतलब नहीं कि अन्य निबंधों में आवश्यक बातें नहीं उठायी गयी हैं, बल्कि यह कि जब इतनी आवश्यक बातें उठायी ही गयी थीं तो उस साहित्य पर भी कुछ प्रकाश पड़ना चाहिए था जिससे, यह माना जाता है कि, वे बातें निकलीं। अच्छी साहित्यालोचना का काम सही साहित्यिक मूल्यों को ही नहीं, सही साहित्य को भी सामने लाना है।

1963 : 'कल्पना' में प्रकाशित।

आधुनिकता-समय-रचनात्मकता

रचनात्मकता का मनोविज्ञान समय के साथ भी एक ख़ास तरह का रिश्ता है—अपने समय के साथ, अपने से पहले समय के साथ, और आनेवाले समय के साथ। अतीत, परंपरा, वर्तमान, भविष्य...इनकी लगातार उपस्थिति का बोध, या इनमें से किसी एक की अति-उपस्थिति का बोध निर्धारित करता है कि एक कलाकार अपने समय में मनुष्य की स्थिति और उसकी आधुनिकता को अपनी रचनाओं में किस तरह ग्रहण और परिभाषित करता है।

मनुष्य की स्थिति को मुख्यतः अंतर्मुखी और मुख्यतः वस्तुवादी दोनों ही दृष्टियों से देखा-समझा जा सकता है। दोनों को लेकर द्वंद्वात्मक भी रहा जा सकता है और समन्वयात्मक भी। मेरी समझ में यह भारतीय जीवन-मूल्यों की आधार-मान्यताओं के पक्ष में जाता है कि हम आज भी, भारतीय तथा विदेशी दोनों प्रकार के चिंतनों में, रचनात्मक मिज़ाज को भौतिक की अपेक्षा आत्मिक संदर्भ में बेहतर समझ पाते हैं। यह रचनात्मकता के अर्थ की खोज है : इसका अर्थ भौतिक का अस्वीकार नहीं।

X X X

औद्योगीकरण, तकनीकी प्रगति, वैज्ञानिक प्रगति आदि के साथ भी मोटे तौर पर 'आधुनिक' शब्द जुड़ा हुआ है—लेकिन कलाओं के साथ जब हम आधुनिकता की बात सोचते हैं तब उसके मतलब भिन्न होते हैं। सबसे पहले तो यह कि कला वस्तुमात्र नहीं है, न वस्तु की तरह उसकी व्याख्या की जा सकती है। कला सबसे पहले एक रचनात्मक चेष्टा है और सौंदर्य-प्रमुख दृष्टि है। 'आधुनिकता' विशुद्ध भौतिक संदर्भ में, हमारे जीवन में वह बदलाव है जो विज्ञान और औद्योगीकरण की वजह से आया है : आधुनिक कला एक माने में उस बदलाव के साथ नए, कलापूर्ण और सार्थक रिश्तों की तलाश है। कलाओं में आधुनिकता का प्रमुख अर्थ यह होगा कि मनुष्य अपनी बनाई चीज़ों और अपने बारे में उपलब्ध नयी-पुरानी जानकारियों को किस तरह मानवीय और सुंदर बनाता है।

X X X

आधुनिकता शब्द का रचनात्मक आशय वर्तमान को केंद्र में रखते हुए अतीत और भविष्य के प्रति भी सचेत रहता है, इसलिए 'समकालीन' 'प्रत्यक्ष' या 'तत्कालीन' जैसे शब्दों के साथ भी इसके गहरे और सतही दोनों संबंध हैं।

भौतिक प्रगति का स्वभाव सामान्यतः एकदिशात्मक, यानी एक दिशा में गतिशील पदार्थ की तरह है। इस गति की कल्पना अतीत-वर्तमान-भविष्य को एक सीधी रेखा में रखकर की जा सकती है। लेकिन रचनात्मक चेष्टा, आध्यात्मिक चेतना की तरह एक चेतन बिंदु से विकीर्ण होती हुई शक्ति या ऊर्जा की तरह है : वह एक ही समय में एक साथ अतीत, वर्तमान और भविष्य की उपस्थिति का बोध है।

किसी रचना या कृति को 'पदार्थ' मानकर भी उसकी व्याख्या की जा सकती है। कुछ-कुछ इसी अर्थ में फ्रैंक करमोड ने एक उपन्यास की संरचना में आरंभ-मध्य-अंत के क्रम को समय के संदर्भ में पदार्थ की एकदिशात्मक गति से तुलनीय माना है। इसी तरह एक कला-कृति की व्याख्या भी 'वस्तु' की तरह की जा सकती है, और एक 'वस्तु' की व्याख्या 'कला-कृति' की तरह भी—द्यूशाँ द्वारा—की जा चुकी है।

लेकिन यहाँ वस्तु या कला-कृति से थोड़ी देर के लिए ध्यान हटाकर उस दृष्टि को केंद्र में रखना चाहता हूँ जो वस्तुजगत को लेकर मुख्यतः रचनात्मक है, भौतिकतावादी या उपयोगितावादी नहीं। यानी किसी भी रचित वस्तु को लेकर इन दोनों कोशिशों को अलग-अलग पहचानना ज़रूरी है—कोशिश जो रचना की समस्याओं से सामना है, और कोशिश जो रचना की समस्याओं से अलग है। यही कला और अ-कला के बीच बुनियादी फर्क को स्थापित करता है। शाब्दिक कलाओं में भी और अशाब्दिक कलाओं में भी कला और यथार्थ उस 'विशेष भाषा' पर निर्भर हैं जो दोनों के बीच एक गहरा संबंध भी है और एक अलगाव भी—अलगाव इसलिए क्योंकि कला की भाषा और व्यवहार की भाषा के बीच कभी भी एक सहज और सीधा रिश्ता नहीं होता। व्यावहारिकता भाषा को एक तरह इस्तेमाल करती है, कला बिलकुल दूसरी तरह और बिलकुल अपनी तरह। लेवी-स्त्रोस ने इसे ही मान्य भाषा से परे की कला-भाषा (परा-भाषा) (मेटा-लैंगुएज) कहा है। कला की भाषा में व्यावहारिक भाषा के अर्थ ढूँढ़ना व्यावहारिक भाषा में कला के अर्थ ढूँढ़ने की तरह है।

कबीर या ग़ालिब की भाषा अकसर यह भ्रम उपजाती है कि वह आसान है क्योंकि उसमें पहचाने जा सकनेवाले रोज़ की भाषा के शब्द हैं। लेकिन उनकी कविता वस्तुतः शब्द-कठिन नहीं अर्थ-कठिन कविता है। जब ग़ालिब कहते हैं—

न था कुछ तो खुदा था, न होता कुछ तो खुदा होता,
डुबोया मुझको होने ने, न होता मैं तो क्या होता।

तब ज़ाहिर है कि वो एक भी ऐसा शब्द नहीं इस्तेमाल कर रहे जो रोज़मर्रा का न हो, लेकिन उन शब्दों का एक भी ऐसा अर्थ नहीं जो रोज़मर्रा का हो ! यानी वो शब्दों के ज़रिए रोज़मर्रा की भाषा से परे कला की एक अलग भाषा को रच रहे हैं।

कलाकार के लिए पूरा यथार्थ कच्चा माल है—उसका माध्यम जिससे वह नया कुछ रचता है। यह 'नया कुछ' परिभाषित किया जा सकता है—सुंदर के संदर्भ में भी और उपयोगिता के संदर्भ में भी : यह दोनों के संदर्भों से बिलकुल बाहर भी परिभाषित किया जा सकता है इस तरह कि न तो सुंदर हो न उपयोगी, केवल 'नया कुछ' हो। रोज़ेनबर्ग

ने ध्यान आकृष्ट किया है कि नए की भी एक लीक है। साहित्य और कलाओं में वह सभी जो नया है ज़रूरी नहीं कि 'आधुनिक', या 'कला' भी हो ही—न यही कि रचनात्मक ज़रूरतों से की जानेवाली प्रयोगशीलता, और सिर्फ नए कुछ के लिए की जानेवाली प्रयोगशीलता का दर्ज़ा एक ही है।

X X X

आधुनिकता शब्द पिछले 500 वर्षों से भी अधिक लगातार इस्तेमाल में रहा और कई बार इस शब्द के अर्थों की झाड़पोंछ होती रही है—कभी नए, कभी पुराने, कभी परंपरा, कभी इन सबको समझने-समझाने की कोशिश में। बहुत कुछ इस पर निर्भर रहा कि एक कलाकार ने अपने समय और अपनी रचनात्मक ज़रूरतों के बीच किस तरह का संबंध स्थापित किया। आज भी यह कोशिश हमें साहित्य और कला संबंधी चिंतन में बराबर दिखाई देती है।

टी. एस. इलियट की आधुनिकता में क्लासिकल विचारधारा का ख़ासा दबाव रहा। स्पेंडर ने आधुनिक तथा समकालीन के बीच फर्क पर ज़ोर दिया। हेराल्ड रोज़ेनबर्ग ने 'नए की परंपरा' की ओर ध्यान खींचा। फ्रैंक करमोड ने 'आधुनिकता' को दो वर्गों में रखा : एक तो, 'प्राक्-आधुनिकतावाद' जिसमें जॉयस, स्राविन्स्की, पिकासो, इलियट आदि की कलाएँ आती हैं जो प्रयोगात्मक होते हुए भी परंपरा और अतीत से भी कुछ-न-कुछ नाता बनाये रखती हैं, और दूसरा, 'नव-आधुनिकतावाद' जिसमें उन्होंने उन अवाँगार्द कलाओं को रखा है जो अपने को परंपरा से बिलकुल तोड़कर प्रयोगशील थीं जैसे दादावाद, अतियथार्थवाद वगैरह।

लेकिन किसी भी कला के लिए शायद यह कहना मुश्किल है कि उसमें अतीत या परंपरा की कोई याद भी मौजूद नहीं क्योंकि मन—विशेषरूप से रचनात्मक मन—किसी गतिमान वस्तु की तरह किसी एक ही दिशा में नहीं चलता। बर्गसों ने वर्तमान के साथ अतीत को अनिवार्य रूप से संश्लिष्ट माना है—दोनों के एकत्र आभास द्वारा ही हमें पूर्ण अस्तित्व-बोध होता है। यह अतीत और वर्तमान का चेतना में एक साथ होना क्रोचे और कालिंगवुड के विचारों की भी ज़मीन है। कालिंगवुड का कहना कि इतिहास दस्तावेज़ों में नहीं इतिहासकार के दिमाग़ में होता है और उस समय जी उठता है जब इतिहासकार उन दस्तावेजों की समीक्षा और व्याख्या कर रहा है, हमें रचनात्मक स्वभाव के एक प्रमुख गुण की याद दिलाता है। रचना-प्रक्रिया में बर्गसों ने 'स्मृति-चिंतन' को विशेष महत्त्व दिया है। इसीलिए रचना-शक्ति की बात करते हुए बर्गसों ने इस पर ज़ोर दिया था कि रचनात्मक जैसी आत्मिक चेष्टा को समझाने के लिए वे पद ठीक नहीं जिनके द्वारा विज्ञान, पदार्थ-जगत के तथ्यों और नियमों को समझने की कोशिश करता है। समय, गति, परिवर्तन, आत्मा, मन, रचनाशीलता आदि की प्रकृति को विज्ञान जब भी समझने चलता है तो उसकी विचार-पद्धति और भाषा चल को अचल में बदल देती है—जबकि रचना-शक्ति एक निरंतर प्रवाहित ऊर्जा है। क्रोचे ने कविता और कलाओं की प्रकृति को समझने के लिए भी इसलिए तर्क-शक्ति की अपेक्षा

प्रज्ञा-शक्ति को ज्यादा महत्त्व दिया। प्रसिद्ध साहित्य समीक्षक वेलेक ने कविता के स्वभाव को समझने के मामले में क्रोचे के विचारों को आज भी बहुत ज़रूरी माना है।

X X X

कुछ ऐसे साहित्यकारों को लें जिनकी रचनाओं को हम 'आधुनिक क्लासिक्स' मानते हैं और देखें कि वे अपनी कृतियों में समय को किस तरह सोचते हैं। प्रूस्त, मलार्मे, रिल्के, काफ्का, जॉयस, मन्न, ब्रेख्ट, इलियट—ये सभी समय के साथ एक ख़ास रिश्ता बनाते हैं। इनकी रचनाओं में समय हमारे दैनिक अनुभवों का समय नहीं होता, मिथकीय या रहस्यात्मक समय होता है जिसे हम कला-काल कह सकते हैं और जो स्वप्न-काल की तरह हमारे सामान्य जीवन-काल से भिन्न होता है।

प्रूस्त के **अ ला रेशार्स द्यू ताम्प्स पर्द्यू** में घटनाएँ सामान्य जीवन की तरह एक-के-बाद-दूसरी के क्रम से नहीं व्यतीत होतीं, पूर्वघटित को स्मृति में पुनः जीवित करके वर्तमान में एक बार फिर जिया जाता है। मलार्मे की कविताओं में "वस्तुओं का मिटता हुआ-सा रूप, मूर्त न-हो-पाने का आभास मात्र" मिलता है (स्वप्नवत्)। काफ़्का के उपन्यास **ट्रायल** में नायक 'के' एक दुःस्वप्न-काल में एक यथार्थाभास को विक्षिप्त-सा जीता चला जाता है। जॉयस के **यूलिसिस** में ब्लूम पूरे उपन्यास को चौबीस घंटों से भी कम के 'मानसिक समय' में जीता है। **मैजिक माउंटेन** में मन्न का नायक हन्स कस्टार्प टी. बी. सनाटोरियम में—सामान्य जीवनधारा से बिलकुल अलग कटा हुआ किसी पहाड़ पर—एक ऐसे जीवनकाल में पूरे जीवनानुभव को भोगता है जो समय की दृष्टि से संक्षिप्त लगते हुए भी अनुभव-तीव्रता में संपूर्ण लगता है। ब्रेख्ट वर्तमान को भी ऐतिहासिक-काल की तरह देखते थे, "...जिस तरह समानानुभूति (एम्पैथी) द्वारा असाधारण को रोज़मर्रा का साधारण अनुभव बनाया जा सकता है उसी तरह साधारण को बिलगाव (एलिअनेशन) द्वारा असाधारण बनाया जा सकता है। सामान्य को भी इस तरह असामान्य बनाकर रखा जा सकता है कि वह सचमुच विशेष लगे—तब ऐसा होगा कि देखनेवाला वर्तमान से इतिहास में पलायन नहीं करेगा, वर्तमान ही इतिहास बन जाएगा...।" इलियट के अनुसार एक लेखक समय में पूरी तीव्रता से अपनी स्थिति, समकालीनता, को तब समझ पाता है जब वह अतीत के अतीतपन को नहीं बल्कि वर्तमान में भी उसकी उपस्थिति को महसूस कर सके।

समय को लेकर ये विभिन्न परिप्रेक्ष्य हमें कुछ भारतीय क्लासिक्स की याद दिलाते हैं। **महाभारत** के घटना-प्रधान कालक्रम (वर्तमान) को रोककर 'गीता' के सम्पूर्ण प्रसंग को एक-दूसरे समय में रचा गया है : इसी तरह **गीता** के 11वें अध्याय में कृष्ण गीता के काल को फिर एक बार रोककर पूरे महाभारत के परिणाम, उसके अंत को, वास्तविक घटना से पहले ही एक अलौकिक समय में दिव्य-दृष्टि (रचना-दृष्टि) द्वारा दर्शाते हैं। समय को लेकर विभिन्न दृष्टियाँ हमें व्यास और संजय के प्रसंगों में भी दी गई हैं। इसी तरह रामायण में वाल्मीकि अपने ही कथानक में एक पात्र भी हैं और उस कथानक के द्रष्टा भी : वे एक साथ समय के दो आयाम प्रस्तुत करते हैं—जीवन

सापेक्ष भी और जीवन मुक्त भी। इस दोहरे परिप्रेक्ष्य को हम एक रचनाकार की स्थिति में भी पहचान सकते हैं और भारतीय विचारधारा में भी कलाकार एक ऐसा जीवनानुभव देने की कोशिश करता है जिसमें वह होता भी है, और जिसके वह बाहर भी होता है। उसकी चेतना वर्तमान तक सीमित नहीं, वर्तमान से मुक्त भी होती है।

वस्तुवादी यथार्थ-बोध के मतलब हैं समय के वस्तुओं की अपेक्षा बीतने और समाप्त हो जाने का एहसास। यह चीज़ों की मृत्यु और त्रासदी का एहसास भी है। लेकिन भारतीय यथार्थ-बोध न तो जीवन को मात्र देह-वस्तु मानता है न ही त्रासदी—"सस्यमिव मर्त्यः पच्यते सस्यमिव अजायते पुनः।" वह चेतन या आत्म-तत्त्व को यथार्थ मानता है जो शरीर से परे भी है। वह स्वप्न भी है और स्वप्नद्रष्टा भी, रचित भी है और रचयिता भी। भारतीय दर्शन, साहित्य और कलाओं में यह न केवल एक कलात्मक दृष्टिकोण बल्कि बुनियादी जीवनदर्शन के रूप में व्याप्त है—

स्वप्नान्तं जागरितांत चोभौ येनानुपश्यति
महान्तं विभुमात्मानं मत्वा धीरो न शोचति।

—(बृहदारण्यक उपनिषद्)

यह वस्तु-जगत का अस्वीकार नहीं उससे एक उदात्त संबंध है। भारतीय कलाओं में प्रकृति और मानव-प्रकृति प्रत्यक्ष तथा अ-प्रत्यक्ष लौकिक तथा अलौकिक काल तथा कालातीत के बीच संतुलन ढूँढ़ती हुई जीवन-दृष्टि की ओर बार-बार हमारा ध्यान जाता है। वह मानती है कि रचना और आनंद का स्रोत आदमी के अंदर है, आदमी के बाहर नहीं। भारतीय जीवनदर्शन ने इसीलिए आदमी के स्वभाव को सबसे पहले विचारणीय माना। भरत मुनि का रस-सिद्धांत कला के सिद्धांतों का ही नहीं मनुष्य के मनोभावों का भी विस्तृत विश्लेषण और वर्गीकरण है।

X X X

भारतीय कला स्थूल जगत के अनुकरण के सिद्धांत (अरस्तू) को कभी स्वीकार न कर सकी—न आधुनिक कला में ही उसका विशेष महत्त्व है। (लोक-कलाओं तक में जन-जीवन का नहीं देवी-देवताओं के ही जीवन का बाहुल्य रहा)। यद्यपि ऐसा नहीं कि आरंभ से ही वह अनुकरणात्मक कला के घनिष्ठ संपर्क में न आती रही हो। लेकिन भरपूर यूनानी प्रभाव के बावजूद व्यक्ति-केंद्रित कला यहाँ कभी विकसित न हो सकी। गंधार कला-शैली भी भारतीय कला-बोध में अलग-सी ही रही क्योंकि बुद्ध और बोधिसत्व के चेहरे अपनी यथार्थवादी सजीवता में उस आध्यात्मिक छवि से खाली हो गये जिस छवि को हम मथुरा की अंतर्मुखी बुद्ध प्रतिमाओं में देखते हैं। आगे चलकर राजस्थान और काँगड़ा चित्रकला में व्यक्तिचित्रण पर ध्यान दिया गया लेकिन वह भी बहुत पनप न सका। मुगलकालीन कला में भी, प्रोत्साहन के बावजूद यह कला उस शिखर तक न पहुँच सकी जैसी रिनेसाँस कालीन योरप या 19वीं सदी की प्रभाववादी और उत्तर-प्रभाववादी कला में।

प्रतिरूपात्मक कला (रिप्रेजेंटेशनल आर्ट) के अस्वीकार में इस सदी की योरपीय कला और भारतीय कला-आदर्शों में एक ऊपरी समानता दिखती है। अमूर्त कला के एक खास पक्ष को सोचें—द कूनिंग, पोलक, क्लाइन, गोर्की की कलाओं में एक अंतर्मुखी ध्यात्मिक जुनून-सा है जो उनकी कलाओं में फॉर्म के माध्यम से प्रकट होता है। यह कला चीज़ों के बाहरी रूपों से बँधी हुई नहीं है, न उनसे किसी प्रकार की बहस है। वह अपनी पूर्ण स्वच्छंदता में चीज़ों के आतंक से मुक्त लगभग अलौकिक है। रंगों और रेखाओं की प्रकृति में पदार्थ की स्थिरता नहीं रंगों और रेखाओं की विक्षिप्त दौड़-सी है : छोटी-छोटी लयों का सटाव नहीं, विकेंद्रित बड़ी लयों के थक्के हैं। या फिर रोथको या न्यूमान जैसे चित्रकारों की अपेक्षाकृत अधिक विघटनात्मक कृतियों में हम एक तरह का निराकार ठंडापन महसूस करते हैं जो हमें 'वेस्टलैंड' के अंत की शांति की याद दिलाता है।

दूसरे शब्दों में कहें तो आधुनिक कला का एक खासा बड़ा हिस्सा सादृश्य का न्यूनतम इस्तेमाल करते हुए रचनात्मक आंतरिकता, या वस्तुओं से परे, की दिशा में यात्रा है।

X X X

आज जब हम एक कैंडिंस्की, क्ले, पिकासो या पोलक की कला का मूल्यांकन करते हैं तब उस कला में स्थानीय, देशगत या जातिगत गुणों को उतना नहीं ढूँढ़ते जितना इन कलाकारों की निश्चित रचनात्मक पहचान और विशिष्ट कला-शैलियों को। हम अपने समय को लेकर उनके विचारों, प्रतिक्रियाओं और टिप्पणियों को सोचते हैं जो वे अपनी कलाओं के माध्यम से प्रस्तुत करते हैं। इनकी कलाएँ केवल बाहरी जीवन से ऊपरी सरोकार की कलाएँ नहीं हैं। रचनात्मक स्तर पर गहरे आत्मान्वेषण की कलाएँ भी हैं। वे इस बुनियादी यकीन की कलाएँ भी हैं कि वे समस्याओं को सबसे पहले कला की दृष्टि से देख रहे हैं, कला के बाज़ार की दृष्टि से नहीं।

"यह सोचना सरासर खामख़्याली है कि बाह्य-प्रकृति में किसी प्रकार की व्यवस्था नहीं और हम उसमें किसी प्रकार की व्यवस्था ला सकते हैं...सच तो यह है कि हम अपने अंदर ही अगर थोड़ी बहुत व्यवस्था ले आ सकें तो वही बहुत है..."—द कूनिंग का यह कथन रचनात्मक स्वभाव की एक खास समस्या को रेखांकित करता है। सूज़न सोंटाग का कहना कि हर युग को अपने लिए अपनी तरह आत्मिकता के सार को खोजना पड़ता है, आज की कला के लिए भी उतना ही सच है जितना किसी भी युग की कला के लिए रहा है।

X X X

कोई भी कला सबसे पहले रचनात्मकता का अनुभव है। रचनात्मकता ही एक कला का प्रमुख विषय (Content) होता है।

वस्तुजगत का यथावत् चित्रण वस्तुजगत का अनुभव हो सकता है, लेकिन कला का अनुभव भी वह तभी होगा जब उसमें हम किसी प्रकार की रचनात्मक प्रतिभा और प्रेरणा को असंदिग्ध रूप से पहचान सकें।

रचे हुए में सौंदर्य को परिभाषित कर सकना, या अरचित में सौंदर्य को रच सकना, इसीलिए, कला भी है और अध्यात्म भी।

व्यक्ति, समाज, मनुष्य...जीवन का कोई भी पक्ष कलापूर्ण ढंग से प्रस्तुत किया जा सकता है। और वह इस तरह भी प्रस्तुत किया जा सकता है कि कलापूर्ण न हो : हमें उसमें रचनात्मकता का अभाव लगे। या हमें ऐसा लगे कि उसमें जो भी सुंदरता दिखती है वह कलाकार की रची हुई नहीं है, उन चीज़ों का स्वाभाविक गुण है जिन्हें कलाकार केवल पेश कर रहा है, वह हमें केवल याद दिला रहा है कि एक फूल, नदी, या पहाड़ सुंदर होते हैं—अपनी ओर से उसने सुंदर या असुंदर के बारे में ऐसा कोई नया विचार या भावना नहीं दी है जो उनके बारे में हमारे पूर्व-अनुभवों या पूर्व ज्ञान में नया कुछ जोड़ता हो, हमें यकीन दिलाता हो कि कलाकार की ओर से भी हमें ऐसा कुछ मिला जो सुंदर के बारे में, या ज़िंदगी के बारे में, हमारे अनुभवों में विशिष्ट कुछ जोड़ता हो।

X X X

आधुनिकीकरण के आज अनेक उदाहरण हमारे सामने हैं। भारतीयता, समकालीनता, स्थानीयता, सामाजिकता आदि के हम कला में क्या अर्थ लगाते हैं यह बहुत कुछ इस पर निर्भर करता है कि इनका आज हमारे जीवन में क्या अर्थ है। भारतीय कला-मन अनेक विषम ऐतिहासिक परिवर्तनों से गुज़रा है और अनेक अंतर्सांस्कृतिक अनुभवों से मिलकर बना है।

संस्कृति विशेष में नए विचार किस प्रकार ग्रहण होते हैं, या ग्रहण नहीं हो पाते हैं—यह बहुत कुछ उन आचार-विचार आदि पर भी निर्भर है जो उस संस्कृति में परंपरा के रूप में, जातीय स्मृति के रूप में और भाषा में जीवित रहते हैं। अमरीका या रूस जैसे देश जिनकी ऐतिहासिक स्मृति बहुत लंबी नहीं नए विचारों को—या नए-से लगते पुराने विचारों को भी—लेकर जल्दी प्रतिकृत होंगे। यह प्रतिक्रिया उन देशों में धीमी और सशंक होगी जिनका ऐतिहासिक अनुभव बहुत पुराना है और जिनके अचेतन, भाषायी, सामाजिक और जातीय मन पर ऐतिहासिक उतार-चढ़ाव की अनेक तहें जमी हुई हैं।

मैं समझता हूँ जिस तरह आज हमारे सामने 'आधुनिकता' का एक विश्व-परिप्रेक्ष्य (ग्लोबल पर्सपेक्टिव) है उसी तरह कलाओं के अतीत और परंपराओं का भी ग्लोबल पर्सपेक्टिव होना चाहिए, क्योंकि कलाओं के रूप कभी एक देश तक सीमित नहीं रहे—कई देशों में और कई रूपों में परिवर्तित होकर घूमते रहे। विदेशी प्रभावों को लेकर आज हम ज़रूरत से कुछ ज़्यादा ही चौकन्ने हो गए हैं, लेकिन जिसे हम आज प्राचीन या मध्यकालीन भारतीय कला कहते हैं उसमें तमाम विदेशी प्रभाव मौजूद हैं—लेकिन इसके बावजूद वह अपने समय की, अपने जगह की और अपने ढंग की कला रही है। अनेक विदेशी प्रभावों को बराबर ग्रहण करते रहने के बावजूद उसकी अपनी पहचान और बुनियादी भारतीयता कभी दबने नहीं पाई क्योंकि वह एक निश्चित जीवन-दर्शन और विश्व-दृष्टि से जुड़ी हुई कला—सही मानों में भारतीयता के गूढ़ आशयों से जुड़ी कला—थी जिसने विदेशी प्रभावों को अपनी तरह ग्रहण और इस्तेमाल किया।

दो या दो से अधिक कलाओं के मिलने से दोनों के रूप बदलते हैं : उनका एक

दूसरे पर एक खास तरह का नस्ली प्रभाव (म्यूटेशनल इफ़ेक्ट) पड़ता है जिससे उनमें नवीनता और शक्ति आती है। विदेशियों की लगातार उपस्थिति का जो असर भारतीय कलाओं पर पड़ा उसे किसी हद तक राजनीतिक दृष्टि से अलग करके देखना ज़रूरी है, तभी हम अपनी—और दूसरों की भी—कलाओं के इतिहास को राजनीतिक इतिहास से भिन्न समझ सकेंगे। यानी, यह ज़रूरी है कि आधुनिकता को ही तरह हम उसके अतीत और परंपराओं को भी सार्वभौमिक (ग्लोबल) परिप्रेक्ष्य में रखकर देखें। एक विदेशी प्रभाव के रूप में भारतीय कला-चेतना पर अंग्रेज़ी प्रभाव अगर गलत कहा जा सकता है तो इस मामले में कि उसके एकाधिपत्य ने दूसरे विदेशी प्रभावों के साथ भारत के लिए खुले आदान-प्रदान के रास्तों को अवरुद्ध किया—इसलिए नहीं कि वह स्वयं एक विदेशी प्रभाव था।

ऐसी अनेक विचारधाराएँ आज हैं जो एक देश नहीं पूरी मानवजाति के लिए महत्त्व रखती हैं। मार्क्स, फ्रॉयड, आइन्स्टाइन आदि के विचारों का दायरा आज उनके ही देश नहीं बल्कि उनके विषयों के बाहर भी उस पूरे चिंतन में व्याप्त है जिसे हम आधुनिक कहते हैं। स्थानीय तत्त्वों के अध्ययन के पीछे भी एक सार्वभौमिक दृष्टि रहती हैं—नृशास्त्रीय, भाषायी, सामाजिक और मनोवैज्ञानिक दृष्टियों से मनुष्य की विभिन्न जीवनपद्धतियों और विश्वदृष्टियों का अध्ययन और विश्लेषण। आधुनिकता का एक तात्पर्य जहाँ अपनी जड़ों की छानबीन है (अपनी स्थानीयता, इतिहास, परंपरा आदि में) वहीं उसका दूसरा तात्पर्य कलात्मक अभिव्यक्ति की उन श्रेष्ठतम उपलब्धियों की जानकारी भी है जिनसे कला का इतिहास बना है।

X X X

परंपरा से वैज्ञानिक और तकनीकी प्रगति का कोई अनिवार्य विरोध नहीं है—और दोनों ही एक स्तर पर अपनी तरह रचनात्मक हैं। आधुनिकता अकसर अनेक पुराने विचारों को अपनाती और तथाकथित अवाँगार्द विचारों को अस्वीकार करती रही है। बहुत से देश जो तकनीक, औद्योगीकरण, विज्ञान आदि में भारत से आगे हैं भारत से कम परंपरावादी नहीं हैं। मुझे लगता है कि भारतीय प्रवृत्ति नए या वैज्ञानिक विचारों के मामले में सतर्क रहते हुए भी निषेधात्मक नहीं रही। जहाँ किसी भी 'ज्ञान' को 'धार्मिक अनुभव' जैसी चीज़ माना गया हो वहाँ 'धर्म ? या विज्ञान ?' जैसी वह बहस जो कभी डार्विन के विचारों को लेकर योरप में उठी थी शायद निरर्थक लगती। औषधि-विज्ञान के चरक, कामशास्त्र के वात्स्यायन, भाषाशास्त्री पाणिनि, वैज्ञानिक आर्यभट्ट—सभी जहाँ 'ऋषि' कोटि में रखे जाते रहे वहाँ 'धर्म' विज्ञान का विरोधी नहीं मनुष्य के आचरण और लोक-व्यवहार का नियामक माना गया। चीज़ों को जानना, और चीज़ों को जाननेवाले को जानना, दोनों को ही ज्ञान की उस व्यापक परिधि में रखा गया जिसके बिना आदमी अपनी रची दुनिया पर नियंत्रण नहीं रख सकता। मैं समझता हूँ आज भी आदमी जो कुछ अपने बारे में जानता है और अपनी दुनिया के बारे में जानता है उसके बीच सही और जीवंत रिश्तों की खोज कलाओं की एक सार्थक कोशिश है।

1978 'पूर्वग्रह'।

रोमांटिक आग्रह और समकालीन मन

पिछली कई सदियों से 'आधुनिक' और 'रोमांटिक' शब्द इतने विभिन्न संदर्भों में इस्तेमाल होते रहे हैं कि बिना ठीक से व्याख्यायित किए उनका शायद कोई भी निश्चित अर्थ न निकले। भारतीय साहित्यों—ख़ासकर हिंदी साहित्य को लेकर तो ये पद कभी भी ठीक से स्पष्ट नहीं किए गए। इस लघु-वार्ता में कोशिश करूँगा कि 'रोमांटिसिज़्म' के कुछ ऐसे पक्षों पर ध्यान केंद्रित हो सके जो आज की कविता में आसानी से पहचाने जा सकते हैं—कभी एक परंपरा की यादों के रूप में, तो कभी अपने परिवर्तित रूपों में। सच पूछा जाए तो रोमांटिक भावनाएँ आदमी के स्वभाव का ही स्थायी हिस्सा हैं: 'शास्त्रीय' या 'यथार्थ' जैसे पदों तक में हम उस भावना की अंतर्तहें अनुभव कर सकते हैं, भले ही इन पदों को रोमांटिक के विरुद्ध रखकर सोचा जाता रहा हो। मोटे तौर पर यह 'रोमांटिक आवेग' जो एक प्रकार की मानसिक ऊर्जा है हमारे साहित्यों और जीवन में दो तरह पहचानी जा सकती है। आदर्शमूलक उत्साह के रूप में जहाँ वह रचनात्मक अभिव्यक्ति बन सकती है, वहीं वह यदि ग़लत तरह भड़काई जाय तो ख़ासी विध्वंसक भी। फिलहाल मेरा अभिप्राय उस रोमांटिक ऊर्जा से है जो कविता में रचनात्मक आभव्यक्ति पाती है।

यह भी ध्यान में रखना चाहिए कि एक शब्द जो पाश्चात्य साहित्यिक-संस्कृति का हिस्सा है एशियायी और अफ़्रीकी भाषाओं के साहित्यों के अनेक सूक्ष्म भेदों और उपभेदों को स्पष्ट करने के लिए नाक़ाफ़ी है। कविता वैसे भी अन्य शाब्दिक कलाओं की अपेक्षा सबसे ज़्यादा अपनी भाषायी संस्कृति से घनिष्ठ होती है: अर्थों की तमाम परोक्ष ध्वनियाँ और प्रतिध्वनियाँ केवल मूल भाषा में ही पकड़ में आती हैं।

हिंदी कविता में 30-40 के दशकों में जो 'छायावादी' आंदोलन विकसित हुआ उसे 19वीं सदी के अंग्रेज़ी रोमांटिक कवियों के समतुल्य रखकर सोचा-विचारा गया। सच यह है कि 'छायावाद' एक प्रकार का 'रोमांटिसिज़्म' ज़रूर था लेकिन उसकी गहरी जड़ें मनुष्य के धार्मिक और रहस्यात्मक अनुभवों में थीं न कि पाश्चात्य 'रोमांसेज़' की परंपरा में। भारतीय रोमांटिसिज़्म के मूल में मध्ययुगीन भक्ति और सूफ़ी काव्य-परंपरा का गहरा योग था। अंग्रेज़ी रोमांटिक कवियों में थोड़ा बहुत अगर कोई उसके निकट आता था तो शायद विलियम ब्लेक; न कि शेली, कीट्स, बाइरन, न वर्ड्सवर्थ ही। सांख्य और

अद्वैत दर्शनों का, और बाद में उनसे प्रेरित भक्ति-काव्य का, भारतीय मन और साहित्य पर इतना स्थायी प्रभाव रहा है कि वह मानो भारतीय भाषाओं की प्रकृति में ही रच-बस गया : इसीलिए प्लेटॉनिक अर्थों या 'रोमान्सेज़' के आग्रहों को प्रमुख रखकर भारतीय रोमान्टिसिज़्म को ठीक-ठीक समझना लगभग असंभव है।

यह भी ज़रूरी है कि आज की कविता को समझने के लिए भारतीय धार्मिक और आत्मिक अनुभवों के दबावों को ज़रूरत से ज़्यादा तूल भी न दी जाए : उस अतीत से जुड़े होते हुए भी आज का अनुभव उसी रूढ़ि से बँधा हुआ नहीं है। जैसाकि सूज़न सोन्ताग ने कहीं कहा है—"हर युग आत्मिकता के अर्थ को बिलकुल अपनी तरह अनुभव करता है।"

आज की हिंदी कविता पर कबीर का ख़ासा प्रभाव रहा है : उसके माध्यम से कुछ महत्त्वपूर्ण सूत्र पकड़े जा सकते हैं। कबीर की संवेदनाओं और विश्वास का आधार रहस्यमूलक है, साथ ही यथार्थ के प्रति उनकी भेदक दृष्टि में एक कुशाग्र बौद्धिक की तीव्रता है—वह यथार्थ चाहे सामाजिक हो चाहे अस्तित्व संबंधी...और यह एक ऐसा पक्ष है जिसके साथ आज का चिंतन सहज ही जुड़ाव अनुभव करता है और प्रतिक्रिया करने में दिक़्क़त नहीं देखता। कबीर पलायनवादी नहीं थे, न ही दुखवादी—जबकि पाश्चात्य रोमांटिसिज़्म के साथ ये भाव घनिष्ठता से जुड़े रहे हैं। कबीर यथार्थवादी ही नहीं, एक गंभीर तत्त्वदर्शी सबसे पहले थे—और उनकी कविता इसका सटीक उदाहरण है कि दोनों के बीच समन्वय संभव है। उस तरह की रोमान्टिसिज़्म जैसी हम गेटे के 'सारोज़ ऑफ़ वर्थर' में पाते हैं, भारतीय रोमांटिक भावना से बिलकुल भिन्न है। संस्कृत साहित्य में दुखांत नाटक नहीं हैं, क्योंकि भारतीय चिंतन में शरीर का अंत जीवन का अंत नहीं है, जीवन के पराभौतिक आयाम भी हैं ? जीव का चेतन-स्वरूप केवल अपना भौतिक रूप बदलता रहता है।

आधुनिक यथार्थ-बोध का मूल आधार भौतिक है : जानने-समझने की विधियाँ भी अधिकांश वे ही हैं जिनसे हम अपने भौतिक जगत के बारे में जानकारियाँ प्राप्त करते हैं। तर्क, विश्लेषण, बौद्धिकता, वर्गीकरण, प्रमाण, परिगणना आदि से जिस सच्चाई को हम सिद्ध नहीं कर पाते उसके प्रति आधुनिक मन संदेही ही बना रहता है। रोमांटिक मानसिकता शायद ऐसा नहीं मानती कि जीवन नितांत भौतिक है : वह बहुत कुछ—जैसा शेक्सपियर का कहना था—सपनों की तरह का है, और हमारे आंतरिक उद्वेलों, इच्छाओं, वासनाओं वगैरह से परिचालित होता है। इनके नितांत अलग-थलग वर्ग नहीं हैं : जीवन में वे एक दूसरे से प्रतिकृत होते रहते हैं।

इस सदी ने दो महायुद्धों की भयानक विभीषिका को झेला है—एक ऐसा अविश्वसनीय यथार्थ जिसे उतने ही बेतुके सपनों ने घटना का रूप दिया। जब नीत्शे ने घोषणा की कि "ईश्वर मर चुका" तो उसने मानो शैतान को न्योता दिया कि ये दुनिया अब तुम्हारे हाथों में है ! एक पूरे जनसमूह पर ऐसा जादू चलाया गया कि वे सचमुच यह मानने लगे कि वे बाक़ी सब लोगों से अलग और विशिष्ट हैं तथा दूसरों

पर शासन करने का उन्हें जन्मसिद्ध अधिकार है। इस भ्रांति से उपजी विभीषिका ने उन्हें भी तहस-नहस कर डाला जो इसके प्रणेता थे। योरपीय चेतना पर इस विध्वंस-लीला का स्थायी प्रभाव पड़ा, लेकिन सोचने की बात है वह रोमांटिक समष्टि-चित्त जिसमें इस तरह का स्वप्न इतना भीषण असंतुलन पैदा कर सका ! मार्क्स ने भी दुनिया को एक सपना दिया—एक यूटोपिया का परिकल्पित स्वर्गलोक और उसकी वैधता को वैज्ञानिक तर्क-पद्धति से पुष्ट किया, लेकिन उसकी रूसी परिणति से फिर एक बार लगता है कि शायद मनुष्य के कर्म उसके तर्क की अपेक्षा उसकी भावनाओं से ही अधिक निर्देशित होते हैं, आज भी।

आधुनिक समझ इस पर ज़्यादा भरोसा रखती प्रतीत होती है कि जैसे-जैसे आदमी की तर्क-बुद्धि अधिक विकसित होगी, आदमी के भावनाओं की विनाशक दिशा अपने आप नियंत्रण में आ जाएगी। लेकिन यह सोचना कि सही जानकारी से कर्म भी सही होने लगेंगे एक सद्विचार तो है, पर बहुत व्यवहार-सम्मत नहीं लगता। सदियों पहले बुद्ध के सामने भी कुछ-कुछ इसी तरह की पशोपेश आयी थी—बौद्धिक दृष्टिकोण—और सही मार्ग अपनाने की प्रेरक शक्तियों को लेकर। उनके ईश्वर-निरपेक्ष दृष्टिकोण के पीछे भी ऐसी ही कोई धारणा काम करती लगती है कि उनके जीवन-दर्शन का आधार किसी प्रकार का दृढ़ नैतिकता-बोध हो—मनुष्य के जीवनानुभव में व्याप्त करुणा, विनय, सहानुभूति जैसी भावनाओं को संबोधित—कि अति द्वारा नहीं, मध्यम मार्ग अपनाकर ही मनुष्य कष्टों और बंधनों से छुटकारा पा सकता है। भावनाओं की अतियों के रोकथाम के उपाय और युक्तियाँ भी भावनाओं में ही मौजूद हैं अगर हम उन्हें ऐसे जीवनमूल्यों से नत्थी करें जिनसे आदमी को सुरक्षा और सांत्वना मिलती रही है। हमारे समय में 'अहिंसा' और 'सत्याग्रह' ब्रिटिश साम्राज्यवाद के ख़िलाफ़ इसी तरह के आधारों पर भरोसा था।

प्रसिद्ध चेक लेखक मिलन कुन्देरा ने हाल ही में प्रकाशित अपनी पुस्तक **टेस्टामेन्ट्स बिट्रेड** में एक दिलचस्प प्रसंग का हवाला दिया है :

> "मैं शुरू से ही अनीश्वरवादी माहौल में पला था : इसे लेकर मेरे मन में कोई ऊहापोह भी नहीं था : लेकिन जब कम्यूनिज़्म के कठिन दिनों में मैंने ईसाइयों को अपमानित किए जाते देखा तो मेरे युवा दिनों की उत्साही अनीश्वरवादी धारणाएँ मानो बचपन के फितूर की तरह हवा हो गईं। अपने विश्वासी मित्रों की बात मेरे कुछ-कुछ समझ में आने लगी, और उनके साथ एक अजीब तरह की एकात्मता की भावना से प्रेरित होकर मैं कभी-कभी उनके साथ प्रार्थनाओं में गिरजाघर भी चला जाता था। यह तो है कि ईश्वर के होने न-होने को लेकर मैं कभी दृढ़-विश्वासी नहीं हो सका : न यही मान सका कि वह कहीं है और हमारे भविष्यों का नियामक है। फिर भी, कौन जाने ? और उन्हें ही क्या पता ? क्या वे पूरे यकीन से कह सकते थे कि उनके यक़ीन सही हैं ? पर, गिरजाघर में बैठे हुए एक विचित्र और सुखद अनुभूति होती थी कि मेरे

अविश्वास और उनके विश्वास कुछ अजीब ढंग से एक-दूसरे में घुलेमिले हैं।''

यहाँ ईश्वर को लेकर कुंदेरा की ढुलमुल यक़ीनी नहीं, 'भावनात्मक एकात्मता' की बात ख़ास माने रखती है। ग्रीक कवि कवाफ़ी की कुछ पंक्तियाँ याद आती हैं–

...ईश्वर केवल एक प्रस्ताव है
लेकिन हम जो उसे सिद्ध करते हैं
विशेष लोग हैं
पूजक...

कबीर का ईश्वर 'प्रेम' है जो मनुष्य के 'अनुभव-ज्ञान' का मूल-तत्त्व है। ''ढाई आखर प्रेम का पढ़ै सो पंडित होय।'' उन्होंने मंदिर-मस्ज़िद में स्थापित ईश्वरों से जुड़े झूठ और पाखंड का कड़ाई से विरोध किया और ईश्वर के अर्थ को सबके प्रति 'प्रेम-भावना' से जोड़ा। कविता कहीं मनुष्य की इस आत्म-संस्कृति को समृद्ध रखने की एक विनम्र चेष्टा है।

सदियों में मनुष्य का स्वभाव बहुत कम बदला है, लेकिन उसका भौतिक परिवेश, विज्ञान और तकनीक के प्रभाव से, बहुत तेज़ी से बदलता रहा है—शायद इतनी तेज़ी से कि इस तेज़ी के साथ वह मानसिक सामंजस्य नहीं बैठा पा रहा। इन बदलावों को लेकर कविता की प्रतिक्रिया मिलीजुली रही है, लेकिन सामान्यतः सावधान, विवेचनापरक और गंभीर। भारत में आधुनिकीकरण की गति 'तीसरी दुनिया' के कई देशों की ही तरह, धीमी रही है : भारतीय जीवन पर उसका प्रभाव भी सब तक एक-सा नहीं पहुँचा है। बहुतों के लिए आधुनिकता अभी भी एक सपना है, और एक महँगी रईसी। भारतीय लेखन आधुनिकता के यथार्थ से अधिक आधुनिकता के विचारों से प्रतिकृत होता रहा है। इस अर्थ में शायद 'आधुनिकता की चुनौती' कहना ज़्यादा माने रखता है बजाय 'रोमान्टिसिज़्म की चुनौती' कहने के।

आधुनिकता के साथ जुड़े उपभोक्तावाद के बुखार को लेकर भी भारतीय सोच-विचार ख़ासे द्विविधा और सन्देह से ग्रसित रहा है—हम किसी प्रकार के संकट के कगार पर खड़े हैं ? या किसी नयी समृद्धि की चौखट पर ?

इस सदी के शुरुआती दशकों में **वेस्ट-लैंड** के अंत में इलियट ने उपनिषदों की कुछ पंक्तियों को याद किया था। उनके मूड में उदासी और खिन्नता थी जब उन्होंने भीतर से 'खोखले हो गए आदमी' की चर्चा की थी...

यह सदी, थकी हुई सदी, अब अपने अवसान पर है और अपने बीते दिनों को कुछ इस तरह सोचती हुई लग रही है मानो उसके हंगामों के दिन अब ख़त्म हुए, और यह वक़्त है जब आदमी के आनेवाले दिनों को ज़्यादा सम्हलकर सोचा जाय। जोज़ेफ़ कैम्पबेल ने अपनी पुस्तक **मिथ्स टु लिव बाई** में एक महत्त्वपूर्ण बात कही है— ''मनुष्य-जाति बिना जीवन-समर्थक सपनों के ज़िंदा नहीं रह सकती...।'' आज मीडिया

ने, प्रचार-प्रसार की तकनीकों में असाधारण वृद्धि ने, हमारे जीवन को बिंबों और ध्वनियों से भर दिया है, और शब्दों को मानो एक किनारे ढकेल दिया है। विचार उठता है कि बिंबों और ध्वनियों की यह भरमार प्राणदायक भी है या केवल प्राण-लेवा ? हाल ही में दिखाई गई विम वेन्डर्स की एक फ़िल्म 'लिस्बन स्टोरी' का नायक 'अनदेखे बिंब' और 'अनसुनी ध्वनि' की तलाश में भटकता रहता है क्योंकि उसे लगता है सभी बिंबों और सभी ध्वनियों की पवित्रता को आज की औद्योगिकी ने हमेशा के लिए दूषित कर दिया है। शायद कविता की तलाश भी कुछ-कुछ इसी तरह की है—जीवन के विशुद्धतम अर्थ को शब्दों के अत्यंत संवेदनशील, अछूते और कल्पनाशील प्रयोगों द्वारा बचाए रखना। इस रचनात्मक कोशिश में रोमांटिक कल्पना की भूमिका असंदिग्ध और संश्लिष्ट है, आधुनिक कविता ही नहीं किसी भी कला के संदर्भ में।

1995 : 'साहित्य अकादमी पुरस्कार' के अवसर पर पठित।
(अंग्रेज़ी से अनूदित)।

साहित्य और विचार

साहित्य और विचार के संबंधों को लेकर यहाँ मैं कोई नया अथवा सर्वमान्य सिद्धांत प्रतिपादित करने नहीं जा रहा। एक साहित्यकार के रूप में मेरा खुद का जो अनुभव और रवैया रहा है उस पर ही कुछ बातें कहूँगा। साहित्य और विचारों के बाहरी और भीतरी संबंधों को जिस तरह मैंने अपने लिए समझा और बरता अगर उसमें आज भी मुझे किसी ख़ास या बुनियादी परिवर्तन की ज़रूरत महसूस नहीं हो रही तो शायद मैंने उनके संबंधों को बहुत ग़लत नहीं समझा। अगर बहुत सही नहीं समझा तो आज भी अपनी समझ और संवेदनाओं को लेकर इतना कट्टर या बेलोच नहीं हूँ कि बेहतर कुछ को ग्रहण न कर सकूँ।

मैं मानता हूँ कि साहित्य सिर्फ़ अपनी ज़मीन या जगह से ही नहीं अपने समय से भी जुड़े रहने की कोशिश है। अपने समय से जुड़े रहने का मतलब है अपने समय के प्रमुख विचारों से जुड़ना। इसके बिना हम अपने ज़मीन से जुड़े रहने को भी वह अतिरिक्त और ज़रूरी आयाम नहीं दे पायेंगे जो एक साहित्य को सार्वभौमिक और सार्वकालिक बनाता है। अपने समय के विचारों से वाबस्तगी एक जटिल प्रक्रिया है—वैचारिक दृष्टि से भी और साहित्यिक दृष्टि से भी। मैं इस प्रक्रिया का सरलीकरण नहीं कर पाता, न अपने लिए न दूसरों के लिए। मैं अपने लिए या उनके लिए ऐसा कोई अमोघ रामबाण तैयार नहीं कर पाता जिसके लिए पूरे विश्वास से कह सकूँ कि लो ये रहा तुम्हारी सारी मुश्किलों का हल ! मैं चाहता हूँ कि हम सोचें, सिर्फ़ मसीहाओं को न खोजें। हम सही मानों में विचारशील हों, विचारवादी नहीं। जब हम गहराई, निडरता और उदारता से सोच सकेंगे तभी हम विचारों के प्रजातंत्र से उपयुक्त सचाइयों का चुनाव कर सकेंगे—अपने लिए भी और दूसरों के लिए भी। ऐसा हो सकता है कि जिन्हें हम एक बार चुनें वे योग्य या भ्रामक साबित हों। इसके लिए हमारी वैचारिक संस्कृति में ही ऐसे उपाय मौजूद रहने चाहिए कि विभिन्न विचारों की लगातार छानबीन और संशोधन, परिवर्तन की भरपूर गुंजाइश बनी रहे। विचारों की छानबीन के तरीकों और औजारों की नोक-धार दुरुस्त रहे, और उन्हें इस्तेमाल कर सकने की क्षमता और अधिकार कुंद न होने पायें।

विचारों की स्वतंत्रता पर गलत दबाव निहित स्वार्थों का भी पड़ सकता है और

किसी शासक-विचार या मान्यता का भी। गैलिलीयो के विचारों को मंजूरी नहीं मिली क्योंकि वे धर्मसम्मत नहीं थे। इसके विपरीत अनेक धर्मसम्मत मान्यताएँ केवल राज्यसम्मत होने के नाते ही स्वीकृति पाती रहीं यद्यपि वे तर्कसम्मत या विज्ञानसम्मत सिद्ध नहीं होती थीं। इसी तरह तमाम ऐसे 'वैज्ञानिक' तथ्य हैं जिन्हें हम नैतिक भी मान लेते हैं, या जिनके सहारे हम नैतिक निष्कर्ष निकालने की कोशिश करते हैं। कई बार हम तर्क द्वारा ऐसे अनेक जीवनमूल्यों को सिद्ध करना चाहते हैं जो विशुद्धरूप से भावनात्मक या प्रज्ञात्मक होते हैं, और मनुष्य की जैविक ज़रूरतों को अकसर इस तरह रखकर सोचते हैं मानो वे दार्शनिक प्रस्ताव हों। किसी भी क्षेत्र की बड़ी जानकारी का अपना एक दबदबा होता है जिसकी धाक दूसरे क्षेत्रों में भी प्रवेश कर जाती है। इस सदी में डारविन, मार्क्स, फ्रायड, आइन्सटाइन आदि के विचारों ने हमारे पूरे सोच-समझ को प्रभावित किया है। विभिन्न विषयों पर ही नहीं विभिन्न कलाओं पर भी उनका भरपूर प्रभाव रहा है। बड़े विचारों का प्रभाव या दबाव कलाओं को अकसर रचनाशील ढंग से भी उकसाता है, बशर्ते कि दोनों के बीच एक खुला और उदार रिश्ता बनता हो। 'आधुनिकतावादी' विचारों ने अगर हमें काफ़्का या जेम्स जॉयस जैसे उपन्यासकार दिये तो शायद 'मार्क्सवादी' आग्रहों ने ब्रेख्त और मारकेज जैसे रचनाकार भी। ख़ास बात है, इन साहित्यकारों ने साहित्य की अपनी ज़मीन को विचारों के तहत संकुचित नहीं होने दिया, बल्कि उसे विस्तृत करने के लिए विचारों को अपनी तरह इस्तेमाल किया। एक बड़ा साहित्य विभिन्न विचारों की वैधता के लिए खुद प्रमाण होता है, अपनी प्रामाणिकता का आधार दूसरे विचारों या किसी विचारधारा को नहीं बनाता। शेक्सपियर या कबीर या तुलसीदास का साहित्य किसी एक विचार का पुष्टीकरण नहीं है : वह पूरे जीवन की सचाई है जिससे किसी विचार की वैधता सिद्ध होती है। साहित्य का पक्ष जिस जीवन का पक्ष है वह किसी भी 'वाद' से ज़्यादा पुराना है, और ज़्यादा विकासशील भी। उसका अपना जीवन विवेक किसी भी बड़े विचार द्वारा हँकाए जाने से इंकार करता है। कालिदास ने जब 'प्रत्यय बुद्धि' को नकारा तो वह एक साहित्यकार की गर्वोक्ति मात्र नहीं थी, साहित्य के बड़प्पन के प्रति वह बुनियादी निष्ठा थी जिससे वे किसी भी कीमत पर समझौता करने को तैयार न थे, क्योंकि वह निष्ठा ही उनकी रचनात्मक ऊर्जा का स्रोत थी। जिस दिन साहित्य को मैं अपनी प्राथमिक ज़मीन मानकर नहीं लिखूँगा मेरे लिए पूरे उत्साह और ईमानदारी से लिखना असंभव हो जायेगा।

आज के वैचारिक परिदृश्य पर जब मैं एक साहित्यिक दृष्टि डालता हूँ तो मुझे कुछ मानों में किसी रामायण का 'उत्तर-कांड' याद आता है। उत्तर-संरचनावाद, उत्तर आधुनिकतावाद और अब शायद 'उत्तर-मार्क्सवाद' भी हवा में है। ऐसा लगता है जैसे सुदृढ़ विचारों का कोई त्रेतायुग समाप्त हुआ और अब हम तमाम अंदेशों के उस कलियुग में हैं जहाँ टेकनोलोजीज़ का महाजाल, प्रचार-प्रसार माध्यमों का कानफोड़ शोरगुल, पूरी पृथ्वी और वातावरण को निगल जानेवाली उपभोक्ता संस्कृति का सुरसामुँह सारे मानवीय और जीवनमूल्यों का अंत घोषित करने पर तुले हुए हैं। संदेह

होता है कि इस नक्कारखाने में साहित्य कहीं एक तूती की आवाज़ होकर तो नहीं रह गया ?

'उत्तर-आधुनिकतावाद' की तमाम चिंताओं में से चुनकर एक फाँक साहित्यिक चिंता को सोचता हूँ/क्या वह कोई ठोस विचार देता है ? या पिछले ठोस विचारों को सिर्फ़ खलास घोषित करता है ? एक वैचारिक विकल्प के रूप में 'उत्तर-आधुनिकतावाद' का कोई निश्चित प्रारूप नहीं बनता। इस माने में फ्रेंच विचारक ज्याँ-फ्रांसवा लिओतार की प्रसिद्ध पुस्तक का शीर्षक—**उत्तर-आधुनिकतावादी स्थिति** (द पोस्टमार्डर्न कंडीशन) सांकेतिक है, जो आधुनिकतावाद के बाद की 'स्थिति' पर विचार है, और इस कोशिश में अगर स्वयं भी एक विचार है तो संयोगवश ही। वह कई विचारों से सार और संदर्भ ग्रहण करता है, पर किसी एक विचार या विचारधारा या प्रवृत्ति को लेकर बहुत उत्साही नज़र नहीं आता। वह आधुनिकतावाद से अलग होते हुए भी कुछ उसी तरह जुड़ा है जैसे आधुनिकतावाद परंपरा से जुड़ा हुआ था, या है। उसके पूरे रवैये में एक ख़ास तरह की बहुतत्ववादी (प्लूरलिस्टिक) और सारसंग्रहवादी (एकलेक्टिकल) मानसिकता दिखाई देती है। 'आधुनिकतावाद' का एक चरम उदाहरण अगर हम जेम्स जॉयस की कला को मानें तो उसकी अपेक्षा 'उत्तर-आधुनिकतावाद' काल के बोर्खेस या मारकेज़ की कलाएँ अधिक संयमित हैं—उनमें प्रयोग और नवीनता आदि को लेकर जुनून की हद तक पहुँचा हुआ आग्रह न होकर उपन्यासकला की विभिन्न युक्तियों और शैलियों के प्रति एक सहज ग्रहणशीलता का भाव है। इस प्रवृत्ति को आज हम संसार की अनेक कलाओं और साहित्य में परिलक्षित कर सकते हैं जो पाश्चात्य साहित्य और पाश्चात्य साहित्यशास्त्र के एकाधिकार को लगभग चुनौती देता प्रतीत होता है। अफ्रीकी साहित्य में यह बात जोरों से उठ रही है कि पाश्चात्य 'कैनन्स' या मापदंड विभिन्न देशों के साहित्यों को समझने के लिए काफ़ी नहीं, तथा उनका आग्रह उपनिवेशीय मानसिकता का ही एक अवशेष है। भारतीय साहित्य-शास्त्र की विशद परंपरा है, जिससे कम-से-कम हम इतना तो सीख ही सकते हैं कि साहित्य और विशेषरूप से साहित्य-समीक्षा का विकास विचारकों और विचारों के घनिष्ठ संपर्क में होता रहा है, पर उनसे अनुशासित या आतंकित कभी नहीं रहा। शब्द, अर्थ, और भाषा को लेकर जिन लंबी बहसों से भारतीय काव्यशास्त्र भरा पड़ा है वह आज हमें पश्चिम में हो रहे भाषा-शास्त्र और साहित्य-शास्त्र में हो रहे कामों के बहुत नज़दीक लगता है। वैचारिक तत्परता का एक तकाजा यह भी है कि हम उसकी प्रासंगिकता को एक वृहत्तर परिप्रेक्ष्य में जाँचें-परखें।

अंतर्विषयक चिंतन में साहित्य की हिस्सेदारी किसी हद तक अपनी समस्याओं और ज़रूरतों को बेहतर समझने की कोशिश है। उदाहरण के लिए, भाषा और यथार्थ की समस्या को लें। एक भाषायी समस्या है कि भाषा में यथार्थ का सही-सही चित्रण नहीं हो सकता क्योंकि यथार्थ में बिखराव, विशृंखलता, टूटफूट और असंबद्धता है। भाषा में व्यक्त होते ही वह किसी-न-किसी प्रकार की योजना और तारतम्य पा जाता है। यानी, यथार्थ तब यथार्थ न रह जाकर एक व्याख्या या वर्णन या क़िस्से (फिक्शन) में बदल

जाता है। वह विकृत या मिथ्या हो जाता है। इतिहास-लेखन में यह समस्या और भी मुश्किल हो जाती है जब विभिन्न घटनाओं और तथ्यों को एक विवरण-सूत्र में बाँधने की कोशिश की जाती है।

साहित्य के लिए भी भाषा समस्यामूलक है, पर भिन्न तरह क्योंकि उसका मुख्य काम यथार्थ का हू-ब-हू चित्रण नहीं, यथार्थ-वस्तु का रचनात्मक या कलात्मक इस्तेमाल है। भाषा की तरह साहित्य भी एक शाब्दिक संरचना ज़रूर है लेकिन वह केवल भाषा नहीं, एक कलाकृति भी है जिसके औचित्य का संदर्भ भाषा के नियमों से पहले कला के नियमों से खोजा जाना चाहिए। साहित्य की अपनी विचार-भूमि अगर दृढ़ नहीं होगी तो दूसरे विषयों से भी वह सार्थक संवाद नहीं कर पाएगा। मसलन, अगर साहित्य में यथार्थ की जगह को ही लेकर हमारे सोच में स्पष्टता नहीं है तो मुमकिन है हम भाषासंबंधी विचारों को भी ग़लत तरह लागू करें। साहित्य 'यथार्थबोध' तो कराता है पर किसी ख़ास उद्देश्य से। यह ख़ास उद्देश्य साहित्य की अपनी विशिष्ट पहचान है जो एक कृति में यथार्थ की जगह को निर्धारित करती है। उद्देश्य कई हो सकते हैं, जो साहित्य की विविधता को यथार्थ की एकरूपता के ख़िलाफ़ जायज़ ठहराता है। प्रेमचंद का 'आदर्शोन्मुख यथार्थ', या प्रसाद का 'आनन्दवाद' या मारकेज़ का 'जादुई यथार्थवाद' साहित्य के विभिन्न उद्देश्यों—और इसलिए उसके विभिन्न रूपों को—रेखांकित करते हैं, केवल यथार्थ की विशुद्धता को नहीं। यथार्थबोध ही नहीं कलाबोध भी कराने की कोशिश में साहित्य अपनी तरह अपनी भाषा को विस्तृत भी करता है—मिथक, प्रतीक, अन्योक्ति, रूपक आदि साहित्यिक भाषा के जायज़ हिस्से हैं। काफ़्का जिस 'मिथक' से या मारकेज़ जिस 'जादू' से यथार्थ को बाँधते और हम तक संप्रेषित करते हैं उसकी मूल शक्ति को साहित्य और यथार्थ के संबंधों को सरलीकृत करके नहीं समझा जा सकता। इससे भी ज़्यादा ख़तरनाक बात यह हो सकती है कि हम किसी अन्य विषय की पदावली से किसी एक पद या टर्म को उठाकर उसे 'साहित्यिक प्रतिमान' या 'निदेशक-पद' (लिटरेरी पैराडाइम) की तरह साहित्य पर लागू करें। उस पद का साहित्य के साथ कभी भी सहज समीकरण नहीं बन पाएगा—सशक्त साहित्य में वह पद बेमानी हो जाएगा, और कमज़ोर साहित्य में वह पद और साहित्य दोनों।

मौजूंदा समय को मैं कुछ-कुछ इस तरह देखना पसंद करूँगा कि शायद वह किसी बड़े विचार या बड़े-बड़े विचारों की गहमागहमी से थोड़ी फुरसत का वक़्त है। पश्चिमी विचारों का एकाधिपत्य और धाक उत्तर-उपनिवेशीय समय में शिथिल हो चली है। जिस वस्तुवादी चिंतन ने आज हमें अति-उपभोक्तावादी विपत्ति और दैत्याकार टेक्नोलॉजी की भूलभुलैया में फँसा दिया है उससे खुद पश्चिमी दुनिया परेशान है।

कई मानों में मुझे यह समय गहरे आत्मपरीक्षण का समय लगता है। शायद यह ग़लत वक़्त नहीं कि हम भी अपने बारे में गहराई और ईमानदारी से सोचें। उन चिंताओं पर भी गौर करें जो भारतीय विचारकों को घेरे रही हैं। इतिहास-बोध का अर्थ अगर केवल तिथियों, आँकड़ों, घटनाओं और नामों का संग्रह मात्र नहीं है तो उस जीवन-

विवेक और उन जीवनमूल्यों को सबसे पहले सोचें जो मनुष्य के सदियों के ऐतिहासिक अनुभव से निकलते हैं : जिनके बिना जीवन की रक्षा संभव नहीं, और जो हमें अपने, दूसरों और प्रकृति के साथ सामंजस्य बैठाते हुए शांति से जीना सिखाते हैं।

बड़े विचारों की, चाहे वे नये हों या पुराने, देशगत और कालगत हदें नहीं होतीं। वे किसी एक भाषा में भी सीमित नहीं रहते। वे मनुष्य जाति की कुल वैचारिक संपदा का हिस्सा बन जाते हैं। लेकिन कभी-कभी किसी विचार का उदय और विस्तार लगभग एक फौजी या राजनीतिक शक्ति की तरह होता है। वह विचार की तरह विकसित नहीं होता, एक साम्राज्य की तरह फैलता है, दूसरे विचारों को दबाता हुआ। अनेक धार्मिक विचार दुनिया में इसी तरह फैले। भारतीय मानसिकता विचारों के मामले में फौजी नहीं रही क्योंकि महत्त्वाकांक्षी नहीं रही। सन् 1917 में रूसी क्रांति की सफलता के बाद जब मार्क्सवादी विचारधारा दुनिया में फैली तो उसके हौसलों में विश्वविजय के सपने थे। दूसरे विचारों को सुनने और सहने का धीरज उसमें नहीं था। वह धीरे-धीरे एक अतिवाद में बदलने लगी। उसका विकास रुक गया। यह उसके लिए भी अच्छा नहीं साबित हुआ। इसने न केवल विरोधों बल्कि अंतर्विरोधों को भी जन्म दिया, और एक महत्त्वपूर्ण विचार की शक्ति क्षीण होने लगी। वह विचारकों के हाथों से निकलकर अनुयायियों का अस्त्र बनने लगा। यह एक बड़े विचार का राजकीय विकृतीकरण था। लेकिन एक महत्त्वपूर्ण विचार की राजनीतिक परिणति जो भी हो, उसके मूल्यवान तत्त्वों को अस्वीकार नहीं किया जाना चाहिए। कभी ऐसा मान लेना कि मार्क्सवाद अगर रूस में सफल हुआ तो वह सब जगह सफल होगा एक विचार को समझने का शायद उतना ही स्थूल और जल्दबाज़ तरीका था जितना आज रूस में उसकी विफलता से झटपट यह नतीजा निकाल लेना होगा कि वह हर तरह विफल हो गया। यह सावधानी भी ज़रूरी है कि एक दूसरी झोंक में कहीं हम ज़रूरत से ज़्यादा नकारात्मक न हो जायें। समाजवादी चिंतन का एक अर्थ गाँधी, नरेंद्रदेव और लोहिया भी हो सकता है—ख़ासकर उस उदार वैचारिक परंपरा के संदर्भ में जिसके वे सही मानों में प्रतिनिधि थे।

1991

साहित्यालोचना के जनतांत्रिक संदर्भ

समालोचना की अगर कोई विचारणीय जगह बनती है तो जनतांत्रिक संदर्भ में ही—और यह बात साहित्य और कलाओं के लिए ही नहीं, सामाजिक-राजनीतिक मामलों में भी उतनी ही सही है। ऐसी किसी भी व्यवस्था में समालोचना या समीक्षा का वैज्ञानिक और नैतिक विकास न हो पाना स्वाभाविक है जहाँ विचार प्रकट करने की पूरी छूट न हो। समीक्षा अगर दुराग्रहपूर्ण या अधकचरी भी हो तो उस पर नियंत्रण का तंत्र भी समीक्षा के अपने अनुशासनों के भीतर ही विकसित होना चाहिए, बाहरी अनुशासनों से परिचालित नहीं। इस तंत्र का विकास भी समीक्षा के विकास की शर्तों का ही एक हिस्सा होगा।

यह भी ठीक है कि समीक्षा की भाषा का सबसे अधिक अवमूल्यन भी जनतंत्र में ही होता है, क्योंकि तानाशाही व्यवस्था में समीक्षा की स्वतंत्र और इसलिए विकासशील संभावनाएँ बनती ही नहीं। 'विरोध' या 'असहमति' भीषण संकट उठाकर तो संभव है, लेकिन उस तरह की खुली आलोचनाएँ जैसी अलजीरिया को लेकर सार्त्र और कामू ने कीं, या हथियारबंदी के ख़िलाफ़ रसेल ने कीं, एक जनतांत्रिक संदर्भ में ही संभव हैं। यह ठीक है कि जहाँ सभी तरह की आलोचना की छूट हो, आलोचना कभी-कभी महत्त्वहीनता की हद तक गिर जा सकती है—और यह भ्रष्ट या ग़लत व्यवस्थाओं को सुधारने के बजाय उन्हें बचाये रखने में ज़्यादा सहायक साबित हो सकता है कि असंतोष व्यक्त करके आलोचना महज़ एक विरेचन का काम करे। मगर समालोचना की छूट और क्षमता समाज को जहाँ एक ओर अतिवादों से बचाने का उपाय है वहीं वांछनीय परिवर्तनों को ज़्यादा शांतिपूर्ण ढंग से दर्शाने का साधन भी। व्यक्ति की ही तरह वह समाज भी निरंकुश और अनुशासनहीन होता चला जाता है जिसकी आत्म-निरीक्षण की क्षमता किन्हीं कारणों से ख़त्म हो जाती है। अनेक ऐसे संप्रदाय और संगठन हैं, और रहे हैं, जो अपने अनुयायियों को आलोचना की खुली छूट नहीं देते, यद्यपि उनके खुद के अस्तित्व में आने के पीछे वही मानसिकता रही है जो कभी न कभी किसी व्यवस्था-विशेष को लेकर आलोचनात्मक हुई। आगे चलकर उनके निष्क्रिय या निष्प्राण हो जाने के पीछे भी मूल कारण उनमें आलोचना और आत्मालोचना की क्षमताओं का ह्रास रहा है।

बौद्ध धर्म का उदाहरण इस माने में दिलचस्प है कि उसकी शुरुआत और विकास दोनों जहाँ एक तीक्ष्ण आलोचनात्मक दृष्टि और लगातार वादविवाद का नतीजा है, वहीं भारत में उसके पतन का मुख्य कारण 'संघ' रहा है जिसकी गतिविधियों से बुद्ध अपने जीवनकाल में ही परेशान रहने लगे थे। संघ में तमाम पाखंडी और अवसरवादी तत्त्वों के घुस आने से वह भ्रष्ट और असहिष्णु होता चला गया। यह बुद्ध की अपनी मानसिकता और शिक्षाओं के बिलकुल ख़िलाफ़ पड़ता था। बुद्ध के जीवनकाल में—और उनके बाद भी—बौद्ध विचारधारा संवाद-पद्धति पर विकसित हुई—जैसे प्राचीन यूनान में सुकरात के विचार। आगे चलकर मिलिंद के प्रश्न और नागसेन के उत्तर इसी परंपरा के विस्तार हैं। भारतीय दर्शनशास्त्र पर इस विचार-पद्धति का व्यापक असर पड़ा। उपनिषद् के शाब्दिक अर्थ से भी गुरु-शिष्य के बीच संवाद का भावार्थ निकलता है। इस संवाद-पद्धति में विचार-विनियम की जनतांत्रिक जड़ें हैं। और यह मुझे बिलकुल तर्कसंगत लगता है कि भारतीय समीक्षाशास्त्र के विकास की मूल मानसिकता—शास्त्रार्थ और खंडन-मंडन की आवश्यकता को पूरी तरह आत्मसात् किए हुए विकसित हुई। यह संयोग मात्र नहीं था कि भारतीय दर्शनिक परंपरा जिन मानों में मूलतः आलोचनाधर्मी है, आलोचनाशास्त्र का विकास लगभग उन्हीं अर्थों में दार्शनिक पद्धति पर हुआ। संस्कृत के साहित्यशास्त्री दर्शन और साहित्य दोनों के प्रकांड पंडित, गूढ़ मीमांसक और कुशल तार्किक थे। पूर्ववर्ती आचार्यों के अनन्य भक्त नहीं, उनके ढीठ आलोचक थे। उन्हें अपने मतों की चुनौती तो स्वीकार थी परन्तु असहमति के अधिकार को चुनौती कतई स्वीकार नहीं थी। यह एक स्वस्थ और वैज्ञानिक परंपरा थी जिस पर चलकर संस्कृत साहित्यशास्त्र के छः प्रमुख संप्रदाय रस, अलंकार, रीति, वक्रोक्ति, ध्वनि और औचित्य विकसित हुए। यह परंपरा रीतिकाल में क्षीण और अंग्रेज़ी समय में लगभग अप्रभावी हो गई।

अंग्रेज़ी साहित्य और समालोचना का जो प्रभाव हिंदी पर पड़ा उसमें पाश्चात्य समीक्षा और उसकी परंपराओं की ज़्यादा गूँजें रहीं। संस्कृत समीक्षा अतीत हो गई जिससे कटकर हिंदी आलोचना पाश्चात्य समीक्षा-प्रणालियों से जुड़ने लगी। यह ज़रूर है कि संस्कृत-समीक्षा कुछ मानों में बिलकुल ठस और पंडिताऊ हो गई थी, और बहुत हद तक इसी कारण अप्रासंगिक भी—लेकिन उसके अप्रासंगिक हो जाने का एक कारण परवर्ती समीक्षकों की वह लापरवाही भी थी जिसने न तो उन सिद्धांतों को ठीक से जानने-परखने की कोशिश की, न उन विचारों को 'अपडेट' करने का ही काम किया जिन पर बदलते संदर्भों में फिर से सोच-विचार करते रहना ज़रूरी होता है। अरस्तू की **पोएटिक्स** की साख पाश्चात्य समीक्षा में बराबर बनी रही। उसके अनुकरण (माइमेटिक) और विरेचन (कथारसिस) के सिद्धांतों पर लगातार विचार और पुनर्विचार किया जाता रहा। इसे किसी भी माने में अतीतवाद नहीं माना गया क्योंकि इसे एक जीवन्त और प्रासंगिक चिन्तन का अंग बनाये रखा गया—जबकि हिंदी में आज किसी भी संस्कृत-समीक्षक का नाम लेना भी न जाने किस ज़माने की बातें लगता है। 'अपडेट'

करने से मेरा क्या मतलब है इसके लिए एक उदाहरण लेना चाहूँगा। वैसे तो, पंडितराज जगन्नाथ के बाद संस्कृत साहित्यशास्त्र में मौलिक चिंतन की परंपरा लगभग समाप्त हो गई, लेकिन जिस महत्त्वपूर्ण काम की शुरूआत पं. रामचन्द्र शुक्ल के समय में फिर हुई वह भी बहुत आगे तक नहीं गई। मसलन **साधारणीकरण** की समस्या आज **सम्प्रेषण** के संदर्भ में नयी तरह विचारणीय लगती है, और जो काम शुक्लजी ने किया उसे अब इस दिशा में और विस्तार दिया जा सकता है। इसी तरह शब्द और अर्थ पर संस्कृत में जो बहसें हुईं वे आज रूप और कथ्य के संदर्भ में भी विचारणीय है। मुख्य बात है, शुक्लजी ने अनेक पाश्चात्य समीक्षा-सिद्धांतों को स्वीकार करते हुए संश्लिष्ट भारतीय समीक्षा-दृष्टि बनाने की चेष्टा की। आचार्य हजारीप्रसाद द्विवेदी की दृष्टि मूलतः सांस्कृतिक-ऐतिहासिक थी। पहले के साहित्यों के बारे में उन्होंने मूल्यवान जानकारी और चिंतन दिया है, लेकिन समकालीन साहित्य से, सहानुभूति के बावजूद, लगभग बचते रहे। संस्कृत समीक्षाशास्त्र पर उस तरह का काम जैसा डॉ. नगेन्द्र या पं. बलदेव उपाध्याय ने किया समकालीन साहित्य और समीक्षा से नहीं जुड़ता। प्राचीनों के सामने मूल्यों का वैसा संकट नहीं था जैसा आज हमारे सामने है—इसे ध्यान में रखते हुए ही साहित्य सम्बन्धी उनके विचारों की छानबीन की जानी चाहिए। दर्शन और समीक्षा से जुड़े तमाम ऐसे 'शब्द' और 'पद' हैं जिन्हें भुला दिया गया है—मैं उनके 'रिवाइवल' की बात नहीं कर रहा, उनके 'रिसाइकलिंग' की बात कर रहा हूँ।

बहरहाल, संस्कृत-समीक्षा का नाम यहाँ मैं एक बिलकुल समकालीन आलोचनात्मक समस्या के संदर्भ में ले रहा हूँ। वह है मूल साहित्यिक पाठ (लिटरेरी टेक्स्ट) और उसकी व्याख्या (इन्टरप्रेटेशन) या भाष्य की समस्या। मूलपाठ या टेक्स्ट की व्याख्या या व्याख्याओं की समस्या नयी नहीं है, यद्यपि इधर भाषाविज्ञान में बिलकुल नयी तरह उठी है। संरचनावाद एक समीक्षात्मक संप्रदाय के रूप में स्थापित नहीं हो सका, लेकिन उससे जुड़े विचारों का मूलपाठ के संरचनात्मक विश्लेषण, उसके अर्थविन्यास तथा व्याख्या के तरीकों पर बहुत दूर तक असर पड़ा है। एक बिंदु पर किसी भी साहित्यिक रचना की व्याख्या पद्धति इस भाषाशास्त्रीय और संरचनावादी धारणा से बल पाती है कि मूलपाठ केवल एक 'संकेत-तालिका' की तरह होता है जिससे मिलनेवाली 'सूचनाओं' का पुनर्गठन और उनकी व्याख्या ज़रूरी है। जैसाकि भाषायी संदर्भ में याकोबसन का कहना है—'सूचना' अर्थ नहीं है, अर्थ को तो सूचना में से पूरी बात के बाद निकालना पड़ता है—सूचनाओं के किसी भी संकेत-समुदाय के तात्पर्य तभी स्पष्ट होते हैं। समीक्षक की स्थिति इस माने में कुछ-कुछ उस 'प्राप्तकर्ता' (रिसीवर) की तरह है जो किसी पाठ से मिली सूचनाओं या शब्द-संकेतों को प्राप्त करके उनका अर्थ-विन्यास और व्याख्या निर्धारित करता है। दरअसल, मूलपाठ के अर्थ अथवा व्याख्या करने का काम सीधे पाठक भी कर सकता है (और करता भी है)—न केवल मूलपाठ का, बल्कि समीक्षक के पाठ का भी। तुलसीदास की **रामचरितमानस** के मूलपाठ की अनेक व्याख्याएँ हैं, बिलकुल सामान्य से बहुत असामान्य स्तर तक की।

आज के संदर्भ में व्याख्या को लेकर कुछ बुनियादी सवाल उठते हैं, ख़ासतौर पर समकालीन रचनात्मक साहित्य के मूल्यांकन के सिलसिले में। एक समय में दर्शन ग्रंथों और धर्म ग्रंथों को लेकर भाष्यकारों या टीकाकारों के दबदबों के आगे मूलपाठ ही दब गया, यहाँ तक कि कभी-कभी यह तय करना भी मुश्किल हो जाता था कि भाष्य-विशेष किसी मूलपाठ के गूढ़ संकेतों का स्पष्टीकरण है ? अथवा मूलपाठ के बावजूद, या उसके बहाने अपने किसी मत को थोपने का प्रयास। परंतु, यहाँ 'भाष्य' का पुनर्भाष्य भी—उसमें संशोधन, संवर्द्धन, आदि की छूट को भी—पूरी तरह एक जायज़ चेष्टा माना जाता रहा। इस परंपरा ने जहाँ एक पाठ के अनेक भाष्य या व्याख्याएँ दीं, वहीं 'मूलपाठ' की किसी एक ही व्याख्या की ज़्यादतियों से रक्षा भी की। समीक्षा की अनेक पद्धतियों के विकसित होने के पीछे इस वैज्ञानिक दृष्टि का महत्त्व है कि समीक्षा का एकतरफ़ा नहीं बहुतरफ़ा विकास हो।

यह धारणा ग़लत है कि इधर की मार्क्सवादी दर्शन से आगृहीत साहित्यालोचना आर्थिक, राजनीतिक और सामाजिक सरलीकरणों से आगे नहीं बढ़ी, यद्यपि इस ग़लत धारणा को आगे बढ़ाने में खुद संकुचित क़िस्म की मार्क्सवादी समीक्षा का भी काफ़ी हाथ रहा है। साहित्य के परिप्रेक्ष्य में मार्क्सवादी दर्शन को सोचने का जो क्रम लूकाच के समय में, उनके बाद, तथा फ्रांकफुर्त्त स्कूल के विचारकों द्वारा शुरू हुआ उसने जहाँ साहित्य और समीक्षा दोनों की गरिमा को ऊपर उठाया वहीं साहित्य और राजनीति से जुड़े अनेक सवालों को भी ज़्यादा गंभीर वैचारिक ज़मीन पर रखकर सोचने पर बल दिया। ख़ासतौर पर सौन्दर्य-विज्ञान तथा भाषा-शास्त्र से जुड़े कई सवाल इधर मार्क्सवादी समीक्षा में उठे हैं। यह समीक्षा ऐसा मानकर चलती है कि साहित्य में अर्थशास्त्रीय विचारों की गति भी ज़्यादा जटिल और समस्यामूलक होती है। कम से कम यह अंतर प्राथमिक महत्त्व रखता है कि एक साहित्यिक संरचना सबसे पहले भाषायी होती है—बाद में आर्थिक या और कुछ। आर्थिक ढाँचों की जो भी छाया है भाषा द्वारा जज़्ब होकर ही साहित्य में प्रवेश करती है। मूलपाठ से जो संकेत हमें मिलते हैं उन्हें 'विगठित' (डी कन्स्ट्रक्ट) और 'पुनर्गठित' (रीकन्स्ट्रक्ट) करके हम उसके तात्पर्यों या अभिप्रायों को निर्धारित करते हैं। इस 'संकेत-निकाय' की अपनी स्वतंत्र अर्थ-उत्पादन की क्षमता का महत्त्व है। सामाजिक-आर्थिक संदर्भ में 'आर्थिक आधार' और 'सामाजिक ऊर्ध्व-रचना' (बेस ऐंड सुपरस्ट्रक्चर) वाले सिद्धांत को इस व्याख्या पद्धति से भी विस्तृत किया गया है। इधर की मार्क्सवादी समीक्षा का ख़ासा दबाव भी किसी रचना को एक सांस्कृतिक कला-तथ्य (कल्चरल आर्टीफेक्ट) मानकर उसकी व्याख्या पर रहा है। लूकाच और उनके बाद के मार्क्सवादी विचारकों के बाद साहित्य समीक्षा वैसे भी अधिक 'सोफिस्टिकेटेड' हुई है। एक शब्द-रचना के माध्यम से उसके अर्थ तक पहुँचने के दौरान सामाजिक, आर्थिक, ऐतिहासिक और राजनीतिक संदर्भों का जो एक जटिल तानाबाना काम करता है, वह एक रचना की एक से अधिक व्याख्याओं को संभव बनाता है। इस स्थिति में पाठक टेक्स्ट की अपनी तरह यानी अपनी समझ, मान्यताओं और पूर्वग्रहों

के अनुसार पुनर्रचना भी करता है। अतः समीक्षा मूल-रचना के अभिप्रायों, निहितार्थों या अर्थवैभव का उद्‌घाटन भी है और समीक्षक के अपने आग्रहों का आरोपण भी क्योंकि लेखक की निजी भाषा के भी सार्वजनिक पक्ष होते हैं।

इस सदी के प्रारंभिक वर्षों में सोस्यूर ने आर्थिक और भाषायी पद्धतियों के बीच, प्रतीकात्मक समानताओं की ओर ध्यान खींचा था। मार्क्स की भी कुछ टिप्पणियों में आर्थिक और भाषिक समतुल्यताओं के संकेत मिलते हैं। मार्क शेल ने कुछ समय पहले प्रकाशित अपनी पुस्तक **द इकॉनमी ऑफ लिटरेचर** में मार्क्स के अर्थशास्त्र को लगभग उसी तरह इस्तेमाल किया है जैसे संरचनावादी समीक्षकों ने सोस्यूर के भाषाशास्त्र को—यानी आर्थिक व्यवस्था और उत्पादन के प्रतीकार्थों के लक्षण भाषा और साहित्य के ढाँचों में भी पहचाने जा सकते हैं। फ्रेंच समीक्षा में इधर अर्थशास्त्रीय दृष्टि से साहित्यालोचना पर काफ़ी काम हुआ है। अमरीका में फ्रीडरिक जेमसन (द **प्रिज़न हाउस आफ़ लैन्गुएज**) का नाम लिया जा सकता है। ये अध्ययन उन सरलीकृत मार्क्सवादी समीक्षाओं से बिलकुल भिन्न हैं जिनमें साहित्य पर आर्थिक-राजनीतिक प्रभावों को मोटे तौर पर लागू किया जाता है। उनका तर्क है कि अगर सौन्दर्यमूलक और सांस्कृतिक कला-वस्तुओं का उत्पादन एक सामाजिक ज़रूरत है तो 'आनन्द', 'संवेदनाओं', 'मूल्य' आदि से जुड़े अनेक ऐसे प्रश्न हैं जिनका भी एक जायज़ वर्ग बनता है। यानी एक साहित्यिक रचना की व्याख्या एक से अधिक दृष्टियों से ज़रूरी है। एक महान् कवि या उपन्यासकार केवल कुछ ही कारणों से महान् नहीं होता, कई कारणों से होता है। उसकी महानता की एक कसौटी यह भी है कि उसका कृतित्व अनेक दृष्टिकोणों से व्याख्या को आमंत्रित करता है और उन पर खरा उतरता है। मगर दृष्टिकोण को यदि सीमित कर लिया जाए तो व्याख्या भी सीमित हो जाएगी, यद्यपि सही वह तब भी होगी। लेकिन साहित्य के विकास में यह अच्छी स्थिति नहीं होगी कि उसे एक सीमित दृष्टिकोण से ही जाँचा-परखा जाए, और यह स्थिति तो और भी ख़राब होगी कि उससे एक ही तरह का साहित्य प्रोत्साहित हो।

केवल राजनीतिक विचारधाराओं से आगृहीत समीक्षाओं का जो चरित्र बनता है उसके साथ रचनाधर्मी साहित्य का समझौता एक सीमा तक ही संभव है : उसके आगे साहित्य का अपना चरित्र रचनाधर्मी उतना नहीं रह जाता जितना प्रचारधर्मी। रचना की अपनी शर्तें होती हैं जो एक रचनाकार की खुद की राजनीतिक मान्यताओं तक को एक सीमा तक ही स्वीकार कर पाती हैं। प्रेमचन्द के **गोदान** की पूरी व्याख्या अगर यही मानकर की जाये—यद्यपि वह भी एक हद तक सही होगी—कि होरी की त्रासदी का कारण सामाजिक-आर्थिक विषमताएँ थीं, और उसकी चारित्रिक विषमताओं की बात न की जाय—(जबकि उपन्यास में उसकी चारित्रिक विषमताओं पर भी उतना ही बल दिया गया है)—या इसके ठीक उल्टी तरह चला जाए—तो यह एक तरह से पक्षधर व्याख्या द्वारा मूलपाठ या टेक्स्ट का शोषण या अपहरण होगा, और हम यह मानकर चल रहे होंगे कि मनुष्य सामाजिक-आर्थिक कारणों से परिचालित केवल एक विवश, पुरुषार्थहीन

इकाई है—या फिर हम सामाजिक-आर्थिक कारणों को दरगुज़र कर रहे होंगे। रचनात्मक स्तर पर इसका नतीज़ा दोनों हालतों में एक यांत्रिक क़िस्म के तनाव रहित, सपाट साहित्य का उत्पादन हो सकता है। साहित्य में इस तरह की एकांगी चेष्टाएँ जवाबी-चेष्टाओं द्वारा अपने आप संशोधित, संतुलित या रद्द होती चलती हैं। यह एक द्वन्द्वात्मक प्रक्रिया है जो टेक्स्ट को किसी तरह संकुचित नहीं होने देती, बल्कि उसको विभिन्न तरीक़ों और दृष्टियों से जाँचती-परखती और विस्तृत करती है। असन्तुलन की स्थिति एक दूसरी तरह भी उत्पन्न हो सकती है : जैसे, व्याख्या की ज़्यादतियों से क्षुब्ध सूसान सोन्टाग ने 'अगेन्स्ट इन्टरप्रेटेशन' में व्याख्या को 'कला पर बुद्धि का हमला' माना; किसी भी बिचौलिये के बिना कला से सीधा सम्पर्क ज़रूरी है। सोन्टाग के अनुसार यह धारणा ही कि कला 'कथ्य ही कथ्य' है उसे एक इस्तेमाली सामान में बदल देती है जो कला की मूल प्रकृति के साथ हिंसा है। एक हद तक सोन्टाग की आपत्ति को जायज़ मान भी लिया जाए तो विकल्प में उसका यह सुझाव बिलकुल साथ नहीं देता कि कला के 'रूप पक्ष' और उसके 'ऐंद्रिय गुणों' के बखान बयान से 'व्याख्या की खुड़पेंच और बकवास को चुप कराया जा सकता है'।

दरअसल, कठिनाई शायद 'कथ्य' और 'रूप' को परस्पर सहयोगी या पूरक न मानकर वैकल्पिक प्रस्तावों की तरह मानकर चलते ही शुरू होती है। अगर एक रचना में कथ्य या 'कन्टेन्ट' ही प्रमुख मानें तो इसका यह मतलब हुआ कि एक कला या साहित्यिक कृति का संज्ञानात्मक कर्म—उसका 'कागनिटिव फंक्शन'—प्रमुख है। अतः उसका पहला काम हमें अगर यथार्थ का सही ज्ञान देना ही है तो सवाल उठता है कि उसकी जानकारी के साधन और स्रोत क्या हों ? ज्ञान-शास्त्र (एपिस्टोमालोजी) से जुड़े कई सवाल उठते हैं। जानकारी का स्रोत विज्ञान हो? कोई एक विचारधारा, या अनेक विचारधाराएँ हों ? दर्शन हो ? धर्म-कर्म संबंधी हमारे विश्वास हों ? या सीधे साहित्य की अपनी अत्यन्त विकसित भाषायी, संवेदनात्मक और बौद्धिक क्षमताएँ हों ? अन्य विषयों की अपेक्षा जिनकी भाषा लगभग एकअर्थी होती है—क्या साहित्य और कलाओं की बहुअर्थी भाषा-व्यवस्था (पालीसेमिक लैन्गुएज़ ऑफ़ आर्टस्) यथार्थ की ज़्यादा बड़ी ज़मीन का स्पर्श नहीं करती ? अतः केवल 'कथ्य' या 'कन्टेन्ट' (यानी अर्थ) पर दबाव जहाँ व्याख्या को आसान बनाता है, वहीं सौन्दर्यमूलक प्रश्नों से पलायन को भी ! एक कृति की विवेचना और मूल्यांकन का मतलब यदि उसके 'कथ्य' की व्याख्या ही हो, तो एक कलाकृति का सौन्दर्य पक्ष या तो बिलकुल सपाट हो जाएगा या बिलकुल रूढ़।

समीक्षा की संस्कृति मनुष्य के सांस्कृतिक विकास—बल्कि उसकी संस्कृति और विकास—के साथ अनिवार्य रूप से जुड़ी हुई चेष्टा है। आलोचना की स्वाभाविक प्रवृत्ति के पीछे अगर उत्कृष्ट शैक्षिक संयम और सुहृद तर्कशीलता का बौद्धिक नियंत्रण नहीं है, तो आलोचना आक्रमण का एक हथियार भले ही बन जाए, उन अर्थों में नियामक

और रचनाशील नहीं बन सकेगी जिसे एक स्वस्थ संस्कृति की सबसे नाजुक और नेक चेष्टा होना चाहिए। उच्चतम जीवन-मूल्य अकसर किसी शिखर-चरित्र, नायक या नेता, में घनीभूत या प्रतीकित होकर नीचे के सामाजिक आधार की ओर प्रवाहित होते हैं। एक राम या बुद्ध या गाँधी जिन मूल्यों को चरितार्थ करते हैं वे ही एक समाज या देश के सामूहिक मन को सबसे कोमल और प्राणद संस्कार देते हैं। यह स्रोत अगर दूषित, भ्रष्ट या झूठा हो तो समाज का आधार भी रोगी और उजाड़ होने लगता है। इस तरह के शिखर चरित्रों के अभाव में कभी-कभी एक समाज विशेष की आत्मा उसकी तीव्रतम आलोचनाओं में बेहतर प्रतिबिंबित होती है—क्योंकि वे एक तरह से उन मूल्यों की आपूर्ति होती है जिन मूल्यों का ह्रास एक जनसमुदाय के सबसे विचारशील और संवेदनशील हिस्से को विचलित करता है। इस नज़र से अगर सोचा जाए तो एक कबीर या शेक्सपियर की रचनाएँ अपने समय के जीवन-मूल्यों से अधिक मूल्यों के पतन या ह्रास पर सशक्त क्षोभ की अभिव्यक्तियाँ भी हैं। समालोचना की जगह जिस बौद्धिक स्वतंत्रता और निष्पक्षता के बगल में होनी चाहिए उसे अगर प्राथमिकता नहीं दी जाती तो इसका मतलब है कि जनतंत्र की सबसे बुनियादी और ज़रूरी शर्त को नज़रअंदाज़ किया जा रहा है। समीक्षा इस स्थिति का भी प्रतिबिंब हो सकती है—ठीक उसी तरह जैसे रचनात्मक साहित्य अपने समय और समाज का।

समाज और राजनीति को लेकर साहित्य कभी भी निरपेक्ष नहीं रहा—उस समय भी नहीं जब साहित्य की मूल अंतश्चेतना (ईथॉस) धार्मिक थी। लेकिन इस सदी में यह सवाल जिस तेज़ी से उठा है कि राजनीति के साथ उसके संबंधों के आधार क्या हों, उसके मूल में कहीं न कहीं हमारी ज़िन्दगियों पर राज्य और राजनीति का बढ़ता हुआ प्रभाव है। समालोचना की स्थिति जहाँ एक ओर साहित्य-सापेक्ष बनती है वहीं, दूसरी ओर समाज या/और राजनीति-सापेक्ष भी। समालोचना के इस अधिकार पर अंकुश नहीं लगाया जा सकता कि वह एक साहित्यिक रचना की विश्लेषण व्याख्या तो करे, मगर उन विषयों पर अपनी कोई स्वतंत्र राय न दे जिन्हें रचनात्मक साहित्य उठाता है। इससे रचनात्मक साहित्य और समीक्षा के बीच सहयोगी स्थिति भी बन सकती है और टकराहट की स्थिति भी उत्पन्न हो सकती है, क्योंकि साहित्य को सोचते वक़्त समीक्षा उन विषयों को भी सोचने के लिए बाध्य है जिन्हें साहित्य उठाता है। दरअसल यह अवांछनीय स्थिति नहीं कि समालोचना द्वारा एक साहित्यिक कृति की विभिन्न दृष्टियों और विचारकोणों से जाँच-पड़ताल हो—ख़तरा उलटे वहाँ है जहाँ किसी ग़ैर साहित्यिक दृष्टिकोण का ही प्रभुत्व हो। समीक्षा के क्षेत्र में एक समय लूकाच के प्रभाव को लेकर ब्रेश्त ने एक रचनाकार की हैसियत से घुटन महसूस की थी। लूकाच फिर भी विशुद्ध साहित्यशास्त्री थे, लेकिन आगे चलकर साहित्यिक सिद्धांतों के मामलों में राजनीतिक विचारधारा का सीधा हस्तक्षेप उनके लिए भी असह्य हो गया। ब्रेश्त के लिए लूकाच फिर भी उतनी बड़ी मुश्किल नहीं थे जितनी बड़ी मुश्किल लूकाच के लिए मास्को था।

ऐसा नहीं कि जनतांत्रिक व्यवस्थाओं में भी अतिवादी प्रवृत्तियाँ सिर नहीं उठातीं,

लेकिन उस हद तक सक्रिय और सफल नहीं हो पातीं कि साहित्य में, या साहित्य पर, अपनी साम्राज्यशाही स्थापित कर लें। एक हिटलर या ज़िया के शासन में न केवल कलात्मक बल्कि पूरा बौद्धिक जीवन ही निर्वासित हो जाता है। उस क्षति को सोचें तो वह नुकसान जो एक नुकसानदेह साहित्य एक जनतांत्रिक व्यवस्था में समाज को पहुँचाता है, बहुत कम है। ऐसे चलताऊ साहित्य की ज़िन्दगी बहुत लंबी नहीं होती, लेकिन जिन कलाकारों और बुद्धिजीवियों का हिटलरी विनाश हुआ उनकी आपूर्ति असंभव है। स्थिति का एक और पक्ष भी है। आज ऐसी व्यवस्थाओं की कमी नहीं जो अपने को जनतांत्रिक कहती हैं : कमी अगर है तो ऐसी मानसिकताओं की जो जनतांत्रिक हों—अपने आचरण में, और अपने सोचने-विचारने के तरीकों में। तानाशाही व्यवस्थाओं में केवल एक तानाशाह होता है और उसी की चलती है : जनतंत्र में तमाम तानाशाह पैदा हो जाते हैं और उनमें कुछ की चलती है ! धीरे-धीरे उनके प्रभाव में उनकी ही-सी मानसिकताओंवाले लोगों का एक प्रभाव-क्षेत्र बनने लगता है जिसके कारण असहिष्णुता और आतंक फैलता है। अकसर इस तरह की ताक़तों के उभरने के पीछे धर्मांधता, या धार्मिक क़िस्म की मतान्धता का हाथ रहता है जो यदि रोकी न जाय तो समाज के पूरे जीवन में प्रवेश करती जाती है। साहित्य तथा अन्य कलाओं का एक काम इस तरह की प्रवृत्तियों को निरुत्साहित करना है—कम से कम अपने चिंतन और व्यवहार में स्वयं उसका उदाहरण तो नहीं ही बनना है। समीक्षा की इस माने में नियामक भूमिका हो सकती है कि उसके तौर-तरीक़े राजनीति के तरीक़ों से मिलने-जुलते न होकर, न्यायी हों। राजनीतिक विचारों से पूरा सरोकार रखते हुए भी समीक्षा अपनी इस बुनियादी पहचान और मर्यादा को बनाये रख सकती है कि वह सबसे पहले एक साहित्यिक संस्कृति का हिस्सा है जिसका प्रभाव राजनीति पर पड़े तो अच्छा है—इसका उलटा नहीं होना चाहिए।

1985 : 'पूर्वग्रह'।

सामाजिक यथार्थ और कविता का आत्मसंघर्ष : कुछ नोट्स

कविता जब भी यथार्थ के बहुत नज़दीक जाती है, अथवा यथार्थ को अपने बहुत नज़दीक लाती है, उसके जीवन-विवेक पर सबसे अधिक दबाव पड़ता है। वह सब जो हो रहा सही-ग़लत का मिलाजुला रूप है, यथार्थ है, व्यावहारिक है : वह सब जो होना चाहिए यथार्थ से दूर हो सकता है। कविता यथार्थ को नज़दीक से देखती मगर दूर की सोचती है। वह एक बारीक़ मगर ज़रूरी फ़र्क करती है जीवन-यथार्थ और जीवन-सत्य के बीच। दुनिया जैसी है और जैसी उसे होना चाहिए के बीच कहीं वह एक लगातार बेचैनी है। एक कवि में अगर दूर तक सोच सकने की ताक़त नहीं है तो उसकी कविता या तो यथार्थ की सतह को खरोंचकर रह जाएगी, या किसी भी आदर्श से चिपककर। जब मैं जीवन-सत्य की बात करता हूँ तो मेरा मतलब कविता के पीछे काम करनेवाली उस सतर्क-बुद्धि संवेदनशीलता से होता है जो ज़िन्दगी को तीव्रतम एहसासों और विवेक के स्तरों पर एक साथ जीने में सक्षम हो और सही जीवनमूल्यों की पहचान करा सके। उसकी जिजीविषा का स्रोत उदात्त अर्थों में आत्मिक और उसी नाते सार्वभौमिक भी हो। समकालीन और स्थानीय पर उसकी पकड़ सच्ची और प्रामाणिक होनी चाहिए लेकिन उस तक ही सीमित नहीं, अपनी व्यापकता और सदाशयता में दोनों का अतिक्रमण करती हुई भी हो।

जो यथार्थ कवि को उद्विग्न करता और जो आदर्श उसे आश्वस्त, उनके बीच कविता की स्थिति और सार्थकता को बनाये और बचाये रखने की कोशिश कविता की सही ज़मीन खोजते रहने की कोशिश है। केवल ऊपर से देखें तो यथार्थ की पहचान और पकड़ दोनों ही भ्रामक हो सकती है, और अकसर उन्हीं सचाइयों का निषेध करती हुई हो सकती है जिनकी तलाश में कविता हमेशा प्रत्यक्ष की त्वचा से एक या कई सतह नीचे या भीतर की कविता होती है।

2

कबीर, ग़ालिब या निराला ने अपने समय के यथार्थ को भरपूर जिया और सोचा, लेकिन उनकी कविता उस यथार्थ से आक्रान्त कविता नहीं है; उन जीवन-सत्यों की कविता है जो यथार्थ का बारीक अवलोकन भी है और उस पर सारगर्भित टिप्पणी भी। उससे भिन्न ऐसी तमाम वक़्ती कविताएँ ध्यान में आती हैं जो अपने समय की घटनाओं, चरित्रों, आचरणों आदि को लगभग अख़बारी फुर्ती से व्यक्त करती हैं, हमारे लिए उतनी ही महत्त्वपूर्ण भी साबित होती हैं और लगभग उतनी ही जल्दी अप्रासंगिक हो जाती हैं। सही मानों में कविता यथार्थ पर उससे कहीं ज़्यादा गहरे संबंधों, विचारों और आत्म-मंथन का नतीजा होती है।

कवि के व्यक्तित्व को एक अत्यंत संवेदनशील माध्यम के रूप में सोचें तो सामाजिक संदर्भ में उसकी भूमिका अहम है। निराला की **सरोज-स्मृति, वह तोड़ती पत्थर** या **कुकुरमुत्ता** यथार्थपरक कविताएँ होते हुए भी एक माने में अत्यंत आत्मीय और निजी कविताएँ भी हैं; तथा **राम की शक्तिपूजा, तुलसीदास** या **जुही की कली** यथार्थी कविताएँ न होते हुए भी भारतीय लोक-मानस के गहरे आत्मीय संस्कारों से जुड़ी हुई कविताएँ हैं। निराला का निजी संसार उनकी कविता का उतना ही आवश्यक हिस्सा है जितना वह समाज जिसमें वे जी रहे थे। ख़ास बात है निराला की समझ और संवेदना का विस्तार जो उनकी कविताओं की रीढ़ है, और जो इस पर इतना नहीं निर्भर करता कि कवि अपने चारों ओर की ज़िन्दगी का कितना सही-सही चित्रण करता है बल्कि इस पर कि वह अपने बाहर और भीतर के यथार्थ का कितना संश्लिष्ट रूप हमें दे पाता है और इसके दौरान जो जीवन-दृष्टि हमें देता है वह कितनी मूल्यवान है। यह दृष्टि निराला की कविताओं और गीतों में बराबर मौजूद रहती है। निराला ने कुछ बहुत ही अच्छे गीत अपने कवि-जीवन के अंतिम वर्षों में लिखे, जबकि एक कवि, गीतों को प्रायः अपने प्रारंभिक, यानी कमोबेश अप्रौढ़ या किशोर-वर्षों में लिखता है। **जुही की कली** को अगर निराला की प्रारंभिक गीति-संवेदनाओं की देन मानें तो उनका कृतित्व अपने दर्शनिक और यथार्थवादी दौर से होता हुआ **अर्चना** के गीतों में एक महत्त्वपूर्ण परिक्रमा पूरी करता है।

मुक्तिबोध की कविताओं में प्रत्यक्ष यथार्थ के चित्रण से ज़्यादा महत्त्वपूर्ण है उनका परोक्ष अर्थ-विन्यास। कभी-कभी उनके यथार्थ-खंड बिलकुल रिवाज़ी और ढीले बँधे हुए लगते हैं—शब्दों की तरह प्रतीकार्थक—स्वयं में उतने अर्थवान नहीं जितने एक-दूसरे से जुड़कर किसी बृहत्तर संयोजन में अर्थवान। ठीक उसी तरह जैसे एक अच्छी फ़िल्म में सामान्य यथार्थ-खंडों को शाब्दिक-सी योजना देकर अर्थ-सम्प्रेषण किया जाता है। मुक्तिबोध की कविता जब चूकती है तब भी वह मुझे एक फ़िल्म की तरह चूकती लगती है, मानो वे लंबे-लंबे अनकट रशेज़ हों जिनका कुशल संपादन अभी बाक़ी हो, या पढ़नेवाले पर छोड़ दिया गया हो। अनेक ऐसी आधुनिक कविताएँ ध्यान में आती हैं

जिन्हें हम केवल ग्रहण ही नहीं करते, अपने अंदर उनकी पुनर्रचना भी करते हैं।

वैसे, यथार्थचित्रण को लेकर कविता का शिल्प कभी भी बहुत निश्चित नहीं रहा, बावजूद इसके कि साहित्य की अनेक विधाओं की झलक उस पर पड़ती रही। अज्ञेय की **असाध्य वीणा** का चुस्त और सावधान गठन अपने शिल्प और तराश में लगभग औपन्यासिक है, पर एक निश्चित कथानक के बावजूद कथ्य में एक भावगीत की तरह अठोस। सर्वेश्वरदयाल सक्सेना की **कुआनो नदी** आंचलिक ज़मीन पर अत्यंत अंतरंग भावनाओं की वर्णनात्मक कविता है। विनोदकुमार शुक्ल की कविताओं और उपन्यास के शिल्प में अद्‌भुत समानता है। धूमिल की **मोचीराम** या विष्णु खरे की **एक चीज़ के लिए** में नाटकीयता का कुशल इस्तेमाल है। इस तरह सोचें तो एक उत्कृष्ट कविता व्यापक अर्थों में पूरा साहित्य भी हो सकती है और बहुत ही संकुचित अर्थों में छोटी-सी तुकबंदी मात्र भी। पहले के अनेक कवियों ने यथार्थ की ज़्यादा ठेठ और क्रमबद्ध तस्वीरें दी हैं, उनकी अपेक्षा इधर की अनेक अच्छी कविताओं में यथार्थ की नितांत सांकेतिक तस्वीरें, (जिन्हें शायद यथार्थ की तस्वीरें न कहकर यथार्थ के फटेचिटे टुकड़े मात्र कहना ज़्यादा सही होगा) मिलेंगी, क्योंकि उनके पीछे यथार्थ को एक कैमरा की तरह देखने की कोशिश उतनी नहीं होती जितनी एक कवि की संवेदना से देखने की कोशिश।

3

इधर की ऐसी भी तमाम कविताएँ हैं, जिनमें सामाजिक यथार्थ अक्सर ज़िक्री तौर पर ज़्यादा फ़िक्री तौर पर कम आ रहा है। सन् '40 के आसपास सामाजिक विषयों का जो दौर आया था उसे सबसे पहले और सबसे ज़्यादा ग़ज़लों और गीतों ने गाया। ऐसा नहीं कि इन विषयों को लेकर ईमानदार या पुरअसर कविताएँ भी नहीं लिखी गईं लेकिन उस वक़्त भी कवियों का एक बड़ा वर्ग ऐसा था जो नए विषयों के लिए कविता के पुराने फॉर्म को नाकाफ़ी मान रहा था। छन्दों के प्रभुत्व और जादू को तोड़ना इसलिए भी ज़रूरी था, क्योंकि छन्द ही कविता का पर्याय-सा बन गए थे, और कविता का प्रमुख काम हमें किसी न किसी तरह की दिमाग़ी राहत दिलाना मान लिया गया था। कविता को छन्दों की जेल से छुड़ाने के पीछे एक चिंतन यह भी था कि कविता की उन ताकतों का मुक्त विकास हो सके जो छन्दों पर आश्रित नहीं होतीं।

आज अगर मुक्त-छन्द, या छन्दों से मुक्ति, की भी परिपाटी-सी बन गई लगती है, यहाँ तक कि वह कविता की नहीं बल्कि कविता से पलायन की पहचान बनती जा रही, तो नए रूपों की ज़रूरत की ओर फिर ध्यान जाना स्वाभाविक है। इस सिलसिले में अगर छन्दों की ओर ही ध्यान जाता है तो इस ख़तरे की ओर भी ध्यान जाता है कि कहीं कविता का आत्मसंघर्ष, उसकी रचनात्मक ऊर्जा, नए फॉर्म खोजने के बजाय फिर उन्हीं पुराने रूपों की चहारदीवारी में घिरकर न रह जाए जिनकी अतियों के ख़िलाफ़ उसने कभी संघर्ष किया।

समकालीन कविता में आज अगर कुछ ठहराव-सा लगता है तो गीत या ग़ज़ल को ही उसका विकल्प मानना ठीक नहीं लगता। विकल्प वे इसलिए भी नहीं हो सकते क्योंकि वे कभी भी मुक्तछन्दवाली या छन्द-रहित कविता के प्रतिद्वन्द्वी नहीं थे, उसके सहयात्री थे यद्यपि उनके पाठक श्रोता और मंच बिलकुल अलग थे, उसी तरह जैसे आज फ़िल्मी गानों की जात बिलकुल अलग है। फ़िल्मी गीतों में भी साहित्यिकता हो सकती है पर वे किसी भी साहित्यिक विधा का विकल्प नहीं हो सकते—साहित्यिक गीतों का भी नहीं। निराला के गीत या दुष्यन्तकुमार की ग़ज़लें उनकी कविताओं के विकल्प नहीं हैं, गीत और ग़ज़ल के क्षेत्र में उनका अलग काम है। निराला समर्थ गीतकार थे लेकिन उनकी काव्य-यात्रा में सामाजिक यथार्थ का दौर भी वही था जो उनकी कविता का सबसे प्रयोगशील दौर था—यानी नए कथ्य की समस्या कहीं न कहीं अनिवार्य रूप से फॉर्म की समस्या से भी जुड़ी रही है, और आज गीत या ग़ज़ल के फॉर्म की बात का उठना फॉर्म की ही समस्या का उठना है भले ही हम उसे कथ्य की ओर से उठायें और कथ्य की ही समस्या मानें। सम्प्रेषणीयता के तर्क को भी एक सीमा तक ही छन्दों या लोकरंजक काव्यरूपों के पक्ष में खींचा जा सकता है, अन्ततः तो यह एक कवि का बिलकुल निजी फ़ैसला ही होगा कि वह अपनी कविता के लिए छन्दों और गीतात्मकता को कहाँ तक और किस रूप में ज़रूरी मानता है, अगर उन्हें ज़रूरी मानता है।

4

हिंदी में रूप और कथ्य या फॉर्म और कन्टेन्ट को लेकर जो बहसें हुईं उन्होंने समस्या को सही जगह पर नहीं स्थिर किया। साहित्य में, और कविता में विशेषकर, यथार्थ किस रूप में आये कि एक ओर अगर वह अपना संज्ञानात्मक काम (Cognitive Function) पूरा कर सके तो दूसरी ओर कला के सौन्दर्यानुभूतिमूलक काम (Aesthetic Function) को भी, इस पर जो लंबी और विचारोत्तेजक बहस योरप में चली थी और जिसके केन्द्र में लूकाच, ब्रेश्त, ब्लोख़, बेन्जामिन और अडार्नो जैसे विचारक थे उसने साहित्यशास्त्र की कई समस्याओं की ओर ध्यान खींचा था, ख़ासतौर पर सामाजिक यथार्थ के परिप्रेक्ष्य में। लेकिन कविता के बारे में सोचते वक़्त कुछ विशिष्ट समस्याओं पर भी ध्यान देना ज़रूरी है। लूकाच के विचारों पर ब्रेश्त की प्रतिक्रियाओं के पीछे भी हम उस ज़रूरी फ़र्क को महसूस कर सकते हैं जहाँ ब्रेश्त प्रमुखतः एक कवि और नाटककार की हैसियत से बोलते हैं, और लूकाच प्रमुखतः उपन्यास के संदर्भ में एक सिद्धान्तकार की हैसियत से।

कविता के संदर्भ में 'सामाजिक यथार्थ' और 'व्यक्ति' के संबंधों को लेकर ब्रेश्त के विचार मुझे आज भी महत्त्वपूर्ण लगते हैं। पहली बात तो यह कि सामाजिक यथार्थ को वे मात्र विवरणात्मक या वृत्तात्मक न मानकर मूलतः अध्ययनात्मक मानते हैं—('Realistic means : Discovering the Causal Complexes of Society') दूसरी

बात, वे शिल्प, प्रयोग आदि के मामले में कवि की पूरी आज़ादी के क़ायल थे तथा इसके ख़िलाफ़ थे कि आदमी की भीतरी ज़िन्दगी को महत्त्वहीन ('Quantite Negligeable') माना जाए। एक रचनाकार की हैसियत से ब्रेश्त जिन सिद्धान्तों की जकड़बन्दी में स्वतंत्र लेखन को दुश्वार पा रहे थे उस पर तीखी प्रतिक्रिया व्यक्त करते हुए उनका कहना था कि जन-समुदायों के बारे में चिंता का यह मतलब कदापि नहीं होना चाहिए कि व्यक्ति को मूल कारणात्मक कड़ी ('Causal Nexus') के रूप में भुला दिया जाए।

लूकाच का उस समय मार्क्सवादी समीक्षा और चिंतन के क्षेत्र में काफ़ी दबदबा था। ब्रेश्त उनके ख़िलाफ़ खुल्लमखुल्ला कुछ कहने के मामले में सावधान थे, लेकिन वे विशुद्ध साहित्यशास्त्री के सिद्धांतों का रचनात्मक साहित्य पर जो अनावश्यक दबाव महसूस कर रहे थे उसका उनके मन में ख़ासा असन्तोष था। लूकाच के यथार्थवादी सिद्धान्तों को लेकर ब्रेश्त का कहना था कि साहित्य-सिद्धान्तों का भी अपना रूपवाद हो सकता है जो रचनात्मक साहित्य में रूप के महत्त्व को समझने में बिलकुल असमर्थ साबित हो सकता है। 19वीं सदी के उपन्यासों के अध्ययन से निकले यथार्थवाद को आज के साहित्य पर प्रमाण की तरह लादना ग़लत है। नयी ज़रूरतों के हिसाब से नए शिल्प की खोज़ ज़रूरी है। इसके लिए लेखक को प्रयोगों की पूरी छूट होनी चाहिए। शिल्प का अस्वीकार नहीं उनका विकास ज़रूरी है। यथार्थ को लेकर ब्रेश्त का कहना था कि "यथार्थ बदलता है तो उसे व्यक्त करने के तरीके भी बदलेंगे ही।"

ऐसा नहीं कि सामाजिक यथार्थ को समझने के मामले में लूकाच ने बहुत ही मूल्यवान चिंतन नहीं दिया है, लेकिन ब्रेश्त कविता पर जिस सैद्धान्तिक आग्रह की ज़्यादतियों को महसूस कर रहे थे वह कहीं एक रचनाकार की कठिनाइयों को प्रकट करता है, सामाजिक यथार्थ को खारिज नहीं।

5

कविता में 'मैं' की व्याख्या केवल आत्मकेन्द्रण या व्यक्तिवाद के अर्थ में करना उसके बृहत्तर आशयों और संभावनाओं दोनों को संकुचित करना है। कविता पर 'सामाजिक यथार्थ' का दबाव इस रूप में नहीं पड़ना चाहिए कि कवि-व्यक्तित्व की कोई स्पष्ट पहचान ही न उभर पाए : इससे कविता का एक बहुत ही जीवन्त पक्ष पंगु हो जाएगा। सामाजिक यथार्थ के साथ एक कवि का संपूर्ण व्यक्तित्व लिप्त होता है। यह उसकी कला की शर्त है कि वह अपने विषय को लेकर अनासक्त या तटस्थ नहीं रह सकता। एक उपन्यास या कहानी में लेखक के व्यक्तित्व का हस्तक्षेप न्यूनतम भी हो सकता है, जबकि एक कवि अपने पूरे पैशन के साथ सामाजिक यथार्थ में हिस्सेदारी रखता है, और उसे अपने व्यक्तित्व का वह अतिरिक्त आयाम देता है जिसके बिना कविता सपाट और व्यक्तित्वहीन हो जाएगी। एक कवि यथार्थ को अपनी संवेदना में, या अपनी संवेदना से, परिवर्द्धित करता है। इस माने में कविता का 'मैं' जितना निर्वैयक्तिक होता है उसका

'वे' उतना ही व्यक्तिगत। एक कवि का व्यक्तित्व तथा उसकी समाज-सापेक्षता कविता में बिलकुल जुड़े हुए सवाल हैं। एक कवि के निजी अनुभवों का संसार दूसरों के किसी मतलब का है या नहीं यह बहुत कुछ उसकी निजी प्रतिक्रियाओं की व्यापकता, मानसिक समृद्धि, समझ आदि पर निर्भर करता है। जिस तरह निजी अत्यंत उदार अर्थों में सामाजिक या सार्वभौमिक हो सकता है, उसी तरह सामाजिक अत्यंत संकुचित अर्थों में बिलकुल निजी भी हो जा सकता है। अतः निजी और सामाजिक के बीच बुनियादी विरोध न मानकर निजी के साधारणीकरण की समस्या को ही कला की मूल समस्या मानने में प्राचीनों का यह मत ठीक लगता है कि श्रेष्ठ काव्य-रचना वही है जिसमें **परस्य न परस्येति ममेति न ममेति च** वाली स्थिति हो।

6

कविता में आत्मसंघर्ष को दूसरे स्तरों पर कुछ इस तरह समझा जा सकता है—प्रेम या प्रकृति या निजी भावनाओं की कविताएँ इस माने में एक सुरक्षित दुनिया है कि उसकी मौजूदा सामाजिक या राजनीतिक यथार्थ से कोई सीधी टकराहट नहीं। सामाजिक और राजनीतिक यथार्थ से सीधा सामना न केवल एक कटु बल्कि ख़तरनाक अनुभव भी हो सकता है, क्योंकि वह कहीं-न-कहीं समाज की बर्बर ताक़तों के ख़िलाफ़ एक चुनौती भी होगी। इन ख़तरों को उठाने का मतलब कभी-कभी ज़िन्दगी को एक बहुत ही बेगाने, दुश्वार और अकेले बिंदु पर जीना है—एक गैलीलियो की तरह उत्पीड़ित या एक कबीर की तरह अपना घर फूँककर ! आज कविता के संकट का एक कारण यह भी जान पड़ता है कि कवि जिस यथार्थ से क्षुब्ध है उसके साथ न तो वह समझौता ही कर पाता है न उसके विरुद्ध कोई कारगर लड़ाई ही, क्योंकि एक स्तर पर अगर वह आत्मिक रूप से नष्ट होता है तो दूसरे पर भौतिक रूप से।

7

जो भाषा कविता की बुनियाद है वही अगर समाज के निहित स्वार्थों द्वारा शोषण और झूठ का ताकतवर साधन बन जाती है तो कविता के लिए उसमें विश्वसनीय जगह बनाना सबसे मुश्किल होता है। मूल्यों को जाँचने-परखने का सबसे संवेदनशील माध्यम, यानी भाषा, अगर व्यवहार में खुद ही खोटी और कुंद हो जाए तो वैचारिक और भावनात्मक स्तर पर उसकी कोई साख नहीं बचती। कविता की एक लड़ाई स्वयं भाषा के गिरते हुए मूल्य को, उसकी स्वतंत्रता, प्रामाणिकता और ईमानदारी को बचाये रखने की कोशिश है।

8

मीडिया के साथ कविता का जो संबंध बनता है वह दो मानों में ख़ासतौर पर विचारणीय है। हमारे समाज और दुनिया को हमारे बहुत समीप लाने में मीडिया के तंत्र का बहुत बड़ा हाथ है, लेकिन यह भी इतना ही सही है कि मीडिया द्वारा ही आज भाषा और यथार्थ का सबसे अधिक प्रदूषण और विकृतीकरण भी हो रहा है। जो तथ्य मीडिया द्वारा हम तक पहुँचते हैं वे अगर अधसच्चे या ग़लत या अतिरंजित होते हैं तो ज़ाहिर है कि उन पर कविता या साहित्य की प्रतिक्रिया का महत्त्व भी संदिग्ध, और इसलिए गौण या नगण्य होगा। दूसरी बात, मीडिया के सशक्त और सक्षम तंत्र को वेधकर कविता के लिए उस जनमानस को प्रभावित करना बहुत मुश्किल होगा जिसकी भाषा और चिंतन को मीडिया की प्रणाली एक ज़्यादा बड़े पैमाने पर अपनी तरह प्रभावित कर चुकी होती है या करती रहती है।

वैसे ही, उत्कृष्ट और प्रतिभासम्पन्न साहित्य का उत्पादन इतना कभी भी नहीं हो सकता कि वह मीडिया की दिन दूनी रात चौगुनी बढ़ती हुई माँगों को पूरा कर सके। इस माँग के सामने साहित्य के एक बड़े हिस्से का खुद भी अर्द्ध-साहित्यों और उप-साहित्यों में विघटन होना लाज़िमी है।

9

कविता मनुष्य के दिल और दिमाग़ के जितना ही नज़दीक अपनी जगह बनाएगी उसके लिए जीवित रहना उतना ही संभव और अर्थपूर्ण होगा। प्रचार-प्रसार के तमाम माध्यमों के मुकाबले में और यों भी, कविता की स्थिति जितनी नाजुक है उतनी ही विशिष्ट भी, और यह विशिष्टता ही उसका प्रमुख बल है। कविता आज उसी या वैसे ही से काम को करके ज़िंदा नहीं रह सकती जिसे दूसरे माध्यम, या दूसरे प्रकार के लेखन, बेहतर कर रहे हैं। कविता को भाषा में वहाँ अपनी पक्की और स्थायी पहचान बनाना है जहाँ आदमी के बनाए किसी भी स्थूल उपकरण की पहुँच नहीं। बदलते संदर्भों में मनुष्य के सबसे कम उद्घाटित या विलुप्त होते, जीवन-स्रोतों की खोज और भाषा में उनका संरक्षण शायद आज भी कविता की सबसे बड़ी ताक़त है।

1984 : 'पूर्वग्रह'।

जनरुचि और कविता की भाषा

जहाँ तक साधारण पढ़े-लिखे आदमी की पसंद का सवाल है वह आज भी तथाकथित जनवादी कवियों की रचनाओं की अपेक्षा छायावादी कविताओं को अधिक पसंद करता है—और छायावादी कवियों में भी निराला को उतना नहीं जितना शायद पंत, महादेवी, प्रसाद को पसंद करता है। उसकी पसंद के पीछे ठीक वही कारण होते हैं जिनका जनवादी कविता सिद्धांततः विरोध करती है कि साहित्यकार को जनता की रुचि पर उतना नहीं जाना है जितना उसके हित को ध्यान में रखना है। एक स्तर पर फ़िल्मों की भाषा जिस तर्क पर विकसित हुई कि वह आमफ़हम हो, लोगों की पसंद और उनकी समझ को ध्यान में रखकर बने, उनकी रुचि—ग़लत या सही—के साथ आगे बढ़े, उस रुचि में खलल न डाले, उसे शिक्षित करने की भी कोशिश न करे—वह तर्क साहित्य का तर्क नहीं है। वह शुद्ध व्यावसायिक या व्यावहारिक दृष्टिकोण है जो जनता की समझ, रुचि, और सामर्थ्य को पहले ध्यान में रखती है, उनसे फ़ायदा उठाने के लिए : उन बातों को प्राथमिकता नहीं देती जिनसे जनता का फ़ायदा हो क्योंकि उसमें यह ख़तरा होता ही है कि उससे शायद व्यापार में लंबा फ़ायदा न हो—क्योंकि फ़ायदा पहुँचानेवाली चीज़ें कभी-कभी अप्रिय सत्य की तरह कड़वी और मुश्किल भी हो सकती है—जैसे साहित्य की भाषा ! या किसी को सुसंस्कृत और शिक्षित करने की कोशिश। शिक्षित और सुसंस्कृत करने या होने के बारे में यों भी हमारा दृष्टिकोण बहुत साफ़ नहीं है, (यह कहना व्यर्थ होगा कि 'शिक्षित' नहीं है क्योंकि शिक्षा का एक बहुत बड़ा मर्म तो यह ही है कि हम समझें कि हम अपने आपको किस तरह शिक्षित करें !) न तो व्यक्ति को लेकर, न समाज को लेकर, न ही उसे लेकर जिसे हम हिंदी का लेखक कहते हैं। और यह अस्पष्टता लेखक के हिंदी भाषा के बारे में दृष्टिकोण या समझ को लेकर सबसे ज़्यादा झलकती है, क्योंकि वह भाषा को मुख्यतः एक साहित्यिक दृष्टिकोण से न देखकर आज राजनीतिक दृष्टिकोण से देखता है—राजनीति की भाषा को तो जनता की भाषा मानता है लेकिन उस भाषा को जनता की भाषा मानने के लिए तैयार नहीं जिसमें जनमानस साहित्य में अपनी समग्र जटिलता में प्रकट होता है—विभिन्न प्रयोगों द्वारा भाषा के विभिन्न स्तरों पर। साहित्य केवल एकरुखी भाषा नहीं, वह भाषा की उस पूरी सामर्थ्य और शक्ति का अहसास है भी और पाठक को कराता भी है जो

साहित्य को मनुष्य की अन्य भाषायी चेष्टाओं से अलग भी करता है और विशिष्ट भी—क्योंकि वह मूलतः भाषा की एक विशिष्ट रचना है, भाषा में एक रचना नहीं। इस सूक्ष्म अंतर को समझना ज़रूरी है कि साहित्य के लिए भाषा की वह मूल रचना-सामग्री है जिससे एक कला रची जाती है—और यह कोशिश भाषा के सूचनात्मक इस्तेमाल से बिलकुल भिन्न कोशिश है। कविता में भाषा का उसी तरह काया-परिवर्तन (Metamorphosis) होता है जिस तरह दूसरी कलाओं में उन माध्यमों का जिन्हें वे कलाएँ इस्तेमाल करती हैं—किसी ख़ास इरादे से नहीं बल्कि उस बे-इरादे से जिसे हम कला रचना की बुनियादी शर्त कहेंगे। भाषा का इस्तेमाल 'कुछ बताने' की नीयत से उतना नहीं जितना 'सुंदर कुछ' रचने की नीयत से होता है। इस संदर्भ में भाषा का इस्तेमाल भाषा के 'ज़रूरत वाले' या 'व्यावहारिक' इस्तेमाल से ज़रूर भिन्न होगा—वह functional की अपेक्षा non-functional अधिक होगा। आडेन ने इसीलिए कविता की पहली कोशिश को 'शब्दों से खिलवाड़' माना है। प्रतीकवादियों ने 'शब्द' की, भाषा में परिचित स्थिति से अलग भी, सत्ता मानी और उन सन्दर्भों की तलाश की जिनमें शब्द की शक्ति न केवल उसके भाषायी अर्थ द्वारा प्रेषित हो बल्कि उसके बावजूद भी, उसके अलग भी प्रेषित हो। मलार्मे ने शब्दों के ध्वनि-संकेतों को भी उसी तरह कविता में आयोजित करने की कोशिश की है कि वे वागनर के संगीत का-सा अनुभव करा सकें। पॉल वलेरी का कहना था कि कविता को उस दूसरी भाषा पर भी कब्ज़ा करना होगा जो इस वक़्त सरासर संगीत की भाषा है ! यह 'दूसरी भाषा' जिसे लेवी-स्त्रोस ने 'मेटा-लैन्गुएज' (परा-भाषा) कहा है, कविता में उसी विशेष भाषा की रचना है जिसकी तुलना मिथकों और अन्य कलाओं, विशेषकर संगीत, की संरचनाओं से की जा सकती है।

शब्दों का व्यवहार-सम्मत आम अर्थ तो आसानी से सबकी समझ में आ जाता है। लेकिन जब हम उन्हीं शब्दों द्वारा अलग तरह का कोई ख़ास अनुभव, अभिप्राय अथवा अभिज्ञान दूसरों तक पहुँचाना चाहते हैं तो भाषा में शब्दों के प्रबंध को एक अलग तरह की—कभी-कभी बिलकुल अपरिचित ढंग की—व्यवस्था देनी पड़ती है।

दूसरे शब्दों में कहें तो, 'शब्द-वस्तु' वही रहती लेकिन उसमें एक नयी तरह का स्फुरण पैदा करने के लिए उनमें किसी विधि से एक नयी ऊर्जा प्रवाहित करना ज़रूरी हो जाता है। इसीलिए उपन्यास, कहानी, नाटक, दर्शन, विज्ञान आदि विभिन्न विषय अपनी-अपनी ज़रूरतों के हिसाब से भाषा के नए-नए रूप गढ़ते हैं। कविता में गढ़ने, यानी रचने, की यह प्रक्रिया कल्पना और बिंब-प्रधान होती है : दर्शन और विज्ञान में तर्क-संगति पर सर्वाधिक दबाव रहता है जो भाषा में शब्दों की गठन और व्यवस्था में साफ़ तौर पर दिखाई देता है। भाषा में शब्दों को उद्वेलित करके अतिरिक्त शक्ति प्रवाहित करने की यह विधि किसी धातु में विद्युत दौड़ाने जैसी लगती है—शब्दों की स्थिति कणों से तुलनीय है जो किसी अदृश्य ऊर्जा से प्रेरित होकर नयी तरह स्फूर्त और अर्थवान होते हैं।

जनरुचि से पहले कविता की ओर से पहले थोड़ा विचार इसलिए ज़रूरी है कि जिसे हम जनवादी कविता कहते हैं उसे जाँचें कि उसका जनवाद वास्तव में विषयगत है ? या भाषागत ? या शब्दगत ?

निराला की कविताओं में हमें भाषा के अनेक प्रकार मिलते हैं। निश्चय ही उनकी **तुलसीदास** और **राम की शक्तिपूजा** की भाषा **वह तोड़ती पत्थर**, **कुकुरमुत्ता** और **सरोज स्मृति** की भाषा से बिलकुल भिन्न है। बारीकी से देखें तो बाद वाली तीनों कविताओं की भाषाओं में भी पर्याप्त अंतर है—तथा **कुकुरमुत्ता** की भाषा सबसे अलग है। मोटे तौर पर **कुकुरमुत्ता** का विषय भी बाकी सभी कविताओं से बिलकुल अलग है। **कुकुरमुत्ता** के केंद्र में एक ख़ास विचारधारा है—**वह तोड़ती पत्थर** तथा **सरोज स्मृति** में एक व्यक्ति विशेष या परिस्थिति विशेष है। **कुकुरमुत्ता** में निराला एक विचारधारा की वकालत करते हैं जो एक मनुष्य या मनुष्यता की वकालत करने से भिन्न बात है। यह कहना कि मनुष्य की वकालत करनेवाली विचारधारा की वकालत करनेवाली कविता तथा उस विचारधारा के बावजूद या उसके विरुद्ध/सहित मनुष्य की सीधे वकालत करनेवाली कविता के मतलब एक ही होते हैं कविता और विचारधारा के उस बुनियादी फर्क को ही ग़लत समझना है जो अपने सारे प्रगतिशील दृष्टिकोण के बावजूद निराला की **कुकुरमुत्ता** को उनकी सर्वश्रेष्ठ कविता नहीं बनाती न पन्त के **युगांत** को उस समय की प्रतिनिधि काव्य चेष्टा ही। भाषा के आधार पर 'कविताई जनवाद' को अलग करने की मुश्किल और भी मुश्किल हो जाती है जब हम आगे चलकर मुक्तिबोध और शमशेर जैसे कवियों की कविताओं को अलग करना चाहते हैं। ये दोनों ही कवि कविता के फॉर्म को लेकर अत्यधिक सचेत और प्रतिबद्ध हैं—जबकि मार्क्सवादी दृष्टिकोण 'कथ्य' या 'content' को प्राथमिक महत्त्व देता है। दूसरी तरह देखें तो 'कथ्य' को सीधे बयान करना एक दिक्कत है जिसे मुक्तिबोध और शमशेर उस तरह नहीं हल करते जिस तरह सामान्यतः एक प्रगतिशील कवि करता है, बल्कि उस तरह करते हैं जिस तरह एक प्रयोगशील—यानी कविता के फॉर्म के प्रति पूरी तरह सचेत—कवि करता है। 'विचारधारा' उनके लिए अपनी दुनिया को समझने का एक साधन है लेकिन इस समझे हुए को वे किस तरह एक कविता का रूप देते हैं इसका संबंध उनकी उस प्रतिबद्धता से है जिसे मैं उनकी कला कहता हूँ। इस 'समझे हुए' को रूप देते समय ज़रूरी नहीं कि वे उस भाषा-बोध को उसी तरह इस्तेमाल करे जिसे (या जिस तरह) एक विचारक इस्तेमाल करता है। एक कवि उसे बिलकुल अपनी तरह इस्तेमाल करेगा और उस व्यापक मानवीय भाषा संदर्भ में इस्तेमाल करेगा जिसे हम साहित्य की भाषा—यानी संपूर्ण मानवता की भाषा कहते हैं। साहित्य इस अर्थ में अभिव्यक्ति की तरकीबों और तकनीकों का एक विस्तृत कारखाना है, और अगर हम किसी ख़ास भाषा शैली या शब्द-समूह को ध्यान में रखकर कविता का स्वरूप निर्धारित करने चलेंगे तो हमारे लिए मायकोव्स्की या नेरुदा जैसे कवियों के काव्य, वैभिन्न्य को समझ सकना असंभव हो जाएगा। नेरुदा की अधिकांश कविताओं की प्रकृति रोमांटिक है—कहीं-कहीं तो बिलकुल

छायावादी ढंग की—लेकिन वे सभी अच्छे और श्रेष्ठ साहित्य की तरह उन तत्त्वों को केंद्र में रखती हैं जिनके बिना हम कला और मनुष्य को सही-सही परिभाषित नहीं कर सकते। वे ये मानते हैं कि मनुष्य की भाषा केवल उतनी ही नहीं जितनी रोज़ के लेने-देने तथा आर्थिक-व्यापारिक आदान-प्रदान में प्रयुक्त होती है—उस भाषा के दूसरे आयाम भी हैं जो मनुष्य की कल्पना, स्वप्न, चिंतन, रचनात्मकता आदि में प्रकट होते हैं—यानी भाषा के परोक्ष या अप्रकट व्यापारों में।

मुक्तिबोध जब 'फन्तासी' की विधा में कुछ कहना चाहते हैं तो इसका यह मतलब नहीं कि वे 'सामाजिकता' से पलायन कर रहे हैं बल्कि यह कि वे साहित्य की उस अतिरिक्त सामर्थ्य को खोज रहे हैं जिसका एक रूप 'फन्तासी' भी है।

X X X

भाषा का कोई 'वाद' नहीं होता। 'वादों' का संबंध विचारों से होता है : विषयों से होता है : कथ्य से होता है। सीधी-सादी भाषा में रखे गये 'विचारों' का स्वरूप साहित्य में बिलकुल दूसरे प्रकार की भाषा में अभिव्यक्ति या रूपबद्ध हो सकता है। विचार वही होंगे उनका साहित्यिक स्वरूप या साहित्य में उनका भाषायी रूप भिन्न होगा। साहित्य किस प्रकार, और किस प्रकार के, शब्दों को या वाक्यों/वाक्यांशों को इस्तेमाल करता है यह विधा विशेष की अपनी ज़रूरतों से निर्धारित होगा—उस प्रकार के शब्दों और उनके विन्यास से नहीं जिसे हम 'साधारण बोलचाल की भाषा' या 'आम आदमी की भाषा' जैसे मुहावरों द्वारा समझते हैं। कविता में हम किसी भी विचार को पहले ही से एक बनी बनाई भाषा का जामा नहीं ओढ़ा सकते। किसी हद तक साहित्य का काम ही है रचनात्मकता के दौरान एक नए प्रकार के भाषायी अनुभव का आविष्कार : इस आविष्कार में भाषा केवल एक कच्चा माल होती है जिसे साहित्यिक रचनाशीलता या प्रयोगशीलता नयी और निराली तरह एक अनूठा अर्थ देती है।

X X X

भाषा और शब्दों को लेकर जो चिंतन कवियों तथा रचनात्मक साहित्यकर्ताओं ने किया है वह उस चिंतन से भिन्न है जो भाषाशास्त्री या विचारकों ने किया है। प्रतीकवादी मलार्मे (Mallarme), वलेरी (Valery) आदि ने शब्दों और भाषा की अपनी रचनाशक्ति पर अधिक ज़ोर दिया। भाषा को विचार वहन करने का साधन मात्र न मानकर एक ऐसी शक्ति और स्वायत्तता माना जिससे कविता जैसी कला की रचना संभव होती है। यह बात प्रसिद्ध भाषा-शास्त्री चॉमस्की (Noam Chomaky) के सिद्धांतों से भी मिलती है कि भाषा केवल एक बनी बनाई चीज़ नहीं है जिसे हम व्याकरण के नियमों के अनुसार सीख लेते हैं : भाषा सीखने और विकसित होने के पीछे एक रचनात्मक प्रक्रिया भी काम करती है जिसे चॉमस्की प्रजननात्मक सिद्धांत या generative principle मानते हैं। इसी तरह रचनात्मक प्रक्रिया पर कोई भी भाषा आरोपित नहीं की जा सकती : रचनात्मकता प्रक्रिया में भाषा अपने आप उत्पन्न होती है, एक नयी रचना के रूप में जन्म पाती है। शेक्सपीयर की भाषा सबसे पहले उनके कला की भाषा है जो उनके

समय की बोलचाल की भाषा से भिन्न है। उस भाषा को समझने और आत्मसात् करने के लिए हमें उस भाषा की दुनिया में प्रवेश करना होता है—थोड़ी देर के लिए अपने दुनिया की भाषा के पूर्वग्रहों को स्थगित करते हुए। हम जानबूझकर भाषा की एक दूसरी दुनिया में प्रवेश करते हैं—भाषा द्वारा हम एक दूसरे 'समय' और 'स्थान' में विचरण करते हैं, जिसे हम एक तरह का 'मिथक-काल' मान सकते हैं। कविता में शब्दों की सत्ता बोलचाल की भाषा में शब्दों की सत्ता से अलग होती है। क्योंकि वे केवल प्रत्यक्ष अर्थ नहीं परोक्ष अर्थों की ज़रूरतों से भी निदेशित होते हैं इसलिए उनकी भाषिक संरचना ऊपर से सामान्य दिखते हुए भी सामान्य नहीं होती। साधारण शब्द भी कविता में किस तरह अपने रोजमर्राई इकहरेपन को खोकर 'विशेष' हो जाते हैं इसके कुछ दिलचस्प उदाहरण उर्दू शायरी से लेना चाहूँगा, जहाँ शायरी के मिजाज से शब्दों के महत्त्व निर्धारित होते हैं, शब्दों के अर्थ से शायरी का मिजाज नहीं, चाहे ये शब्द 'आमफ़हम' हों या 'आमफ़हम' न हों ! जब ग़ालिब कहते हैं :

न था मैं तो खुदा था, न होता मैं तो खुदा होता,
डुबोया मुझको होने ने, न होता मैं तो क्या होता !

या जब मोमिन कहते हैं :

तुम मेरे पास होते हो गोया
जब कोई दूसरा नहीं होता।

तब हम जानते हैं कि वे एक भी ऐसा शब्द नहीं इस्तेमाल कर रहे जो 'साधारण' न हो लेकिन इनमें से एक भी शब्द साधारण अर्थ नहीं दे रहा : कविता की संरचना में वह एक या अनेक विशेष अर्थ दे रहा है। कविता में इन शब्दों की वही स्थिति नहीं है जो साधारण बोलचाल की भाषा में होती है, और उनका विशेष अर्थ देना कविता में उनके विशेष तरह इस्तेमाल किए जाने पर निर्भर कर रहा है। इसी के ठीक विपरीत 'ग़ैर मामूली' शब्दों का इस्तेमाल साधारण या बोलचाल की भाषा की संरचना में बिलकुल मामूली या इकहरा अर्थ दे सकता है।

X X X

कविता की भाषा पर बात करते हुए एक जगह शमशेरजी परेशानी में पड़ जाते हैं क्योंकि वे कविता की ओर से भाषा की ओर न चलकर भाषा (बोलचाल की भाषा) की ओर से कविता की ओर चलते हैं और साबित करना चाहते हैं कि 'बच्चन' की कविता श्रेष्ठ है, क्योंकि उसकी भाषा साधारण बोलचाल की भाषा है। ठीक इसी वजह से उनकी अपनी या मुक्तिबोध की कविताएँ भी अगर अच्छी हैं तो हम इस बिलकुल ऊलजलूल नतीजे पर पहुँचने के लिए बाध्य हो जाते हैं कि असली चीज़ काव्य-कला नहीं साधारण बोलचाल की भाषा है।

अगर यह तर्क रखा जाए कि कविता असाधारण अर्थ दे लेकिन साधारण शब्द ही

इस्तेमाल करे असाधारण शब्द नहीं तो यह कविता से असाधारण शब्दों को निकाल बाहर करने से ज़्यादा भाषा से ही असाधारण शब्दों को निकाल बाहर करने के पक्ष में ज़्यादा बड़ा तर्क है ! अगर किसी भाषा में कुछ शब्दों का होना जायज़ है तो उनका कविता में होना जायज़ क्यों नहीं और कविता की अपनी दलील के मुताबिक होना ग़लत कैसे ? अगर छायावाद ग़लत था क्योंकि उसने कविता से कुछ मामूली शब्दों को बाहर रखा तो आज कविता से कुछ अन्य 'प्रकार' के शब्दों को बाहर रखना कैसे ठीक है ?

1975

डायग्नीज़ की धूप : (साहित्य और राजनीति)

1

राजनीति का दबाव सबसे पहले मनुष्य की ऐसी चेष्टाओं को नष्ट करता है जो राजनीति के तहत सक्रिय न हों। वह प्रचलित राजनीति का विरोधी माना जाए जो प्रचलित राजनीति का सहयोगी नहीं—ऐसी मान्यता अगर प्रत्यक्ष नहीं तो परोक्ष रूप से उनके मनोविज्ञान का हिस्सा होती ही है जो राजनीति के द्वारा ही आदमी की ज़िंदगी को बदलने का स्वप्न देखते हैं।

जीवन के बारे में राजनीति के बाहर भी गहरा चिंतन होता रहा है। इस बारे में भी सोच-विचार होता रहा है कि राजनीति का इन बाहरी विचार-क्षेत्रों से गहरा और घनिष्ठ संपर्क रहे ताकि शासक, जिसके हाथों में समाज के बारे में भला-बुरा निर्णय ले सकने की शक्ति रहती है, निरंकुश और आततायी न हो जाए। शासकों पर नियंत्रण की बात भी कई तरह सोची जाती रही है—सही शासकों के चुनाव द्वारा (प्लेटो), सही शासनतंत्र के निर्माण द्वारा, शासकों के निकट नैतिक, धार्मिक या विद्वान सलाहकारों की उपस्थिति द्वारा, या राजनीतिक तंत्र के बाहर ऐसे सुदृढ़ और प्रभावशाली विचार-क्षेत्रों के प्रत्यक्ष या प्रच्छन्न प्रभावों के बहुमत द्वारा जो राजनीति के अंकुश से मुक्त हो और लोगों के लिए आदरणीय हो। एक समय धार्मिक संस्थानों की ऐसी स्थिति थी कि वे शासकों पर भला-बुरा असर डाल सकते थे और मध्ययुगीन इतिहास में हम इसके अनेक उदाहरण पाते हैं। लेकिन धार्मिक दृष्टिकोण भी हमेशा निष्पक्ष और उदार नहीं रहा। अपने कट्टर और अज्ञानी रूप में धर्म जीवन-विरोधी बन गया। उसने शासकों को नियंत्रित करने के बजाय उनकी उग्र और विनाशक मनोवृत्तियों को भी दृढ़ किया तथा उन्हें दूसरे धर्मों के ख़िलाफ़ असहिष्णु बनाया। इसी प्रकार आधुनिक समय में व्यावसायिक स्वार्थों के दबाव ने भी राजनीति को अपनी तरह विकृत किया है। जिस स्वतंत्रता की बात हम सोच रहे हैं वह अनियंत्रित व्यावसायिक या धार्मिक दबावों के कारण भी ख़तरे में पड़ जा सकती है। जब हम राजनीति के एकछत्र प्रभाव को नियंत्रित करने की बात सोचते हैं तो ज़रूरी है कि हम इस बात को भी ध्यान में रखें कि समाज के अंदर स्वार्थी सत्ताओं की निरंकुश लघु इकाइयाँ भी न बनने पाएँ।

2

यहाँ हम राजनीति के बाहर कुछ ऐसे प्रभाव-क्षेत्रों पर ग़ौर करना चाहते हैं जिनका वैचारिक ढाँचा राजनीतिक, धार्मिक या व्यावसायिक किस्म का नहीं होता, लेकिन जिनका सरोकार मुख्य रूप से मानवीय होता है, जैसे साहित्य या दर्शन। प्लेटो जब 'दार्शनिक सम्राट' की बात सोच रहे थे जो ज़रूर वे शासक पर राजनीति के भीतर ही दार्शनिक नियंत्रण की बात सोच रहे थे। (प्राचीन रोमन सम्राट मारकस आरेलियस या आधुनिक समय के गांधी, नरेंद्रदेव, लोहिया को हम इस आदर्श के निकट पाते हैं)। लेकिन दार्शनिक या वैचारिक नियंत्रण के प्रभाव-क्षेत्र या दबाव-बिंदु (Pressure-points) यदि राजनीति के बाहर भी हों तो बेहतर होगा क्योंकि एक 'दार्शनिक सम्राट' यदि अच्छा दार्शनिक है तो ज़रूरी नहीं कि वह बहुत अच्छा शासक भी हो ! ज़्यादा संभावना यही है कि वह साधारण शासक हो—और इसका एक कारण उसका अच्छा दार्शनिक होना हो। अशोक, मिलिन्द या हर्ष की स्थिति इस माने में बेहतर कही जाएगी कि बौद्ध-विचार (मैं यहाँ 'धर्म' शब्द पर जानबूझकर ज़ोर नहीं दे रहा हूँ) उनके लिए आत्मीय स्तर पर गहरा महत्त्व रखते थे और उनकी राजनीति को प्रमुखतः मानवीय, अहिंसात्मक और विनम्र बनाते थे। बौद्ध प्रभाव के अंतर्गत भी राजनीतिक ज़्यादतियाँ न हुई होंगी ऐसा नहीं है—लेकिन बौद्ध-विचारों की उपस्थिति को अगर हम एक राजनीति के संदर्भ में विचारें तो उसने अपने समय की उस प्रकार की निरंकुश राजनीति पर—जिसका प्रतीक अजातशत्रु था—ज़रूर एक मानवीय असर डाला; वह मानवीयता जिसकी तुलना किसी हद तक आज गाँधी के विचारों के प्रभाव से की जा सकती है, और गाँधी की इस स्थिति से भी कि वे राजनीति में गहरा असर रखते हुए भी अपने प्रभाव-क्षेत्र या दबाव बिंदु (प्रेशर प्वाइंट) को शासन-तंत्र से बाहर रख सके—और मूलतः नैतिक रख सके।

किसी समय 'काशी विद्यापीठ' और 'शांतिनिकेतन' का उदाहरण अगर हम ध्यान में रखें तो हम आसानी से उन 'प्रभाव-क्षेत्रों' की कल्पना कर सकते हैं जिन्होंने उस समय के राजनीतिक-मन को शिक्षा और संस्कार दिया। राजनीति के बारे में वे लोग क्या सोच रहे थे इससे ज़्यादा ज़रूरी है उन संपर्क-सूत्रों की जाँच जिनके द्वारा वे भारतीय जीवन और संस्कृति के अनेक पक्षों से जुड़े हुए थे। साहित्य उनके लिए किस दर्ज़े का यथार्थ था ? टैगोर का न तो लेखन ही न उनका व्यक्तित्व ही मुख्य रूप से राजनीतिक था, लेकिन राजनीति में फिर भी उनका गहरा असर था यानी राजनीति के बाहर वे एक 'सक्षम प्रभाव-बिंदु' थे। साहित्य का राजनीति में प्रभाव होना, और साहित्य का राजनीतिक होना एक बात नहीं है। वे दो अलग बातें रहें इसे मैं और भी ज़रूरी समझता हूँ। राजनीति हमारे पूरे सांस्कृतिक-मन का प्रतिनिधित्व नहीं करती, इसीलिए साहित्य अपनी पहचान जितना ही राजनीति से सटकर बनाएगा उतना ही वह उस जीवन से दूर पड़ जाएगा जो राजनीतिक नहीं है। इससे साहित्य की स्थिति कमज़ोर होगी—वह

मनुष्य की अनेक ऐसी चेष्टाओं और चिंतन से कट जाएगा जिनकी हैसियत ग़ैर-राजनीतिक है। दूसरे, अगर साहित्य की पहचान राजनीति के बहुत नज़दीक बनती है तो राजनीति से उसका सीधा टकराव या सहमति अनिवार्य है, और दोनों ही हालतों में साहित्य दूसरे या तीसरे दर्जे की चेष्टा होकर रह जाएगा।

3

यह सोचते वक़्त कि साहित्य हमारे जीवन में आज किस प्रकार की ज़रूरत है यह भी सोचना पड़ेगा कि साहित्य और भाषा एक-दूसरे के लिए किस प्रकार की ज़रूरतें हैं। क्या साहित्य भाषा 'द्वारा' ही जीवन से जुड़ा है ? या 'सीधे' भाषा से भी जुड़ा है और हमारी भाषा को इस तरह भी प्रभावित और परिवर्तित कर सकता है कि उससे जीवन के बारे में हमारे सोचने पर एक वापसी असर भी पड़े ?

भाषा विचार-विनिमय का भी माध्यम है और साहित्यिक-कला का माध्यम भी। भाषा का यह दो भिन्न तरह का इस्तेमाल है। दोनों के बीच जो बुनियादी फ़र्क़ है उसको स्पष्ट रखने के मतलब हैं कला की उस बुनियादी पहचान को स्पष्ट रखना जो एक स्तर पर अगर हमारे दैनिक जीवनानुभव से भिन्न है तो दूसरे स्तर पर संपूर्ण जीवनानुभव के लिए ज़रूरी भी। उसका केवल यथार्थवादी होना काफ़ी नहीं। उसका आदर्शवादी, रोमांटिक और रहस्यवादी होना भी ज़रूरी है क्योंकि ये सब वृत्तियाँ भी जैविक हैं, और किसी न किसी स्तर पर हमें मानवीय बनाने में सक्षम हैं। अगर साहित्य अपनी इस बहुआयामी पहचान को भाषा के किसी एक ही तरह के इस्तेमाल के साथ गड्डमड्ड हो जाने देता है तो वह अपने अस्तित्व को ही ख़तरे में डालता है—साथ ही 'स्वतंत्रता' और 'मनुष्यता' के उन बृहत्तर आशयों को भी जिनको वह परिभाषित और विस्तृत करने की कोशिश करता है।

तो अगर राजनीति से अलग भी आदमी के लिए साहित्य का कोई मूल्य है तो उसकी रक्षा के बारे में भी सोचना ज़रूरी है—ऐसी शक्तियों के एकतरफ़ा दबावों से रक्षा जो मनुष्य को, मारक्यूज़ के शब्दों में, 'एकआयामी' बनाते हैं। साहित्य भाषा में मनुष्य की पूरी चेतना का स्पन्दन है। राजनीतिक चेतना उससे ऊपर नहीं है, उसमें है। राजनीति की अपेक्षा साहित्य एक दूसरे दर्ज़े की 'सांस्कृतिक-चेष्टा' (सब-कल्चर) बनकर न रह जाए इसके लिए ज़रूरी है कि हमारे दिमागों के दरवाज़े और खिड़कियाँ कई दिशाओं में खुलें—सिर्फ़ राजनीति की ही ओर न खुलें।

बात मैंने साहित्य पर राजनीतिक दबाव से उठाई थी। यह दबाव आज राज्य की ही ओर से आ रहा हो ऐसा नहीं। एक बड़ा लेखक वर्ग भी यही समझता है कि आदमी के मौजूदा हाल में अगर कोई फ़र्क़ लाया जा सकता है तो राजनीति द्वारा ही। इसलिए एक बार यह सोचना ज़रूरी हो गया है कि क्या सचमुच राजनीति के अलावा ऐसी कोई शक्तियाँ समाज में नहीं हैं या नहीं पनप सकेंगी जो हमारे जीवन को बेहतर बना

सकें—या हमारे जीवन को बेहतर बना सकनेवाली राजनीतिक जीवन को बेहतर बना सकें ? राजनीति को ही मुख्य मानकर भी ज़िंदगी को सोचा-विचारा जा सकता है। राजनीति हमारी ज़िंदगी को बदल सकती है लेकिन राजनीति को भी बदलना ज़रूरी हो सकता है यह समझना भी ज़रूरी है। यह बदलाव तभी संभव है जब हम उन विषयों और कलाओं की स्वायत्तता, उनकी भाषायी पहचान को भी, अलग और स्पष्ट विकसित होने दें जो राजनीति नहीं हैं।

जीवन को उसकी समग्रता में सोचना और जीवन को एक ख़ास इरादे से सोचना दो अलग तरह की तैयारियाँ हैं और इस माने में साहित्य जब भी राजनीति की तरह भाषा का एकतरफ़ा या इकहरा इस्तेमाल करता है वह अपनी मूल शक्ति को सीमित या कुंठित करता है। राजनीति के मुहावरों में बोलते समय हम एक ऐसे वर्ग की भाषा बोल रहे होते हैं जिसके लिए भाषा प्रमुख चीज़ नहीं है, वह भाषा का दूसरे या तीसरे दर्ज़े का इस्तेमाल है : वह एक ख़ास मकसद तक पहुँचने का साधन मात्र है। उसे भाषा की सामर्थ्य, प्रामाणिकता या सचाई में उस तरह दिलचस्पी नहीं रहती जिस तरह साहित्य को। उसकी भाषा प्रचार-प्रमुख, रेटारिकल और नक़ली व्यक्तित्व की भाषा हो सकती है क्योंकि राजनीति के लिए भाषा एक व्यावहारिक और कामचलाऊ चीज़ है जबकि साहित्यकार के लिए भाषा उस ज़िंदगी की सचाई का एक जीता-जागता हिस्सा है जिसे वह राजनीतिक, व्यावसायिक, व्यावहारिक या स्वार्थों की हिंसा, तोड़-फोड़ और प्रदूषण से बचा करके उसकी मूल गरिमा और शक्ति में स्थापित या पुनर्स्थापित करना चाहता है। साहित्य का काम अपनी पहचान को राजनीति की भाषा में खो देना नहीं, बल्कि उस भाषा के छद्‌म से अपने को लगभग बेगाना करके अकेला कर लेना है, एक सन्त की तरह अकेला, कि राजनीति के लिए ज़रूरी हो जाए कि वह बारबार अपनी प्रामाणिकता और सचाई के लिए साहित्य से भाषा माँगे न कि साहित्य ही राजनीति की भाषा बनकर अपनी पहचान खो दे।

4

आपातकाल के दौरान दो ख़ास बातें सामने आईं। एक तो, उस समय शायद विशुद्ध साहित्यकार की स्थिति उतनी नाजुक नहीं रही जितनी उन साहित्यकारों की जो राजनीतिक लेखन कर रहे थे, या जो पत्रकार भी थे और पत्रकार की हैसियत से बोलते रहने के लिए बाध्य किये जा सके, या अपने राजनीतिक विचारों के कारण चुप किए जा सके। पत्रकार की हैसियत से उन्होंने जो कुछ कहा—या जो कुछ कहने के लिए उन्हें मजबूर होना पड़ा—वही कुछ वे साहित्यकार की हैसियत से कहने के लिए बाध्य नहीं थे। साहित्य की चुप्पी राजनीति के ख़िलाफ़ एक राय भी थी और विरोध भी; लेकिन समाचार माध्यमों पर राजनीतिक और व्यावसायिक आतंक का दबाव इस प्रकार की चुप्पी को असंभव बनाता था। पत्रकार की भाषा साहित्य की अपेक्षा राजनीति की भाषा

के अधिक निकट थी—और इसलिए अधिक अरक्षित भी !

यों भी, एक साहित्यकार की चुप्पी और पत्रकार की चुप्पी में बुनियादी फ़र्क़ है। साहित्यकार की चुप्पी उस भाषा की चुप्पी है जिस पर राजनीति का कोई सीधा दबाव नहीं होता : यानी साहित्यिक भाषा के चुप्पी की मतलब हैं एक ऐसे वर्ग का ख़ामोश विरोध जो राजनीति नहीं साहित्य द्वारा मनुष्य का प्रतिनिधि है, क्योंकि इस वर्ग के बोलने या बोलते रहने के मतलब थे अपने समय के मनुष्यों की अंतरंग भावनाओं, विचारों, समझ और सुख-दुख को जीवन के व्यापक संदर्भ में शब्द देना। एक मिल्टन, या बायरन या शेली या ग़ालिब अपने ज़माने की राजनीति से अप्रभावित नहीं थे—लेकिन उनकी कविता उनकी राजनीति की आवाज़ नहीं है। वह साहित्य की भाषा में (जिनकी साहित्यिक स्तर पर अपनी अलग-अलग पहचान है, और जो उनके समय की राजनीति की भाषा की तरह बेपहचान या एकपहचानवाली नहीं है) उस समय के मनुष्य और उसके जीवन की आवाज़ है। एक अच्छे साहित्यकार की ख्याति, व्यक्तित्व और उसका लेखन अलग-अलग महत्त्व भी रख सकते हैं, मुख्यतः उनके अपने समय की राजनीति के संदर्भ में, जैसे पास्तेर्नाक या सोल्ज़्हेनित्सीन, लेकिन उनका साहित्य अगर अपनी साहित्यिक पहचान को स्पष्ट और अलग नहीं रख पाता—साहित्य की भाषा की अपनी स्वायत्तता को अक्षुण्ण नहीं रखता—तो इसका सामयिक महत्त्व भले ही कुछ हो साहित्यिक महत्त्व मामूली होगा। इसके विरुद्ध एक अच्छा साहित्यकार अपने समय की राजनीति से अलग रहकर भी ऐसा साहित्य रच सकता है जो उस समय का मूल्यवान दस्तावेज़ हो। एक सोल्ज़्हेनित्सीन या पास्तेर्नाक की पहचान उनका सशक्त साहित्य है, उनकी राजनीति के बावजूद। राजनीति में भी राजनीतिक आदर्शों या विचारों की अपेक्षा राजनीतिज्ञों और सत्तारूढ़ लोगों का वह आचरण और मनोविज्ञान साहित्य के लिए अधिक महत्त्व रखता है जिसकी जड़ें मनुष्य के स्वभाव में होती हैं। विषम राजनीतिक आतंक को झेलते हुए दोस्त्व्स्की के उपन्यासों में उस समय की राजनीति उतनी मुखर नहीं जितना वह मानव स्वभाव जो जुल्म करता है और जुल्म सहता है। एक साहित्यकार हमेशा राजनीति में भी और राजनीति के बाहर भी मनुष्यता के बृहत्तम आशय को केंद्र में रखता है। मसलन, यह कहना ग़लत होगा कि ग़ालिब की कविता उनके वक़्त के जीवन की कविता नहीं है क्योंकि उनके वक़्त में ग़दर हुआ था और ग़ालिब ने ग़दर का ज़िक्र अपनी शायरी में नहीं किया है। मिल्टन की राजनीति और मिल्टन की कविता—दोनों का ताल्लुक उनके अपने समय से है, उनके पूरे व्यक्तित्व से है, मिल्टन की कविता उनके राजनीति का प्रतिबिंब मात्र नहीं है। ऐसा कभी नहीं होता कि एक साहित्यकार अपने समय की राजनीति से बिलकुल अछूता रहे—सोचने की बात है कि उसके साहित्य का उसकी राजनीति से क्या संबंध रहा ? या उसने अपने समय की राजनीति का किस तरह सामना किया ?

शेक्सपियर ने राजनीति में पड़े मनुष्य स्वभाव का गहरा अध्ययन प्रस्तुत किया है लेकिन विशुद्ध साहित्यिक दृष्टि से। यह विशुद्ध साहित्यिक दृष्टि क्या है ? इसे हम किस

तरह समझते और परिभाषित करते हैं ? इस पर ही वह रिश्ता निर्भर करेगा जो हम साहित्य और राजनीति के बीच क़ायम करना चाहते हैं। कबीर या तुलसीदास ने भी अपने समय में ही लिखा लेकिन उन्होंने अपने समय की राजनीति को अपने समय का प्रमाण नहीं माना। उन्होंने दूसरे प्रकार के शब्दों में, भाषा में, एक दूसरी दुनिया रची। अपने समय के यथार्थ के समानान्तर, या बिलकुल विरुद्ध, एक दूसरी भाषायी संरचना जिसमें मनुष्य के स्वभाव और आचरण की प्रामाणिकता थी। वह एक ऐसा साहित्यलोक है जो राजनीतिक दृष्टि से काल्पनिक था, और इसलिए राजनीतिक दृष्टि की ज़्यादतियों से सुरक्षित भी। लेकिन 'साहित्यिक दृष्टि' से वह अत्यंत गंभीर और मानवीय आशयों से परिपूर्ण था। उस भाषा में दीक्षित, उस भाषा को पढ़ और समझ सकनेवालों के लिए वह एक संदेशा भी था और एक बचाव भी। कबीर का 'रहस्य' या तुलसी की 'भक्ति' राजनीतिक जीवन से पलायन भले ही रहा हो किंतु जीवन से पलायन नहीं था। वह एक ऐसी भाषायी-युक्ति (Strategy) भी थी जिसकी आड़ में वे राजनीति पर प्रहार करते हुए भी राजनीति से सुरक्षित थे। (तुलसीदास के 'समय' को तुलसीदास के 'कलियुग वर्णन' में पहचानना मुश्किल नहीं)। क्योंकि उनकी भाषा राजनीति की भाषा से सीधे टक्कर में नहीं आती थी। कबीर का 'अध्यात्म' या तुलसीदास की 'भक्ति' एक ऐसे जनमानस की भी आवाज़ थी जो राजनीति नहीं साहित्य द्वारा प्रकट हो रही थी—एक ऐसी राजनीति से बचते हुए जो उसके लिए हर माने में 'बाहरी', विजातीय और दुश्मन थी। यह साहित्य की अपनी भाषा का एक आयाम था जो अपने समय की बर्बर राजनीति से कोई संवाद स्थापित करने से इंकार करती है लेकिन अपने 'समय' को सही-सही पहचानने और प्रकट करने से इनकार नहीं करती। इसी प्रकार काफ़्का अगर अपने उपन्यासों में दफ़्तरशाही के यथार्थ को सीधे न चित्रित करके उससे उपजने वाले आतंक और भय को एक फन्तासी द्वारा उपन्यासबद्ध करते हैं तो उसका यह मतलब नहीं कि वे अपने समय के एक गंभीर यथार्थ की उपेक्षा कर रहे हैं—बल्कि यह कि वे साहित्य की भाषा में उसे व्यक्त कर रहे हैं, राजनीति की भाषा में नहीं।

दूसरी बात यह कि आपातकाल के दौरान यह स्थिति भी आँख खोल देनेवाली थी, शासकों के लिए ख़ासतौर पर, कि प्रचार और प्रसार माध्यमों पर पूरा-पूरा कब्ज़ा करके राजनीति ने दूसरी 'संस्कृतियों' से संवाद का हर रास्ता अपने लिए भी बंद कर लिया, जिसका घातक नतीज़ा देश से अधिक शासकों को भुगतना पड़ा। उन्होंने अपने बोलने के ख़िलाफ़ स्वयं ही न-बोल-सकनेवालों का एक सशक्त बहुमत तैयार कर लिया और उसके शिकार हो गए। बोलने की आज़ादी का अपहरण एकतरफ़ा राजनीतिक कार्रवाई नहीं होती। वह मौन के विपक्ष का अनिवार्य संगठन भी होता है। एक देश के सांस्कृतिक प्रभाव-क्षेत्र जितने ही सशक्त, विकसित और मुखर होंगे उनका सम्मिलित मौन भी उतना ही शक्तिशाली और पुरअसर होगा।

जिस समय क्राइस्ट रोमन राजनीति के ख़िलाफ़ या गाँधी ब्रिटिश राजनीति के ख़िलाफ़ लड़ाई ठानते हैं तो वे राजनीति के बाहर ऐसे दबाव-बिंदुओं को स्थापित करते

हैं जो मूलतः राजनीतिक नहीं, नैतिक हैं। वे राजनीति से राजनीति की शर्तों पर नहीं लड़ते बल्कि उसके ख़िलाफ़ एक ग़ैर-राजनीतिक मोर्चा स्थापित करते हैं जिसकी शक्ति मूलतः उसके राजनीतिक न होकर नैतिक होने में है। एक स्वस्थ समाज में यह ज़रूरी है कि इस तरह के सांस्कृतिक प्रभाव-क्षेत्र या दबाव-बिंदु विकसित हों और दृढ़ किये जाएँ—और मैं साहित्य को भी ऐसी ही एक शक्ति मानता हूँ जिसका मूल दबाव-बिंदु राजनीति के बाहर हो। उसकी स्थिति ऐसी हो कि वह राजनीतिक संस्कृति को समृद्ध भी करे और ज़रूरत पड़ने पर उस पर नैतिक दबाव भी डाल सके।

राजनीतिक तंत्र के बाहर एक सभ्यता में अगर इस तरह के स्वतंत्र प्रभाव-क्षेत्र नहीं बन पाते, या नहीं बनने दिये जाते, तो किसी भी समय राजनीति के लिए बर्बर और निरंकुश हो जाना आसान है।

मेरी दृष्टि में यह एक समाज की शक्ति और स्वतंत्रता का सही अर्थों में द्योतक है कि वह चेतना के कितने विभिन्न स्तरों पर समृद्ध है और कितने विभिन्न स्तरों पर एक भाषा में उन्हें प्रकट कर सकने की सामर्थ्य है।

अगर राजनीति से बाहर भी स्वतंत्रता के कोई मतलब हैं तो हमें उसको एक ऐसी भाषा में भी खोजना, और दृढ़ करना होगा जो राजनीति की भाषा नहीं है। हमें स्वतंत्रता के अर्थ को उस भाषा में भी स्थापित करना होगा जिस भाषा में एक सुकरात, क्राइस्ट, कबीर या गाँधी मनुष्य की स्वतंत्रता को राजनीतिक भाषा के बाहर परिभाषित और प्रतिपादित करते हैं।

जब हम साहित्य या कलाओं में रचना और अभिव्यक्ति की स्वतंत्रता की बात करते हैं तब हम स्वतंत्रता के उसी आशय को केंद्र में रखते हैं जिसका संदर्भ मनुष्य की संपूर्ण चेतना है—उसकी केवल राजनीतिक चेतना नहीं—और स्वतंत्रता के इस अर्थ को मैं राजनीति से कहीं ज़्यादा बड़ा मानता हूँ। सिकंदर की छाया से डायग्नीज़ की धूप ज़्यादा महत्त्व रखती है !

1978

एक मुश्किल वक़्त में समीक्षा

सोवियत संघ, पूर्वी योरप के देशों और चीन में इधर गोर्बाचोव के सुधारों से जो उथलपुथल मची है उससे कई महत्त्वपूर्ण सवाल उठ खड़े हुए हैं—मुख्यतः उन संबंधों को लेकर जो एक बड़े विचार या विचारधारा तथा उनसे प्रेरित विभिन्न राजनीतिक और अ-राजनीतिक संस्थानों या संप्रदायों के बीच बनते-बिगड़ते रहते हैं। 1917 की रूसी क्रांति के बाद से मार्क्सवाद ने एक प्रमुख विचारधारा के रूप में दुनिया का ध्यान अपनी ओर खींचा है। कमोबेश कुछ दूसरे विचारों का प्रभाव भी रहा है—जैसे फ्रायड के विचार, आइन्स्टाइन का सापेक्षतावाद, सार्त्र का अस्तित्ववाद, और इधर के वर्षों में संरचनावाद और विखंडनवाद प्रमुख हैं। यह पूरी सूची नहीं है। ज़रूरी भी नहीं है। लक्ष्य साहित्य-समीक्षा है जो इन विचारों या विचारधाराओं से प्रभाव या प्रेरणा लेकर रचनात्मक साहित्य के बारे में मूल्यांकन की ज़मीन बनाती है। ऐसा नहीं कि मैं समीक्षा और रचनात्मक साहित्य के बीच सीधे और गहरे सरोकारों को नज़रअंदाज़ कर रहा हूँ। केवल इस बात पर ज़ोर देना चाहता हूँ कि साहित्य-समीक्षा नितांत साहित्यिक मामला ही नहीं है : समकालीन विचारों के साथ भी उसका गहरा जुड़ाव होता है, भले ही वह परोक्ष संबंध ही क्यों न हो।

हम जानते हैं कि संस्कृत काव्य-शास्त्र सदियों तक अपने समय के दार्शनिक विचारों के समानान्तर—और कभी-कभी उसे काटते हुए भी—चलता रहा। लेकिन उसके प्रति निरपेक्ष कभी भी नहीं रह सका। अभिनवगुप्त (10वीं सदी का उत्तरार्ध) जैसे श्रेष्ठ साहित्य-सिद्धांतकार आज साहित्य और दर्शन दोनों में समान रूप से प्रशंसित हैं : भरत के **नाट्य-शास्त्र** पर उनकी गंभीर टीका **अभिनव-भारती**, तथा आनंदवर्धन के सुप्रसिद्ध **ध्वन्यालोक** (नवीं सदी का उत्तरार्ध) पर उनका काम **लोचन** उतने ही महत्त्वपूर्ण हैं जितना शैव और तंत्र की उनकी गंभीर विवेचना। साहित्य और दर्शन दोनों ही क्षेत्रों में बराबर योग्यता का उन्होंने परिचय दिया है। संस्कृत साहित्य-समीक्षा के सभी 'संप्रदाय' उन कुशल आचार्यों और गुरुओं की देन हैं जो जीवन, विचारों और साहित्य के प्रति एकनिष्ठ भाव से समर्पित लोग थे। इसी तरह सुकरात, प्लेटो और अरस्तू में भी 'विचार' और 'साहित्य-समीक्षा' एक-दूसरे में घुलमिले हैं : 'धर्म' और 'दर्शन' तो

और भी संश्लिष्ट हैं, और 'विज्ञान' को तो अभी धर्म, दर्शन और साहित्य-शास्त्र की कोटि तक पहुँचने में काफ़ी देर थी ! जैसे-जैसे हमारी जानकारियाँ बढ़ने लगीं यह ज़रूरत भी महसूस की जाने लगी कि उनके अलग-अलग विशिष्ट क्षेत्रों, अध्ययन-प्रणालियों, अनुशासनों आदि का विभागीकरण हो ताकि उनके वर्ग आपस में गड्डमड्ड न होने पाएँ। इस विभागीकरण का अर्थ था जानकारियों की संस्थानबद्धता, और धीरे-धीरे इन संस्थानों का अपने में सीमित, दृढ़ प्रतिष्ठानों का रूप लेते चले जाना : अपने कामों और छानबीन के तरीक़ों का सबसे अलग न्यारा क्षेत्र बना लेना।

जल्दी ही फिर यह ज़रूरत भी महसूस की जाने लगी कि विभिन्न विषयों के अलग उपनिवेश-से बनते जा रहे हैं। उनके बीच संवाद भी ज़रूरी है। अंतर्विषयक चिंतन और कार्य-प्रणालियों की ओर ध्यान जाना लाज़िम था। आदमी की बाहरी और भीतरी ज़िंदगी को बेहतर बनाना किसी भी ज्ञान का प्रमुख उद्देश्य होता है। अतः, साहित्य और कलाओं के भी नज़दीक लाकर उन्हें अधिक मानवीय अर्थ दिया जाए। साहित्य-समीक्षा ने पहले भी और आज भी, बिना अपनी साहित्यिक पहचान खोए, विचारों और साहित्य के बीच एक जीवन्त रिश्ता बनाए रखा है। सार्त्र, लेवी-स्त्रोस, रोलाँ बार्थ्स, फूको, दरीदा आदि के लेखन उतना ही साहित्यिक महत्त्व भी रखते हैं जितना दार्शनिक, और उनका साहित्यिक विचारों तथा भाषाविज्ञान पर भी दूरगामी असर रहा है। लूकाच और फ्रांकफुर्त स्कूल के विचारकों को ध्यान में रखें तो मार्क्सवादी विचारधारा को भी साहित्य के परिप्रेक्ष्य में एक पुष्ट और संगत पहचान देने में उनकी ख़ासी भूमिका रही है। ज़्हादनोव ने जब मार्क्सवाद को अपने फूहड़ राजनीतिक तरीक़ों से साहित्य पर लादना चाहा तो लूकाच जैसे परिष्कृत विचारक को भी वह उतना ही अखरा था जितना पास्तेर्नाक, आख़्त्तोवा, ब्रेश्त जैसे संवेदनशील लेखकों को। खुद मार्क्स में भी यह साहित्यिक समझ थी कि अपने सामाजिक-राजनीतिक विचारों का वे इस तरह सरलीकरण नहीं चाहते थे कि वह रचनाशीलता पर भारी पड़े। शुरू के दिनों में जर्मन रोमांटिक कविता के प्रति उनका लगाव, तथा खुद भी कविता लिखने का शौक़, इतना गहरा तो था ही कि उनके लिए भी जिस तरह के विचार ज़्हादनोव, स्तालिन, लेनिन आदि साहित्य के बारे में रखते थे वे मान्य न होते। यह भी एक विडंबना ही है कि मार्क्स के चिंतन का गंभीर वैज्ञानिक पक्ष साहित्य में उतना प्रभावी नहीं रहा जितना मार्क्स का दिया हुआ कल्पना-प्रधान, मसीहाई तरह का यूटोपिया ! मार्क्स की सूक्ष्म तर्क-पद्धति और विश्लेषण बहुतों की पकड़ से बाहर रहे, ध्यान उस आदर्श-लोक पर ज़्यादा रहा जिसमें दुनिया के तमाम शोषित जन ने अपना उद्धार देखा। इस वादे को राजनीतिक प्रचारों ने और भी बढ़ा-चढ़ाकर पेश किया, और बजाय मनुष्य की तर्क-क्षमता को प्रोत्साहित करने के उसके श्रद्धा-भाव को ही बढ़ावा दिया। एक बड़े विचार को अपने विरोधियों से उतना ख़तरा नहीं रहता, जितना ख़तरा कठमुल्लों से रहता है। इस तरह के लोगों को लेकर मार्क्स की खीज प्रसिद्ध है : 'मुश्किल तो यह है कि मैं मार्क्सवादी नहीं, मार्क्स हूँ !'

मार्क्सवादी विचारों की राजनीतिक विचारधारा में परिणति एक तरह से देखा जाए तो सूक्ष्म की स्थूल में परिणति है। समय के साथ उसका ये स्थूल पक्ष भले ही नष्ट हो जाए पर एक बड़े विचार के मूल तत्त्व उसके स्थूलीकरण या भौतिकीकरण के बावजूद जीवित रहते हैं। एक परिष्कृत साहित्यिक चेतना के लिए किसी भी बड़े विचार की इस मुक्त और विशुद्ध शक्ति से संवाद कहीं अधिक आसान, और फलदायक भी होता है, बजाय उसके उस व्यक्त मूर्त रूप से जब वह एक पूजित वस्तु में कठोर हो चुकी होती है।

अवश्य एक विचार को दूसरे तक पहुँचाने का 'वाहन' तो भौतिक ही होगा, पर 'वाहन' और 'विचार' के बीच फर्क को भी दृष्टि में रखना ज़रूरी है। किसी भी बड़े विचार का मूल आशय—या उसकी आत्मा—अपने भौतिक साधनों के अधीन नहीं होती—चिरस्थायी मानव-मूल्यों के संसार में विचरती है। हम जब उनके स्थूल रूपों, संस्थानों, संप्रदायों आदि को रोग-ग्रस्त, बूढ़ा और मरते हुए देखते हैं तो लगता है वह विचार मर गया : पर ऐसा नहीं है। केवल उनका 'वाहन', उन्हें दूसरों तक पहुँचाने का साधन या 'लॉन्चिंग पैड', नष्ट हो जाता है। विचार स्वयं एक बार परिक्रमा-पथ में आ जाने पर दीखते तो नहीं लेकिन हमारे मूल्यबोध समुदाय का इस तरह हिस्सा बन जाते हैं कि उनकी मौजूदगी को हम अपनी जीवनपरक चेष्टाओं और उपायों में स्पष्ट अनुभव कर सकते हैं। यही नैतिक उत्प्रेरणाएँ हैं जिन पर न्याय, करुणा, सत्य आदि की हमारी भावनाएँ आधारित होती हैं, और जिनके अनेक रूपों को हम एक विकसित मानव-संस्कृति, साहित्य और कलाओं में आसानी से पहचान सकते हैं। भारत में बौद्ध-संघ नष्ट हुआ पर बौद्ध विचार अनेक रूपों में आज भी जीवित हैं। इसी तरह ईसाई विचार गिरजाघरों से नहीं बँधे रहे, मनुष्य के आचरण में प्रविष्ट हो गए। वे अपने भौतिक स्वरूप से परे अनेक संस्कृतियों और अनेक समयों में घुल-मिल गए। गाँधी की अहिंसा बुद्धवाद या ईसाई धर्म नहीं है, पर दोनों के मूल तत्त्व उनके अहिंसावाद में उपस्थित हैं। कुछ-कुछ इसी तरह मार्क्सवाद के मूल तत्त्व भी लगता है आज के सामाजिक-आर्थिक-राजनीतिक चिंतन में छन गए हैं। मार्क्सवाद का यह 'ग्लासनोस्ट' और 'पेरेस्ट्रोइका' दौर शायद उसके गहरे आत्मपरीक्षण का दौर है। एक विचार मानो अपने स्थूल बाह्य को खारिज करके फिर से आज़ाद होने की कोशिश कर रहा हो। इस इतनी बड़ी उथल-पुथल का भविष्य क्या है फिलहाल बता सकना मुश्किल है—पर इतना ज़रूर है कि इसके पीछे अन्य विचारों के साथ, उनसे विमुख होकर नहीं, अपनी वास्तविकता को पहचानने की इच्छा है। सामान्यतः यदि यह सही है कि आत्मालोचना मार्क्सवाद का प्रमुख गुण नहीं रहा, तो यह भी उतना ही सही है कि जितनी आलोचना मार्क्सवाद ने आकृष्ट की उतनी शायद किसी अन्य विचारधारा ने नहीं। ऐसा लगता है मानो इस लगातार बहस ने भी मार्क्सवाद को ज़िंदा रखा, उसके राजनीतिक प्रचार और प्रोग्रामों ने ही नहीं।

जब साहित्य-समीक्षा मार्क्सवादी विचारधारा को एक 'मत' की तरह इस्तेमाल

करती है, एक ऐसे जीवित विचार की तरह नहीं जो आलोच्य भी है और जिसमें संशोधनों की भी गुंजाइश है, तो मानो वह खुद अपने आलोचना-धर्म के साथ विश्वासघात करती है। यह खुद को भी और साहित्य को भी कमज़ोर करती है, और मार्क्सवाद को भी कोई बल नहीं दे पाती। जिस तरह के साहित्य को वह बढ़ावा देती है, और जिसको खारिज, दोनों ही से लगता है कि वह साहित्य की बुनियादी समस्याओं के प्रति पूर्णतः संवेदनशील नहीं। कविता के मामले में तो इस तरह के थोक निष्कर्ष और निथारवादी फ़ैसले देने का रवैया और भी मनमाना रहा है, मानो अच्छे रचनात्मक साहित्य और प्रचार-प्रमुख लेखन में कोई फ़र्क ही न हो। उत्कृष्ट मार्क्सवादी समीक्षा इस ओर से बराबर सचेत रही है कि श्रेष्ठ लेखन वही है जो जन-विरोधी और अ-सामाजिक न होने के साथ-साथ रचनात्मकता के उच्चादर्शों पर भी खरा उतरे। सामान्यतः मार्क्सवाद के गहरे राजनीतिक आग्रहों के कारण उस तरह की समीक्षा के लिए ऐसे लेखन को स्वीकार करना मुश्किल रहा जो मोटे तौर पर मार्क्सवादी राजनीति के साथ अपनी पहचान न बनाती हो। इधर राजनीतिक आग्रहों में थोड़ी उदारता और नर्मी आने से उम्मीद की जा सकती है कि साहित्य और मार्क्सवादी विचारों के बीच एक ज़्यादा खुले और निर्भीक संवाद की स्थिति बनेगी। जैसा मैंने कहा बड़े विचारों का वजूद देशकाल से परे होता है। चीज़ों की तरह उनका आयात और निर्यात नहीं होता। वे एक देश से दूसरे देश में, एक समय से दूसरे समय में, आज़ादी से घूमते फिरते हैं।

मेरे लिए ज़िंदगी की ही तरह साहित्य भी एक बहु-स्तरीय और बहु-केंद्रीय संरचना है। ग़ैर-साहित्यिक विचारों से इसका रिश्ता उनसे बहुत सटकर नहीं, उनसे थोड़ा हटकर, संदर्भ-परक और वक्र बनता है, क्योंकि विचारों की गति तर्क-मूलक और बौद्धिक होती है इसीलिए किसी हद तक योजनाबद्ध और बेलोच, जबकि साहित्य के मूल अवयव कल्पना और अनुभूति हैं। समीक्षा भी जब साहित्य की अपेक्षा किसी विचार की ज़्यादा तरफ़दार हो जाती है तब साहित्य के साथ उसका रिश्ता असहज हो जाना स्वाभाविक है। अतः ज़रूरी है कि समीक्षा के संदर्भ-पद सावधानी से पैने, परिभाषित और संशोधित किए जाते रहें ताकि रचनात्मक साहित्य के अत्यंत संवेदनशील और नाजुक तंतुओं पर उसका विपरीत असर न पड़े।

X X X

ये कुछ बातें मैंने यहाँ और गहरे विचार-विमर्श के लिए उठाई हैं। आशा है यह मानकर न चला जाएगा कि ये मेरी दृढ़ मान्यताएँ हैं जिनमें कोई फ़र्क नहीं आ सकता।*

---

* 'समवाय', भोपाल, द्वारा आयोजित एक विचार-गोष्ठी में पठित। 1990। (अंग्रेजी से अनूदित।

हिंदी नयी कविता और टी. एस. इलियट

'नया' शब्द लग जाने से ही यह न समझना चाहिए कि नयी कविता के मूलस्रोत 'कविता' के मूलस्रोत से सर्वथा भिन्न हैं। हर युग की अपनी नयी कविता होती है और उस पुराने से उसका घनिष्ठ संबंध होता है जिसकी अपेक्षा उसे 'नया' कहा जाता है। 'नया' शब्द 'आधुनिक' की ही तरह अक्सर सुविधा के लिए अधिक प्रयुक्त हुआ है—एक नाम की तरह—किसी विशिष्ट गुण के लिए कम। 'नया' या 'आधुनिक' शब्द काल की दृष्टि से सहज विशेषण मिला और ले लिया गया, यद्यपि कालांतर में उस दृष्टि से भी वह विशेष सार्थक नहीं रहा, केवल नाम मात्र होकर ही रह गया। अतः पिछले 20-22 वर्षों की जिस तथाकथित 'नयी कविता' पर विचार करने जा रहा हूँ, उसे कविता के स्वाभाविक विकास-क्रम में रखकर ही समझना ठीक होगा : 'नये' 'पुराने' का अनावश्यक पूर्वग्रह लेकर चलने से शायद असली बात स्पष्ट न हो सके।

मोटे तौर पर, सन् 1936 के लगभग, अज्ञेय द्वारा संपादित **तारसप्तक** ने लोगों का ध्यान एक ऐसी कविता की ओर आकृष्ट किया जो छायावाद की परिचित कविता से बिलकुल भिन्न लगी, यहाँ तक कि अधिकांश लोग उसे कविता ही मानने के लिए तैयार नहीं थे। छायावाद ही की तरह उसका भी किसी उचित या अनुचित 'वाद' से नामकरण होना आवश्यक था। शीघ्र ही प्रगतिवाद और प्रयोगवाद नामक दो दावेदार क्षेत्र में आए। दोनों ही के लिए—या अगर दो से अधिक होते तो उनके लिए भी—काफ़ी गुंजाइश थी कि इस नयी चीज़ को लेकर वाद-विवाद चलाते रहते। साहित्यिक दृष्टि से उस झगड़े का विशेष महत्त्व नहीं, जैसा कि एक सांस्कृतिक दृष्टि से किसी भी झगड़े का विशेष महत्त्व नहीं। आवश्यक बात है काव्य-क्षेत्र में उस नयी चीज़ का जन्म, जो न केवल हिंदी में बल्कि संसार की सभी विकसित भाषाओं में हो चुका या हो रहा था, और जो अब तक कविता तथा आलोचना के क्षेत्र में मान्यता पा चुका है। 19वीं सदी के अंत से ही यूरोप में, विशेषकर फ्रांस में हमें इस नयी साहित्यिक चेतना का आभास मिलने लगता है। 20वीं सदी की कविता को समझने के लिए उस वैचारिक पृष्ठभूमि से परिचय आवश्यक है।

1880 के लगभग फ्रेंच कवि मलार्मे के नेतृत्व में पेरिस में प्रतीकवाद की स्थापना हुई। 'वाद' की दृष्टि से वह शायद क़रीब दस वर्षों तक ही ज़ोरों पर रहा होगा, लेकिन

ऐतिहासिक दृष्टि से वह 19वीं सदी के उत्तरार्ध की सबसे महत्त्वपूर्ण काव्यधारा थी जिसने नयी कविता की नींव डाली। प्रतीकवादियों ने ही सबसे पहले कविता से संबंधित कुछ ऐसे बुनियादी सवाल उठाये जो नयी कविता के संदर्भ में क्रांतिकारी साबित हुए। प्रतीकवाद से थोड़ा पहले प्रसिद्ध फ्रेंच कवि बोदलेयर की कविताएँ प्रकाश में आ चुकी थीं जिनमें तात्विक रूप से वे तमाम गुण मौजूद थे जो आगे चलकर प्रतीकवाद में और विकसित हुए, तथा जिसकी अंतिम चरम उपलब्धि पॉल वलेरी की कविताएँ मानी जा सकती हैं। बोदलेयर की कविताओं में दो विशेष बातें सामने आईं, जिन्होंने प्रतीकवाद में मुख्यता पाई : पहली, कविता में संगीत-तत्त्व, जिससे तात्पर्य छंद की लय से नहीं बल्कि इससे है कि कविता के मूल विषय को ऐसे शब्दों के उपयुक्त चुनाव से वाद्यमय और सजीला बनाया जा सकता है जिनमें अपना भी एक अलग रंग, नाद और रस हो : तथा दूसरी थी, कविता में गंध, ध्वनि और रंग का प्रतीकात्मक संबंध। ये दोनों तत्त्व आगे चलकर वर्लें और रैम्बो की कविताओं में विशेष मुखर हुए। इसके अतिरिक्त, प्रतीकवादियों ने और भी कई सार्थक सवाल उठाए, जैसे छंदों की समस्या। उनके विचार से कविता का प्रधान गुण प्रवाह है और अगर छंदों से प्रवाह में अड़चन पड़े तो उन्हें हटा देना चाहिए, मुक्त छंद वैध हैं, अवैध नहीं। कविता का काम वर्णन करना नहीं, उद्‌बुद्ध करना है। प्रभाव, प्रज्ञा और संवेदना कविता का कलेवर हैं। यथार्थ बाहर नहीं, व्यक्ति की चेतना में है, और कवि जिन चित्रों द्वारा उसे मूर्त करे उन्हें बाहरी चीज़ों का अनुकरण नहीं, बल्कि आत्मा की विभिन्न अवस्थाओं का प्रतीक होना चाहिए।

संक्षेप में कहा जा सकता है कि प्रतीकवाद ने कविता की भाषा, शब्द, छन्द और लय को लेकर जो विवेचना आरंभ की, आगे की कविता उन्हीं के आधार पर विकसित हुई। कविता में परिवर्तन अवश्य भाषा-विशेष की प्रकृति के अनुसार ही हुए, लेकिन उस दिशा में प्रेरित करनेवाली समस्याएँ लगभग एक-सी थीं। नयी कविता की विविधता उन्हीं समस्याओं के समाधान की विविधता है।

प्रतीकवाद के बाद यूरोप और अमरीका में कई छोटी-छोटी काव्यधाराएँ आईं—जैसे 'इमेजिज़्म', 'फ्यूचरिज़्म,' 'सर्रियलिज़्म' इत्यादि—लेकिन कविता की दृष्टि से ये काव्यधाराएँ उतनी महत्त्वपूर्ण नहीं रहीं जितना कि इन काव्यधाराओं से समय-समय पर संबंधित और अलग होते हुए तमाम नए कवि। विदेशी नयी कविता को जब हम सोचते हैं तो इन काव्यधाराओं की अपेक्षा कुछ कवियों के नाम अधिक सरलता से मन में उठते हैं, जिन्हें नयी काव्य-शैली का निर्माता कहा जा सकता है, जैसे, अंग्रेज़ी कवि एज़रा पाउंड, टी. एस. इलियट और आडेन : फ्रेंच कवि वलेरी, एलुआर, आरागों, अपोलिनेअर आदि : इटालियन कवि मारीनेटी : रूसी कवि मायकोव्स्की, पास्तेर्नाक और ब्लाक : स्पेनिश कवि लोरका तथा जर्मन कवि रिल्के और स्टीफान जार्ज। कविता तथा आलोचना के क्षेत्र में बिना इनकी विश्व-स्वीकृत उपलब्धियों के, नयी कविता की कल्पना ही असंभव है।

प्रभाव की दृष्टि से 20वीं सदी की कविता पर जितना व्यापक प्रभाव टी. एस.

इलियट की कविताओं और आलोचनाओं का पड़ा है, उतना अन्य किसी एक कवि का नहीं। यह साहित्य ही नहीं, किसी भी मत, क्रांति या विचारधारा के लिए सही है कि वह किसी एक व्यक्ति को केंद्र मानकर संगठित होती है जो उसका प्रतीक बनकर रह जाता है—उसका मसीहा या अवतार—जिसका आरंभ एक क्रांति में होता है और अंत एक रूढ़ि में। बुद्ध, जीसस, मार्क्स, गाँधी आदि इसके अनेक उदाहरण हैं। इलियट का प्रभाव भी अब बहुत कुछ रूढ़ि हो गया है। फिर भी, इलियट की स्थापनाओं और दलीलों को समझना, एक हद तक नयी कविता की मुख्य विचारभूमि को समझ लेना होगा, तथा उस कड़ी को भी, जो नवीनतम कविता को उसके मूल स्रोत से जोड़ती है।

प्रतीकवादियों ने जिन समस्याओं को उठाया, इलियट ने एक कवि और आलोचक की हैसियत से उन्हें, दक्षता से, सुदृढ़ता एवं प्रौढ़ता तक पहुँचाया। दोनों ही क्षेत्रों में समान अधिकार रखने के कारण ही वे इस कार्य को इतनी सफलता से पूरा कर सके। लेकिन यह समझना ग़लत होगा कि नयी कविता के पक्ष की सभी दलीलों की परिणति इलियट में हुई : विकास की अगली दिशा उनसे निर्देशित अवश्य हुई, पर उनसे स्वतंत्र और उनसे भिन्न दिशाओं में भी उसका विकास होता रहा—एक मूल बीज की तरह विभिन्न ऐतिहासिक और भौगोलिक परिस्थितियों में विभिन्न प्रकार से। 1922 में इलियट की प्रसिद्ध कविता **वेस्टलैंड** प्रकाश में आई थी। **वेस्टलैंड** की चर्चा यहाँ आवश्यक है क्योंकि वह न केवल नए काव्य-युग की प्रतिनिधि रचना रही, बल्कि व्यावहारिक दृष्टि से उसमें नयी कविता के कई मूल सिद्धांतों की पुष्टि हुई। कविता बहुत लंबी नहीं—लगभग 400 पंक्तियाँ ही हैं—लेकिन हमारे आज के जीवन के एक विस्तृत क्षेत्र को छूती है। उसमें तमाम छोटे-छोटे बिंब, वाक्य, शब्द, अनुगूँज, मुहावरे, स्मृतियाँ आदि इस प्रकार चुनकर रखे गए हैं कि सहसा कोई स्पष्ट अर्थ न देते हुए भी प्रासंगिक रूप से उन सभी विषयों से संबंधित हैं जो हमारे जीवन में हितकर या अहितकर, उपस्थित या अनुपस्थित महत्त्व रखते हैं—जैसे पौराणिक कथाएँ, इतिहास, विज्ञान, मनोविज्ञान, मानव-विज्ञान आदि। इस कविता का पुरानी कविता की तरह आनंद ले सकना असंभव है। इसके लिए चित्त को एक नयी तरह से सतर्क रखना पड़ता है कि वह जल्दी-जल्दी सूक्ष्म संकेतों को पकड़ सके और मानसिक अनुभव के एक काल-मुक्त, स्थान-मुक्त वातावरण में स्वच्छन्द विचरण कर सके। इस कविता का लक्ष्य पाठक को मंत्रमुग्ध करना या किसी मीठे-खट्टे भाव में रमाना नहीं, बल्कि उसमें चिंतन उकसाना है : उसे जीवन के किसी आंशिक सत्य या स्वप्न की अनुभूति कराना नहीं, बल्कि आज के जीवन की संपूर्ण वास्तविकता का सामना कराना है। कविता से चिंतन के स्तर पर एक विवेकपूर्ण उत्तेजना जाग्रत होती है, भावुकता के स्तर पर सुख नहीं। पहली बार हम पाते हैं कि इस कविता में पाठक एक भोक्ता की तरह नहीं, स्रष्टा की तरह हिस्सा लेता है—अपने को संसृष्ट पाता है। 'वेस्टलैंड' का यह पक्ष नयी कविता के मूल तत्त्वों में से है कि उसके लिए ज्ञान और अनुभव का कोई भी क्षेत्र वर्जित नहीं, उसे व्यक्त करने का कोई भी प्रभावशाली ढंग अनुचित नहीं, और काव्यत्व, छंद, तुक, अलंकार आदि पर उतना निर्भर

नहीं जितना सामान्य भाषा की स्वाभाविक लय एवं चित्रात्मकता को नयी तरह संगठित कर सकने की क्षमता पर।

फ्रेंच कवि जूल्स लाफ़ोर्ज[1] और बोदलेअर के आरंभिक प्रभाव को स्वीकार करते हुए इलियट ने लिखा है कि जूल्स लाफ़ोर्ज ने पहली बार उन्हें अपनी भाषा की काव्यात्मक संभावनाओं के प्रति सचेत किया, तथा बोदलेअर की कविताओं से उनका ध्यान शहराती जीवन की कुत्साओं की ओर गया—साथ ही इस पर भी कि कविता जीवन के किसी भी क्षेत्र से संबंधित हो सकती है; कविता का आधार जीवन का वह पक्ष भी हो सकता है जो अब तक कविता के लिए अनुपयुक्त समझा जाता रहा है। 'प्रभावों' को लेकर इलियट की धारणाएँ नयी कविता के सिलसिले में विशेष महत्त्व रखती हैं। उनका कहना है कि कवि अपने रचना-काल के प्रारंभिक वर्षों में जिन कवियों या लेखकों से प्रभावित होता है, ज़रूरी नहीं कि वे महान् ही हों : ऐसे भी प्रभाव होते हैं जो नए कवि को उसकी अपनी प्रतिभा के प्रति जाग्रत कराते हैं—जैसे पहली बार उसका उसी से परिचय कराते हैं। उनका प्रभाव बहुत कुछ बड़े भाई का-सा होता है जो छोटे को अपने पाँवों पर खड़े होना सिखाता है। अपने ऊपर बोदलेयर की अपेक्षा दान्ते का अधिक व्यापक प्रभाव मानते हुए इलियट ने लिखा है कि सच पूछा जाए तो बोदलेअर के संपूर्ण 'फ़्लुअर्स दु माल' की आध दर्जन पंक्तियों से अधिक का मैं ऋणी नहीं हूँ।

इलियट के साहित्यिक जीवन में भी हम एक विचित्र प्रकार का द्वैध देखते हैं, जिसका घनिष्ठ संबंध हमारी आज की परिस्थितियों से है। इलियट अपने को धर्म, परंपरा और 'क्लासिक्स' का हिमायती घोषित करते हैं, लेकिन उनकी कृतियों में हमें घोर निराशा, स्वच्छन्दता और निडर प्रयोगों के दर्शन होते हैं। यह द्वैध और उलझन उनकी कविताओं में आकस्मिक नहीं है : हमारे आधुनिक जीवन के वास्तविक अंतर्विरोधों और मानसिक तनावों को अर्थ के विभिन्न स्तरों पर उतारने का सचेत प्रयास है। अपने अतीत, वर्तमान और भविष्य में भटकते हुए 20वीं सदी के मनुष्य का खोखला व्यक्तित्व, समय की समस्या आदि इलियट की ही नहीं बल्कि 20वीं सदी की प्रमुख चिंता है जिसने मार्सेल प्रूस्त, जेम्स जॉयस, थॉमस मन्न और विलियम फॉकनर जैसे प्रसिद्ध साहित्यिकों के लेखन को प्रभावित किया है। नयी कविता का एक बड़ा हिस्सा समय या 'क्षण' संबंधी है, जिसका मुख्य कारण ऐसे मूल्यों के प्रति अनास्था है जो अब तक हमारे वर्तमान को अतीत या भविष्य के संदर्भ में सारगर्भित करते रहे हैं। आज का मनुष्य जब अपने युद्धों और महायुद्धोंवाले अतीत तथा वैज्ञानिक प्रगति की दिशा को विचारता है तो उसे कोई सान्त्वना नहीं मिलती। उसकी विध्वंसात्मक प्रवृत्तियों

---

1. जूल्स लाफ़ोर्ज (1860-87) प्रतीकवादी कवि। मुक्त-छंद का हिमायती। कविता की भाषा में साधारण बोलचाल के चलताऊ मुहावरों का प्रयोग। कल्पना की रूमानी, छैलछबीली भाषा में सहसा व्यंग्य का पुट, या बिलकुल साधारण स्तर से उठकर, ऊँची काव्यात्मक या दार्शनिक उड़ान लेना, उसकी शैली की विशेषता है।

के संतुलन में उसकी रचनात्मक चेष्टाएँ कमज़ोर पड़ती हैं। इलियट जब धर्म, परंपरा और 'क्लासिक्स' की बात कहते हैं तो उनका संकेत मनुष्य स्वभाव की उन अतिवादी प्रवृत्तियों की ओर भी है, जिन्हें बिना आत्मिक स्तर पर अनुशासित किए सारी वैज्ञानिक प्रगति बेकार है। समय की इस गूढ़ शिक्षा की ओर संकेत करते हुए इलियट की कुछ मार्मिक पंक्तियाँ इस प्रकार हैं :

टाइम प्रेज़ेंट एंड टाइम पास्ट
आर बोथ परहैप्स प्रेज़ेंट इन टाइम फ़्यूचर
एंड टाइम फ़्यूचर कनटेण्ड इन टाइम पास्ट।

अर्थात्–

वर्तमान और अतीत
भविष्य में दोनों वर्तमान हैं
और भविष्य अतीत में है।

1930 तक हम देखते हैं कि यूरोप में न केवल **वेस्टलैंड** जैसी सशक्त और क्रांतिकारी रचना प्रकाश में आ चुकी थी बल्कि नयी कविता के लिए एक प्रौढ़ वातावरण भी बन चुका था। आलोचकों और पाठकों की प्रतिक्रियाएँ कुछ मिली-जुली अवश्य थीं, लेकिन एक स्पष्ट स्वर ऐसा था, जिसे पूरी तरह नयी कविता का हिमायती कहा जा सकता था।

19वीं सदी की रोमांटिक कविता की ही तरह–जिससे रवींद्र द्वारा तथा स्वतंत्र रूप से भी छायावाद विशेष प्रभावित हुआ था–इस नयी काव्य प्रवृत्ति ने भी भारत में प्रवेश किया और हिंदी कविता को ही नहीं, लगभग सभी साहित्यिक भाषाओं को प्रभावित किया, लेकिन छायावाद की ही तरह हिंदी भाषा की मौलिक संभावनाओं को दबाकर नहीं वरन् उसकी सृजनात्मक प्रतिभाओं को एक नया रास्ता दिखाकर। नयी कविता कोई ऐसी चीज़ नहीं जो किसी एक भाषा या एक व्यक्ति की पूरी खोज कही जा सकती है : उसका विकास एक ऐतिहासिक उपलब्धि है तथा उसमें कई और कई प्रकार की प्रतिभाओं का योग है। नयी कविता के पीछे कुछ बुनियादी समस्याएँ और सिद्धांत हैं जिन्होंने हर जागरूक भाषा की चिंतनशील प्रतिभाओं को अपने-अपने ढंग से काव्य-क्षेत्र में सक्रिय किया। जब हम हिंदी या किसी भी अन्य भाषा की नयी काव्य उपलब्धियों पर ईमानदारी से विचार करते हैं तो उन्हें एक विश्वव्यापी साहित्यिक चेतना से जुड़ा हुआ पाते हैं, एक-दूसरे से विच्छिन्न नहीं। देशगत सीमाओं से परे यह व्यापकता नयी कविता को विषय और विचार की दृष्टि से भी अधिक सापेक्ष कर देती है : सही अभिप्राय तक पहुँचने के लिए हमारी संवेदनाओं का दूर तक फैलना आवश्यक हो जाता है।

तनिक सूक्ष्मता से देखने पर हम पाएँगे कि जिस समय यूरोप में नयी कविता

लगभग स्थापित हो चुकी थी, तथा हिंदी में छायावाद अपने चरमोत्कर्ष पर था, यहाँ भी कवियों का ध्यान बहुत-सी ऐसी समस्याओं की ओर जा रहा था जिनमें आज की हिंदी कविता के बीज थे। यह दूसरी बात है कि छायावाद की प्रमुख सृजनात्मक प्रवृत्तियाँ विषय की दृष्टि से अपने आपको अन्य प्रकार से व्यक्त कर रही थीं, लेकिन जहाँ तक कविता के स्वरूप—'फ़ार्म'—का सवाल है, हिंदी में भी वह विचारभूमि मौजूद थी जिसमें बाहरी प्रभाव पनप सके, और नयी हिंदी कविता का विकास, विरोध के बावजूद, संभव हो सका। जैसे, पंतजी के शब्दों में, 1921 के लगभग ही "हिंदी में मुक्त काव्य का प्रचार भी दिन-दिन बढ़ रहा था : कोई इसे रबर-काव्य कहते, कोई कंगारू..." तथा "स्वच्छन्द-छन्द ध्वनि अथवा लय—रिद्म—पर चलता है... ।" प्रसादजी पूछ रहे थे, "कि काव्य में शुद्ध आत्मानुभूति की प्रधानता है या कौशलमय आकारों या प्रयोगों की ?" शब्द और अर्थ संबंधी उनके विचार हमें सहसा प्रतीकवादियों की याद दिलाते हैं। 'यथार्थवाद और छायावाद' शीर्षक लेख में एक स्थान पर वे लिखते हैं—"शब्दों में भिन्न प्रयोग से एक स्वतंत्र अर्थ उत्पन्न करने की शक्ति है। समीप के शब्द भी उस शब्द-विशेष का नवीन अर्थ द्योतन करने में सहायक होते हैं। भाषा के निर्माण में शब्दों के इस व्यवहार का बहुत हाथ होता है। अर्थ-बोध व्यवहार पर निर्भर करता है... ।" **परिमल** की भूमिका में निरालाजी ने साफ़ घोषित कर दिया था कि "मुक्त छन्द का समर्थक उसका प्रवाह ही है। वही उसे छन्द सिद्ध करता है, और उसका नियम-राहित्य उसकी मुक्ति।" प्रसाद और निराला ने न केवल सिद्धांत में वरन् व्यवहार में भी मुक्त छंद को नयी कविता के आविर्भाव से वर्षों पहले हिंदी में स्थापित कर दिया था।

इसी मनःस्थिति से उत्पन्न भाषा की एक विशिष्ट समस्या है। आज का कवि अभिव्यक्ति के माध्यम यानी भाषा के प्रति अत्यधिक सचेत है। अमरीकी आलोचक चार्ल्स फ़ाइडेलसन ने अपनी पुस्तक **सिंबालिज़्म एंड अमेरीकन लिटरेचर** (प्रतीकवाद और अमरीकी साहित्य) में लिखा है कि 20वीं सदी के साहित्य में यह भाषा-बोध इस सीमा तक महत्त्व रखता है कि भाषा की एक अलग स्वायत्तता ही मानी जा सकती है। असंभव नहीं कि यह तत्त्व आधुनिक साहित्य के इतिहास की आधार-स्थापनाओं में से हो। हिंदी नयी कविता का भी एक बड़ा हिस्सा 'शब्द' या 'भाषा' संबंधी है, यद्यपि बहुत-सी कविताओं को देखकर यह संदेह अवश्य उपजता है कि वास्तव में कवि इस समस्या की वैज्ञानिक तह तक पहुँचा भी है या उसकी चिंता केवल औपचारिक है। भाषा या शब्दों के प्रति पुराना कवि भी सचेत था—जगह-जगह लेखनी, भाषा, शब्द आदि को संबोधन मिलेगा—लेकिन, आज से भिन्न अर्थों में। वह भाषा की, कवि की 'प्रेरणा' या 'भावनाओं' से मुक्त कोई स्वतंत्र सत्ता नहीं समझता था, कम से कम इतना सूक्ष्म भेद नहीं करता था कि भाषा में भी ऐसी शक्ति है कि वह उसके तर्क चिंतन और भावनाओं को उसके अनजाने में भी प्रभावित कर सकती है। एक अप्रौढ़ कवि या लेखक को कैसे भाषा बहा ले जाती है, इसका अंदाज़ वे नहीं कर सकते जिन्हें भाषा को, अपने इरादों के अनुकूल, प्रयोगात्मक ढंग से रचने का अनुभव नहीं।

जैसा कि हमने देखा, नयी कविता के जन्म और विकास के मूल में कुछ ऐसी अंतर्राष्ट्रीय काव्य-प्रवृत्तियों का संयोग रहा है कि आज की अवस्था तक पहुँचते-पहुँचते हमारे लिए उसका कोई एक उद्‌गम निश्चित करना कठिन हो जाता है। प्रकृति में भी वह किसी एक देश, एक समाज, एक सिद्धान्त या एक व्यक्ति से उतना नहीं, जितना संपूर्ण मानव-परिस्थिति से संबंधित जान पड़ती है। दार्शनिक निष्कर्ष, सिद्धांत, ऊँचे आदर्श, धार्मिक शिक्षाओं आदि का गुणगान जिस प्रकार पहले संभव था, अब नहीं। कवि अब अपने को दूसरी तरह से जीवन के प्रति अर्पित पाता है, और शायद इसी कारण किसी भी सामाजिक व्यवस्था में जिसका संगठन, स्पष्ट है कि पुराने आधारों पर अधिक होगा, नए पर कम, अपने को बहिष्कृत पाता है। वह जैसे-जैसे मनुष्य स्वभाव की जटिल गुत्थियों, अन्तर्विरोधों और तनावों से उपजनेवाले विश्वव्यापी ख़तरों के प्रति सचेत होता जा रहा है, उसके लिए जीवन को किसी एक सत्य के आधार पर समझना या नियोजित करना कठिन हो गया है। मनुष्य के पास पहले कभी इतनी शक्ति नहीं थी कि वह जब चाहे सारे संसार को थोड़े ही समय में नष्ट कर दे। लेकिन वह ऐसा न चाहे, या ऐसा चाहकर भी ऐसा कर न सके, इस प्रकार का कोई अमोघ नियंत्रण मानवता के हाथ में अभी नहीं। मनुष्य जैसे-जैसे बाहरी चीज़ों पर क़ाबू पाता जा रहा है, अपने पर क़ाबू खोता जा रहा है। उन मान्यताओं और स्थापनाओं के प्रति कवि के मन में सहज ही अविश्वास उपजता है जिनके बावजूद, या जिनकी ही आड़ लेकर, मनुष्य की दुष्ट प्रकृति सक्रिय रही है। हमारे रहन-सहन और सोचने के ढंग में अब तक जो विषमताएँ थीं भी, व्यावहारिक दृष्टि से उनका परिणाम इतना घातक नहीं हो सकता था जितना आज के वैज्ञानिक-युग में संभव है। कवि के लिए व्यक्तित्व और चरित्र की समस्या और भी जटिल हो जाती है जब वह इस घोर मशीन-युग की अमानुषिक सभ्यता में अपने को विवश और उपेक्षित पाता है। नयी कविता में अनास्था, अनिश्चय और अस्पष्टता का एक मुख्य कारण वह मानसिक उथल-पुथल है जो एक कवि में आज के अतिवस्तुवादी जीवन तथा आत्मिक मूल्यों के बीच उपयुक्त संतुलन न पा सकने के कारण पैदा होती है। स्वभावतः उसका ध्यान ऐसे विषयों की ओर जाता है जिनमें वह अपनी संतप्त मनःस्थितियों को वाणी दे सके, और वह एक ऐसे काव्यरूप को खोज निकालना चाहता है जिसमें वह स्वतंत्रता से अपने को व्यक्त कर सके। ऐसा नहीं है कि पहले कभी सामाजिक विकृतियाँ नहीं थीं, या कविता में उनकी अभिव्यक्ति नहीं हुई; अंतर है उनके वैज्ञानिक विश्लेषण तथा आज के समझने के ढंग में, जिसके कारण कविता की नयी शैली वर्णनात्मक या भावात्मक उतनी नहीं रह गई है, जितनी समस्यामूलक और चिंतनशील।

मैंने आधुनिक जीवन की कुछ अस्वस्थताओं की ओर संकेत किया है। इससे यह निष्कर्ष नहीं निकालना चाहिए कि इस विज्ञानयुग का कोई आशाप्रद पहलू है ही नहीं। सच पूछा जाए तो वैज्ञानिक प्रगति की जिस स्थिति में हम आज हैं, उसका यदि कोई हल संभव है तो वैज्ञानिक स्तर पर ही। कठिनाई शायद यह नहीं कि मनुष्य ने भीषण

प्राकृतिक शक्तियों को वश में कर लिया है : कठिनाई है उसकी अपनी प्रकृति जिसे वह वश में नहीं कर सका है। मनोविज्ञान, मानवविज्ञान, समाजविज्ञान, भाषाविज्ञान आदि के क्षेत्र में जो अनुसंधान हो रहे हैं उनसे शायद उन विकारों के निराकरण का कोई रास्ता निकल सके जिनसे हमारी सभ्यता आक्रांत है। व्याधि की यदि सही पहचान हो जाए तो उपचार भी शायद असंभव नहीं। आज विज्ञान की विध्वंसात्मक शक्तियाँ ही ज़ोर पर नहीं हैं, उसकी रचनात्मक शक्तियाँ भी उतनी ही सक्रिय हैं। साहित्य में हम इस युग के विवेक-पक्ष को एक नयी तरह से प्रतिबिंबित देखते हैं : मानव-कर्म की आंतरिक प्रेरणा को उत्तेजना और आवेश की अपेक्षा विवेचन और बुद्धि से जोड़ने का प्रयत्न। साहित्य में एक नए प्रकार का नायक हमारे सामने आता है जो राम की तरह मर्यादा पुरुषोत्तम नहीं, कृष्ण की तरह धर्म-रक्षक नहीं—एक विचारशील सामान्य व्यक्ति है जो अपने असली जीवन को निडरता और सच्चाई से जीना चाहता है। उसकी समस्या उसके चारों ओर का वह कृत्रिम जीवन और मिथ्या मूल्य हैं जिनके बीच वह अपने वास्तविक व्यक्तित्व को नहीं खोज पा रहा है।

नयी कविता बहुत लोकप्रिय नहीं है। पहले की अपेक्षा अब जिस प्रकार की ज़िम्मेदारी उसने अपने ऊपर ले रखी है, उसे देखते हुए इसमें भी संदेह है कि पुराने अर्थों में वह कभी भी बहुत लोकप्रिय हो सकेगी। उसका लोकप्रिय होना बहुत कुछ इस पर भी निर्भर करता है कि लोक या जन-साधारण की क्या स्थिति रहती है और किस प्रकार की चीज़ें उसे प्रिय लगती हैं या प्रिय लगने योग्य समझ में आती हैं। जहाँ तक नयी कविता का सवाल है, उसके मूल में लोगों को खुश करने की प्रवृत्ति उतनी नहीं, जितनी यथार्थ तक पहुँचने की, चाहे वह यथार्थ अप्रिय ही क्यों न हो। अक्सर ऐसा भी लगता है कि शायद कविता भी अन्य तमाम विषयों की ही तरह आज इतनी बहुप्रासंगिक और सांकेतिक हो गई है कि बिना एक विशेष प्रकार की बौद्धिक तैयारी के उसे समझना और आत्मसात् करना कठिन है। हमारे जीवन की ही तरह हमारी कला भी आज अधिक संकुल हो गई है तथा हमसे एक बहुमुखी सतर्कता की माँग करती है।

1960 : 'कल्पना' में प्रकाशित।

'नयी कविता' : रूप और कथ्य

कुछ सवाल हैं जो पिछले बीस-पचीस वर्षों से नयी कविता के बारे में पूछे जा रहे हैं। ये सवाल आज से चालीस-पचास साल पहले भारतीय विश्वविद्यालयों में सूर, तुलसी, केशव आदि की कविता के बारे में पूछने के लिए तैयार किए गए थे। इन सवालों को आज सूर, तुलसी, केशव के बारे में भी पूछना शायद कविता के साथ एक ज़्यादती है क्योंकि उसके पीछे कहीं यह धारणा है मानो पिछले 20-25 वर्षों से कविता वहीं की वहीं बनी हुई है जहाँ वह थी।

ज़िंदगी के बारे में, या ज़िंदगी से संबंधित किसी भी चीज़ के बारे में, हमें किस तरह के सवाल परेशान करते हैं यह अपने आपमें उस चीज़ को लेकर हमारे **involvement** या घनिष्ठता का परिचायक है। यह ठीक है कि एक पाठक कविता या नयी कविता को उसी तरह नहीं देखता जिस तरह एक कवि या रचनाकार, लेकिन मैं यह नहीं मानता कि पाठक की कविता के समझ में अब तक कोई फ़र्क नहीं आया।

नयी कविता के बारे में भी पाठक आज इस तरह नहीं सोच रहा जिस तरह आज से 20 साल पहले सोचता था—बहुत कुछ ऐसा है जिसे वह नयी कविता के बारे में स्वीकार कर चुका है और इस स्वीकार ने उसके दृष्टिकोण को न केवल नयी कविता के संदर्भ में बदला है बल्कि कविता के बारे में बुनियाद से बदला है।

बात को 'भाव विन्यास' या 'कथ्यशिल्प' जैसे छात्रोपयोगी मुहावरों से न उठाकर यदि सीधे उन अनुभवों से उठाया जाए जिन्हें मैं यहाँ 'ज़िन्दगी का अनुभव' और 'कविता का अनुभव' कहूँगा तो शायद कविता के महत्त्व को उन मानवीय सचाइयों से जोड़ सकना आसान हो जिनकी आज की तकनीकी सभ्यता में विशेष ज़रूरत है।

मगर पिछले 20-25 वर्षों में कविता या नयी कविता को लेकर हमारे दृष्टिकोण में यदि कोई गहरा बदलाव नहीं आया है तो शायद यह सवाल सबसे पहले पूछा जाना चाहिए कि आज हमारे जीवन में कविता किसी माने में ज़रूरी है भी या नहीं ? या जिन चीज़ों को हम आज अपने जीवन में ज़रूरी मानते हैं उनमें अगर कविता भी है तो वह किस दर्ज़े की ज़रूरत है ? या किस प्रकार की ज़रूरत है ? अगर हम समझते हैं कि कविता विशुद्ध रूप से एक मानसिक ज़रूरत है जिसे हम उस तरह परिभाषित नहीं कर सकते जिस तरह हम अपनी भौतिक या शारीरिक ज़रूरतों को परिभाषित करते

हैं तो हमें यह समझने में भी कठिनाई नहीं होगी कि हमारी सभी मानसिक ज़रूरतें ऐसी नहीं होतीं जो अनिवार्यतः हमारी भौतिक ज़रूरतों की ही तरह की हों। हमारे मन की शरीर-निरपेक्ष सत्ता और स्वायत्ता भी है जिसकी अभिव्यक्ति एक ऐसा स्वतंत्र रचना-संसार भी हो सकता है जिसकी जड़ें हमारे जीवन में हों, पर उसका फैलाव एक दूसरी दिशा में भी हो जो अपेक्षाकृत हमारी कल्पना और शिल्प पर अधिक आश्रित हो। वह रचना हमारा परिचित संसार भी हो सकती है और हमारे परिचित संसार के समानान्तर कला का एक अन्य कल्पना-लोक भी। दोनों एक-दूसरे को रद्द नहीं करते बल्कि एक-दूसरे के पूरक होते हैं—उस स्तर पर जिस पर कला जीवन में एक नया अनुभव बनती है।

हम कविता के इसी पूरे मतलब को केंद्र में रखें : पूरा मतलब, जो कविता का सिर्फ़ कथ्य पक्ष ही नहीं है, जो कविता का सिर्फ़ रूप पक्ष भी नहीं है बल्कि जो कविता का कथ्य और रूप पक्ष दोनों हैं। मेरे लिए यह ज़रूरी बात है कि एक कविता अपने 'फॉर्म' द्वारा भी उतना ही कुछ—या उससे अधिक कुछ भी—कह सकती है जितना कि वह उस भाषायी 'अर्थ' द्वारा कहती है जिसे सामान्यतः एक कविता का कथ्य माना जाता है। जब ग़ालिब ने कहा—

बक़द्रे शौक़ नहीं ज़र्फ़े तंगनाए ग़ज़ल
और कुछ चाहिए वुसअत मेरे बयाँ के लिए।

तब उनका इशारा भी ग़ज़ल के उसी पारंपरिक 'फॉर्म' की ओर था जो ग़ालिब की अद्भुत काव्य-प्रतिभा को पूरी तरह अभिव्यक्त कर सकने में नाकाफ़ी साबित हो रहा था : जिस वुसअत को ग़ालिब की प्रतिभा ढूँढ़ रही थी वह ग़ज़ल के तंग 'फॉर्म' में अट नहीं पा रही थी। ग़ज़ल जिस तरह के भावों को व्यक्त करने के लिए काफ़ी थी ग़ालिब के विचार उससे कहीं अधिक विस्तृत और खुले हुए 'फॉर्म' की माँग करते थे।

कविता के परिचित, पारंपरिक रूपों के टूटने के पीछे भी हम एक ख़ास तरह के विचारों का दबाव महसूस करते हैं—नये विचारों का दबाव जो व्यक्त होने के लिए कविता से एक नए 'फॉर्म' की माँग करते हैं। कुछ ऐसे युग होते हैं जब नए विचारों का यह आग्रह अत्यधिक होता है और कलाओं के रूप में आमूल परिवर्तन आता है—जैसे योरप के रिनेसान्स काल में मानवतावादी विचारों का दबाव, सत्रहवीं सदी में वैज्ञानिक विचारों का दबाव, अट्ठारहवीं, उन्नीसवीं सदी में औद्योगीकरण के कारण सामाजिक-आर्थिक विचारों का दबाव, बीसवीं सदी में तकनीकी सभ्यता के दबाव अपनी-अपनी तरह कलाओं के कथ्य और शिल्प दोनों को प्रभावित करते रहे हैं।

छायावाद के बाद हिंदी कविता के स्वरूप में जो अकस्मात् परिवर्तन आया उसका गहरा संबंध चेतना की उस स्वतंत्रता से है जो देश ने आज़ादी के बाद महसूस किया। अचानक यह लगा कि वह सब जो स्वतंत्र भारत की नयी चेतना महसूस कर रही थी एक बिलकुल नयी तरह, नयी ताज़गी के साथ जल्दी-से-जल्दी प्रकट होने को बेचैन है।

उसके स्वरूप की संरचना में एक ख़ास तरह का अधैर्य दीखता है—उस बुनियादी धैर्य के प्रति अधैर्य जो छायावादी कविता की धीरोदात्त मानसिकता का प्रमुख अंग है और जिसे अगर हम किसी छायावादी कवि में खंडित होता पाते हैं तो निराला में। इसीलिए शायद निराला की कविता आज भी नयी कविता की संवेदना के निकटतम पड़ती है और यह नितांत आकस्मिक नहीं कि उन्होंने ही सबसे पहले कविता के 'फॉर्म' और 'कथ्य' दोनों में बुनियादी परिवर्तन की बात उठाई। वह बेचैनी जो निराला की प्रकृति में थी हम नयी कविता की प्रकृति में भी पाते हैं—लेकिन इस समानता को और आगे बढ़ाना उस बुनियादी फ़र्क को मिटाने की कोशिश होगी जो निराला को छायावाद के ही निकट रखती है, नयी कविता के निकट नहीं।

उस फ़र्क को समझने के लिए जो आज की कविता और आज से पहले की कविता में है हम एक बार फिर उस सवाल को सामने रखें जो मैंने शुरू में उठाया था कि हम आज कविता के बारे में किस तरह के सवाल पूछें। यानि इस पर ग़ौर करें कि ग़ालिब की दिक़्क़त, निराला की दिक़्क़त, तथा नयी कविता की दिक़्क़त एक माने में एक-सी होते हुए भी किन मानों में एक-सी नहीं है। जब हम कहते हैं कि शेक्सपियर रोमांटिक थे, ग़ालिब रोमांटिक थे, निराला रोमांटिक थे और नयी कविता भी रोमांटिक है तो निश्चय ही हम इन चारों को न केवल एक ऐसी स्थूल दृष्टि से देख रहे होते हैं जो उनके सही पहचान और फ़र्क को मिटाता है, बल्कि रोमांटिक शब्द के भी उतने ही स्थूल अर्थ लगा रहे होते हैं। यह सही है कि वे चारों अपनी-अपनी तरह रोमांटिक थे। परंतु, मैं इस बातचीत को यह कहकर समाप्त करना चाहूँगा कि आज की कविता को सोचते समय हमारा ध्यान कविता के उन सामान्य नहीं बल्कि उन विशेष पक्षों पर होना चाहिए जो उस कविता को आज से पहले की कविता से अलग करते हैं और उसे विशेष बनाते हैं; जो कविता के मतलब को उसके युग के लिए ख़ासतौर पर सामयिक बनाते हैं। हम अपने चारों ओर की ज़िंदगी को एक ही तरह नहीं देखते, समझते या अभिव्यक्त करते। हमारी विश्व-दृष्टि में एक बुनियादी अंतर होता रहता है और यह अंतर न केवल उन विभिन्न समयों और जगहों से जुड़ा होता है जिनमें हम रह रहे होते हैं बल्कि हमारे व्यक्तित्वों की विभिन्नताओं से भी जुड़ा होता है जो एक ही समय को भिन्न व्याख्याएँ देती हैं। एक कवि जब अपने किसी अनुभव, या किन्हीं अनुभवों को एक ख़ास भाषायी रूप दे रहा होता है तब वह न केवल अपने कहने को बल्कि अपने कहने के ढंग को भी उस एक विशेष भाषायी अनुभव में संगठित कर रहा होता है जिसे हम कविता कहते हैं—और उन अर्थों में एक कवि की ख़ास रचना कहते हैं जिन अर्थों में वह किसी अन्य कवि की रचना नहीं हो सकती।

1961

पाठक और नयी कविता

नयी कविता को लेकर यह आम शिकायत है कि वह समझ में नहीं आती। पाठक के लिए यह परेशानी की बात है कि नयी कविता में वे सभी तत्त्व अनुपस्थित लगें जिनके आधार पर वह कविता को कविता मानता आया है। अगर उससे पूछा जाए कि वे तत्त्व क्या हैं, जिनके आधार पर वह कविता को कविता मानता आया है, तो शायद एकाएक वह कोई स्पष्ट उत्तर न दे सके, लेकिन थोड़ी कोशिश के बाद वह कुछ इस प्रकार का उत्तर देगा कि कविता वह है जिसमें एक निश्चित छंद-योजना हो, तुक हो, एक तरतीब से अर्थ समझ में आए, शब्दों में अर्थों के अनुरूप ही मधुरता, लालित्य, ओज आदि गुण हों, पद्यों में गेयता हो, स्मरणीयता, कौशल, चमत्कार, अलंकार, रस, भावना इत्यादि—संक्षेप में वह हमारे हृदय को छुए और भावविभोर कर दे। नया कवि यह सब सुनकर थोड़ा असमंजस में पड़ जाता है। क्या वास्तव में कवि का धर्म केवल मानसिक सुख पहुँचाना है ?—या आज उसका इससे कोई अधिक गंभीर दायित्व भी हो सकता है ? डरते-डरते वह अपनी शंका को पाठक के सामने रखता है। पाठक उदारता से उत्तर देता है, 'अवश्य है। उसे वह कुछ लिखना है जिससे मानवता का कल्याण हो। उसे सत्यं शिवं सुन्दरं का पक्ष लेना है। वही सच्ची कविता को जन्म दे सकता है।'

कवि को कुछ ढाढ़स बँधता है : वह मन ही मन पाठक के तीनों वाक्यांशों को विचारता है—'सच्ची कविता'—'सत्यं शिवं सुन्दरं'—'मानवता का कल्याण'। मुहावरे पुराने हैं, लेकिन बात पुरानी नहीं—कभी भी शायद पुरानी न हो। वह अपने पाठक को विश्वास दिलाना चाहता है कि नयी कविता का मूलस्रोत या लक्ष्य पुरानी कही जानेवाली कविता से भिन्न नहीं : केवल अभिव्यक्ति में अंतर है, शैली में भेद है, विषय में विविधता है। और इतना तो पाठक भी मानेगा ही कि कहीं कुछ अंतर होना चाहिए, अन्यथा पुराने का अनुकरण मात्र तो कोई माने नहीं रखता ! फिर, समय बदल गया है, हमारा रहन-सहन, सोचने का ढंग, अंतर्राष्ट्रीय संबंध—सबमें बुनियादी परिवर्तन हो गया है...कविता में यह सब भी तो प्रतिबिंबित होना चाहिए। हमारी कला वैसी ही कैसे रह सकती है जबकि हमारा जीवन वैसा ही नहीं ?

पाठक एक हस्तक्षेप करता है : जीवन में परिवर्तन सदा होते रहे हैं, लेकिन कला और जीवन के बीच इतना फ़ासला और पहले कभी तो नहीं रहा ? फिर, कोई भी

परिवर्तन हों, हमारी मूल मानव भावनाएँ तो नहीं बदल जातीं।

दोनों ही प्रश्न वैध हैं, लेकिन बहुत गहरे नहीं। परिवर्तन जितनी तेज़ी से पिछले 50 वर्षों में हुए हैं उतने उसके पहले 500 वर्षों में नहीं। दो महायुद्धों का जितना गहरा प्रभाव दुनिया पर पड़ा है उतना पिछले किन्हीं युद्धों का नहीं। पहले जीवन तथा जीवन से संबंधित विषयों और कलाओं में जो परिवर्तन होते थे, उनमें सापेक्ष अंतर, आज की तरह इतना अधिक नहीं हो जाता था कि साधारण मनुष्य कुछ चीज़ों को छोड़कर शेष में अपने को बिलकुल अनभिज्ञ पाये। एक पढ़े-लिखे साधारण व्यक्ति के लिए अपने समय की दुनिया को मोटे तौर पर समझ लेना बहुत मुश्किल न था। तब जानकारी के क्षेत्र इतने विविध और विस्तृत नहीं थे कि उन्हें केवल विशेषज्ञ ही समझ सकें। साथ ही, विज्ञान आदि के क्षेत्र की जो विशेष जानकारी थी भी, उसका प्रभाव जीवन पर इतना व्यापक नहीं पड़ता था कि हमारे रहन-सहन और सोचने-विचारने का ढंग तो दूर की बात, हमारा जीवन ही ख़तरे में पड़ जाए। आज आदमी के हाथ में ऐसी शक्तियाँ हैं कि यदि वह चाहे तो कुछ ही घंटों में सारी दुनिया को समाप्त कर दे : लेकिन वह ऐसा न चाहे, या चाहकर भी ऐसा न कर सके, इस प्रकार का कोई अमोघ नियंत्रण अभी तक मनुष्यता के हाथ में नहीं। उसके सामने सबसे बड़ा ख़तरा यह है कि मनुष्य जैसे-जैसे बाहर की प्रकृति पर काबू पाता जा रहा है, अपने पर काबू खोता जा रहा है। आंशिक रूप से कवि मनुष्य के इस आत्मिक विकास के प्रति ज़िम्मेदारी महसूस करता है, तथा इस यांत्रिक और अति वस्तुवादी युग में अपने को विवश पाकर कभी अनास्था, कभी आक्रोश, कभी उपेक्षा का अनुभव करता है। भौतिक और आत्मिक मूल्यों को लेकर उसके भीतर बराबर एक मानसिक तनाव बना रहता है, जिसे हम नयी कविता की जटिल और प्रयोगात्मक शैली में प्रतिबिंबित पाते हैं। आज हमारा सामाजिक, राष्ट्रीय और अंतर्राष्ट्रीय संगठन इस प्रकार का है, कि कोई बड़ी घटना दुनिया के किसी कोने में हो जाए और हम सब पर उसका पूरा असर पड़ना निश्चित है। हम ऐसे राजनैतिक सिद्धांतों से शासित हैं कि जहाँ राज्य की बड़ी जगहों पर किसी के लिए भी पहुँच सकना संभव है, वहीं दूसरी ओर इस व्यवस्था में हम अपने को इस तरह फँसा हुआ पाते हैं कि एक सामान्य व्यक्ति की तरह हमारे लिए अपना असली जीवन सचाई और निडरता से जी सकना कठिन हो रहा है। आधुनिक जीवन की तमाम ऐसी समस्याएँ हैं जो पग-पग पर हमसे एक सही निर्णय की माँग करती हैं, हमें सोचने पर बाध्य करती हैं, हमारी जानकारी पर निर्भर करती हैं। पाठक जब यह पूछता है कि क्या हमारी बुनियादी भावनाएँ और संवेदनाएँ भी बदल गई हैं, तो उसका एक ही उत्तर है कि नहीं, वे बदल नहीं गई हैं, लेकिन उनकी उपयोगिता अवश्य गौण पड़ गई है—बुद्धि की अपेक्षा। जैसे, यदि पूछा जाए कि क्या प्रेम और घृणा की भावना भी बदल गई है ?—तो कहा जाएगा कि प्रेम या घृणा का कोई महत्त्व नहीं जब तक उनका लक्ष्य न मालूम हो। बुरी चीज़ को प्यार करना बुरा है, अच्छी चीज़ को प्यार करना अच्छा है। आवश्यक बात है वह बुद्धि जो अच्छे-बुरे को पहचान सके, वह भावना नहीं जो केवल

प्यार कर सके। प्रश्न उठ सकता है कि क्या अच्छे और बुरे का निर्णय हमेशा के लिए और सबके लिए नहीं हो चुका है ? शायद नहीं। ऐसा यदि होता तो आगे सोचने-विचारने की कभी कोई ज़रूरत ही नहीं पड़ती। दूसरे, जीवन में हमेशा ऐसी स्थिति नहीं आती कि साफ़-साफ़ काले और सफ़ेद के बीच चुनाव करना पड़े : ज़्यादातर ऐसी दुविधा की स्थिति होती है कि काले और सफ़ेद का भेद करना कठिन हो जाता है : चीज़ें गलत होती हुई भी सही-सी लगती हैं, और सही होती हुई भी ग़लत-सी लगती हैं, तथा सही या ग़लत जो भी हम कर गुज़रते हैं उसका तत्काल वैसा ही परिणाम होना भी निश्चित नहीं। घूम-फिरकर हमें अपने विवेक और अनुभव का ही सहारा लेना पड़ता है, चाहे हम अपनी कठिनाई को भगवान पर ही डाल देने का फ़ैसला करें ! सोचने की जिम्मेदारी से हम किसी प्रकार नहीं बचते : और इसलिए सोचने का सही साधन हर एक के पास होना ज़रूरी है। नए साहित्य में विश्लेषण और संशय की प्रवृत्ति इस बात का द्योतक है, कि अब मतों या आदर्शों की अपेक्षा स्वतंत्र चिंतन को अधिक महत्त्व दिया जा रहा है।

पाठक कुछ अधीर होकर प्रश्न कर सकता है कि माना यह सब ठीक है, लेकिन इससे कविता का ध्येय तो नहीं बदल जाएगा : कविता तो वही मानी जाएगी जिसे पढ़कर पढ़नेवाला आनंद से झूमने लगे। पाठक को वह विनम्रता से समझाने का प्रयत्न करता है कि आरंभ में आपने मानव-कल्याण की बात उठाई थी : क्या आप मानते हैं कि हर सुख देनेवाली चीज़ कल्याणकारी ही होगी ? शायद उत्तर मिलेगा कि, नहीं होती—लेकिन इससे यह भी तो नहीं सिद्ध होता कि वह दुख देनेवाली ही होती है। कविता में क्या सुखकर और हितकर का समन्वय नहीं हो सकता ? ठीक है : हो सकता है : जैसे दवा मीठी भी हो सकती है, लेकिन यह नियम तो नहीं बनाया जा सकता कि दवा मीठी ही हो, इलाज़ ज़्यादा ज़रूरी है। आज की कविता यदि रोगी के सुख से अधिक उसके उपचार में दिलचस्पी रखती है, तो इसमें आपत्ति क्यों ? रोगी के लिए यदि थोड़ा चिंतन आवश्यक हो तो उसे सुलाना कहाँ तक उचित होगा ? लेकिन पाठक शायद इस बहस से आश्वस्त नहीं होता। अपनी एक व्यावहारिक कठिनाई सामने पेश करता है, 'आख़िर हम उस कविता को पसंद कैसे करें जिसका सिर-पैर ही नहीं समझ आता ?' कवि को एक चुटकुला याद आता है—किसी ने विश्वविख्यात आधुनिक कलाकार पिकासो से पूछा कि हम आपकी कला को कैसे सराहें जबकि उसका कोई अर्थ ही नहीं पल्ले पड़ता ? पिकासो ने पूछा कि क्या आपने कभी किसी चिड़िया का गाना पसंद किया है ? व्यक्ति के हाँ कहने पर उन्होंने फिर सवाल किया कि क्या आप बता सकते हैं उस गाने का क्या अर्थ है ? कवि पाठक को एक सूक्ष्म बात समझाना चाहता है—जब हम किसी भी वस्तु को सुंदर कहते हैं तो सौंदर्य के प्रति एक पूर्वधारणा के अनुसार ही। यह पूर्वधारणा कुछ तो स्वाभाविक होती है, कुछ समाज में रहकर बन जाती है, और कुछ अध्ययन-चिंतन द्वारा बनाई जाती है। यदि हमारी पूर्वधारणा किसी विशेष प्रकार की कला के प्रति संवेदनशील है तो बिना उसे एक नयी तरह से शिक्षित

और संयमित करे हम दूसरे प्रकार की कला को नहीं पसंद कर सकेंगे। यह समझना भूल है कि कला हर को हर दशा में प्रभावित कर सकती है। कला का एक गंभीर और सांस्कृतिक आनंद ले सकने के लिए मन को भी उसी प्रकार तैयार करना पड़ता है। इसीलिए हमारे यहाँ जिज्ञासु की पात्रता को हमेशा बहुत महत्त्व दिया जाता रहा है।

लेकिन सवाल तो है कि कविता अपने को परेशान करने के लिए कौन पढ़ेगा ? क्या नयी कविता से पाठक को आनंद, मानसिक विश्राम और शांति मिलती है ? इसका उत्तर बहुत कुछ इस पर निर्भर करता है कि पाठक को किस प्रकार की चीज़ों से आनंद और संतोष मिलता है। कवि के मन में एक संदेह उपजता है कि शायद पाठक स्वयं ठीक से नहीं जानता कि वह नयी कविता से क्या चाहता है। वह कवि से सत्यं शिवं सुदरं की माँग करता है, लेकिन क्या वह विश्वासपूर्वक कह सकता है कि सत्य से उसे आनंद ही मिलेगा, शिव से उसे मानसिक विश्राम की प्राप्ति होगी या सुंदर से उसे शांति ही मिलेगी ? लेकिन पाठक के पास शायद इतना समय नहीं कि वह इन सब प्रश्नों की तह में जाए। वह जानता है कि कविता क्या है और उसे कविता के नाम पर घटिया गद्य से नहीं ठगा जा सकता; और इसके पहले कि कवि उसे समझा सके कि भाई, कविता गद्य और पद्य दोनों में लिखी जा सकती है तथा जो अंतर गद्य और पद्य में है उसे गद्य और कविता में मानना ठीक नहीं; पाठक उससे एक ग़ैर-ज़रूरी-सा सवाल कर बैठता है—'जिसमें न ठीक से छंद, न तुक, न अलंकार, न अर्थ, न रस, न भाव, क्या इसी नयी कविता को आप सच्ची कविता कहेंगे ?' और पहली बार नया कवि अपने पाठक को कोई उत्तर नहीं देता, उसी की तरह प्रश्न करना चाहता है—'वह पुरानी कविता जिसमें गिन-गिनकर मात्राएँ रखी गई हों, ढूँढ़-ढूँढ़कर तुक मिलाए गए हों, चुन-चुनकर अलंकार लाए गए हों, बढ़ा-बढ़ाकर अर्थ भिड़ाए गए हों, खींच-खींचकर रस निकाले गए हों, बेभाव के भाव बताए गए हों—अगर वह सच्ची कविता हो सकती है, तो नयी कविता क्यों नहीं ?'

1960 : 'कृति' में प्रकाशित।

हिंदी के नए साहित्य संकलन

इधर का काफ़ी नया साहित्य 'संकलनों' के माध्यम से सामने आया है। ग़लत या सही, नए साहित्य के प्रति जो धारणाएँ बन गई हैं, या बन रही हैं, उनमें इन संकलनों का विचारणीय योग है। 'संकलनों' की परंपरा नयी नहीं है हालाँकि अब जिस मात्रा में ऐसे संकलन देखने को मिल रहे हैं उतने पहले न रहे हों।

संपादक या संपादकों का व्यक्तित्व एक ऐसी भूमिका है जिस पर बहुत हद तक संकलन का अच्छा-बुरा, प्रौढ़-अप्रौढ़ होना तो निर्भर है ही साथ ही जो यह भी निर्धारित करता है कि संकलन किस सीमा तक महत्त्वपूर्ण नयी रचनाओं का चयन कर सका है। चुनाव के पीछे किसी ऐसी योजना का आग्रह तो नहीं जो विशुद्ध साहित्यिक रुचि को विकृत कर दे। संकलनकर्ता के लिए चुनाव का आधार रचनाओं की ज़ाती उत्कृष्टता होनी चाहिए न कि उसके अपने पूर्वग्रह। हर संकलनकर्ता शायद इसी दृष्टि से साहित्य का चुनाव करना भी चाहता है, यह दूसरी बात है कि वह हमेशा सफल न हो सके। इस दृष्टि से जॉन लेमान द्वारा संपादित **पेनगुइन न्यू राइटिंग** एक समय आदर्श संकलन रहे हैं। युद्ध के बाद अंग्रेज़ी नवलेखन की स्थिति का जितना जीवित अनुभव इन संकलनों से होता है उतना उस काल पर लिखित पुस्तकों से भी नहीं। न केवल ये संकलन उस समय की नयी साहित्यिक चेतना का ही रेकार्ड हैं बल्कि उन ग़ैर-साहित्यिक समस्याओं का भी जिनका संबंध साहित्य के प्रकाशन और प्रसार से है—उस प्रयास से है जो नए साहित्य को अपने आपको स्थापित करने के लिए बराबर करने पड़ते हैं।

ऐतिहासिक दृष्टि से हिंदी कविता में अज्ञेय द्वारा संपादित **तारसप्तक** और **दूसरा सप्तक** का भी कुछ-कुछ वैसा ही-सा स्थान है यद्यपि अधिक सीमित अर्थों में। 'सप्तकों' का प्रयोगवाद के संदर्भ में कुछ भिन्न महत्त्व स्थापित हो गया है जैसा कि अधिक नियोजित अर्थ में तीनों 'इमेजिस्ट ऐन्थालोजीज़' का इंगलैंड में बिंबवादी कविता से रहा। 'सप्तकों' का आशय (बिंबवाद के विपरीत) प्रयोगवाद की स्थापना नहीं था लेकिन बाद के साहित्यिक प्रपंचों ने उसे प्रयोगवाद से इस तरह नत्थी कर दिया जैसे इसके अतिरिक्त उनका और कोई लक्ष्य ही न रहा हो। यहाँ तक कि **दूसरा सप्तक** की जो भी चर्चा हुई वह बराबर अज्ञेय और उनके वक्तव्यों पर ही केंद्रित रही : किसी आलोचक ने शायद ही इस ओर ध्यान देने की ज़रूरत भी समझी हो कि **दूसरा सप्तक** में कुछ कवि भी

संकलित हैं जिनका अपना भी व्यक्तित्व है। अपना वक्तव्य है। हिंदी नवलेखन की 'संकलन' परंपरा में 'सप्तकों' का इस प्रकार 'वाद'-कवलित हो जाना आनेवाले संकलनों के लिए अहितकर सिद्ध हुआ।

सप्तकों की ख्याति ने कई प्रकार के लोगों को अपनी ओर आकृष्ट किया, लेकिन लेखकों को अधिक प्रकाशकों को कम। (अमरीका और इंगलैंड में, इसके विपरीत, ऐसे आयोजनों में प्रकाशक अधिक प्रयत्नशील रहे हैं जैसे **मॉडर्न राइटिंग, मेन्टर सेलेक्शन्स, न्यू डाइरेक्शन्स, सेविन आर्ट्स, पेन्गुइन** आदि।) कुछ लोगों ने यह समझा कि संकलनों के माध्यम द्वारा कुछ ऐसे लेखक इकट्ठा हो सकते हैं, या किए जा सकते हैं, जो अभी साहित्य में स्थापित नहीं हुए हैं लेकिन इस योग्य हैं : सीमित साधनों से नए साहित्य को प्रस्तुत करने का यह एक आसान तरीका था। लेकिन आसान होने ही के कारण शायद इस तरीक़े का आवश्यकता से अधिक उपयोग (या दुरुपयोग) होने लगा : कभी अयोग्यता से कभी व्यक्तिगत स्वार्थों से एक अच्छा-ख़ासा साहित्यिक माध्यम बदनाम होने लगा। जहाँ स्वार्थ और अयोग्यता नहीं भी थी वहाँ स्पर्द्धा और ईर्ष्या के पचड़ों ने चीज़ों को लिबेड़ दिया। शायद ही कोई ऐसा संकलन निकला हो जिसने शुरू में ही एलान न कर दिया हो कि वह दल, वाद, वर्ग आदि से अलग है, और फिर भी वह उन्हीं झंझटों में न फँस गया हो या फँसा दिया गया हो। कोई भी संकलन जिसका एक विशिष्ट व्यक्तित्व बन सका उस आदि-संदेह-दृष्टि से नहीं मुक्त हो सका जिसका आरंभ सप्तकों से हुआ। **नयी कविता, निकष, संकेत, हंस** आदि का साहित्यिक महत्त्व साहित्यिक-राजनीति की अपेक्षा गौण पड़ गया। संपादकों के व्यक्तित्व और उनकी अपनी रुझान को लेकर संकलनों पर उसी प्रकार की लिखित और अलिखित प्रतिक्रिया हुई जैसी 'सप्तकों' को लेकर हो चुकी थी, यद्यपि इन संकलनों में भी वैसी ही वादोपरि विविधता थी जैसी 'सप्तकों' में। कोई भी ऐसा संकलन जिसमें एक से अधिक कवियों या लेखकों की रचनाएँ संकलित हों केवल संपादक-विशेष द्वारा संपादित होने के कारण ही कैसे उसके मत या विचारधारा का मान लिया जाएगा समझ में नहीं आता। (मैं यहाँ उन संकलनों की बात नहीं कर रहा हूँ जो 10 फ़ीसदी भी नए साहित्य का प्रतिनिधित्व नहीं करते और जिन पर विचार साहित्य नहीं स्कूली-पत्रिकाओं के अंतर्गत होना चाहिए।) थोड़े-बहुत पक्षपात के बावजूद भी नए साहित्य के प्रतिपादन में कोई गुणात्मक विकृति आ जाए ऐसा संभव नहीं। घूम-फिरकर हर प्रकार के संकलन में कुछ ऐसी प्रतिभाएँ थीं जिन्हें आसानी से घटिया और नक़ली चीज़ों से अलग किया जा सकता था। यह नयी आलोचना का दोष था कि वह साहित्य की अपेक्षा राजनीति से अधिक प्रभावित रही, और साहित्यिक प्रतिभाओं का सही मूल्यांकन न कर सकी। अगर कोई यह समझता है कि किसी भी युग के वास्तव में जागरूक लेखकों या कवियों को 'व्यक्तियों' के इर्दगिर्द संगठित किया जा सकता है, या उनकी रचनात्मक संभावनाओं को गुमराह किया जा सकता है, तो वह शायद साहित्य की सही सर्जनात्मक प्रक्रिया से अनभिज्ञ है।

संकलनों के पीछे इस प्रकार की संकुचित प्रवृत्ति का होना असंभव नहीं, लेकिन यह असंभव है कि उससे कोई समझदार पाठक या लेखक धोखा खा जाए। संचयन में यदि ज़्यादा तरफ़दारी दिखाई गई तो स्पष्ट है कि उससे किसी सच्ची प्रतिभा को उतना ख़तरा नहीं जितना कि स्वयं संकलन और संकलनकर्त्ता को।

इधर के संकलन जो पिछले दो-तीन वर्षों में प्रकाशित हुए हैं वे अपेक्षाकृत साहित्य की पुरानी राजनीति से मुक्त हैं : शायद कुछ इस कारण भी क्योंकि वे इस प्रांत के बाहर से निकले हैं, जैसे **आधार, समवेत, विविधा, अपरंपरा** आदि। पिछले संकलनों से एक अर्थ में ये भिन्न हैं कि इनमें कुछ नए प्रादेशिक और स्थानीय नाम सामने आए यद्यपि यह कह सकना कठिन है कि कितना या किस प्रकार का ऐसा साहित्य सामने आया जिसे पुराने संकलनों की अपेक्षा में नया या श्रेष्ठ कहा जा सकता है। फिर भी, नए साहित्य के आकलन में थोड़ी अप्रौढ़ता के बावजूद भी साधारणतः इनकी नीति उदार रही है। लेकिन रचनात्मक साहित्य से अधिक आलोचनात्मक साहित्य की प्रगति विचारणीय है, क्योंकि उस पर ही बहुत सीमा तक नए साहित्य का चुनाव और मूल्यांकन निर्भर है। पिछली वाद-विवाद-प्रधान आलोचना के विरुद्ध जो तीव्र प्रतिक्रिया हुई उसका स्पष्ट प्रभाव नवीनतम आलोचना पर दीखता है, लेकिन योग्यता और जानकारी की दृष्टि से इस आलोचना का स्तर अभी सामान्य से नीचा है। शास्त्रीय अध्ययन का अभाव साहित्य-रचना में उतना नहीं खटकता जितना साहित्य पर मनन विवेचन में। यों, आलोचना का क्षेत्र मुख्यतः तो पत्र-पत्रिकाएँ ही हैं, संकलनों का स्थान कहीं पुस्तकों और पत्र-पत्रिकाओं के बीच में आता है। वह आलोचना जिसके सुधरने की ज़्यादा ज़रूरत है, संकुचित और रूढ़िवादी होने के कारण साहित्य की नयी समस्याओं को ठीक से आत्मसात नहीं कर पाती और अपनी असमर्थता को खीज से ढकना चाहती है। इन संकलनों में यदि आलोचनात्मक निबंधों के रखने का यह अभिप्राय है कि वे निबंध साधारण से अधिक स्थायी महत्त्व के हैं तो मेरे विचार से उन्हें आलोचना के सिद्धांत-पक्ष का अधिक होना चाहिए। बहरहाल, इस पर मतभेद हो सकता है और अच्छी व्यावहारिक आलोचना (प्रेक्टिकल क्रिटिसिज़्म) का संकलनों में रखा जाना किसी सैद्धांतिक दृष्टि से अवैध नहीं। सिर्फ़ यही कि इन नए संकलनों में जो आलोचनात्मक निबंध देखने को मिले थे संग्रहीत रचनात्मक साहित्य की तुलना में हल्के लगे, वे पत्र-पत्रिकाओं के अधिक उपयुक्त थे। इसी सिलसिले में उन निबंधों पर भी ध्यान जाता है जिनमें कोई नया आलोचक किसी नयी प्रतिभा को सामने लाता है। पाठक का इसमें अवश्य थोड़ा श्रम बचता है कि वह एक बार में ही एक नए आलोचक और एक नए कवि के बारे में अपनी राय बना सकता है ! लेकिन साहित्य के लिए शायद यह ज़्यादा अच्छा हो कि नया आलोचक किसी मान्य प्रतिभा पर ही लिखे, नयी प्रतिभा ढूँढ़ने का काम किसी मान्य आलोचक पर ही छोड़ दिया जाए। 'सप्तकों' के कवियों के अपने वक्तव्य थे जो उनकी कविताओं के सहित मूल्यांकन का विषय बनते थे, साथ ही उन कवियों के चुनाव में ऐसी विविधता थी कि उन्हें किसी एक 'स्कूल' का नहीं कहा जा सकता : कुछ कवियों के बारे में भले ही यह कहा जाए

कि उनसे अधिक महत्त्वपूर्ण कवि लिए जा सकते थे। लेकिन उनका लिया जाना और उनकी अपेक्षा औरों का न लिया जाना समस्या का एक ऐसा जटिल पहलू है जो किसी भी संकलन को लेकर पूर्णतः नहीं सुलझ सकता। बादवाले संग्रहों में यह प्रयत्न अवश्य किया गया कि नयी कविता के अधिक विस्तृत क्षेत्र को प्रतिनिधित्व मिल सके, लेकिन इससे नयी कविता की वास्तव में महत्त्वपूर्ण चेष्टाओं से ध्यान बहुत से ऐसे अ-गंभीर प्रयासों की ओर बिखर गया जिनका नयी कविता की बुनियादी समस्याओं से विशेष संबंध नहीं।

1954 से 1957 तक जो बहुत से वार्षिक काव्य-संग्रह निकले उन्हें हम नयी कविता के प्रचार का, पत्र-पत्रिकाओं की अपेक्षा, अधिक केंद्रित प्रयास (Concentrated effort) मान सकते हैं। इन्हें मूलतः 'नयी कविता' का संग्रह मानना ठीक न होगा, नए और पुराने ढंग की कविताएँ कुछ इस तरह मिलाकर निकाली गई हैं कि काल की दृष्टि से नयी होते हुए भी बहुत-सी कविताएँ साहित्य की दृष्टि से नयी नहीं। फिर भी नयी कविता के प्रकाशन की दिशा में इन संकलनों का प्रयास नए कवियों और पाठकों के लिए सार्थक है।

1958 : 'युगचेतना' (संपादकीय)।

अमानवीयकरण के ख़िलाफ़

इधर एक-दो वर्षों में इतने काव्य-संग्रहों का प्रकाशित होना यह तो सिद्ध करता ही है कि पिछले वर्षों में कविता का पढ़ा जाना भले ही कम हुआ हो पर उसका लिखा जाना कम नहीं हुआ, शायद बढ़ा ही होगा। प्रकाशन का अलग तर्क होता है* और कविता के लिखे जाने का बिलकुल अलग। वह आदमी के स्वभाव में होती है : इसीलिए आज भी ऐसा कुछ नहीं है जो उसके जीवन में कविता की जगह को ले सके। आर्थिक आकर्षण अच्छी कविता को न तो बहुत प्रोत्साहित ही कर पाते हैं न विपरीत परिस्थितियाँ उसे नष्ट ही। इसीलिए अक्सर वह परेशान, प्रतिकूल और असुरक्षित समयों में भी सशक्त अभिव्यक्ति का साधन रही है। समय के साथ कविता बदलती है, समाप्त नहीं हो जाती और इस बदलाव को आज की महत्त्वपूर्ण कविताओं में स्पष्ट महसूस किया जा सकता है।

अमानवीयकरण की समस्या आज जितनी जटिल है उसका हल उतना आसान नहीं है जितना कुछ आदर्शवादी मान लेते हैं। यह सरलीकरण भी एक तरह का पलायन है उन समस्याओं से जिन्हें सचाई से समझना अक्सर हमें अपने विश्वासों के बावजूद भी बेहद बेचैन कर दे सकता है। इस तरह की कविता जो आज की दुनिया में आदमी की स्थिति को बिलकुल बेलौस और निष्पक्ष होकर चित्रित करती है हमें आश्वस्त ही नहीं

---

* अभी हाल ही में मध्यप्रदेश सरकार ने साहित्यिक पुस्तकों की ख़रीद का जो निर्णय लिया है उसने प्रकाशकों को कविता पुस्तक छापने के लिए उत्साहित किया है। इससे अनेक काव्य-संग्रह जो सामान्यतः न छप पाते अब छप सके हैं। इनमें सभी काव्य-संग्रह उच्चकोटि के हों ज़रूरी नहीं : लेकिन इस ख़रीद से पहले प्रकाशकीय स्थिति यह थी कि अक्सर उच्चकोटि के संग्रहों का भी छपना मुश्किल था। इससे यह बेहतर है कि अच्छे के साथ कम अच्छा साहित्य भी छप जाए, बजाय इसके कि बिकाऊ साहित्य ही छप सके। इससे अच्छे-बुरे साहित्य के बीच विवेक की संभावना साहित्यिक स्तर पर बनती है, प्रकाशन के स्तर पर ही रद्द नहीं हो जाती। कौन-सा साहित्य छपे और कौन-सा नहीं इसका फ़ैसला सरकारी दृष्टि से हो यह बात अच्छा विकल्प तो नहीं है, फिर भी इससे बेहतर विकल्प ज़रूर है कि यह फ़ैसला बिलकुल व्यावसायिक दृष्टि से हो। सरकारी मदद की वजह से ज़रूरत से ज़्यादा काव्य संकलनों के छप जाने में, मैं वैसा कोई ख़तरा नहीं देखता जैसा ज़रूरत से ज़्यादा ऐसी तमाम चीज़ों के छपने में देख रहा हूँ जिनसे आज समाज और साहित्य दोनों को नुकसान पहुँच रहा है।

एक ख़ास तरह से विचलित भी करेगी। कविता मानवीय मूल्यों का पक्ष है और किसी भी तरह के अमानवीयकरण के ख़िलाफ़ तीव्र प्रतिक्रिया, चाहे वह सामाजिक और व्यावसायिक अनैतिकता हो चाहे व्यवस्था की हृदयहीन जकड़। यह चिंता एक ख़ास तरह से आज की कविता की ज़िम्मेदारियों और संभावनाओं को बढ़ाती भी है।

कविता आज सिर्फ़ बुनियादी आवेगों (प्राइमरी पैशन्स) की कविता नहीं रह गई है : इस माने में वह कम से कम एक तह और ज़्यादा गहरी तो हुई ही है कि वह बुनियादी आवेगों के प्रति भी सचेत और सतर्क है। यह शिकायत कि आज की कविता अतिबौद्धिक है और सहज बोधगम्य नहीं एक हद तक जायज़ होते हुए भी उतनी जायज़ नहीं जितनी यह शिकायत कि आज बहुत-सी सहज ही बोधगम्य कविता प्रासंगिक नहीं। आज कविता के लिए सिर्फ़ महसूस करना काफ़ी नहीं, महसूस किए हुए को और महसूस करते हुए को सोचना-समझना भी ज़रूरी है। विचारशीलता आधुनिक संवेदना का अनिवार्य हिस्सा है और एक ज़रूरी यकीन भी है कि अगर अक्ल आदमी की दुश्मन नहीं तो अक्ल कविता की भी दुश्मन नहीं हो सकती। इस सदी के प्रमुख विचारक और चिंतक मार्क्स, फ्रायड, आइन्स्टाइन, सार्त्र आदि अमानव नहीं थे, न ही उनका लेखन और चिंतन कविदृष्टि-विहीन है। आज अधिकांश जो कुछ भयानक और अनचाहा हमारे जीवन में हो जाता है उसकी जड़ में बौद्धिकता नहीं मूर्खता होती है—मूर्खतापूर्ण उत्तेजनाएँ और अपने तत्काल स्वार्थ से आगे न सोच पाने की बौद्धिक असमर्थताएँ। विचार-सम्पन्नता अकाव्यात्मक नहीं—उस कवित्व का आधार है जो हम उपनिषदों, गीता, कबीर, ग़ालिब आदि में पाते हैं। मैं यहाँ छद्म-बौद्धिकता या अतिबौद्धिकता की बात नहीं कर रहा। एक कविता में विचारों और भावनाओं की आपेक्षिक स्थितियाँ, उनके सही या ग़लत या कमज़ोर अर्थ-विन्यास पर गुणात्मक असर डालती हैं। अगर एक कवि के स्वभाव में यह आवश्यक संतुलन नहीं है कि वह कविता में विचारों के दबावों और आग्रहों को किस तरह उभारे और सुरक्षित रखे तो ज़्यादा संभावना यही है कि वह उन्हें अपने उद्‌गारों या भावनाओं द्वारा ऊपर से चमका-दमका (ग्लेमराइज) करके रह जाएगा, हमें उनके भीतरी तर्क की शक्ति और अनुभूति तक नहीं पहुँचा पाएगा। जो कवि इस ओर पूरी तरह सचेत है कि विचारशीलता और भावनाएँ आदमी की दो भिन्न प्रकार की (विरोधी प्रकार की नहीं) क्षमताएँ हैं उसकी कविताओं में हम एक ख़ास तरह का विचारों का उदात्तीकरण पाएँगे, मात्र उनका उद्दीपन नहीं।

राजनीति का ग़लत-सही गहरा प्रभाव कविता पर भी पड़ता रहा है। स्वतंत्रता के बाद से भारतीय जीवन और साहित्य में राजनीति का हस्तक्षेप तेज़ी से बढ़ा है : राजनीतिक चिंतन का नहीं, चिंतनरहित राजनीति का—और यह एक ख़ास माने में साहित्य के लिए चिंता का कारण है। योरपीय राजनीति वहाँ के साहित्य के साथ जितनी गहराई से जुड़ी है उससे कहीं ज़्यादा गहराई से वह वहाँ के ग़ैर-साहित्यिक विचारकों के साथ जुड़ी रही है। यूरोप में (अकेले वामपंथी चिंतन को ही सोचें तो) मार्क्स के बाद मार्क्सवाद के पक्ष-विपक्ष मे सोचनेवाले सशक्त विचारकों की एक लंबी परंपरा है जिसका

चिंतन और साहित्य के साथ संवाद साहित्य को अनेक स्तरों पर प्रभावित करता रहा है। लूकाच, गोल्डमान, फिशर आदि का पूरा चिंतन साहित्यिक उदाहरणों से भरा पड़ा है। ऐसी कोई स्थिति भारतीय संदर्भ में नहीं बनती यहाँ तक कि आज गाँधीवादी या समाजवादी या मार्क्सवादी विचारधाराओं और उनकी राजनीति के बीच फ़र्क करना ही मुश्किल हो गया है। इसीलिए शायद पिछले वर्षों में अधिकांश हिंदी कविता भारतीय राजनीतिक यथार्थ को लेकर उग्र और व्यग्र ही ज़्यादा रही, विचारशील कम।

इधर जो हिंदी कविता लिखी जा रही है वह लगता है समकालीन जीवन के ज़्यादा पक्षों को छू सकने में सक्षम है और उसकी भाषा निश्चित रूप से विस्तृत और अनेक रूप हुई है। कई संग्रह अपनी तरह और अपनी शर्तों पर समझे जाने का निश्चित कारण सामने रखते हैं, साथ ही पीढ़ियों के अंतर एक ख़ास तरह बिलकुल कविता की ज़मीन पर तय (रिजाल्व) होते हैं। कई कवि जो पहले से लिखते रहे हैं उनकी अनेक कविताओं में एक सुखद ताज़गी और नयापन है—वे आज के संदर्भ में चुक गए नहीं लगते ! ठीक उसी तरह इधर के कवि हैं जिनकी कविताओं में नए का कच्चा उतावलापन नहीं, एक प्रौढ़ विवेक और अनुशासन है। समग्रता में लें तो विभिन्नताओं के बावजूद प्रमुखतः अच्छी कविता के लिए उनकी चिंता ही कहीं उन्हें शुद्ध साहित्यिक दृष्टि से सहयात्री बनाती है। जो संकलन कमज़ोर हैं वे कविता की दृष्टि से ही कमज़ोर ठहरते हैं—कोई वैचारिक आग्रह उन्हें न तो ऊपर उठा पाता है न नीचे गिरा पाता है। पिछले कुछ वर्षों में कविता में जो स्पष्ट परिवर्तन आया है उसमें उन अनेक लघु प्रयासों का भी योग रहा है जो अलग-अलग भले ही अपनी सशक्त पहचान न बना पाए हों पर सम्मिलित रूप से, कविता संबंधी चिंतन को, उसकी भाषा और कथ्य दोनों को विभिन्न स्तरों पर प्रभावित करते रहे हैं। सावधानी से देखें तो हम कविता की एक ऐसी संतुलित गति को पहचान सकते हैं जो आदमी की पूरी ज़िंदगी और उसके परिवेश पर शिक्षित और स्वतंत्र सोच-विचार की कविता है—किसी आदर्श या विचारधारा में मात्र रोमेंटिक उत्साह की कविता नहीं। उसमें एक ख़ास तरह की आत्मसजगता है, आदमी के मौजूदा हालात के प्रति विश्लेषणात्मक बुद्धि है तथा उसके भविष्य को लेकर गहरी चिंता और प्रतिबद्धता।

आज की बहुत-सी कविता सीधे राजनीतिक प्रतिक्रिया की कविता नहीं है यद्यपि वह राजनीति-निरपेक्ष भी नहीं है। मूलरूप से वह ज़िंदगी के उन पक्षों के चित्रण की—कभी सजीव, कभी प्रतीकात्मक—कविता है जिसमें एक ख़ास संदर्भ में राजनीति और व्यवस्था को लेकर असंतोष, आक्रोश या टिप्पणी निहित होती है। इस तरह की कविताओं में कुछ बहुत अच्छी कविताएँ भी सामने आई हैं किंतु कुछ बिलकुल ही सतही और औपचारिक-सी।

अपनी बिलकुल नयी और सशक्त पहचान बनाती हुई एक दूसरे प्रकार की कविता ने हमें इधर आकृष्ट किया है जो शिल्प की मध्यस्थता को न्यूनतम रखते हुए हमें हमारे जीवन के बहुत मार्मिक और गहरे पक्षों से साक्षात्कार कराती है। भाषा में एक नयापन

और सुखद ताज़गी है जो करीब-करीब बिलकुल अनुत्तेजित और समतल रहते हुए अतिपरिचित स्थितियों, घटनाओं, पात्रों से भी हमें बहुत घनिष्ठता और गंभीरता से जोड़ती है। वह हमें भावुक नहीं बनाती—एक ख़ास तरह साक्षी बनाती है उस सारे जीवन का जो अपनी तकलीफ़ों में, छोटी-छोटी खुशियों में, विसंगतियों में और हिम्मतों में हमारे चारों तरफ़ है। इन कविताओं में भाषा की सादगी और प्रसंगों की अनाटकीयता अपने आपमें एक अनुभव भी है और एक प्रतिक्रिया भी—कभी सुंदर के पक्ष में और कभी असुंदर के ख़िलाफ़।

मुक्तिबोध, शमशेर, त्रिलोचन, केदारनाथ सिंह आदि की कविताओं में उनका शिल्प और भाषा एक प्रमुख प्रवक्ता रहे हैं। मुक्तिबोध की कविताओं में शब्दों की भरमार रहती है, जनशक्ति की तरह इकट्ठा शब्द, जो कभी भीड़ है, कभी जुलूस, कभी हताश, कभी सुंदर, कभी उत्साहित, कभी संगठित, कभी बेतरतीब, कभी गंभीर, कभी अनर्गल, लेकिन हमेशा ज़िंदा और बेचैन—वे होते हैं, अत्यंत प्रामाणिक और ज़रूरी, अलग-अलग नहीं अपनी एकता में...।

शिल्प कविता में शिल्पहीनता की हद तक भी बारीक हो सकता है और इतना मोटा भी कि कविता उसके नीचे दबकर रह जाए। शिल्प या भाषा वहीं कठिनाई उत्पन्न करते हैं जहाँ वे कविता के रचनात्मक तर्क से निकले हुए नहीं लगते, कथ्य पर ऊपर से आरोपित लगते हैं—या फिर वहाँ, जहाँ कवि के पास भाषा और शिल्प तो हो पर ज़रूरी कुछ कहने को न हो। मैं समझता हूँ कविता की मूल शक्ति इसमें है कि उसके स्रोत जो हमारे अनुभवों, जानकारियों, चिंतन और भावनाओं में होते हैं वे सूखने न पाएँ, बराबर ताज़ा होते रहें। नए या पुराने जैसे थोक विशेषण बेकार लगने लगते हैं जब हम मुक्तिबोध से लेकर विष्णु खरे और गिरधर राठी जैसे कवियों की कविताओं को सोचते हैं। उनकी आयु या उनके यकीन नहीं, उनकी काव्यात्मक प्रतिभा की पहचान कहीं उनकी कला-संवेदना, उनकी साहित्यिक समझ और प्रौढ़ता में ही ढूँढ़नी पड़ती है। कविता की सार्थकता शायद इसमें है कि वह हमें एक-दूसरे से भिन्न एक-दूसरे की तरह का नहीं—काव्यानुभव दे सकें। मुख्य बात है कविता हमें स्वस्थ जीवनमूल्यों के प्रति किस तरह और कितना संवेदनशील बना पाती है और हमारी जीवनदृष्टि को कितना उदार और विवेकपूर्ण।

कविता हमेशा रही है लेकिन चर्चा के केंद्र में नहीं रही है। यह काम कुछ ऐसी पत्रिकाओं और लघु पत्रिकाओं द्वारा ही हो पाता है जो सबसे पहले साहित्य के प्रति पूरी तरह समर्पित और प्रतिबद्ध हों। समकालीन कविता का केवल छपते रहना काफ़ी नहीं होता, ज़्यादा ज़रूरी होता है उन कविताओं के पूरे संदर्भ का स्पष्ट होते रहना, उन साहित्यिक बहसों और सामग्री का भी सामने आते रहना, जो उन कविताओं को अपने समय के लिए प्रासंगिक और ज़रूरी बनाती हैं—जो काम पिछले कुछ वर्षों में **पूर्वग्रह** और थोड़ा बहुत अनेक लघु पत्रिकाओं द्वारा भी सम्पन्न होता रहा है। आज की महत्त्वपूर्ण कविता की पहचान, उसकी सावधान और विवेकपूर्ण प्रस्तुति बहुत कुछ **पूर्वग्रह**

से जुड़ी रही है। अधिकांश कविताएँ जो इधर संग्रहों में आई हैं पहले ही प्रकाशित और चर्चित हो चुकी हैं। **पहचान** के बाद **पूर्वग्रह** की **पहले पहल** सीरीज में जो कविताएँ निकली हैं वे हमें नए सिरे से कविता के भविष्य के प्रति आश्वस्त करती हैं। स्वीकार करना पड़ेगा कि इधर कविता को चर्चा के केंद्र में लाने का बहुत बड़ा श्रेय **पूर्वग्रह** और अशोक वाजपेयी को जाता है। अन्य पत्रिकाओं से बिलकुल अलग इनकी कोशिशों ने आज की कविता के पूरे परिदृश्य को निष्पक्षता से प्रासंगिक बनाया है।

कई तरह के और भी सवाल है। कविता के बारे में आज हमारी जो धारणाएँ बन रही हैं उसके सबसे विश्वस्त आधार क्या होंगे और क्या होने चाहिए ? गंभीर साहित्यिक समीक्षाएँ ? ज़बानी प्रतिक्रियाएँ—लॉबी आदि ? विश्वविद्यालयों से आनेवाली समीक्षाएँ, शोध-प्रबंध आदि ? शुद्ध साहित्यिक पत्रिकाएँ ? व्यावसायिक, अखबारी पत्र-पत्रिकाओं के हाशिये, स्तंभ, कॉलम वगैरह ? या इस तरह के संग्रह ? कविता को लेकर आज जिस प्रकार का चिंतन हो रहा है क्या ये संग्रह उससे भिन्न क़िसी प्रकार के चिंतन की ज़रूरत को महसूस कराते हैं ? चिंतन से मेरा मतलब उस अख़बारी किस्म की जल्दबाज़ पुस्तक समीक्षाओं से नहीं है जिन्होंने हर तरह के साहित्य को आज अख़बारों के और शायद हमारे दिमागों के भी हाशियों में पहुँचा दिया है, मेरा मतलब उस गंभीर विचारशीलता से है जो कविता की बुनियादी बनावट तक में परिवर्तन ला सकने की क्षमता रखती है। पिछले वर्षों में, शायद हिंदी कविता और हिंदी समीक्षा के बीच फ़ासला बढ़ा है, एक ख़ास तरह का ध्रुवीकरण, जिसमें कविता और समीक्षा एक-दूसरे से दूर होती चली गई और कविता में सार्थक बिंदुओं की तलाश के बजाय समीक्षा के अपने पूर्वग्रह ज़्यादा मुखर रहे। कुछ अपवादों को छोड़कर, कविता के लिए समीक्षा न तो उत्प्रेरक ही रही और न संवादनीय। कविता और समीक्षा के बीच यह दूरी कविता ही नहीं समीक्षा के लिए भी नुकसानदेह रही। समीक्षा का इतिहास रचनात्मक साहित्य के साथ जुड़ा है, और समीक्षा स्वयं कविता का विपक्ष बनकर उतना नहीं स्थापित हुई है जितना उसकी सहयोगी चेष्टा के रूप में। कविता-संग्रह का प्रकाशन एक सादी और विनम्र घटना है तथा उसका मूल्यांकन एक लंबी और जटिल प्रक्रिया। कविता प्रदर्शन-कलाओं की तरह तत्काल सफल या तत्काल विफल नहीं होती। वह अपने पाठक से भी एक अतिरिक्त धैर्य और प्रबुद्ध उत्साह की अपेक्षा रखती है क्योंकि कविता केवल आकर्षण नहीं, एक खोज की दुनिया भी है।

1980 : 'पूर्वग्रह'

कविता में मानवीय संबंधों के आधार–आज और आज से पहले

काफ़्का के लिए कहा जाता है कि वह जीवन भर 'मनुष्य' के बारे में लिखता रहा और वह मनुष्य काफ़्का स्वयं था। काफ़्का का 'स्वयं' अपने विस्तार में सारी मानवता को समेटता था, लेकिन काफ़्का से कम कलाकार के लिए यही स्वयं उसकी एक सीमा भी हो सकता था।

बिना किसी प्रकार की आत्मिक, या 'आत्मिकता की' अनुभूति के मनुष्य की मानसिकता का विकास और विस्तार संभव नहीं। आत्मानुभूति का विस्तृत रूप सह-अनुभूति है।

इतना कहने के बाद मुझे लगता है कि आगे अगर मैं अपने शब्दों का चुनाव अत्यंत सावधानी से नहीं करूँगा तो मेरी कोई भी बात या तो दूसरों तक नहीं पहुँचेगी, या ग़लत पहुँचेगी। कविता भी सबसे पहले इसी तरह की एक कोशिश है सही और सच्चे शब्दों द्वारा आदमी और आदमी के बीच, या आदमियों के साथ, सही और सच्चे रिश्तों की तलाश। उस माध्यम, यानी भाषा के बारे में भी सोचना और सोचते रहना—कविता में भी और कविता के बाहर भी—ज़रूरी है जिसके द्वारा हम अपनी बात सही-सही दूसरों तक पहुँचाना चाहते हैं। प्रसिद्ध दार्शनिक मैकलूहन का कहना है कि भाषा दूसरों तक कोई संदेशा पहुँचाने का साधन भी है और अपने आपमें एक संदेशा भी : यानी भाषा अपने 'कथ्य' द्वारा ही नहीं अपने 'स्वरूप' द्वारा भी बहुत कुछ कहने की क्षमता रखती है। कविता अपने श्रेष्ठतम रूप में इस 'कथ्य' और 'स्वरूप' दोनों की सँभाल है। वह दोनों भी हो सकती है और दोनों में से एक भी इस तरह हो सकती है कि दोनों का काम करे। कविता का 'मैं' और कविता के 'शब्द' केवल एक-दूसरे को महिमामंडित करने के लिए नहीं होते, 'अनुभव' और 'भाषा' का वह सार्थक और प्रामाणिक रिश्ता होते हैं ज़िसे मैं प्रामाणिक 'अनुभव की भाषा' कहता हूँ।

अनुभव से मेरा मतलब मनुष्य के उस व्यापक, भौतिक और मानसिक अनुभव से है जो अपनी समग्रता में न केवल मनुष्य के प्रत्यक्ष और वर्तमान से जुड़ा होना है बल्कि

उसके इतिहास-बोध और उसके भविष्य की कल्पनाओं और आदर्शों से भी। अनुभव से मतलब किसी एक ही आदमी के तमाम अनुभवों से नहीं है, न तमाम आदमियों के कुछ आम ही अनुभवों से है। अनुभव को भाषा या शब्द के संदर्भ में देखने के मतलब हैं अनुभव के पूरे इतिहास और उसकी संभावनाओं को देखना। कविता में शब्द का अर्थ उतना ही नहीं होता जितना किसी एक चीज़ का अर्थ होता है, कविता में उस चीज़ के अर्थ से परे उस मनुष्य का भी एक अर्थ होता है जो चीज़ों के साथ कोई भला-बुरा, प्रिय-अप्रिय, सार्थक-असार्थक संबंध बनाता है। हम चीज़ों और दूसरों के साथ एक स्वस्थ और उदार रिश्ता बना सकें यह निर्भर है हमारी मानसिकता के विस्तार पर।

इस मानसिकता की प्रकृति और बनावट क्या है इस पर आदमी शुरू से विचार करता रहा है। भारतीय चिंतन में इस मानसिकता, 'आत्म' या 'स्व' का गहरा विश्लेषण किया गया और इसकी अपेक्षा अनुभूत जगत की सत्ता या वास्तविकता तक को गौण माना गया। बौद्ध विचारधारा 'धर्म' या 'दर्शन' से पहले उत्कृष्ट कोटि का मनोविज्ञान है—जो चेतना की अवस्थाओं के समूह को ही जीव मानता है। शायद यह बात पूरे भारतीय चिंतन के लिए सही है कि वह दर्शन से अधिक मनोविज्ञान है क्योंकि उसकी प्रमुख चिंता दृश्य-जगत नहीं मनुष्य का 'स्वभाव', 'मन' या 'आत्मा' है। इसे केंद्र मानकर उन्होंने जीवन, संसार और समाज की व्याख्या की—यानी वे भीतर से बाहर की ओर बढ़े और संसार को समेटते हुए संसार से आगे निकल गए। यह 'आगे निकल जाना' चेतना के विस्तार का एक रूप है। विपन्न शिष्य को गुरु यही समझाता था—संसार से आगे निकल जाना। अपने 'मन' को छोटी-छोटी चीज़ों और बातों से कहीं ज़्यादा बड़ा कर लेना। ठीक इसी माने में कबीर एक महान रहस्यवादी भी हैं और एक महान कवि भी। अपनी तरह फ्रायड और युंग ने भी इसी 'मन' का विश्लेषण किया और भारतीय चिंतकों की तरह पाया कि 'मन' की कई भीतरी तहें भी हैं। उन तहों में भी ज़िंदगी है—उतनी ही प्रामाणिक, सच्ची और ज़रूरी ज़िंदगी जितनी सबसे ऊपरवाली तह में है। केवल सबसे ऊपरवाली तह में भी जीते रहा जा सकता है। ज़्यादातर लोग उसी सतह पर जीते हुए अपनी पूरी ज़िंदगी गुजार देते हैं। लेकिन इसका यह मतलब नहीं कि मन की या जीवन की दूसरी तहें हैं ही नहीं, या अगर हैं तो उन तहों में कुछ नहीं है। फ्रायड ने मन की तीन तहें उघाड़ी थीं और दुनिया चकित रह गई थी—एक बिलकुल दूसरी ज़िंदगी का अनुभव, दूसरे संसार का अनुभव वहाँ भरा पड़ा था। युंग ने कहा, नहीं एक ज़िंदगी नहीं एक पूरी जाति के ज़िंदगी के अनुभव वहाँ भरे पड़े हैं : हमारे मिथक और पौराणिक कथाएँ पूरी मनुष्य जाति के स्वप्न हैं। लेवीस्त्रोस ने कहा, ये स्वप्न मात्र नहीं दरअसल कुंजियाँ हैं उस पूरे भंडार की जिसमें मनुष्य की अपने बारे में चिरकाल से संचित यादें, शिकायतें और अनुभव सुरक्षित हैं। बिलकुल वैज्ञानिक स्तर पर मनुष्य की मानसिकता में नए आयाम जुड़ रहे थे। ऐसा

लगता था इस सदी में मनुष्य के बारे में खोज एक बिलकुल नए सिरे से शुरू हुई थी, 'नया सिरा' जो आश्चर्यजनक रूप से प्राचीन भारतीय चिंतकों की खोजों की याद दिलाता था।* सार्त्र, फूको, लेंग, फ्रान्क्ल, मास्लो, फ्रॉम आदि अनेक आधुनिक मनोविश्लेषक और विचारक यह मानकर चलते हैं कि आदमी की इस भीतरी ज़िंदगी को बिना ठीक से समझे और अनुशासित किए उसकी बाहरी ज़िंदगी को ठीक से व्यवस्थित और समृद्ध नहीं किया जा सकता।

तो शब्द, उनके अर्थ, क्या केवल ऊपरी सतह तक ही सीमित रहते हैं या उनमें ऐसी सामर्थ्य है कि वे मन के एक से अधिक स्तरों के अर्थों को भी छू सकें ? क्या कविता शब्दों द्वारा एक से अधिक अर्थों की सूचना नहीं है ? यदि है तो क्या उसके द्वारा मनुष्य की मानसिकता और संवेदनाओं में बुनियादी परिवर्तन नहीं लाया जा सकता ? उसके संबंधों के आधार को अधिक उदार नहीं बनाया जा सकता ?

बिलकुल दूसरी तरह से भी आदमी के स्वभाव को समझने और उसमें बदलाव लाने की कोशिशों पर भी विचार किया गया है : यानी बाहर से भीतर की ओर चिंतन की यात्रा। आदमी के स्वभाव को बाहरी परिस्थितियाँ भी बिगाड़-बना सकती हैं। अगर परिस्थितियों को बदल दिया जाए तो आदमी का स्वभाव भी बदला जा सकता है (मार्क्स की मान्यता)। विकृत और शोषक सामाजिक-आर्थिक व्यवस्था में पलने-पनपने के कारण मनुष्य की मानसिकता का पूर्ण विकास नहीं हो पाता : समाज से यदि शोषण और आर्थिक ग़ैर-बराबरी को समाप्त कर दिया जाए तो मनुष्य का संपूर्ण भौतिक और आत्मिक विकास संभव है। स्किनर का विश्वास है कि बाह्य परिस्थितियों के नियंत्रण द्वारा मनुष्य के आचरण को मनमाने ढंग से नियंत्रित किया जा सकता है : (लेकिन 'किसके' मनमाने ढंग से नियंत्रित किया जाए इसमें एक ख़तरनाक पहलू छिपा है जो हमें इतिहासप्रसिद्ध अनेक मनमानी करनेवाले तानाशाहों की याद दिलाता है)। स्किनर ने अपने प्रसिद्ध उपन्यास 'वाल्डेन' में ऐसे एक यूटोपिया का खाका प्रस्तुत किया है। लोरेन्ज, आंद्रे जैसे पशु-विज्ञानशास्त्रियों ने पशुओं के आचरण के अध्ययन द्वारा मनुष्य के आचरण के संबंध में अनेक निष्कर्ष और तर्क निकाले हैं...ये सभी मनुष्य के स्वभाव को समझने और नियंत्रित करने की बात सोचते हैं लेकिन बाहर से, यानी वस्तुजगत या बाह्यजगत या समाज को अध्ययन का विषय बनाकर। यथार्थ, तथ्य, तर्क, स्थूल, भौतिक, प्रमाण, उदाहरण आदि से बाँधकर ये हमारी मानसिकता को प्रत्यक्ष पर केंद्रित करते हैं। लेकिन अध्ययन करनेवाली चेतना, अध्ययन की जानेवाली वस्तुओं का परिणाम या फल नहीं होती। गणित या विज्ञान में यह ज़रूरी है कि हम थोड़ी देर के लिए अपने विचारों को किसी समस्या-विशेष पर केंद्रित करें। लेकिन यह चेष्टा न तो

* राजशेखर की अपनी 'काव्य मीमांसा' में काव्य के बारह स्रोत (तथा चार और अपनी ओर से भी जोड़े हैं) विचारणीय हैं। स्रोत हैं : श्रुति, स्मृति, इतिहास, पुराण, प्रमाणविद्या, समयविद्या, राज सिद्धान्तत्रयी (अर्थशास्त्र, कामशास्त्र और नाट्यशास्त्र), लोक-व्यवहार, विरचना (दूसरों की रचना), प्रकीर्णक (64 कलाएँ, आयुर्वेद, ज्योतिष, वृक्षशास्त्र, पशुविज्ञान आदि) आदि।

हमारी पूरी मानसिकता है न हमारी पूरी मानसिकता को प्रकाशित कर सकती है। बुद्धि के तीन हिस्से माने गए हैं—स्मृति, मति और प्रज्ञा—तथा तीनों को ही कवि के लिए आवश्यक कहा गया है। 'काव्यमीमांसा' के ही अनुसार—

> *"त्रिधा च सा-स्मृतिर्मतिः प्रज्ञेति। अतिक्रान्तस्यार्थस्य स्मर्त्री स्मृतिः। वर्तमानस्य मंत्री मतिः अनागतस्य प्रज्ञात्री प्रज्ञेति। सा त्रिप्रकाराऽपि कवीनामुपकर्त्री।"*

याद रखनेवाली बुद्धि स्मृति, वर्तमान को सोचनेवाली बुद्धि, मति तथा भविष्यदृष्टा बुद्धि को प्रज्ञा कहा गया है।

कविता में हम अपनी मानसिकता को खुली छूट देते हैं। यह केवल तथ्य-तर्क-मूलक चिंतन नहीं होता, कल्पना-बिम्ब-प्रधान मुक्त चिंतन भी होता है जो जैविक है, मानवीय है। इसीलिए शायद मार्क्स और स्किनर के विचारों का सबसे रोमांटिक और काव्यमय हिस्सा भी वही है जो सबसे अधिक काल्पनिक है, यानी उनके द्वारा कल्पित यूटोपिया। इस यूटोपिया के स्तर पर शायद कविता में, धर्म में,. मनोविज्ञान में और मार्क्सवाद में बहुत कम अंतर बच रहता है क्योंकि ये सभी एक सुखी समाज और सुखी मनुष्य की कल्पना करते हैं—क्योंकि यहाँ हम उस 'बुद्धि' को पहचानते हैं जो यंत्र की तरह केवल तर्कशील नहीं, मनुष्य की तरह स्वप्नदर्शी भी है।

ऊपर के इस विचित्र समीकरण से यह न मान लिया जाए कि मैं चारों में कोई बुनियादी भेद ही नहीं मानता, न यही कि अगर उनका उद्देश्य एक है तो इससे कोई फ़र्क नहीं पड़ता कि उस उद्देश्य तक पहुँचने के क्या तरीके वे बताते हैं। मैं कविता के उन मूल तत्त्वों को उभारना चाहता हूँ जिनका संबंध सबसे पहले हमारे मनुष्य होने से है। हमारे मार्क्सवादी या आचरणवादी मात्र होने से नहीं बल्कि हमारे कल्पनाशील, मानवीय और रचनाशील होने से हैं।

कविता में शब्दों की स्थिति और उनके अर्थों की गतियों को मैं इसी ख़ास दृष्टि से महत्त्वपूर्ण मानता हूँ कि तथ्यमूलक तार्किकता मनुष्य की चेतना का पूरा अभिप्राय नहीं है। कलाओं के स्तर पर हम जिस पूरी मानसिकता को जीते हैं वह हमें एक-दूसरे के अधिक नज़दीक लाती है, कलाएँ जिसका साक्षी और हिस्सेदार केवल 'मैं' नहीं 'हम' होते हैं, जो हमारे मन की रचनाशील प्रवृत्तियों की अभिव्यक्ति भी है और समझ भी।

लेकिन एक बार मुझे फिर यह लगता है कि 'रचनाशीलता' के जिस मानवीय अर्थ को मैं स्पष्ट करना चाहता हूँ वह एक ऐसी शब्दावली में खोता जा रहा है जिसका 'नए' या 'आधुनिक' से कोई जीवंत संपर्क नहीं रहा है। पिछले 100 वर्षों में 'आधुनिकता' और 'नए' के बारे में जो भी कुछ सोचा-समझा गया उसकी न तो भाषा हिंदी रही, न उसके शब्द और 'पद' हिंदी के रहे हैं। हिंदी एक विस्थापित भाषा रही—और आज के बारे में हमारी शिक्षा, जानकारी और चिंतन का माध्यम अंग्रेज़ी भाषा रही है। अंग्रेज़ी में सौंदर्यशास्त्र या समीक्षाशास्त्र को लेकर कोई भी चिंतन प्लेटो या अरस्तू से शुरू करना आज भी अप्रासंगिक नहीं लगता, हिंदी में उसी बात को भरत मुनि, राजशेखर या

अभिनवगुप्त से जोड़ते, या जोड़कर देखते ही लगता है कि हमारे चिंतन का मुहावरा समकालीन नहीं ! दूसरी ओर यह भी लगता है कि जिसे हम समकालीन चिंतन का मुहावरा कहते हैं, हिंदी में वह 'अपनी भाषा' का न लगकर 'अनुवाद की भाषा' का लगता है !

यह खाई या भाषायी अंतराल, हमें अपनी ही भाषा में पराया करता है—हमें अपनी परंपरा से कम-से-कम एक सदी दूर करता है, दूरी जो सदियों की दूरी लगती है क्योंकि इस शाब्दिक परंपरा को हम एक दूसरी भाषा (अंग्रेज़ी) के धुंध को बीच में रखकर उसके दूसरी तरफ़ देखते हैं। हम एक शब्द के तात्कालिक अर्थ को तो ग्रहण करते हैं पर उसके क्रमशः विकास और परिवर्तन के ऐतिहासिक अनुभव को आत्मसात् नहीं कर पाते।

रचनात्मक स्तर पर 'माध्यम की खोज' से मेरा मतलब हिंदी शब्दों के स्थापित और विस्थापित दोनों अर्थों का पुनर्संयोजन भी है। अनेक हिंदी शब्दों को अंग्रेज़ी भाषा के 'उस तरफ़' से इस तरफ़ लाना कभी-कभी उस आधुनिकता को नकारने जैसा भी लग सकता है जिसे हमने न केवल अंग्रेज़ी भाषा के माध्यम से देखा है बल्कि जिसे हमने अंग्रेज़ों के उपनिवेशी दृष्टिकोण से भी देखा है—! लेकिन यह नकार, ठीक से समझा जाए तो 'आधुनिकता' का नकार नहीं है उसके सही भारतीय संदर्भ की खोज है।

इसीलिए रचनाशीलता या रचनात्मकता को तात्कालिक उपयोगिता के संदर्भ से अलग भी समझना ज़रूरी है तभी हम साहित्य-रचना या शब्द-रचना के उस बृहत्तर अभिप्राय को ग्रहण कर पाएँगे जो कविता में शब्द या भाषा का केवल आंशिक सूचनात्मक इस्तेमाल नहीं, संपूर्ण सर्जनात्मक इस्तेमाल भी है। माध्यम को लेकर मनुष्य की कौतूहल, उत्सुकता, कौतुक आदि प्रवृत्तियों की अभिव्यक्ति भी है। माध्यम के रूप में भाषा एक साधन भी है और एक खोज भी : उपयोगी तथा उपयोगिता-निरपेक्ष दोनों रूपों में। कविता में शब्दों की स्थिति प्रत्यक्ष बोध के लिए ही नहीं परोक्षबोध के लिए भी होती है, और वह भी यथार्थ है। परोक्षबोध से मेरा मतलब उन ऐतिहासिक-सांस्कृतिक संदर्भों तथा हमारी प्रत्यक्ष चेष्टाओं और आचरण के स्रोतों से है जो मनुष्य के व्यक्तित्व का अनिवार्य हिस्सा होते हैं और जिन तक भी कविता शब्दों द्वारा पहुँच सकने की एक कोशिश है।

1977 : 'रचना', कलकत्ता, से प्रकाशित

आज का मनुष्य–एक नैतिक आयाम की खोज ?

समकालीन चिंतन की भाषा में ऐसे कुछ शब्दों की वापसी जिन पर मनुष्य के भविष्य की कल्पना आध्यात्मिक अनुभवों से मिलते-जुलते अनुभवों को व्यक्त करनेवाले शब्दों पर भी आधारित हो, इस बात की ओर संकेत करती है कि मनुष्य के पूरे व्यक्तित्व को समझने के लिए केवल वस्तुवादी शब्दावली काफ़ी नहीं। चाहे पूँजीवादी देशों के जीवनदर्शन हों, चाहे मार्क्सवादी देशों का आर्थिक-सामाजिक दृष्टिकोण हो, चाहे पाश्चात्य देशों की अतिसमृद्ध उपभोक्ता संस्कृति हो, एक पूरी तरह सुखी और संतुष्ट मानव की कल्पना बिना किसी प्रकार की आध्यात्मिक-स्तरीय अनुभूति के अपूर्ण रह जाती है। ऊपर से देखने पर ऐसा लगता है कि भारतीय चिंतन ने लौकिक की अपेक्षा अलौकिक को प्रमुखता देकर शायद भारतीय जीवन को एक दूसरे स्तर पर असंतुलित कर दिया–मनुष्य अपनी सांसारिक स्थिति के प्रति लापरवाह हो गया। लेकिन इस असंतुलन की जड़ में विषम ऐतिहासिक अनुभव हैं या ग़लत जीवन-दर्शन, इसकी जाँच के सिलसिले में कुछ ऐसे विषयों पर ध्यान केंद्रित करना चाहूँगा जिन पर पुनर्विचार की ज़रूरत हमारे सांस्कृतिक मूल्यों तथा साहित्य के रचनात्मक प्रयोजनों दोनों ही को लेकर पड़ती रहती है, जैसे इतिहास, परंपरा, धर्म तथा आज के चिंतन में विशेषरूप से भाषा और मिथकों की संरचना आदि। इन सभी मसलों पर यहाँ अलग-अलग विस्तृत और निर्णयात्मक बातचीत संभव नहीं : समकालीन संदर्भ में कुछ उन अंतर्संबंधों की बात उठाना चाहता हूँ जो आज हमारे लिए साहित्यिक महत्त्व रखते हैं–विशेषरूप से उस संदर्भ में जिसकी ओर आज की वस्तुवादी सभ्यता से क्षुब्ध एक ख़ासे चिंतक वर्ग का झुकाव मालूम पड़ता है।

यह समझना ग़लत है कि पाश्चात्य देशों की अपेक्षा हम अपनी परंपरा और अतीत से ज़्यादा चिपके हुए हैं। तकनीकी सभ्यता में पिछड़े होने को ही शायद हम हर माने में पिछड़ा होना मान लेते हैं, मानो इतिहास एक सीधी रेखा है जिसका एक सिरा अगर हमारे सुदूर अतीत में है तो दूसरा सिरा पाश्चात्य देशों के तकनीकी और वैज्ञानिक भविष्य में ! वस्तुतः तकनीकी और वैज्ञानिक प्रगति का मनुष्यजाति के सुखी भविष्य से उतना

सीधा और सरल रिश्ता है नहीं जितना आमतौर पर मान लिया जाता है। वर्तमान में भी, तकनीकी प्रगति और अपने अतीत या परंपरा के प्रति लगाव होने के बीच विरोध होना ज़रूरी नहीं : सारी तकनीकी प्रगति के बावजूद जापान अपने रहन-सहन, तौर-तरीक़ों में काफ़ी परंपरावादी और अतीत-प्रेमी है। इसी तरह इंगलैंड, फ्रांस, जर्मनी तथा अन्य योरपीय देश भी अपने अतीत और परंपरा को लेकर जितने भावुक हैं शायद भारत उतना नहीं क्योंकि भारतीय ऐतिहासिक अनुभव में एक संस्कृति के स्थायित्व से अधिक उसके भ्रष्ट किए जाते रहने का आतंक भी है। फिर भी अगर 'भारतीयता' जैसा कोई विशुद्ध बोध आज भी बचा रह गया है तो उसे 'धार्मिक' कहना ज़्यादा ठीक होगा ? या एक ऐसी मानवीय जीवन-दृष्टि जो उस माने में धार्मिक थी ही नहीं जिस माने में विदेशियों ने इस्लाम या ईसाई मतों को 'धर्म' समझा। विदेशी इतिहासकारों और व्याख्याकारों की धर्म के मामले में जो भी सीमित समझ थी उसकी सीमाओं में उन्होंने एक ऐसे जीवनदर्शन, एक ऐसी संस्कृति को समझना चाहा जिसके लिए धर्म का मतलब एक पूरी सामाजिक व्यवस्था और मनुष्य की बुनियादी जैविक परिस्थिति से सामना था। आधुनिक मानवविज्ञान तथा समाजविज्ञान ने विभिन्न जातियों की संस्कृतियों की व्याख्या के आधारों को बिलकुल बदल दिया है। पाश्चात्य व्याख्याकारों के लिए स्वाभाविक था कि वे अपनी संस्कृति की अपेक्षा अन्य संस्कृतियों को—विशेषकर उपनिवेशीय संस्कृतियों को—असभ्य और पिछड़ी हुई मानते। लेकिन अब यह माना जाने लगा है कि संस्कृति के मतलब पुराने रीति-रिवाज़ और धरम-करम मात्र नहीं, "एक समय में एक जगह की संस्कृति के मतलब हैं वह सब जिसके जुड़ने से एक जीवन-पद्धति, एक व्यवस्था का बोध होता है।" (एडमंड लीच)

लूसिएँ गोल्डमान ने अपनी पुस्तक **द हिडेन गॉड** में 'विश्व-दृष्टि' (vision du monde) को एक 'सार्वभौमिक सार्थक संरचना' (a significant global structure) बताते हुए कहा है कि विश्वदृष्टियाँ एक सामाजिक वर्ग विशेष की चेतना (जीवनदृष्टि ?) होती है। "मेरे लिए साहित्य, कला, दर्शन और सबसे बढ़कर धर्मपरायणता मुख्यरूप से 'भाषाएँ' हैं—ऐसे साधन जिनके द्वारा मनुष्य दूसरों से एक संवाद स्थापित करता है; ये 'दूसरे' उसके समकालीन भी हो सकते हैं, भविष्य में उसके पाठक भी हो सकते हैं, उसका ईश्वर भी हो सकता है, या फिर नितांत काल्पनिक पाठक हो सकता है।" मुख्य बात है वह 'विश्वदृष्टि' जो इन 'भाषाओं' द्वारा व्यक्त होती है और जो मात्र सूचना से विशिष्ट होती है।

जिस प्रकार का जीवनबोध (या विश्वदृष्टि) भारतीय धर्म, साहित्य, कलाओं और दर्शन की 'भाषाओं' में अभिव्यक्त हुआ है उसका एक आयाम मनुष्य की वह आध्यात्मिकता और उसका मानवीय संदर्भ है जिसकी चर्चा शुरू में कर चुका हूँ। क्या आज की विचारधाराओं में भी उसकी पहचान किसी न किसी रूप में शामिल है ? अभी हाल ही में एक प्रश्न का उत्तर देते हुए आन्द्रे माल्रो ने कहा था, "आप पूछते हैं कि पिछले सिद्धान्तों की जगह अब कौन-सा नया सिद्धांत आनेवाला है। मैं नहीं समझता

कि किसी सिद्धांत की जगह कोई नया सिद्धांत आ जाता है : नयी तरह की जानकारियाँ होती हैं जो पुरानी जानकारियों की जगह ले लेती हैं, जैसे आज सापेक्षतावाद और मनोविश्लेषण को इसका सर्वश्रेष्ठ उदाहरण माना जा सकता है। ये विचारधाराएँ हैं जिनसे अनेक सिद्धांत जुड़े होते हैं। मार्क्सवाद एक सिद्धांत है। लेकिन समझने की बात यह है कि वह अस्तित्ववाद से भिन्न है क्योंकि मार्क्सवाद की चिंता आर्थिक क्षेत्र की है जबकि अस्तित्ववाद का सरोकार विचारों से है।'' धर्म का मध्ययुगीन रूप आज हमारे लिए अप्रासंगिक है। लेकिन आज भी ऐसी अनेक विचारधाराओं में, जिनमें मनुष्य केंद्रीय चिंता का विषय हो, उसकी संपूर्ण मानसिकता का नक्शा ऐसे शब्दों के बिना बनाना कठिन हो जाता है जो कभी धार्मिक क्षेत्र के रहे हैं। यानी वे शब्द आज दूसरे प्रकार की 'जानकारियों' के साथ जुड़ गए हैं।

X X X

केंद्रीय मार्क्सवादी चिंतन में भी 'आध्यात्मिक' शब्द* बहिष्कृत नहीं है; उसके सही संदर्भ वे मानवीय मूल्य हैं जिनके पूरे विकास की कल्पना समाजवादी व्यवस्था में की गई है। पार्टी प्रोग्राम में इसका विशेषरूप से ज़िक्र है कि 'कम्यूनिस्ट आदर्शों को एक सच्ची मानवीय आध्यात्मिक संस्कृति से अलग नहीं किया जा सकता है।'' सोवियत यूनियन की कम्यूनिस्ट पार्टी का सबसे बड़ा लक्ष्य...''व्यक्ति के बराबर से संतुलित विकास द्वारा एक सच्चे समृद्ध आध्यात्मिक संस्कृति की रचना'' है। ''पूँजीवादी व्यवस्था मनुष्य को आध्यात्मिक स्तर पर नष्ट करती है'' (मार्क्स)। ''मनुष्य को एक आदर्श चाहिए। धर्म उसे एक आदर्श देता है। लेकिन इस आदर्श को मनुष्य-स्वभाव के अनुरूप लौकिक होना चाहिए, अलौकिक नहीं...'' (लेनिन) यानी मार्क्सवादी चिंतन भी, धर्म की ही तरह, आदर्श को ज़रूरी समझता है बशर्ते कि वह सामाजिक यथार्थ का हिस्सा हो, धर्म का या दूसरे किसी प्रकार के चिंतन का हिस्सा न हो। सोवियत मार्क्सवादी दृष्टिकोण की आलोचना करते हुए ताइलार्द द शार्दे ने आरोप लगाया था कि मार्क्सवाद का ध्यान केवल मनुष्य की भौतिक प्रगति पर है मनुष्य की आध्यात्मिक प्रगति पर नहीं तो उसके खंडन में कहा गया कि मार्क्सवाद के मानवीय जीवनदर्शन में मनुष्य के आध्यात्मिक विकास की कल्पना शामिल है। सोवियत मार्क्सवाद में 'आध्यात्मिक' मूल्यों का मतलब वे 'मानवीय' मूल्य हैं जो समाजवाद में विकसित हो रहे हैं।

धर्म ने भी मानवीय मूल्यों के आधार पर ही एक पूर्ण विकसित 'आध्यात्मिक मनुष्य,' या 'महामानव', या 'देवता' की कल्पना की। लेकिन जहाँ धर्म, मनोविज्ञान की ही तरह, यह मानकर चलता है कि मनुष्य के स्वभाव में ही ऐसी वृत्तियाँ होती हैं जिनमें असंतुलन पहले उसके व्यक्तित्व और फिर उसके सामाजिक आचरण में भी असंतुलन पैदा कर देता है इसलिए पहले उन्हें नियंत्रित करना ज़रूरी है, वहाँ मार्क्सवाद पूँजीवादी व्यवस्था के कारण समाज में उत्पन्न उन विषमताओं पर बल देता है जिनके कारण एक

* आध्यात्मिक शब्द को मैंने इस लेख में बराबर अंग्रेजी के (spiritual) शब्द के पर्याय के रूप में इस्तेमाल किया है।

व्यक्ति का स्वभाव और आचरण विकृत हो जाते हैं। यानी मनुष्य के सही दिशा में विकास के लिए सही आर्थिक-सामाजिक परिस्थितियाँ पहली ज़रूरत हैं। मार्क्सवाद मनुष्य के आत्मिक विकास की कल्पना करता है अपने चिंतन को पूरी तरह मनुष्य के भौतिक परिवेश से जोड़कर : धर्म ने भी आध्यात्मिक गुणों की कल्पना की लेकिन शायद अपने चिंतन को मनुष्य के भौतिक परिवेश से तोड़कर—या उसे गौण मानकर। 'काम-भावना' और 'आत्मरक्षा' के सिद्धांतों को प्रमुखता देते हुए फ्रायड ने जिस मनुष्य (Homo sexualis) का ख़ाका बनाया वह, एरिक फ्रोम के अनुसार, पुराने 'आर्थिक मनुष्य' (Homo economicus) का ही दूसरा रूप है।* यह बहस कि 'अध्यात्म' उसकी दमित कामभावनाओं का उदात्तीकरण है, या उसे उसके जायज़ आर्थिक-सामाजिक अधिकारों से वंचित रखने की पूँजीवादी साजिश का हिस्सा उस संदर्भ में ग़ैरज़रूरी है जिस संदर्भ में वह मनुष्य के स्वभाव का नैतिक और उदात्त पक्ष है—शोषण का कारण नहीं।

X X X

प्रश्नों को साहित्य के परिप्रेक्ष्य में भी देखें। अतीत का अर्थ उतना ही नहीं जितना वह एक परंपरा में बरकरार रहता है। बहुत कुछ ऐसा होता है जो एक परंपरा के बाहर अतीत में छूट जाता है। उसमें से कुछ किसी नए साहित्यिक या सांस्कृतिक आंदोलन में कभी-कभी एक नया महत्त्व प्राप्त कर ले सकता है। रिनेसान्स-काल के कला-आंदोलन में अनेक प्राचीन ग्रीक और रोमन कला-शैलियाँ पुनः जीवित हुई थीं। आधुनिक समय में कविता के 'इमेजिस्ट मूवमेन्ट' के पीछे प्राचीन चीनी और जापानी कविता-रूपों की ख़ासी प्रेरणा थी। टी. एस. इलियट की अपनी काव्य-संवेदना और साहित्यिक चिंतन में ईसाई धर्म तथा 'मेटाफिसीकल पोएट्स'—डन विशेषकर—महत्त्व रखते हैं। अक्सर एक परंपरा को बनाए रखने में ही नहीं उसको तोड़ने में भी अतीत के किसी भूले-बिसरे पक्ष का पुनर्स्थापन मदद कर सकता है। इसलिए अतीत के प्रति भी उतना ही खुला और क्रांतिकारी दिमाग़ रखना ज़रूरी है जितना नए से नए साहित्यिक या कला-आंदोलन के प्रति। मेरे लिए एक जागरूक समकालीन चेतना का अर्थ ही यह है कि वह अपनी समग्रता में उसी तरह अपने अतीत को भी सोच और इस्तेमाल कर सके जैसे अपने वर्तमान को, और उसे आज की सही ढंग की 'जानकारियों' से जोड़कर देख सके। आवश्यक बात है कि आज का रचनाकार अतीत को, परंपरा को, धर्म को, या किसी भी चीज़ को अपने विशिष्ट रचनाबोध (विश्वदृष्टि ?) में किस तरह इस्तेमाल करता है—उनके 'द्वारा' किस तरह के संकेत या संदेश हम तक पहुँचाने की कोशिश करता है। रचनाकार किस तरह यथार्थ को देखता, उसमें से चुनाव करता और फिर चुने हुए खंडों का अपनी कृति में संयोजन करता है इसका महत्त्व उसके अपने उस रचना-कौशल (creative strategy) में ढूँढ़ा जाना चाहिए जिसके द्वारा वह अपने अनुभवों की

* Freud's Model of Man and its Social Determinantsμ Erich Fromm.

फैली-बिखरी दुनिया को अधिक बोधगम्य, सुंदर या अर्थपूर्ण बनाता है। संरचनावादियों की यह धारणा है कि एक साहित्यिक कृति भी, मिथकों की ही तरह, एक प्रामाणिक शब्दरचना है; एक जागरूक चेतना का विश्वबोध, जिसकी जाँच का आधार भिन्न जीवनदृष्टियों का आरोपण न होकर उसे एक संदेश की तरह पढ़ना होना चाहिए। इस सिलसिले में वह दिलचस्प उदाहरण याद आता है। प्रथम महायुद्ध के दौरान एक शिल्प-प्रदर्शनी में मार्सेल द्यूशां ने अनेक 'बनी-बनाई चीज़ों' को भी शिल्प की तरह प्रदर्शित किया था, जिनमें उसने एक पेशाबदान को भी रखना चाहा : उसके अस्वीकृत होने पर एक गुमनाम पत्र में सफ़ाई देते हुए द्यूशां ने कहा था कि "यह बिलकुल ग़ैरज़रूरी बहस है कि पेशाबदान अपने आपमें शिल्प है या नहीं; ज़रूरी बात है कि जब उसे एक शिल्पकार शिल्प की तरह प्रदर्शित कर रहा होता है तब वह उसे उसके उपयोगिता के संदर्भ से हटाकर शिल्प का नया संदर्भ दे रहा होता है : दूसरे शब्दों में, वह उस वस्तु के 'द्वारा' एक नया विचार प्रस्तुत कर रहा होता है—स्वयं वस्तु को नहीं।" किसी आधुनिक साहित्यिक कृति पर विचार करते समय भी ज़रूरी है कि उसमें प्रयुक्त हुए सांस्कृतिक, ऐतिहासिक, धार्मिक तथा अन्य साहित्यिक प्रसंगों के बारे में हमारा खुद का दृष्टिकोण संकुचित न हो। मिथकों पर युंग तथा लेवी-स्त्रोस के अध्ययनों ने प्राचीन मानव-समाजों के बारे में हमारी धारणाओं को बिलकुल बदल दिया है—मिथकों को नहीं, न प्राचीन समाजों को !—बल्कि उनके बारे में हमारे सोचने के ढंग को।

X X X

मध्ययुगों की तरह आज अगर हमारी सांस्कृतिक चेतना जिसमें साहित्य और कला को शामिल समझना चाहिए—की अभिव्यक्ति का श्रेष्ठतम या विशेषतम माध्यम धर्म नहीं रह गया है तो यह खोज और भी ज़रूरी हो जाती है कि उसकी जगह किन मानवीय मूल्यों का विकास हम कर सके हैं, या करना चाह रहे हैं—यानी हमारे दिमाग़ों में भावी मनुष्य की क्या तस्वीर उभरती है। धर्म क्या आज किसी रूप में हमारे लिए प्रासंगिक रह गया है और हमारे जीवनबोध के अगर केंद्र में नहीं तो क्या हाशिये में भी कोई जगह रखता है ?

ग्रोतोव्स्की ने अभी हाल ही में एक बातचीत के दौरान कहा था कि हम 'ईसाई धर्म फैलानेवालों के बारे में शुरू से ही यह मानकर चलते हैं कि वे पुराने ज़माने के दकियानूसी बुड्ढे रहे होंगे जो दो हज़ार साल पहले नजरथ के आसपास धर्म की बातचीत कर रहे थे। हम यह मानने को तैयार नहीं कि वे बुड्ढे नहीं नवयुवक थे—आज के ही नवयुवकों की तरह देखने में आधे-पागल और ऊलजलूल—जो केवल धर्म ही नहीं धर्म के 'द्वारा' क्रांति की बात कर रहे थे : रोमन फौजी तानाशाही और झूठ के ख़िलाफ़ एक सशक्त नैतिक लड़ाई की बात सोच रहे थे—एक ऐसी सचाई की खोज में थे जिसके आधार पर जीवन को व्यवस्थित किया जा सके।' उसी तरह की एक लड़ाई गाँधी का 'धर्म' था : विदेशी साम्राज्यवाद के ख़िलाफ़ एक सशक्त नैतिक और राजनैतिक कार्रवाई, एक अहिंसात्मक क्रांति। गाँधी का 'धर्म' न केवल उनकी, बल्कि उनके

राजनीति की, भीतरी शक्ति थी। उस तरह की किसी शक्ति के बिना आज की राजनीति अनैतिक, स्वार्थी और चरित्रहीन हो गई है। गाँधी ने समय और जगह के अनुसार धर्म को जिस तरह अपनी राजनीति का हिस्सा बनाया उसके पीछे एक ऐसा चिंतन है जो केवल धार्मिक नहीं सही मानों में क्रांतिकारी और समकालीन कहा जाएगा : यहाँ धर्म नहीं, गाँधी के संपूर्ण जीवनदर्शन में उसकी अनिवार्य प्रासंगिकता महत्त्वपूर्ण है। (राजनीति को बिलकुल व्यावहारिक चीज़ समझ लेना भी पिछड़ापन हो सकता है—गाँधी के 'धर्म' से कहीं ज़्यादा ख़तरनाक और बर्बर पिछड़ापन।)

X X X

पिछले दो महायुद्धों तथा विएतनाम युद्ध के भीषण अनुभवों ने निश्चित रूप से योरपीय तथा अमरीकी मनोवृत्ति को मनुष्य की भौतिक प्रगति से विचलित करके उसके धार्मिक स्वभाव की ओर प्रेरित किया है। पूछे जाने पर कि आप युद्धोत्तर जर्मन साहित्य में किस रूप में देखे जाते हैं, नोबेल-पुरस्कार विजेता उपन्यासकार हाइनरिख़ बेल ने कहा था, "इसे आप अतिशयोक्ति न समझें लेकिन यह सच है कि इस समय शायद ही कोई ऐसा महत्त्वपूर्ण लेखक हो जो किसी न किसी तरह कैथोलिक परिवेश से न जुड़ा है। गुंटर ग्रास, मार्टिन वाल्सर, हान्स मागनुस एनज़ेन्सबर्गर, मैं..." भारतीय ऐतिहासिक अनुभव भी युद्ध की विभीषिकाओं से भरा पड़ा है : उसकी सांस्कृतिक चेतना में धार्मिकता किसी हद तक उन अनुभवों का परिणाम भी हो सकती है। (धार्मिक शब्द, मनुष्य की ज़्यादतियों और अज्ञान के ख़िलाफ़ एक मनोवैज्ञानिक मोर्चाबंदी है— । यह धर्म का एक दूसरा आयाम है कि आधुनिक मनोविज्ञान में भी अनेक ऐसी स्थापनाएँ आ रही हैं जिनकी सटीक पहचान धार्मिक शब्दावली में निहित है।) कलिंग-युद्ध के भीषण नरसंहार के बाद अशोक के चिंता की धार्मिक दिशा विचारणीय है।

हिंदी भाषा की बनावट को सोचते समय मुझे अक्सर ऐसा लगा है कि अनेक शब्द—विशेषकर वे शब्द जो संस्कृत से आये हैं—केवल अर्थ नहीं, कुछ विशेष मनोदशाओं से भी जुड़े हैं। ऐसे शब्द सभी भाषाओं में मिलेंगे लेकिन जिस तरह वे हिंदी भाषा की संरचना में ढले लगते हैं उनसे भाषा में एक ख़ास तरह की मनोपचारिक व्यवस्था—थेराप्यूटिक सिस्टम—के 'इनविल्ट' होने का एहसास होता है। इसका गहरा ताल्लुक इस जीवनपद्धति के गहरे धार्मिक संस्कारों से है जिनमें ये शब्द जन्मे, पले-पुसे और बड़े हुए। जिस धार्मिक, मिथकीय या कर्मकांडी संदर्भ में इन शब्दों की व्याख्या हुई उसके इतने प्रबल संस्कार इन पर पड़े हैं कि सहसा उन्हें नितांत लौकिक या वस्तुपरक संदर्भ में ढालना ही कठिन हो जाता है। भाषा की परिचित संरचना को बिगाड़े बिना, या इन शब्दों को पराई भाषाओं के शब्दों के पास-पड़ोस में रखे बिना इनकी धार्मिकता को दबाना कठिन हो जाता है। 'आध्यात्मिक' भी शायद ऐसा ही एक शब्द है जो कहीं मानवमन की उन्हीं गहराइयों (या ऊँचाइयों !) से जुड़ा है जिनकी चर्चा फ्रायड, युंग, लेंग, मास्लो, फ्रांक्ल आदि आज के मनोविज्ञान में लाए हैं। भारतीय दर्शन इस माने में शायद 'दर्शन' से अधिक मनोविज्ञान के निकट है कि उसने मनुष्य की बनाई

चीज़ों से अधिक मनुष्य में दिलचस्पी रखी। वह मुख्यतः मतावलंबी और संस्थानबद्ध न होकर विचारावलंबी और एक पूरी जीवनपद्धति में व्याप्त रहा है—बहुत कुछ उन्हीं अर्थों में जिनकी ओर माल्रो और गोल्डमान ने संकेत किया है।

X X X

मैंने इस लेख में मानवीय मूल्यों के आत्मिक आधारों की ओर ध्यान खींचना चाहा है। धार्मिक संस्थानों और रीति-रिवाज़ों का इतिहास और राजनीति में क्या रवैया रहा है यह पड़ताल की दूसरी ज़मीन है : उसमें फ़िलहाल न पड़ने का मुख्य कारण यह रहा है कि अक्सर 'तथ्यों' को लेकर बहस 'मूल्यों' पर बहस को घपले में डाल देती है।

एक साहित्यकार की दृष्टि से समकालीन चिंतन के कुछ ऐसे पक्षों का शीघ्रावलोकन करते समय जिनमें अध्यात्म, या उससे मिलते-जुलते शब्द आए हों, मुझे मनुष्य के यथार्थबोध में एक अतिरिक्त आयाम—उसकी भाषा में धार्मिक क्षेत्र के अनुभवों की यादों—को जोड़ता-सा लगता है। यह आज की अति-वस्तुपरक सभ्यता और हिंसात्मक वृत्तियों से पलायन का द्योतक भी हो सकता है, और उनके अमानवीय पक्षों के ख़िलाफ़ एक जबरदस्त नैतिक मोर्चे का संकेत भी। साहित्य के लिए दोनों ही स्थितियाँ एक जटिल और तनावपूर्ण मानवीय परिप्रेक्ष्य प्रस्तुत करती हैं।

1974 : 'पूर्वग्रह' में प्रकाशित।

दो

'चौरपंचाशिका' और उसका अंग्रेजी अनुवाद

पोइस मेथर्स द्वारा **चौरपंचाशिका** के अंग्रेजी अनुवाद का कुछ हिस्सा पहली बार मैंने जॉन स्टाइनबेक के उपन्यास **कैनेरी रो** में एक स्थान पर उद्धृत देखा। उसे पढ़कर मूल के प्रति जिज्ञासा बढ़ी। अनुवादों से यह नहीं लगता था कि वे अनुवाद हैं—उनमें मौलिक की-सी सुंदरता और ताज़गी थी। मेथर्स के कथनानुसार अनुवाद 1915 में समाप्त हुए थे। दो-तीन बैठकों में ही। बाद में फिर अनुवादों में विशेष परिवर्तन नहीं किया गया, इस डर से कि कहीं उनके स्वाभाविक प्रवाह में अंतर न आ जाए। अनुवाद मूल संस्कृत का मुक्त भावानुवाद हैं। संस्कृत पाठ से मिलान करने पर मुझे ऐसा लगा कि अनुवाद कहीं-कहीं मूल से भी अधिक शालीन और काव्यमय हैं। बिल्हण (यदि **चौरपंचाशिका** वास्तव में बिल्हण-कृत ही है, जिसमें कुछ संदेह की गुंजाइश है) **मेघदूत** की उस उदात्त परंपरा को पूरी तरह नहीं निभा पाए हैं जिसे निस्संदेह ध्यान में रखकर **चौरपंचाशिका** की रचना हुई है। खुली कामुकता जगह-जगह खटकती है, जैसे—

अद्यापि तत्प्रणयभंगुरदृष्टिपातं तस्याः स्मरामि
रतिविभ्रमगात्रभंगम्। वस्त्रांचलस्खलनचारुपयोधराग्रं
दंतच्छदं दशनखंडनचुंबनं च।

ऐसे स्थलों को देखकर यह उचित ही लगता है कि अनुवादक ने मूल का बहुत निकट से अनुसरण नहीं किया। संस्कृत में इस प्रकार के वर्णनों की एक परंपरा है, अतः वे पढ़ने में बहुत असामान्य नहीं लगते। अंग्रेज़ी अनुवाद में मेथर्स ने सराहनीय चतुरता से ऐसे प्रसंगों को निभाया है।

इसके पहले कि मूल संस्कृत पाठ या अंग्रेज़ी अनुवाद पर विचार किया जाए, **चौरपंचाशिका** या **चौरीसुरतपंचाशिका** के इतिहास को समझ लेना आवश्यक है। **चौरपंचाशिका** मुख्यतः एक प्रेम-काव्य है, **मेघदूत** वाली विप्रलंभ श्रृंगार की परंपरा में। **कर्णसुंदरी** नाटक के अंत में 'सद्यो यः पथि कालिदासवचसाम्' से भी कालिदास के प्रति बिल्हण की श्रद्धा स्पष्ट लक्षित होती है। **चौरपंचाशिका** वसंततिलका छंद में रचित 50 श्लोकों का एक छोटा-सा खंडकाव्य है जिसमें कवि एवं राजकुमारी के बीच एक गुप्त प्रणय का संस्मरणात्मक वर्णन है। उनका प्रेम किसी प्रकार राजा पर प्रकट हो जाता है

जो क्रुद्ध होकर कवि को मृत्युदंड देता है। अंतिम इच्छा के रूप में कवि अपनी अतीत प्रेमकथा को इन 50 श्लोकों में कहने की अनुमति प्राप्त करता है। कथा के कई रूप उपलब्ध हैं। एक रूप इस प्रकार भी है कि जिस जगह कवि का वध होनेवाला था वहाँ तक 50 सीढ़ियाँ उतरकर पहुँचा जाता था, हर सीढ़ी पर कवि एक श्लोक पढ़ता था। बाद में उसके गुण पर मुग्ध होकर तथा मंत्री की प्रार्थना पर राजा उसे प्राणदान देता है तथा राजकन्या उसे ब्याह देता है।

इस कथा का बिल्हण के जीवन से कोई संबंध है या नहीं इसका कोई निश्चित संकेत नहीं मिलता। अपने ऐतिहासिक महाकाव्य **विक्रमांकदेव-चरित** के 18वें सर्ग में विस्तार से बिल्हण ने अपनी जीवनी लिखी है लेकिन वहाँ भी किसी ऐसे प्रसंग का उल्लेख नहीं है जिसके आधार पर उक्त कथा को बिल्हण के जीवन से जोड़ा जा सके। इसके अतिरिक्त, इस समय **चौरपंचाशिका** के तीन प्रमुख पाठ मिलते हैं, एक तो जर्मन विद्वान डा. साल्फ द्वारा 1886 में जर्मन में संपादित काश्मीरी पाठ, दूसरा दक्षिण भारतवाला संस्करण और तीसरा उत्तर भारत का। तीनों के पाठ में और पूर्वकथा में विशेष अंतर है : केवल 5-7 श्लोक ही ऐसे हैं जो तीनों में समान हैं। इससे यह भ्रम भी होता है कि संभव है मूलरूप में यह कविता केवल **पंचिका** ही रही हो जो धीरे-धीरे बादवाले कवियों की कृपा और विषय की स्वच्छंदता से बढ़कर **पंचाशिका** हो गई ! लेकिन सत्य जो भी हो, जिस रूप में पंचाशिका आज उपलब्ध है उसकी गणना विश्व के क्लासिकल प्रेम-काव्यों में होनी चाहिए और उसका पाइस मेथर्स द्वारा किया गया अंग्रेज़ी अनुवाद एडवर्ड फिट्ज़जेरल्ड के उमर खइयाम के अंग्रेज़ी अनुवादों से कम सुंदर नहीं। (फिट्ज़जेरल्ड की अपेक्षा मेथर्स के अनुवादों में मुझे एक कमी लगी : मेथर्स ने मुख्यतः एक 'रोमांटिक मूड' को पकड़ने की कोशिश में शब्दों को इस प्रकार गूथा और फैलाया है कि अकसर ऐसा आभास होने लगता है कि वे अपनी मिठास के लिए अधिक रखे गए हैं अर्थ के लिए कम ! तुलना में फिट्ज़जेरल्ड की भाषा रोमांटिक होते हुए भी चुस्त और मँजी हुई है।) मेथर्स की दृष्टि विदेशी होने के नाते सुदूर भारत के एक रंगारंग अतीत को विशेष तरह से देखती है। उस दृष्टि में प्राचीन ग्रीक इतिहास की परिचित झलक भी है और नितांत अपरिचित प्राचीन एशिया की अध-समझी संस्कृतियों के प्रति एक रोमांटिक लगाव भी। बिल्हण की **चौरपंचाशिका** अधिक तात्कालिक है और मूलतः रोमांटिक काव्य होते हुए भी अपेक्षाकृत अधिक घने वातावरण में डोलती है। मेथर्स के अनुवादों में वह कोई विरल मायालोक लगता है। भाषा में एक अजीब तन्मय उदासी है जो कुशलता से उपयुक्त चित्रों और ध्वनियों में पिरोई गई है। मूल के बहुत-से संक्षिप्त, कथन अनुवादों में इंद्रधनुष की तरह फैल जाते हैं—रंग, बिंब और सरसता का मोहक सम्मिश्रण लिए हुए। नीचे मूल सहित दिए गए कुछ अनुवादों से स्पष्ट हो जाएगा कि उनमें कितना और किस प्रकार का अंतर है—

अद्यापि तां कनकचम्पकदामगौरीं फुल्लारविन्दनयनां तनुरोमराजीम्।
सुप्तोत्थिाम्मदनविह्वलितालसांगी विद्यां प्रमादगलितामिव चिंतयामि।।

अद्यापि तां शशिमुखीं नवयौवनाढ्यांपीनस्तनीं पुनरहं यदि गौरकांतिम्।
पश्यामि मन्मथशरानलपीडितानि गात्राणि संप्रति करोमि सुशीतलानि।।
अद्यापि तां यदि पुनः कमलायताक्षीं पश्यामि पीवरपयोधरभारनम्राम्।
संपीड्य बाहुयुगलेन पिबाभि वक्रमुनमत्तवन्मधुकरः कमलं यथेष्टम्।।

....

अद्यापि तां सुरतजागरघूर्णमानतिर्य्यक्स्खलत्तरलतारकदीर्घनेत्राम्।
शृंगारसारकमलाकर राजहंसीं व्रीडाविनभ्रवदनासुषसि स्मरामि।।

Even now
My thought is all of this gold-tinted king's daughter
With garlands tissue and golden buds,
Smoke tangles of her hair, and sleeping or waking
Feet trembling in love, full of pale languor;
My thought is clinging as to a lost learning
Slipped down out of the minds of men,
Labouring to bring her back into my soul.

Even now
If I see in my soul the citron-breasted fair one
Still gold tinted, her face like our night stars,
Drawing unto her; her body beaten about with flame,
Wounded by the flaring spear of love,
My first of all by reason of her fresh years,
Then is my heart buried alive in snow.

Even now
If my girl with lotus eyes came to me again
Weary with the dear weight of young love,
Again I would give her to these starved twins of arms
And from her mouth drink down the heavy wine,
As a reeling pirate bee in fluttered ease
Steals up the honey from the nenuphar.

....

Even now
I bring her back to me in her quick shame,
Hiding her bright face at the point of day;
Making her grave eyes move in watered stars,
For love's great sleeplessness wandering all night,
Seeming to sail gently, as that pink bird,
Down the water of love in a harvest of lotus.*

* Black Marigolds, Translated from the Sanskrit by E. Powys Mathers

ऊपर दिए गए उद्धरणों से स्पष्ट है कि मेथर्स के अनुवादों को मूल का स्वतंत्र अनुवाद न कहकर शायद स्वच्छंद अनुवाद कहना अधिक उपयुक्त होगा। मूल के भाव कहीं-कहीं तो अनुवादों में केवल सूत्र रूप से ही आए लगते हैं, शेष अनुवादक की अपनी कल्पना का प्रसार दीखता है।

मेथर्स ने कथा का दुखांत रूप ही लिया है, लेकिन नोट्स में उन्होंने चरित्रों के जो नाम आदि दिए हैं ये कथाओं के अन्य उपलब्ध पाठों से भिन्न हैं। काश्मीरी संस्करण के अनुसार राजकुमारी का नाम चन्द्रलेखा था जो राजा वीरसिंह की पुत्री थी, लेकिन डॉ. बूलर ने लिखा है कि वीरसिंह की मृत्यु बिल्हण से लगभग 100 वर्ष पूर्व 920 ई. में ही हो चुकी थी। अतः यदि बिल्हण को **चौरपंचाशिका** का रचयिता मान लिया जाए तो वीरसिंह का इस कथा से कोई संबंध नहीं स्थापित होता। सर बैरीडेल कीथ इस विषय में निश्चित हैं कि **चौरपंचाशिका** बिल्हण की ही रची हुई है। दक्षिण भारतवाले संस्करण में राजकुमारी का नाम यामिनीपूर्णतिलका बताया गया है जो पांचाल के मदनाभिराम की कन्या थी। लेकिन टीकाकार रामतर्कवागीश का मत है (1798) कि **पंचाशिका** कवि चौर की रची हुई है (जिसकी कुछ कविताएँ मिलती भी हैं) बिल्हण की नहीं। कविता वस्तुतः काली को अर्पित है जिसमें चौरपल्ली के राजकुमार सुंदर और विद्या के दुखांत प्रेम का वर्णन है। मेथर्स की कथा में चौर एवं विद्या के बीच प्रेम दिखाया गया है जो रामतर्कवागीश की टीका का तनिक भ्रमित रूप मालूम देता है। यह मेथर्स के साथ असंभव नहीं क्योंकि मेथर्स के अनुवाद और रामतर्कवागीश की टीका दोनों **चौरपंचाशिका** के उत्तर भारतवाले संस्करण पर ही आधारित हैं। इस बात का सबसे कम प्रमाण मिलता है कि कथा बिल्हण के जीवन से संबंधित है। बहरहाल, यह बहस कि इन श्लोकों का मूल रूप क्या था, इनके सही रचयिता कौन थे और इनके पीछे कौन लोग हैं आदि कुछ उसी प्रकार की छानबीन के अंतर्गत आती है कि शेक्सपियर के नाटकों का वास्तविक लेखक कौन है या उनके 'सानेट्स' की प्रेयसी का लेखक से क्या संबंध रहा होगा, आदि। फिलहाल हमारे लिए उनकी कृतियाँ ही अधिक महत्त्व रखती हैं और उस दृष्टि से **चौरपंचाशिका** संस्कृत प्रेम-काव्य की अन्यतम उपलब्धियों में से है।

मैथर्स ने, जैसा कि मैं पहले कह आया हूँ, कथा का ट्रेजिक रूप ही लेना पसंद किया, जो कि रोमांटिक वेदना के अधिक निकट है। संस्कृत साहित्य में दुखान्त कृतियाँ कम हैं–'ट्रैजिडी' की वैसी परंपरा यहाँ नहीं जैसी ग्रीक और लेटिन नाटकों ने योरोप में डाली। शायद इसलिए भी यह स्वाभाविक ही था कि मेथर्स को **चौरपंचाशिका** का दुखांत पक्ष ही रुचा। मेथर्स ने अनुवादों का शीर्षक Black Marigolds रखा है जो Azeddin El Mocadecci के इस उद्धरण पर आधारित है–

"And sometimes we look to the end of the tale that there should be marriage feasts and find only, as it were, black marigolds and a silence."

यह उदास शांति अंतिम पंक्तियों में एक विचित्र सौंदर्य प्राप्त कर लेती है–

Even now

I mind that I went round with men and women,
And underneath their brows, deep in their eyes,
I saw their souls, which go slipping aside
In swarms before the pleasure of my mind;
The world was like a flight of birds, shadow or flame
Which I saw pass above the engraven hills.
Yet was there never one like to my girl,

Even now
I know that I have savoured the hot taste of life
Lifting green cups and gold at the great feast.
Just for a small and a forgotten time
I have had full in my eyes from off my girl
The whitest pouring of eternal light.
The heavy knife. As to a gala day.

चौरपंचाशिका के पृष्ठभूमि की सच्ची कथा क्या है, किन घटनाचक्रों के बीच इसकी रचना हुई है, इसकी आदि-प्रेरणा क्या थी आदि ऐसे प्रश्न हैं जिनका समाधान शायद कभी भी पूरा-पूरा न हो सके। मुझे यह भी भय है कि यदि समाधान हो जाए तो शायद उसकी बहुत-सी रोचकता भी समाप्त हो जाए ! **चौरपंचाशिका** एक रहस्यावृत गुप्त प्रणय-कथा की सुंदर काव्य-स्मृति है, जिसमें उतनी ही स्पष्टता और निर्भीकता से एक वर्जित प्रेम का वर्णन किया गया है जितने साहस से उसका अनुभव किया गया होगा। **पंचाशिका** को कदाचित इस दृष्टि से ही पढ़ना अधिक सार्थक होगा।

1957 : 'युगचेतना' में प्रकाशित।

'पूर्वग्रह' : एक शीघ्रावलोकन

साहित्य में बराबर होते रहनेवाले नए कामों की टोह रखने में एक सजग साहित्यिक पत्रिका की भूमिका पुस्तकों से ज्यादा महत्त्वपूर्ण रही है। पुस्तकों के रूप में भी जो साहित्य छपता है उसका सही लेखाजोखा रखने के मामले में भी एक प्रौढ़ और उत्कृष्ट साहित्यिक पत्रिका का व्यक्तित्व निर्णायक संकेत दे सकता है। इधर इस साहित्यिक विवेक को रेखांकित करने में, कि श्रेष्ठ समीक्षा का मतलब रचनात्मक साहित्य की सहयोगी और पूरक चेष्टा होना चाहिए न कि उसकी क़ीमत पर अपने को स्थापित करना, मैं समझता हूँ, **पूर्वग्रह** का नाम ख़ासतौर पर लिया जाना चाहिए। **पूर्वग्रह** की शुरुआत और पिछले दस वर्षों में उसका प्रयत्न साहित्यिक विवेचना को भरसक निष्पक्षता से विचारों की शास्त्रीय (अकादेमिक) ज़मीन पर रखना रहा है। ऐसे समय में जबकि साहित्य की स्वायत्तता का सवाल खुद साहित्य में ही ठीक से परिभाषित न हो पा रहा हो **पूर्वग्रह** की इस कोशिश को मैं महत्त्व देता हूँ कि उसने साहित्य ही नहीं ग़ैर-साहित्यिक मसलों को भी साहित्य के ही मंच पर सोचने-विचारने पर दबाव डाला, और इस तरह साहित्य के सिकुड़ते दायरे को विस्तृत करने की दिशा में दृढ़-संकल्प रहा।

व्यावसायिक पत्रिकाओं और अति-प्रतिबद्ध पत्रिकाओं के विकल्प के रूप में भी **पूर्वग्रह** की उपस्थिति साहित्य के लिए एक बड़ी आवश्यकता की पूर्ति रही है। इस विकल्प को अगर एक तीसरा पक्ष मानने का दुराग्रह न हो तो काफ़ी हद तक **पूर्वग्रह** को एक स्वतंत्र, उदार और शिक्षित दृष्टिकोण का फोरम कहा जा सकता है। उसके माध्यम से जिस प्रकार की रचनात्मक और समीक्षात्मक चेष्टाओं की ओर ध्यान खींचा गया उसने निस्संदेह गंभीर साहित्यिक कोशिशों के मनोबल को ऊँचा किया। दूसरी कलाओं के साथ, और उनके बीच भी, एक संवेदनशील भाषायी संबंध बनाने की दिशा में भी **पूर्वग्रह** ने सार्थक पहल की है।

पिछले कुछ वर्षों से **पूर्वग्रह** में एक ख़ास तरह का ठहराव-सा भी महसूस किया जाने लगा है। **पूर्वग्रह** की खुद की प्रासंगिकता कभी जहाँ काफ़ी हद तक अपने समय के साहित्य और कलाओं को प्रासंगिक बनाए रखने से बनी, वहीं आज संभवतः **साक्षात्कार** और **कलावार्ता** जैसी नयी पत्रिकाओं द्वारा उसका काफ़ी काम बँटा लिए जाने के कारण कुछ अस्पष्ट-सी भी हुई। प्रतिद्वंद्वी या विपक्षी पत्रिकाओं के मुक़ाबले में अपनी

स्वतंत्र पहचान बना लेना जहाँ कुछ आसान होता है वहीं प्रतिपूरक और समानधर्मा पत्रिकाओं की तुलना में अपनी अलग ज़रूरत को सिद्ध कर पाना काफ़ी मुश्किल भी। इस संदर्भ में मुझे लगता है **पूर्वग्रह** की समीक्षात्मक ज़िम्मेदारी अब पहले से ज़्यादा जटिल और बड़ी हो गई है। समकालीन रचनात्मक साहित्य को सामने लाने से ज़्यादा बड़ा काम अब यह हो सकता है (क्योंकि इस काम को तो कमोबेश तमाम बड़ी-छोटी पत्रिकाएँ भी अपनी-अपनी तरह से कर ही रही हैं) कि सैद्धांतिक और व्यावहारिक समीक्षा के उन्नत तथा उन्नतशील उदाहरण सामने आएँ ताकि जो कुछ रचा या लिखा जा रहा उसके आकलन के सही तरीक़े और आदर्श मापदंड प्रोत्साहित और विकसित हो सकें।

1984 : 'कलावार्ता', भोपाल, में प्रकाशित।

आत्मनेपद* : 'अज्ञेय'

'अज्ञेय' के 28 निबंधों का यह संग्रह मुख्यतः दो दृष्टियों से विचारणीय है : साहित्य की दृष्टि से तथा 'अज्ञेय' के साहित्य की दृष्टि से। रचनात्मक साहित्य के इतिहास में वैयक्तिक निबंधों की एक विशिष्ट परंपरा है। हिंदी में अच्छे वैयक्तिक निबंध कम हैं और साहित्य के अन्य कई क्षेत्रों की तरह इस क्षेत्र में भी 'अज्ञेय' की देन महत्त्वपूर्ण है।

ये निबंध स्वयं में रुचि लेकर लिखे गए हैं, इसका यह अर्थ नहीं कि स्वयं के अतिरिक्त और किसी चीज़ में रुचि नहीं ली गई है। 'अज्ञेय' के व्यक्तित्व के बारे में पाठक के मन में सदैव एक जिज्ञासा बनी रही है, और बावजूद इसके कि उन्होंने अपने बारे में, प्रत्यक्ष एवं परोक्ष रूप से, काफ़ी लिखा है, यह जिज्ञासा कम नहीं होती। शायद इसका कारण है उनका कहने का ढंग (अपने को इस तरह सोचना कि दूसरों की उत्सुकता जाग्रत हो और बनी रहे), उनकी शैली जो उनकी विशेषता है; उनका गद्य जो स्वयं में एक सरस अनुभव है। निबंधों के वैयक्तिक पक्ष पर उनका अपना कथन है कि "अत्यंत आत्मचेतन (सेल्फ-कांशस) होते हुए भी अहंलीन ही नहीं है...अपने निजी जीवन के विषय में लोगों के कुतूहल को जानकर भी अपने से दूर रखता आया हूँ... यह कुतूहल...आज भी कुछ अच्छा या स्वस्थ या उचित नहीं मानता हूँ", लेकिन, "आत्मचर्चा स्वभाव के नितांत प्रतिकूल होते हुए भी जो दीख गया है उसे मैंने मान लिया है।"

निबंधों में 'अज्ञेय' चार रूपों में हमारे सामने आते हैं : कवि, उपन्यासकार, आलोचक तथा चिंतक। प्रयोगवाद के संदर्भ में कवि के विचारों तथा उसके महत्त्व से पाठक पर्याप्त परिचित हैं। यहाँ न उसकी चर्चा आवश्यक है, न लेखक ने ही उसे विशेष स्थान दिया है। कविता में प्रतीक पर दो लेख **प्रतीकों का महत्त्व** तथा **प्रतीक और सत्यान्वेषण** क्रमशः लेखक के **बावरा अहेरी** तथा **अरी ओ करुणा प्रभामय** काव्य-संकलनों को समझने में एक सीमा तक सहायक हो सकते हैं, लेकिन उनमें प्रतीकों का वह व्यापक महत्त्व नहीं विचारा गया है जो न केवल 'अज्ञेय' बल्कि आज की कविता की आधार-धारणाओं में से है। **आत्मनेपद** के बुनियादी संकेत को मानते हुए भी

* आत्मनेपद : स. ही. वात्स्यायन 'अज्ञेय'। प्रकाशक : भारतीय ज्ञानपीठ, काशी।

शायद यह कहा जा सकता है कि संग्रह के ऐसे लेखों में, जिनका संबंध कृतिकार की अपेक्षा कृतियों से अधिक है, अधिक अलगाव (डिटैचमेंट) होना चाहिए था, जैसा कि किसी हद तक " नदी के द्वीप क्यों और किसके लिए" लेख में है, तथा कुछ उन लेखों में जो प्रश्नोत्तर या पत्रोत्तर के रूप में लिखे गये हैं और थोड़ा-बहुत प्रश्नों के आग्रह से निर्देशित हुए हैं। उदाहरण के लिए 'शेखर' पर दो लेख लिये जा सकते हैं—'शेखर से साक्षात्कार', **'शेखर : एक जीवनी'** उपन्यास के ही एक परिच्छेद की तरह लगता है : 'शेखर : एक प्रश्नोत्तरी' सवालों के अधकचरेपन के बावजूद भी अधिक प्रतिपादनपरक है। साधारणतः 'आलोचना' तथा 'स्थिति' खंड के निबंध अधिक तथ्यपूर्ण हैं। मात्र अपना निरूपण न करके निश्चित विषयों पर विचार करते समय लेखक का जो व्यक्तित्व हमारे सामने आता है वह कई मानों में अधिक वास्तविक हो सकता है। अपने बारे में बिना अपने को किसी प्रकार 'कमिट' किए भी बहुत कुछ कहा जा सकता है—या अपने बारे में धोखा भी हो सकता है। इसलिए एक लेखक के सही मूल्यांकन के लिए ज़रूरी है कि हम युग के महत्त्वपूर्ण प्रश्नों पर उसके विचार जान सकें, उस बुनियादी दृष्टिकोण को समझ सकें जिस पर वास्तव में एक व्यक्ति का मूल्य निर्भर करता है। हिंदी साहित्य में 'अज्ञेय' का व्यक्तित्व और उनकी धारणाएँ काफ़ी विवाद का विषय रही हैं, विशेषकर नयी साहित्यिक चेतना को लेकर। यहाँ उनके विचारों का परीक्षण करते समय मन में उस पृष्ठभूमि का रहना अस्वाभाविक नहीं, शायद आवश्यक है, तभी उन विरोधों को समझ सकना संभव होगा जो 'अज्ञेय' या उनमें प्रतीकित नयी चेतना के विरुद्ध होते रहे हैं।

उन लोगों को लक्ष्य करके जो 'पूँजी के शासन से बचने के लिए यथेष्ट सतर्क थे' लेखक का कहना है कि उन्होंने "समीक्षा को राजनीति का साधन बनाया, और उस राजनीति का जिसमें शाश्वत की खिल्ली उड़ाकर तात्कालिक सुविधा को ही शाश्वत सिद्धांत बना डाला गया था। शाश्वत कुछ नहीं है, आलोचना के सिद्धांत समाज को प्रतिबिंबित करते हैं और इसलिए समाज के साथ बदलते हैं, इस प्रतिपाद्य से आरंभ करके समीक्षा को विशुद्ध अवसरवादिता के हाथों बेच दिया गया।" (—**'प्रतिष्ठाओं का मूल-स्रोत'** शीर्षक लेख से)। इस कथन के विरोध में एक क्रुद्ध आपत्ति अनुभव की जा सकती है कि फिर कला का आधार क्या है ? लेखक के शब्दों में, "स्वतंत्रता की प्राथमिकता...मनुष्य का विवेक...।"

इसी के साथ-साथ एक और विरोधी वर्ग सामने आता है जिसे 'अज्ञेय' के इस प्रकार के कथनों पर आपत्ति हो सकती है—"भारतीयता के मूल में जो भावनाएँ हैं उनसे हमें मानवीय अस्तित्व की नगण्यता और जीवन के प्रति अवज्ञा का पाठ मिलता है... जिस तरह चिरंतन काल की भावना ने हमारे यथार्थ काल के बोध को मिटाया है, उसी प्रकार व्यापक जीव-दया ने जीवित व्यष्टि के प्रति करुणा को भी मिटा दिया है, जीवदयावादी जीवमात्र के प्रति दया रखता हुआ किसी भी जीवन—मानव या मानवेतर—का कष्ट मज़े में देखता चलता है !" (—**'भारतीयता'** शीर्षक लेख से)।

लेखक लाख कहे कि "मैं परंपरा-द्रोही नहीं हूँ, न भारत द्वेषी...न ही निराशावादी....यह परिणाम नहीं निकलता कि भारतीय संस्कृति अग्राह्य है, या कि भारतीय परंपरा त्याज्य है।... हमें चाहिए वह बेलाग, सचेत, स्वाधीन जिज्ञासा जो परिवृत्ति में घिरी हुई भी आगे देखे..." (–**'भारतीयता'** लेख से), लेकिन परिणाम स्पष्ट है ! उक्त दोनों ही वर्गों की दृष्टि में लेखक अक्षम्य है ! वह साहित्य अग्राह्य है जो ऐसे विचारों को प्रधानता दे !

आत्मनेपद में इस प्रकार के अंधमतों को ललकारता हुआ लेखक का व्यक्तित्व ही कदाचित् सबसे सशक्त है। लेकिन जहाँ इस उत्साह–बल्कि कहना चाहूँगा, क्रांति या विद्रोह–के प्रति इस रोमांटिक उन्मेष के लिए गुंजाइश नहीं है, वहाँ शायद उन्मेष की जगह शैली में चिंतन की गंभीरता नहीं आ पाई है। 'एकांत साक्षात्कार' में लेखक अपने आपसे बातें करते हुए कुछ गंभीर दार्शनिक चिंतन करता है, लेकिन वहाँ भी यदि विषय की अपेक्षा एक मनोदशा ही अधिक उभरे तो यह मान लेना पड़ता है कि लेखक में सूक्ष्म अंतर्दृष्टि के साथ-साथ जो दूसरा गुण–स्वयं से अलगाव की क्षमता–होना चाहिए था, उसकी कमी है।

1961 : 'कादम्बिनी' में प्रकाशित।

'अधूरे साक्षात्कार' : नेमिचंद्र जैन

स्वतंत्रता के बाद के हिंदी उपन्यास का यह सर्वेक्षण 'उपन्यासों' और 'उपन्यासकारों' का परिचय मात्र न होकर 'उपन्यास' की विधा में हुए परिवर्तनों और विकास का अध्ययन है। इस माने में यह—लेखक के कथन के बावजूद—किसी हद तक ऐतिहासिक भी है और संपूर्ण भी। विवेचन के लिए उपन्यासों के चुनाव में ही लेखक उस परिष्कृत साहित्यिक रुचि का परिचय देता है जिसका निखरा रूप हम उपन्यासों के विवेचन में पाते हैं। लेखक इस दोहरे लक्ष्य को लेकर चलता है कि उपन्यास-कला के विभिन्न तत्त्वों के साथ-साथ महत्त्वपूर्ण उपन्यासों पर भी विचार होता चले। इस प्रकार पुस्तक में समीक्षा के दो पक्ष सामने आते हैं : सिद्धांतपक्ष तथा व्यावहारिक समीक्षा।

पहले आलोचना का सिद्धांत-पक्ष लेना ज़रूरी है क्योंकि लेखक आरंभ में ही कुछ मूल स्थापनाओं द्वारा अपने दृष्टिकोण को स्पष्ट करने की कोशिश करता है, और बाद के लेखों में उन्हें कुछ सैद्धांतिक निष्कर्षों से जोड़ता है। भूमिका में उसका कहना है कि "अपनी समस्त विविधता और क्षमता तथा उपलब्धि के बावजूद, समग्र रूप से हिंदी उपन्यास यही प्रतिक्रिया उत्पन्न करता है कि हमारे लेखक जीवन का सामना पूरा और अंत तक नहीं करते। इसीलिए इतनी सारी कृतियों में प्रस्तुत सत्य के साथ विभिन्न साक्षात्कार अंततः अपर्याप्त और अधूरे रह गए हैं—अनुभूति की गहराई की दृष्टि से भी और कलात्मक-सौंदर्यमूलक संपूर्णता की दृष्टि से भी।" आगे चलकर **संदर्भ की खोज** निबंध में 'ज़िंदगी के बाह्य यथार्थ से साक्षात्कार' की बात उठाई गई है जो "एक प्रकार से लेखक के आत्मसाक्षात्कार की प्रक्रिया का ही एक रूप है...जीवन के यथार्थ के इस अन्वेषण की एक अन्य अनिवार्य परिणति हुई व्यक्ति और परिवेश के सम्बन्ध-सूत्रों की खोज और परख..." लेकिन "अधिकांश उपन्यास अनेक चित्रों के, जीवन-खंडों के पुंज मात्र हैं। वे जीवन की निरंतरता का, प्रवहमानता का, काल में अखंडता का आभास मात्र दे पाते हैं, समग्र अनुभूति के रूप में उसे संप्रेषित नहीं करते।" इन धारणाओं से लगता है कि लेखक के अपने आलोचनात्मक दृष्टिकोण के निर्माण में प्रसिद्ध मार्क्सवादी आलोचक लूकाच के विचारों का प्रत्यक्ष या परोक्ष प्रभाव रहा है। पुस्तक के अंत के लेखों में जो निष्कर्ष निकाले गए हैं उन पर भी मूल आग्रह

लूकाच के ही विचारों का जान पड़ता है—"हिंदी उपन्यास में प्रायः सर्वत्र जीवन की समग्रता नहीं खंडमयता ही अधिक दीख पड़ती है...जीवन की गतिशीलता या निरंतरता का बोध भी बड़ा अपर्याप्त है या सतही है। **झूठा-सच** या **भूले-बिसरे चित्र** जैसे उपन्यास भी बाह्य औपचारिक काल में उलझे रह जाते हैं, काल के किसी गहरे आंतरिक आयाम को या वास्तविक गति के किसी भाव को नहीं संप्रेषित कर पाते।"

'संपूर्णता', 'जीवन का यथार्थ', 'काल के आयाम और निरंतरता' आदि अनेक ऐसे कथन हैं जिनका निश्चित आशय स्पष्ट नहीं हो पाता—न तो विशुद्ध सैद्धांतिक स्तर पर ही न कृतियों की आलोचना के ही दौरान। मसलन, यह कहना कि "हमारे लेखक जीवन का सामना पूरा और अंत तक नहीं करते" स्थिति को दूर तक साफ़ नहीं करता। संसार के बड़े से बड़े लेखक के लिए भी शायद यह नहीं कहा जा सकता कि वह जीवन का सामना पूरा और अंत तक करता है। जीवन के किसी भी अनुभव को—चाहे वह अनुभव खंड ही क्यों न हो—कलात्मक महत्त्व दे सकने की क्षमता का ताल्लुक़ अनुभव से अधिक अनुभव ग्रहण करनेवाले से है। इसी प्रकार यथार्थ की चर्चा भी लेखक इस प्रकार करता है मानो वह कोई निश्चित चीज़ है—और उपन्यासकार के बाहर की चीज़ है जिसका पूर्ण साक्षात्कार करने में ही उपन्यास तथा उपन्यासकार दोनों की सार्थकता है। मैं नहीं समझता कि यथार्थ की अब तक कोई ऐसी परिभाषा दी जा सकी है जो तथाकथित सभी मान्य यथार्थवादी उपन्यासों के लिए काफ़ी हो। अपनी पुस्तक **कानसेप्ट्स आव क्रिटिसिज़्म** में वलेक यथार्थवाद की पूरी ऐतिहासिक विवेचना के बाद इस निष्कर्ष पर पहुँचता है कि—"यथार्थवाद का निकृष्ट रूप वह है जहाँ वह मात्र पत्रकारिता, प्रबंध-रचना, वैज्ञानिक वर्णन यानी अ-कला होकर रह जाता है : लेकिन अपनी महानता में यथार्थवाद हर सिद्धांत के दायरे से परे वह सब है जो बालज़ाक, डिकेन्स, दोस्तव्स्की, ताल्स्ताय, इब्सेन और ज़ोला तक की रचनाओं को, उनकी रची सृष्टियों को, समेटता है। यथार्थवाद का सिद्धांत, सच पूछा जाए तो, ग़लत सौंदर्यशास्त्र है क्योंकि हर कला सबसे पहले एक 'रचना' है—प्रतीकात्मक रूपों का एक अपना मायालोक।" इसीलिए शायद अब उपन्यास के विवेचन में यथार्थ से अधिक उस टेकनीक के विश्लेषण पर अधिक ज़ोर दिया जाता है जिसके द्वारा लेखक अपने आंतरिक और बाह्य निरीक्षण को कलात्मक रूप देता है।

टेकनीक की बात उठाते समय पुस्तक के एक दूसरे लेख **रूप, शिल्प और भाषा** पर ध्यान जाता है। काफ़ी निराशा हुई इस लेख से। रूप, शिल्प और भाषा आज उपन्यास के क्षेत्र में काफ़ी महत्त्व रखते हैं, लेकिन पुस्तक में इन पर अलग से लेख होते हुए भी अलग से कोई ख़ास विचार नहीं किया गया है। शायद यह कहना ग़लत न होगा कि उन विचारों तक को ठीक से संगठित नहीं किया गया है जो अन्य लेखों में उपन्यासों के विश्लेषण से निकलते हैं। अगर यह मान लिया जाए कि लेखक रूप, शिल्प और भाषा को प्राथमिक महत्त्व नहीं देता तो इस लेख का इस रूप में पुस्तक में होना और

भी कम मानी रखता है। इस प्रकार के स्थूल वर्गीकरण और सरलीकरण देखकर—'अज्ञेय में काव्यात्मकता और भाव-तीव्रता', 'रेणु में लोकगीतों की कड़ियों का उपयोग', 'नागार्जुन और अमृतलाल नागर में बोलियों के शब्दों का प्रयोग'—लगता है कि यह नेमिचंद्र जैसे कुशल आलोचक का अपव्यय है।

सच पूछा जाए तो पुस्तक के सशक्त लेख वे हैं जिनमें किसी निश्चित कृति को लेकर विश्लेषणात्मक अध्ययन प्रस्तुत किए गए हैं। यानी सैद्धांतिक समीक्षा की अपेक्षा व्यावहारिक समीक्षावाले लेख अधिक सफल हैं। इसके दो कारण हो सकते हैं : एक तो, सैद्धांतिक मान्यताएँ इतनी कमज़ोर हैं कि व्यावहारिक आलोचना उनके बावजूद अग्रसर होती है; दूसरे यह, कि उन मान्यताओं को लागू करने के मामले में लेखक स्वयं बहुत कट्टर नहीं। लेखक की मान्यताओं से केवल एक दिशा-निर्देश भर होता है, लेकिन कृतियों के विश्लेषण के समय वह उन मान्यताओं से आक्रांत न होकर अपनी उस साहित्यिक रुचि पर अधिक भरोसा रखता है जो श्रेष्ठ रचनात्मक और आलोचनात्मक साहित्य के विवेकपूर्ण अध्ययन से बनी है। इसीलिए लेखक के सैद्धांतिक आग्रह कहीं भी दुराग्रह की सीमा तक नहीं पहुँचते और बराबर यह सुखद आभास बना रहता है कि हम एक रुचि-संपन्न और संतुलित आलोचक की बात सुन रहे हैं।

बात को पुष्ट करने के लिए यशपाल के **झूठा-सच** तथा रेणु के **मैला आँचल** की समीक्षा से दो उदाहरण लेना चाहूँगा। दोनों ही उपन्यास 'यथार्थवादी' उपन्यास माने जाएँगे : लेकिन, "यशपाल की कला की सीमा केवल यही नहीं है कि वह जीवन का एक छोटा, सतही टुकड़ा ही देख पाते हैं; बल्कि उससे भी अधिक इस बात में है कि वह जो कुछ देख पाते हैं वह मानवीय अनुभूति का सार्थकतम अंश नहीं होता।...उनकी रचनाओं में...जीवन को संस्कार देनेवाली गहन मानवीय संवेदना का अभाव रहता है, मन को संस्कार देनेवाली अथवा अधिक संवेदनशील और सजग बनानेवाली, विवेक को सतर्क बनानेवाली, सहानुभूति, करुणा और सौंदर्य-दृष्टि नहीं मिलती।" इसी प्रकार **मैला आँचल** के मूल्यांकन में समीक्षक इस नतीजे पर पहुँचता है कि "उसके लेखक ने देहाती जीवन को अत्यंत ही आत्मीय और कवित्वपूर्ण दृष्टि से देखा है। मैं जानबूझकर इस दृष्टि को कवित्वपूर्ण कहता हूँ। क्योंकि विशेषकर यथार्थवाद के नाम पर राजनीतिक दुराग्रह के फलस्वरूप बहुत दिनों तक साहित्यकार सबसे अधिक वंचित होता रहा इसी कवित्वपूर्ण दृष्टि से, यद्यपि मूलतः यही साहित्यकार की अपनी दृष्टि है। जीवन के सत्य को पकड़ने में, उसकी और मनोवैज्ञानिक तथा इतिहासकार की भिन्नता इसी दृष्टि की ही भिन्नता के कारण है। वह मानव-आत्मा का शिल्पी इसीलिए होता है कि वह जीवन के काव्य का, उसकी सरसता और सौंदर्य का, विकृति और विसंगति के पंक के बीच से झाँकते मुस्कराते कमल का द्रष्टा होता है। जीवन के इस सौरभ की पहचान ही कवित्वपूर्ण दृष्टि है।"

तत्त्वतः **अधूरे साक्षात्कार** हिंदी आलोचना के उन इने-गिने प्रयासों में से है जिसमें

समीक्षा की शुद्ध साहित्यिक ज़रूरतों को सर्वोपरि रखा गया है। लेखक इस ज़िम्मेदारी के प्रति पूरी तरह सचेत है कि अच्छी समीक्षा का काम पूर्व-निर्धारित मान्यता या मान्यताओं को रचनात्मक साहित्य पर ज़बरदस्ती थोपना नहीं बल्कि उन नियमों की खोज और छानबीन है जो श्रेष्ठ साहित्य के मूल में होते हैं। कुछ पूर्वग्रहों के बावजूद लेखक का स्वाभाविक झुकाव स्वस्थ वैज्ञानिक चिंतन शैली की ओर ही है।

1967 : 'आलोचना' में प्रकाशित।

साहित्यिक संवेदना का दायरा

कई तरह के कामों में व्यस्त रहना अशोक वाजपेयी का स्वभाव भी है और शायद उनकी नियति भी : वह पहले उनकी नियति है या पहले उनका स्वभाव, कहना मुश्किल है। साहित्य और कलाओं की रचनात्मक ज़रूरतें जिस तरह का समय और एकांत चाहती हैं अकसर वह दूसरे तरह के कामों के लिए बहुत कम गुंजाइश छोड़ती हैं। इसके बावजूद अगर अशोक वाजपेयी अपने मुख्य काम, यानी साहित्य, के अलावा भी अन्य साहित्येतर क्षेत्रों में भी इतने सक्रिय और सफल रहे हैं तो इसे उनकी प्रतिभा और पुरुषार्थ दोनों पर एक सकारात्मक टिप्पणी माना जा सकता है। ऐसा नहीं कि उनके सामने विपरीत परिस्थितियाँ नहीं आती रहतीं, पर उनका भी सार्थक उपयोग कर सकने की क्षमता उनमें है, इसका एक उदाहरण ग्वालियर प्रवास के दौरान बीता उनका वह मुश्किल समय था जिस समय में उनकी अनेक साहित्यिक कृतियाँ लिखी गईं। प्रमुखतः कविताएँ और समीक्षाएँ। साहित्य के आसपास जिस तरह का उनका काम बराबर देश में, और किसी हद तक देश के बाहर भी, ध्यान आकृष्ट करता रहा है वह है विभिन्न कलाओं और अनेक भाषाओं के साहित्य में काम करनेवाली प्रतिभाओं के लिए ऐसी जगहें और मौके मुहैय्या कराना जहाँ उनके बीच खुला आदान-प्रदान हो सके। **सीधी-प्रकरण** और **पहचान** सीरीज़ का प्रकाशन अगर उस कोशिश की शुरुआती अभिव्यक्ति थी तो **भारत-भवन** उस परिकल्पना का प्रौढ़ जीता-जागता उदाहरण, और अभी ही हाल में **कविता-93** का दिल्ली में सफल आयोजन उसी कड़ी में नवीनतम उपलब्धि थी।

इस तरह के आयोजन कहाँ तक दूसरी कलाओं को उत्प्रेरित, समृद्ध और सम्पन्न कर पाते हैं, नहीं कह सकता, पर हमारी साहित्यिक संस्कृति को ज़रूर दूर तक आन्दोलित कर सकते हैं इसका एक उदाहरण अशोक वाजपेयी की ये तीन पुस्तक हैं जो इस समय हमारे सामने हैं। इनमें अनेक कविताएँ और विभिन्न कलाओं से संबंधित विचारपूर्ण निबंध हैं। उनमें एक कवि और साहित्यकार की दृष्टि से विभिन्न कलाओं को संवेदनशील ढंग से देखने और गुनने का उपक्रम है। अधिकांश कविताएँ उत्कृष्टतम भारतीय संगीत को सुनते हुए या चाक्षुष प्रस्तुतियों को देखते हुए, एक सुहृद साहित्यकार

'समय से बाहर' : अशोक वाजपेयी, वाग्देवी प्रकाशन बीकानेर, राजस्थान।

की मूलतः भावात्मक प्रतिक्रियाएँ हैं। भाव शब्द को यहाँ मैं उसके हल्के अर्थ में नहीं प्रयुक्त कर रहा हूँ, उसके उस गंभीर अर्थ की ओर संकेत है जब भावक किसी कला-अनुभव को अपने अंदर या अपनी कला में पुनः रचता है। **बहुरि अकेला** में कुमार गंधर्व के गायन से जुड़ी हुई अनेक कविताएँ हैं। इसी तरह कई कविताएँ मल्लिकार्जुन मंसूर, रविशंकर, अली अकबर ख़ाँ के संगीत और स्वामीनाथन के चित्रों से प्रेरित हैं।

इन कविताओं को पढ़ते समय कई तरह के सवाल मन में उठते हैं—ऐसे कई तरह के सवाल उठना भी इन कविताओं की एक उपलब्धि है। संगीत के स्वरों और कविता के छंदों के बीच संबंधों की बात होती रही है। गायक शब्दों को गाते हैं, छंदों को नहीं।—छंद गायकी के दौरान टूट-फूट जाते हैं। कभी-कभी तो शब्दों का उच्चारण भी भ्रष्ट हो जाता है। नयी कविता ने भी छंदों के कठिन अनुशासन से अपने को मुक्त किया। ध्वनि, अर्थ और कथ्य की लय को पकड़ा : उसे एक नयी तरह की संरचना और शिल्प दिया। संकलित कविताएँ एक मर्मज्ञ कला-रसिक की उसकी कविताओं में व्यक्त सूक्ष्म प्रतिक्रियाएँ हैं। यह सवाल भी उठता है कि क्या वे ऐसी रचनाएँ भी हैं जो दो भिन्न प्रकार की कला-अनुभूतियों के बीच किसी नए अनुभव या अंतर्संबंधों को भी संप्रेषित या संकेतित कर सकी हैं ? कविता में संगीत के उदात्त अनुभव का आभास लाने की कोशिश पहले भी की गई है। प्रतीकवादी मलार्मे और उसके साथी कविता में वागनर के संगीत का प्रभाव लाना चाहते थे। उन्होंने उस समय शब्द लय और भाषा के बारे में नए सिरे से सोचना शुरू किया क्योंकि वे कविता को एक बिल्कुल नया ढाँचा या **मोल्ड** देना चाहते थे। उनकी कोशिशों का कविता पर दूर तक प्रभाव पड़ा यद्यपि मलार्मे की कविता दुरूह होती चली गई क्योंकि कविता में ध्वनि-प्रमुख असर लाने के प्रयत्न में वह 'वास्तविकता के दबाव' को बिलकुल खारिज करती है। संगीत की लिपि की ही तरह मलार्मे शब्द-योजना और उसकी छपाई तक में वही गुण चाहता था जिसे उसने 'Prismatic sub-divisions of the idea' कहा है। ध्यान जाता है कि वैदिक काव्य भी, संगीत की ही तरह, ध्वनिप्रधान था। दोनों का उद्देश्य उन्मेष जगाना था। दोनों की गहरी जड़ें मनुष्य के आदिम भावों और बुनियादी आवेगों में थीं। आज का भारतीय संगीत आज भी जिस तरह आज से पहले की कविता के साथ घनिष्ठ रूप से जुड़ा है उस तरह वह आज की कविता के साथ नहीं जुड़ पाता क्योंकि आज की कविता केवल भावनात्मक नहीं चिंतनपरक भी है। शाब्दिक कलाओं और संगीत या नृत्य जैसी कलाओं के बीच दूरी बढ़ते जाने का एक प्रमुख कारण यह भी है कि जिस तरह शब्दों की दुनिया परिवर्तनों के संपूर्ण द्वन्द्व और संघात झेलने के लिए बाध्य है ध्वनियों की दुनिया उनसे किसी हद तक परे और सुरक्षित दुनिया है। इस फ़र्क को समझते हुए संकलित कविताएँ कहीं इस विश्वास को लेकर चलती हैं कि आनंद और रस की सृष्टि करनेवाली यह सुरक्षित दुनिया भी पूर्णतः जायज़ है क्योंकि वह हमारे उदात्त मानवीय संस्कारों को विस्तृत और पुष्ट करती है। **कविता का गल्प** में कहा गया है कि एक निरन्तर रहस्यहीन होते जा रहे संसार में रहस्य का स्वीकार, उसकी उद्भावना एक रेडिकल

काम है। संगीत से रू-ब-रू कविताओं में इस रहस्य का आभास ज़्यादा अमूर्त है—बनिस्बत उन कविताओं के जो हुसैन या स्वामीनाथन के चित्रों से प्रेरित है। भावभूमि एक-सी है पर बिंबों के गठन में एक सावधान अंतर रखा गया है—बिंब अधिक सघन और स्पृश्य-से लगते हैं। संयोग से हुसैन और स्वामीनाथन ने कविताएँ भी लिखी हैं। वे किस तरह शब्दों को **देखते** हैं, और एक कवि किस तरह उनके चित्रों को **पढ़ता** है, यह अध्ययन भी दिलचस्प हो सकता है।

समय से बाहर पुस्तक में कविताओं के अलावा विभिन्न कलाओं पर कई विचारपूर्ण लेख हैं। कलाओं और समय के संबंधों को लेकर एक लंबा लेख है—**दूसरा समय**। छः लेख संगीत पर हैं—**सुनने-गुनने का अर्थ, कुमार गंधर्व पर शब्द, स्मृति और संगीत, कुमार गंधर्व : कुछ गद्यकविताएँ, शून्य गढ़** शहर, **कुमार गंधर्व का अवसान**, तथा **मल्लिकार्जुन** मंसूर पर एक लेख अनंत जीवन-संगीत। इसी कड़ी में मुकुंद लाठ की एक चिट्ठी भी संकलित है जिसे पढ़ना न केवल एक बहुत ही संयत और संतुलित कला-चिंतक के विचारों से परिचित होना है बल्कि भाषा के एक अत्यंत शालीन रूप से भी। आगे **देह का देशकाल** नृत्य पर, **दूसरों की उपस्थिति में**, नाटक पर **कथा का छंद** सत्यजित राय के सिनेमा पर, **बढ़ना नहीं देखना** चित्रकला पर, एक लेख। रज़ा के चित्रों पर तथा अंत में एक संक्षिप्त लेख **कविता का गल्प** कविता पर है। विभिन्न कलाओं में एक जीवन्त रुचि का पूर्वाभास तो इस फेहरिस्त से ही मिल जाता है, लेकिन स्पष्टतः साहित्य से लेखक की गहरी वाबस्तबी है, और संगीत से अन्य कलाओं की अपेक्षा ज़्यादा आत्मीय लगाव है।

दूसरा समय और संगीत पर लेखों को ध्यान में रखते हुए दो-एक बातें रखना चाहूँगा। लेखों में विभिन्न भारतीय कलाओं के बीच जिस **बेखबरी** और **परिवर्तन की कमी** की ओर ध्यान खींचा गया है उस बेखबरी के मूल में कहीं अतीत और परंपरा के प्रति हमारे संस्कारों में एक अतिरिक्त मोह तो है ही, पर अकसर पाश्चात्य **आधुनिकता, परिवर्तन, क्रांति** और **समसामयिकता** जैसे पदों के अतिवाद ने भी बात को बिगाड़ा है। जैसाकि मुकुंदजी ने इशारा किया है और जिस ओर अशोक वाजपेयी भी पूरी तरह सचेत हैं, कलाओं में **परिवर्तन** या **क्रांति** या **समकालीनता** का अर्थ वही या वैसा ही नहीं होता जैसा समाज या राजनीति या विज्ञान में। लेकिन हमारे शास्त्रीय संगीत और नृत्य ने अगर पश्चिमी प्रभावों को ग्रहण नहीं किया तो उसके पीछे मुझे वे कारण नहीं दिखते जिनका ऊपर ज़िक्र है। भारतीय शास्त्रीय संगीत और नृत्य ने अगर पश्चिम से कुछ नहीं लिया तो एक-दूसरे से भी कुछ नहीं लिया, या बहुत कम लिया। भारतीय शास्त्रीय गायन और नृत्य के अपने **घरानों** और **शैलियों** के अनुशासन इतने कठोर थे कि विजातीय प्रभावों के लिए उनमें बहुत गुंजाइश नहीं थी। गुरु-शिष्य परंपरा भी इस माने में किंचित अवरोधक ही थी। इधर जब ये दबाव कुछ कम हुए हैं तो भारतीय शास्त्रीय संगीत में एक नयी तरह की ताज़गी, खुलापन और प्रयोगशीलता आई है।

दूसरा समय लेख सोचने के लिए पर्याप्त सामग्री देता है। एक उद्धरण है—**(कलाएँ) ऐतिहासिक और सामाजिक समय से परे भी एक दूसरा समय रचती हैं; समानान्तर समय, समयान्तर प्रतिसमय।** प्रसंगवश कहना चाहूँगा कि अधिकांश लेख तर्कमूलक और शोधपरक नहीं हैं : एक संवेदनशील कवि-मन की सूक्ष्म प्रतिक्रियाएँ हैं। इसीलिए शायद बहसों से अधिक लेखों के सबसे सारपूर्ण तत्त्व सूत्र-वाक्यों और टिप्पणियों में व्यक्त हुए हैं। शायद इसीलिए कई बार विवेचना के संदर्भ-पद भी अस्पष्ट रह जाते हैं। जैसे समय और कलाओं के संदर्भ में **चेतना** और **स्मृति** जैसे संदर्भ-पदों का लगभग उपेक्षित रहना। कला-रचना और उसके संप्रेषण में मनुष्य की चेतना केंद्रीय महत्त्व रखती है। वैसे भी, **सामाजिक यथार्थ** जैसे पद की जगह जब हम **सामाजिक चेतना** को रखते हैं तो बात का दबाव मनुष्य के मनोविज्ञान और उसके सौंदर्यबोध में सही जगह पड़ता है : तब व्यक्ति और समाज के बीच अनावश्यक द्वैत और विभाजन की स्थिति नहीं बनती, मानव-चित्त के कलाओं द्वारा उदात्तीकरण की बात बनती है। इसी तरह **स्मृति** शब्द भी काफ़ी हद तक उपेक्षित और अस्पष्ट संदर्भ-पद ही रहता है जबकि समय, कला और शब्द-अर्थ में उसकी महत्त्वपूर्ण भूमिका रहती है। **स्मृति**, समय में कुछ खास अनुभवों का ठहरे रह जाना है। कला भी कुछ अनुभवों को समय में ठहरा लेने, उन्हें स्मरणीय बनाए रखने की शक्ति है। समय-प्रवाह सबकुछ को मिटाता है : कला की स्मृति उसके विरुद्ध एक कार्यवाही है। इसी तरह शब्द की सत्ता अक्षर मानी गई है, यानी अमिट। चेतना में पदार्थ-बोध है पर वह पदार्थ-सापेक्ष नहीं। चेतना की स्वायत्ता को मानें तो पदार्थ की गति की तरह वह एकदिशात्मक नहीं, प्रकाश की गति की तरह बहुदिशात्मक है। वह जितनी वार्तमानिक है उतनी ही अतीत और भविष्य में भी फैली हुई। इसी विशिष्ट अर्थ में कलाएँ भी अपने समय और जगह के अंतर्व्यापी आयामों को रचती है—एक ही कृति वार्तमानिक की नहीं ऐतिहासिक, मिथकीय और भविष्यचेता भी हो सकती है। लेकिन, संगीत समय में एक निर्धारित अवकाश को रस और आनंद से भर सकने की भिन्न प्रकार की कला है। इस अर्थ में अशोक वाजपेयी का यह कहना सही है कि **संगीत के लिए इतिहास एक अप्रासंगिक अवधारणा है...उसकी परंपरा है पर इतिहास नहीं। एक परम अर्थ में संगीत तत्काल है।**

नाटकों को लेकर एक पुराना लेकिन ज़रूरी सवाल उठाया गया है—**हिंदी में मेजर प्रतिभा नाटकों की ओर आकर्षित नहीं होती**...यह ठीक है, लेकिन डेरेक वाल्काट के उद्धरण के मार्फत यह सुझाव समस्या का वास्तविक हल नहीं लगता कि **आधुनिक कविता को फिर से रंगमंच पर चढ़ाई करना चाहिए।** फिर भी इस संकेत की ओर ध्यान दिया जाना चाहिए : कविता और नाटक की बिरादरी बहुत दूर की नहीं।

अंत में, इस ओर भी ध्यान जाता है कि संगीत जैसी प्रदर्शित की जानेवाली कलाओं की समीक्षाएँ अकसर उसकी व्याकरण और तकनीकों के विवरण में कुछ इस तरह खो जाती हैं कि उनका सौंदर्य-पक्ष दब-सा जाता है। यह पुस्तक उस परिपाटी से हटकर एक रसज्ञ श्रोता की निजी और संवेदनशील उपस्थिति को महत्त्व देती है।

साहित्य में इधर **पाठक की वापसी** की चर्चा रही है : ये समीक्षाएँ कुछ-कुछ उसी अर्थ में श्रोता और दर्शक की निर्भीक वापसी का उत्सव है। पीछेवाली सीटों पर नहीं, सबसे आगेवाली सीटों पर, संगीतशास्त्रियों के अगल-बगल। यह पुस्तक उसी दिशा में एक सराहनीय साहसिक कदम है। अशोक वाजपेयी के विचारों की साहित्यिक गरिमा कला संबंधी उनकी विवेचना को जहाँ एक-दूसरे धरातल पर ग्राह्य बनाती है, वहीं साहित्यिक संवेदना के दायरे को भी विस्तृत करती है। लेखों में कई जगह साहित्य की स्वाधीनता, उसके स्व-राज की बात आई है। एक रचना को ग्रहण करनेवाली मानसिकता कितनी विकसित, उदार और समावेशी है, वह किस तरह एक कृति की व्याख्या और उसके अर्थ का विस्तार करती है ये सब अशोक वाजपेयी की बहुत जायज़ चिंताएँ रही हैं, जिन्हें इस मौके पर याद किया जाना चाहिए। साहित्य और कलाओं की दुनिया को उनकी कोशिशें और **पैशन** उनके लेखन और कर्म-क्षेत्र का अभिन्न हिस्सा रहे हैं—जिसे हम सब गहराई से महसूस करते हैं।

1961 : 'अन्तर्दृष्टि-7' में प्रकाशित।

तीन

'प्रसाद' : जीवन से थोड़ा हटकर एक आश्चर्यलोक

प्रसाद जन्मशती के अवसर पर आज हम हिंदी के एक ऐसे साहित्यकार के कृतित्व पर विचार करने जा रहे हैं जिसने 47 वर्षों की कम आयु में ही साहित्य की लगभग सभी विधाओं को समृद्ध किया। कविता, नाटक, कहानी, उपन्यास, निबंध...शायद ही साहित्य का कोई ऐसा पक्ष बचा हो जो प्रसाद की अद्‌भुत प्रतिभा का ऋणी न हो।

साहित्य अकादेमी के प्रति कृतज्ञ हूँ कि उसने इस आयोजन के शुभारंभ का अवसर मुझे दिया, तथा यह मेरे लिए विशेष संतोष और गौरव की बात है कि इस मौके पर यहाँ साहित्य की अनेक जानी-मानी प्रतिभाएँ और साहित्यमर्मज्ञ उपस्थित हैं।

प्रसाद के बारे में आज सोचते वक्त कुछ ख़ास बातों की ओर ध्यान जाता है। एक बड़े साहित्यकार को उसकी जन्मशती के अवसर पर याद करना अगर औपचारिकता मात्र नहीं है, तो हमारा ध्यान प्रसाद के मूल्यांकन के साथ ही किसी भी क्लासिक की प्रासंगिकता और उसके पुनर्मूल्यांकन की समस्याओं पर भी जाना चाहिए। अच्छी समीक्षा का काम केवल सरलीकरणों और आसान समीकरणों में विचरण करना- भर नहीं : एक ऐसे विवेक का परिचय देना भी है जो विभिन्न रचनाओं, या रचनाओं की विभिन्नताओं के बीच बारीक फ़र्क कर सके। प्रसाद की कला एक भिन्न प्रकार का रचनात्मक प्रस्ताव है। उसे यथार्थवादी साहित्य की तरह पढ़ना उसका गलत पाठ होगा। वह मूलतः मनुष्य की सौंदर्य भावना और उसके नैतिकता बोध को संबोधित कल्पना प्रधान कला है। प्रसाद जीवन से थोड़ा हटकर एक आश्चर्यलोक की रचना करते हैं—उसका ऐश्वर्य हमें आकृष्ट करता है पर उसके साथ हम बहुत सहज और आत्मीय नहीं हो पाते। उसमें लकदक, सजावट और सौजन्य है पर जीवन की निकटता और ऊष्मा का अभाव लगता है। प्रसाद के साहित्य में मुझे जो कमी महसूस होती है वह कला की नहीं, कला और जीवन के बीच घनिष्ठता की है। अतः यह स्वीकार करते हुए भी कि प्रसाद आज मेरे लिए उन अर्थों में प्रासंगिक नहीं जिनमें उन्हीं के समकालीन **निराला** और **प्रेमचंद** है, यह मानना पड़ता है कि 'भव्य' और 'उदात्त' के अर्थों में प्रसाद क्लासिकल ऊँचाइयों को छू सके हैं।

एक जागरूक साहित्यिक विवेक किसी न किसी रूप में अपने क्लासिक्स को बराबर चर्चा के केंद्र में रखकर जीवित रखता है और उन्हें जीवित रखना एक देश की सांस्कृतिक चेतना को जीवित रखना है। एक समय था जब रूसी साहित्य के अनेक क्लासिक्स को साहित्य चर्चाओं से बाहर कर दिया गया : धीरे-धीरे यह अनुभव किया जाने लगा कि इतनी बड़ी साहित्यिक धरोहर को यों नकार देना लगभग आत्मघाती है। अपनी जड़ों से कटकर कोई वृक्ष फूलफल नहीं सकता, और क्रमशः वर्तमान साहित्यिक परिदृश्य का बेजान होते चले जाना अनिवार्य है।

समकालीनता के अर्थ को भी विस्तृत करते रहना ज़रूरी है। हो सकता है एक समय में जिसे हम समकालीनता का कुल या सही मतलब समझ रहे हैं, उस पर भी पुनर्विचार ज़रूरी हो। 'आधुनिकता' और 'समकालीनता' की धारणाओं के पीछे अनेक पाश्चात्य पूर्वग्रह रहे हैं : इसी तरह परंपरा, इतिहास, साहित्यशास्त्र, पुराकथाओं आदि के बारे में भी हमारा चिंतन विदेशी प्रभावों से अछूता नहीं। परंतु आज हमारे सोच की एक दिशा यह भी है कि हम इन 'पदों' की व्याख्या मुख्यतः अपने ऐतिहासिक और मौजूदा अनुभवों के संदर्भ में करें। एक रचनाकार की हैसियत से मेरे लिए किसी क्लासिक का एक दिलचस्प पहलू यह भी है कि वह हमारे समकालीन आग्रहों से मुक्त, एक भिन्न कालखंड में, एक स्वतंत्र रचनात्मक घटना के रूप में पूर्णतः सुरक्षित है। वह हमें आमंत्रित करता है—जैसे कभी 17वीं सदी के कवि **जॉन डन** ने **टी. एस. इलियट** को किया था—कि हम उसका अपनी तरह पाठ करें और उसके साथ एक संवाद स्थापित करें। इस तरह का एक अंतरंग संवाद हमारे समय में **मुक्तिबोध** ने **कामायनी** के विश्लेषण में दिया है।

प्रसाद के चिंतन की गहरी जड़ें भारतीय संस्कृति, अद्वैत दर्शन और रस सिद्धांत में हैं। उनके सोच-विचार का तरीका ठेठ रूप से भारतीय है—ख़ासतौर पर इस माने में कि भारतीय विचारकों ने जीवन, दर्शन और साहित्य के बीच घनिष्ठ रिश्ता माना और उनके बीच सामंजस्य खोजने की कोशिश करते रहे। यथार्थ को उन्होंने केवल वस्तुगत न मानकर नैतिक, मानसिक और मूल्यगत भी माना।

प्रसाद काव्य और कला संबंधी सवालों को निश्चित रूप से मनुष्य के सौंदर्यबोध के दायरे में रखते हैं, और साहित्य का प्रयोजन या उपयोगिता उसके 'आनंद' प्रदान कर सकने की क्षमता में मानते हैं, लेकिन उनकी मानसिकता लोकनिरपेक्ष नहीं है, न मनुष्य में सौंदर्य भावना को ही वे समाजनिरपेक्ष पलायनवादी प्रवृत्ति मानते हैं। जब वे कहते हैं कि : "(भारतीय) काव्य की धारा लोकपक्ष से मिलकर अपनी आनंद साधना में लगी रही," तो वे सामाजिक दायित्व से पलायन का रास्ता खोजते नहीं दिखते बल्कि उस साधना में 'श्रेय' और 'प्रेय' का सामंजस्य खोजते हैं जिसे उन्होंने 'श्रेयमयी प्रेय रचनात्मक ज्ञानधारा' कहा है। मुक्तिबोध ने भी स्वीकार किया है कि 'प्रसाद को इस बात का श्रेय देना ही होगा कि उन्हें अपने समाज की विषमताओं की ज़बर्दस्त अनुभूति थी।'

'श्रेय' की साधना जहाँ कला की सामाजिकता के लिए पर्याप्त जगह छोड़ती है, वहीं 'प्रेय' की सौंदर्यमूलक उत्कृष्टता के लिए जब प्रेमचंद कहते हैं कि "प्रोपेगेंडा आँधी है जो आँखों में धूल झोंकती है...वह रसविहीन होने के कारण आनंद की वस्तु नहीं। लेकिन यदि कोई चतुर कलाकार उसमें आनंद और रस भर सके, तो वह प्रोपेगेंडा की चीज़ न होकर सद्साहित्य की वस्तु बन जाती है...." तो शायद वे भी प्रसाद से बहुत भिन्न बात नहीं कह रहे होते। मेरी मंशा यहाँ प्रेमचंद और प्रसाद के बीच बुनियादी फ़र्क को मिटाना नहीं बल्कि 'श्रेय' और 'प्रेय', 'आनंद' और 'रस' जैसे पदों की छानबीन की ज़रूरत की ओर ध्यान खींचना है जिसे दो बिलकुल भिन्न प्रकार के रचनाकार इस्तेमाल कर रहे हैं, और उनके मूल संदर्भों को नितांत भारतीय आदर्शों और यथार्थ के परिवेश में स्थित या 'लोकेट' करते हैं। समकालीन लेखन के बारे में सोचते वक़्त भी यह महत्त्वपूर्ण है कि हम साहित्य की उत्कृष्टता के सवाल को प्रमुखतः कहाँ और किस रूप में रखते हैं। जब मुक्तिबोध शिकायत करते हैं कि 'प्रसादजी के दर्शन ने सब जगह गड़बड़ की है...' तथा यह कि 'आश्चर्य की बात है कि जिस प्रसाद ने अपने नाटकों में कर्म के भव्य, गौरवपूर्ण और प्रेरणामय चित्र प्रस्तुत किए, वही प्रसाद **कामायनी** में आकर कर्म का स्थूल अर्थग्रहण करते हैं।' तब वे जाने-अनजाने एक ज़्यादा बुनियादी समस्या की ओर इशारा करते हैं कि किसी भी दर्शन या विचारधारा का साहित्य के साथ सही रिश्ता क्या हो।

ज़ाहिर है कि मुक्तिबोध किसी भी दर्शन को साहित्य पर सीधे थोप देने के ख़िलाफ़ हैं। और वे इसके भी ख़िलाफ़ हैं कि 'कर्म' तक की बहुत 'स्थूल' व्याख्या की जाए। जब वे 'भव्य', 'गौरवपूर्ण' और 'प्रेरणामय' जैसे शब्द इस्तेमाल करते हैं तो हमारा ध्यान बरबस उन नित्य मानवीय मूल्यों की ओर जाता है जिन्हें प्रसाद शायद 'श्रेय' और 'प्रेय' के सामंजस्य में खोजना चाहते हैं। प्रसाद अपने अद्वैत आग्रहों के बावजूद दर्शन की अपेक्षा साहित्य के स्थान को गौण नहीं मानते। साहित्य की स्वतंत्र स्थिति मानते हुए उसे दर्शन के बराबर—उसके अंतर्गत नहीं—रखकर चलते हैं। साहित्य इस माने में अन्य ललित कलाओं से भिन्न है कि वह शब्दों पर आधारित होने के नाते एक अत्यंत संवेदनशील संज्ञानात्मक चेष्टा (कॉगनिटिव फैकल्टी) भी है। जीवन का सर्वेक्षण, विवेचन, निरीक्षण, विचार, विश्लेषण, समीक्षा आदि उसकी अपनी ज़रूरतों का संश्लिष्ट हिस्सा हैं। सार्त्र के चिंतन की मूल संवेदना जिन अर्थों में साहित्यिक कही जाती रही है, प्रसाद का अद्वैत भी कुछ-कुछ उन्हीं अर्थों में मूलतः साहित्यिक कहा जा सकता है। अद्वैत की रहस्यात्मक अनुभूति में सहज रोमांटिक काव्य है जिसे प्रसाद ने अपनी तरह निरूपित किया है। भारतीय चिंतन ने यदि आत्मतत्त्व को महत्त्व दिया, तो इससे यह निष्कर्ष निकाल लेना जल्दबाज़ी होगी कि वह जीवन की आत्मकेंद्रित व्याख्या है और अनिवार्यतः भौतिक यथार्थ का विपक्ष है।

प्रसाद के साहित्यबोध और उनके इतिहासबोध के बीच अंतरंग संबंध है। 'आत्मा के संकल्पात्मक मूल अनुभूति' की बात उठाते हुए प्रसाद ने एक शंका रखी है—

"...संकल्पात्मक मन की सब अनुभूतियाँ श्रेय और प्रेय दोनों ही से पूर्ण होती हैं, इसमें क्या प्रमाण है ?" उनका उत्तर है, "(वह) असाधारण अवस्था (जो) युगों की समष्टि अनुभूतियों में अंतर्निहित रहती हैं, क्योंकि सत्य अथवा श्रेय ज्ञान कोई व्यक्तिगत सत्ता नहीं, वह शाश्वत चेतना है...जो व्यक्तिगत स्थानीय केंद्रों के नष्ट हो जाने पर ही निर्विशेष रूप से विद्यमान रहती है।" प्रसाद काव्यात्मा और संकल्पात्मक अनुभूति को परस्पर संबंधित मानते हैं, क्योंकि वे आत्मा को वाङ्मय, मनोमय और प्राणमय मानते हैं।

जब प्रसाद काव्य चेतना (ईस्थेटिक प्रिंसिपल) और इतिहास की सांस्कृतिक चेतना के बीच संकल्प-मूलक आधार खोजते हैं, तो ध्यान यूरोप के 19वीं सदी और 20वीं सदी के पूर्वार्द्ध के कई इतिहासशास्त्रियों के विचारों की ओर भी जाता है वीको और वर्डर, तथा हीगेल, क्रोचे और कालिंगवुड भी लगभग इसी तरह सोच रहे थे कि मनुष्य की कलात्मक, सांस्कृतिक और धार्मिक भावबोध की आधारचेतना एक ही है। इसके पीछे कहीं यह विश्वास काम करता रहा कि इतिहास घटनाओं का अंधा क्रम मात्र नहीं है, उसके पीछे कहीं मनुष्य के आध्यात्मिक विकास की एक अप्रत्यक्ष दैवी योजना है। दो महायुद्धों के कारण जो मोहभंग हुआ उसने इतिहास के प्रति चिंतन को बिलकुल बदल दिया। स्पेंगलर और टॉयनबी उस मोहभंग के इतिहासकार हैं। मार्क्स भौतिकवादी दृष्टि से इतिहास का एक तर्कसम्मत आशावादी भविष्य प्रस्तुत करते हैं। इतिहास को लेकर समकालीन दृष्टि मूलतः वैज्ञानिक और यथार्थवादी है। प्रसाद की दृष्टि आदर्शवादी है। उनके ऐतिहासिक चरित्र उन्हीं मूल्यों के प्रतीक हैं जिनका आदि रूप **कामायनी** का मनु है। प्रसाद भारतीय इतिहास को राष्ट्रीय गौरवगाथा और महानायकवाद की परिकल्पना के रूप में पढ़ते हैं।

समकालीन कविता वर्तमान में इतिहास की मौजूदगी को एक बिलकुल भिन्न तरह देखने की कोशिश है। **विजयदेव नारायण साही** की कई कविताएँ ऐतिहासिक आभासों को एक ख़ास तरह के भाषायी स्पंद में झंकृत करती हैं। **श्रीकांत वर्मा** का 'मगध' राजनीतिक कुचक्र में फँसे एक संवेदनशील मन का इतिहास में संतरण है जहाँ से वह वर्तमान को एक धुंध की तरह चित्रित करता है। मैंने स्वयं अपनी कई कविताओं में ऐतिहासिक स्मृतियों को सामान्य जीवन के बीच रखकर इस तरह देखने की कोशिश की है मानो उनका संदर्भ इतिहास से ज़्यादा आज की ज़िंदगी हो।

प्रसाद के लेखन का मूल नाटकीय और रोमांटिक तत्त्व भारतीय इतिहास के यथार्थ से इतना नहीं जुड़ता जितना प्रसाद की इतिहास के बारे में उनकी कल्पना से। नाटकीय शब्द यहाँ मैं केवल उनके नाटकों के बारे में नहीं इस्तेमाल कर रहा। इधर प्रसाद की अनेक कहानियों को फिर पढ़ते समय मुझे लगा कि वे उनके नाटकों से ज़्यादा नाटकीय हैं। सुनने में यह एक विरोधाभास भले ही लगे पर रचना-प्रक्रिया के सिलसिले में यह बिलकुल संभव है कि एक साहित्यकार की मूल संवेदना उसी विधा में पूरी तरह अभिव्यक्त न हो पाए जिसे वह चुनता है। प्रसाद की कई कहानियों को पढ़ते हुए मुझे

लगा उनमें एक अच्छी टी. वी. या फ़िल्म स्क्रिप्ट की पूरी सामग्री मौजूद है। उन्हें आसानी से एक साहसिक फ़िल्म या नाटक में विस्तृत किया जा सकता है, जबकि उनके नाटक लगभग औपन्यासिक हैं। (इसी तरह एक साहित्यकार की मूल संवेदना यदि काव्यात्मक है तो ज़रूरी नहीं कि वह उसकी कविता में ही सबसे अच्छी अभिव्यक्ति पाए। हो सकता है वह उसके उपन्यासों, कहानियों या निबंधों में बेहतर प्रकट हो।)

प्रसाद के साहित्य को पढ़ना नाटक देखने की तरह है। वह जीवन का हूबहू चित्रण नहीं है : जीवन की नाटकीय प्रस्तुति है। हम उसे यथार्थ की शर्तों पर नहीं, नाटक की शर्तों पर स्वीकार करते हैं। वह हमारी ज़िंदगी से जुड़ा है, पर उसके बहुत नज़दीक आने की कोशिश नहीं है। हमारे और उस प्रस्तुति के बीच एक फ़ासला है। (ब्रेश्ट के 'डिस्टेसिंग' के अर्थ में।) उसके पात्र, सेट्स, घटनाएँ आदि बिलकुल नाटकीय ढंग से बदलते और रूपायित होते हैं। हमें सचेत रखते हुए कि यह सब नाटक है...आइए, इस पूरे आयोजन में हिस्सा लीजिए...!

प्रसाद के साहित्य और उनकी साहित्य-साधना से हम आज भी बहुत कुछ सीख सकते हैं। सही मानों में वे एक समर्पित साहित्य-योगी थे। 47 वर्षों की कम आयु में ही उनकी साहित्य को इतनी सर्वांगीण देन हमें आज भी चकित करती है। अनेक कमियों के बावजूद उनके साहित्य और चिंतन में जो श्रेष्ठ है वह श्रेष्ठता की किसी भी कसौटी पर खरा उतरता है। भारतीय संस्कृति की जो भी परिकल्पना उनके मन में थी उसमें विभाजन और हताशा नहीं है, एक समर्थ, समग्र और सच्ची जीवनदृष्टि का आलोक है। वह रचनात्मक हिंदी साहित्य के इतिहास में एक अनूठा प्रकरण है। प्रसाद का साहित्य आज हमारे लिए अनुकरणीय भले ही न हो पर अपनी अद्‌भुत रचनात्मक ऊर्जा और कला-निष्ठा में स्पृहणीय ज़रूर है।

1988 : 'दिनमान'। (साहित्य अकादमी द्वारा आयोजित 'प्रसाद' की जन्मशती पर पठित)।

निराला की समकालीनता

निराला की समकालीनता को सोचते वक़्त थोड़ी द्विविधा में पड़ गया हूँ। किस निराला की बात करूँ ? मेरे सामने कई निराला आकर खड़े हो गए हैं : और सब एक से एक बढ़कर निराला होने का दावा कर रहे हैं। मेरी मुश्किल यह है कि सबके दावे सही हैं, और किसी एक निराला के पक्ष में यह फ़ैसला नहीं दे पा रहा हूँ कि यही असली निराला हैं, बाकी सब झूठे या नक़ली निराला हैं। इसके पहले कि मैं इनके बारे में कुछ कहूँ, आपका एक संक्षिप्त परिचय करा दूँ—इनमें से कुछ के साथ।

ये सबसे आगे जो हैं 'सामाजिक यथार्थ' वाले निराला जिन्हें आजकल सबसे ज़्यादा समकालीन माना जाता है, इन्होंने ही **वह तोड़ती पत्थर, कुकुरमुत्ता, सरोज-स्मृति** जैसी रचनाएँ हमें दी हैं। इनसे आप सब भलीभाँति परिचित होंगे ही। उनके अगल-बग़ल दो और निराला हैं : एक तो **राम की शक्तिपूजा, तुलसीदास** आदि जैसी आध्यात्मिक रचनाओं के लिए प्रसिद्ध हैं, और दूसरे अपने गीतों या गीतात्मक कविताओं के लिए, जैसे **बाँधो न नाव इस ठाँव बंधु** या **जुही की कली**। इन सबसे ज़रा हटकर खड़े हैं एक और निराला—व्यंग्यकार निराला—इनका भी नाम आपने ज़रूर सुना होगा, वही **खजोहरा, मास्को डायलाग्स, गर्म पकौड़ी** वगैरह वाले निराला। इन सबसे लगभग ढंके हुए और भी कई निराला हैं जो इनके पीछे दिखाई पड़ रहे हैं। उन सबसे भी परिचय कराने में तो बहुत समय लगेगा, फ़िलहाल जो ये चार साफ़-साफ़ दिखाई दे रहे हैं इनसे बात करें तो सबसे पहले 'सामाजिक यथार्थ' वाले निरालाजी को नमस्कार करके 'सामाजिक यथार्थ...से बात शुरू करना चाहता हूँ कि निराला बिगड़ जाते हैं—अपने ठेठ बैसवाड़ी अंदाज़ में। दो-चार गाली और पहलवानी मुद्रा देखकर डर जाता हूँ। इसके पहले कि और कुछ कहूँ ये **मास्को डायलाग्स** और उसी के साथ **राम की शक्ति पूजा** मिला-जुलाकर सुनाने लगते हैं। चक्कर में पड़ जाता हूँ कि ये इनको क्या हो गया ? वैसे सब जानते हैं कि उनको क्या हो गया था ! यह बात याद आते ही मैं उन दूसरे वाले निराला से कुछ आध्यात्मिक बात करना चाहता हूँ तो वे मुझे गीतकार निराला की ओर ठेल देते हैं। वो मुझे देखते रहते हैं फिर अचानक पूछ बैठते हैं "कुछ लिखते भी हो ?" मैं अचकचाकर जवाब देता हूँ, "जी... एक संग्रह...**चक्रव्यूह**..." "हाँ, हाँ, देखा है...अच्छा..." और फिर एक अटूट मौन में डूब जाते हैं। इच्छा होती है और

कुछ कहें वे। अगर कहते तो ऐसा कुछ कहते शायद, "देखो, हर नया कवि पहले गीत लिखता है। मैंने अंत में गीत लिखे हैं। अच्छे गीत के लिए भी बड़ी प्रौढ़ता चाहिए... लौंडे-लबाड़ियों के बस का नहीं।" मुझे लगता कि निराला फिर बहकने जा रहे हैं' कि व्यंग्यकार निराला की मुस्कुराहट अपनी ओर खींचती है। व्यंग्य की अद्‌भुत छटा देखकर दंग रह जाता हूँ...। एक पशोपेश में हूँ।

किस निराला को असली मानूँ ? किसके साथ परिचय बढ़ाऊँ ? इसमें कौन है ऐसा जो असली निराला नहीं है ? वह जो समाज की तरफ़ देख रहा है; वह जो आकाश की तरफ़ देख रहा है; वह जो ग़रीब को देख रहा है; वह जो अमीर को देख रहा है; वह जो आदमी के स्वभाव की विसंगतियों में झाँक रहा है; वह जो प्रेम, प्रकृति, जीवन और मरण के गीत गुनगुना रहा है...इनमें से कौन है मेरा अपना असली निराला ? और कौन नहीं है ? एक कवि के नाते किस निराला से क्या लूँ, क्या सीखूँ, और किसे ग़ैरज़रूरी या अप्रासंगिक मानकर छोड़ दूँ ?

शायद यह एक ऐसा फ़ैसला है जिसे हममें से हर एक को अपने लिए लेना होगा कि इनमें से किस निराला को वह अपने लिए प्रामाणिक और समकालीन मानता है। अगर निराला से पूछा जाता तो वे इस बात से क़तई इन्कार नहीं कर सकते थे कि ये सब निराला एक ही निराला के विभिन्न रूप हैं। इसी आधार पर मैं एक पाठक और कवि के रूप में अपने लिए एक फ़ैसला लेता हूँ। संपूर्ण जीवन और संपूर्ण भाषा एक कवि का कर्मक्षेत्र होता है : उसकी कला इन दोनों को विस्तृत करती है, संकुचित नहीं। एक महान् कवि की कला जीवन और सृष्टि का संपूर्ण विस्तार और विविधता माँगती है जिसे वह भाषा में टटोलता और रूपायित करता है। यह अलग बात है कि एक कवि की दुनिया का एक पाठक अपनी रुचि या योग्यता के अनुसार एक सीमित अर्थ लगाए, लेकिन जहाँ तक एक बड़े कवि का सवाल है उसकी ज़रूरतें हमेशा एक ग़ालिब की तरह इस बेचैनी से नहीं छूट सकतीं कि 'बक़द्रे-शौक़ नहीं ज़र्फ़े तंगनाए ग़ज़ल : और कुछ चाहिए वुसअत मेरे बयाँ के लिए।' इस माने में मैं ग़ालिब की ही तरह निराला को भी अपना आदर्श मानता रहा हूँ कि जीवनानुभव और भाषा की बड़ी-से-बड़ी और विविध-से-विविध ज़मीन कविता को मिले। मेरी दृष्टि में निराला ही छायावाद के एकमात्र ऐसे कवि हैं जिन्होंने छायावादी भाषा के ठप्पे को क़दम-क़दम पर तोड़ा है और अपनी कविता की पहचान को किसी एक ही प्रकार की भाषा या एक ही तरह के विषय में सीमित नहीं होने दिया। जिस विषय या जिस प्रकार की भी भाषा को उन्होंने लिया बिलकुल उसका ही होकर उसमें उन्होंने लिखा। कथ्य और भाषा के साथ निराला की यह सहजता और ज़िंदादिली स्पृहणीय है, तथा समकालीनता की सबसे मुश्किल शर्त पर खरी उतरती है।

अगर हम निराला ही नहीं समकालीनता के भी सही अभिप्राय तक पहुँचना चाहते हैं तो हमें उन स्रोतों को भी जाँचना होगा जिन्होंने निराला की मानसिकता का निर्माण किया, और जिनके कारण वे अपने समकालीनों से अधिक आज हमारे समकालीन लगते

हैं। निराला ने जीवन को निकट से जिया और जाना, इस सचाई के साथ ही हमें उनके उन प्रयासों को नज़रअंदाज नहीं करना चाहिए जो उन्होंने अपने ज्ञान और मानसिक संस्कृति को समृद्ध करने के लिए किया, और जिनके साथ हम उनके साहित्य को बराबर संवाद की स्थिति में पाते हैं। मसलन, निराला द्वारा प्रस्तुत **संक्षिप्त महाभारत** को पढ़कर मुझे पहली बार ऐसा लगा कि महाभारत को कितनी गहराई से उन्होंने समझा था। **तुलसीदास** दुरूह होते हुए भी भारतीय आत्मा की सबसे निश्छल छवि है, जिस प्रकार **राम की शक्ति पूजा** पुरुषार्थ की सबसे उदात्त अभिव्यक्ति। दूसरे छोर पर **जुही की कली** और **नेह निर्झर** जैसी रचनाओं में उनके स्वभाव की कोमलता मुखर हुई है। इस मानसिकता को जब हम दैनिक यथार्थ की क्रूरताओं और विसंगतियों से टकराते हुए देखते हैं तब एक बिलकुल ही अलग तरह की कविता का जन्म होता है, जिसमें एक अत्यंत संवेदनशील मन बोलता है। यह मन केवल यथार्थ के अनुभव से नहीं बनता : ज्ञान और चिंतन-मनन से भी पोषित और शिक्षित होता है। निराला की भाषा इस सम्मिलित कोष से जुड़ती है, और इस भाषायी ख़ज़ाने को बहुत कम कवि इतने अधिकार के साथ लुटा सके हैं। संस्कृत, उर्दू, अवधी, ब्रजभाषा, बंगला आदि के सम्मिलित भाषा-संस्कारों से निराला ने अपनी काव्यभाषा का शृंगार किया है, लेकिन कभी भी उसको जड़ नहीं होने दिया : बराबर उसे बदलते रहे। जब भी एक नया काव्यान्दोलन शुरू होता है सबसे पहले उसकी भाषा रूढ़ होने लगती है जिससे एक सशक्त कवि खुद बचना चाहता है। निराला रूढ़ियों की हदों से बराबर आगे जाने की कोशिश करते रहे और इस बारे में ख़ासतौर पर सतर्क रहे कि कहीं वे अपने को स्वयं ही न दुहराने लग जाएँ। कविता में प्रयोगशीलता को भी एक चरम बिंदु पर ले जाकर फिर अचानक गीतों की ओर मुड़नेवाले निराला एक ऐसे सतत प्रयत्नशील कवि का उदाहरण हैं जो अपनी उपलब्धियों के किसी भी शिखर पर ठहर जाने को तैयार न था। नया कुछ खोजते रहने की यह हिम्मत और कोशिश ही शायद निराला की आज हमें सबसे बड़ी देन है, और उनकी समकालीनता का सबसे बड़ा अर्थ...।

अज्ञेय : 'आँगन के पार द्वार'

विषय की दृष्टि से अज्ञेय का काव्य कुछ परिचित मानसिक अवस्थाओं को व्यक्त करने वाले शब्दों से संकेतित होता है। उन अवस्थाओं की पहली सफल अभिव्यक्ति **हरी घास पर क्षण भर** में हुई—और उसी संग्रह में कुछ ऐसे आधार-शब्द सामने आए जो प्रत्यक्ष या परोक्ष रूप से अज्ञेय की मूल काव्य-प्रकृति के द्योतक हैं; जिनकी अनुगूँज **बावरा अहेरी, इंद्रधनु रौंदे हुए ये,** और **अरी करुणा प्रभामय** से होती हुई **आँगन के पार द्वार** तक विभिन्न—बहुत विभिन्न नहीं—मनःस्थितियों से प्रतिकृत होती चली आई है। कवि का भोक्ता, स्रष्टा, 'मैं' उन शब्दों के मनन द्वारा मानो कभी अपने को विराट के संदर्भ में खोजता है, कभी अपने से विराट को संदर्भ देता है। **आँगन के पार द्वार** की मुख्य काव्यावस्थाओं का आदि-साँचा **हरी घास पर क्षण भर** से निकाला जा सकता है—

किंतु जो भी हो, निजी तुम प्रश्न मेरे,...
मेरा कर्म; मेरी दीप्ति, उद्‌भव-निधन, मेरी मुक्ति,
तुम मेरी पहेली हो !

क्यों करूँ आराधना उस देवता की
जो कि मुझको सिद्धि तो क्या दे सकेगा—
जो कि मैं ही स्वयं हूँ !

X X X

एक मौन ही है जो अब भी
नयी कहानी कह सकता है;

मौन ही है गोद जिसमें
अनकही कुल व्यथा सोती है।

केवल मैं ही चिर-संगी हूँ
क्योंकि अकेला हूँ उतना ही...

दे कर

देते-देते चुक जाने पर
वही प्रेरणा देती है—मैं दे सकने को
और नया कुछ रचूँ ! फिर रचूँ !
X X X
दुःख सबको माँजता है
और—
चाहे स्वयं सबको **मुक्ति** *देना वह न जाने, किंतु—*
जिनको माँजता है
उन्हें यह सीख देता है कि सबको **मुक्त** *रखें।*
X X X
समर्पण लय, कर्म है संगीत;
टेक **करुणा**—*सजग मानव प्रीति।*

—हरी घास पर क्षण भर से

काले टाइप के शब्द, प्रतीक रूप से, एक निश्चित भाव-कोण का बोध कराते हैं, और किसी गहरी संवेदना की छाप या पूर्वाभास की तरह अज्ञेय की कविताओं में प्रकट होते रहे हैं। इसी ज़मीन के कई अन्य शब्द भी हैं जिनसे उनकी कविता निदेशित होती है, जैसे, 'आलोक', 'अर्थ', 'शब्द', 'किरण' आदि, जिनमें अज्ञेय ने जगह-जगह नया उन्मेष भरने की कोशिश की है। अज्ञेय से कम कुशल शब्द-शिल्पी के हाथों में ये शब्द कब के निर्जीव हो चुके होते—(अब शायद उनके ही काव्य में वे रूढ़ हो भी चले हैं) लेकिन इतने समय तक भी यदि वे इन, या ऐसे, शब्दों को सतेज रख सके तो इसका कारण वह भावोद्रेक है जो प्रकाश के घेरे की तरह जिस वस्तु पर पड़ता है उसे चमका देता है।

चक्रांत शिला में "मौन के माध्यम से विराट से जुड़ने की प्रक्रिया है" अवश्य, लेकिन इस प्रक्रिया में 'मौन' ऐसा कोई नया आयाम नहीं पाता जो पहले ही अज्ञेय के काव्य में इससे अधिक ऋजुता से व्यक्त न हो चुका हो। **चक्रांत शिला** में, लगता है, कवि केवल एक गझिन माध्यम से एक अधिक विरल माध्यम में पहुँच रहा है। उसकी स्वाभाविक एकांतपरायणता धीरे-धीरे उन प्रतीकों तक से अलग होती जा रही है जो कवि के अंतर्जगत् को वस्तु-जगत से जोड़ते हैं। 'तुम पर्व हो अभ्रभेदी शिलाखंडों के गरिष्ट पुंज..." जैसे अंशों के आगे 'चक्रांत शिला' का 'मौन' जिस फीकी अनुभूति तक पहुँच पाता है, वह अक्सर छायावादियों की याद दिलाता है—

नीचे यह महामौन की सरिता
दिग्विहीन बहती है।

मैं एक, शिविर का प्रहरी, भोर जगा

अपने को मौन नदी के खड़ा किनारे पाता हूँ :
मैं, मौन-मुखर, सब छंदों में
उस एक अनिर्वच छंद-मुक्त को
गाता हूँ।
X X X
वन के सन्नाटे के साथ मौन हूँ, मौन हूँ—
क्योंकि वही मुझे बतलाता है कि मैं कौन हूँ,
X X X
एक चिकना मौन
जिसमें मुखर-तपती वासनाएँ

—**चक्रांत शिला**' से

इसी संग्रह की अंतिम कविता—**असाध्य वीणा**—अज्ञेय की अब तक सबसे लंबी कविता है, और वर्णनात्मक कविता की दिशा में भी उनकी पहली देन। कथा-वस्तु का जहाँ तक सवाल है, अज्ञेय ने उसे न्यूनतम रखा है—विषय किसी हद तक आध्यात्मिक क्षेत्र का ही है—जबकि सफल वर्णनात्मक काव्य के लिए शायद कथा-तत्त्व का ठोस आधार आवश्यक है। **असाध्य वीणा** में 'प्रियंवद', 'राजा', 'रानी', 'वज्रकीर्ति', 'गण' आदि केवल नाम हैं। इन नामों में जितना कहानीपन है, कथानक की शायद उससे अधिक माँग होती है। साधक प्रियंवद का राज-दरबार में आना, राजा का उनके सामने असाध्य वीणा का रखवाना, और प्रियंवद का उपयुक्त आत्मसंधान के पश्चात् उसे वांछित राग दे सकने में सफल होना—आधार-कथा है, जिसमें कवि के साधक-धर्म की बुनावट है—

पर उस स्पंदित सन्नाटे में
मौन प्रियंवद साध रहा था वीणा—
नहीं, स्वयं अपने को शोध रहा था।
सघन निविड में वह अपने को
सौंप रहा था उसी किरीट-तरु को।

महाशून्य
वह महामौन
अविभाज्य, अनाप्त, अद्रवित, अप्रमेय
जो शब्दहीन
सबमें गाता है।

—**असाध्य वीणा** से

इस कविता की लय सोलह मात्राओं पर आधारित है, जिसमें काफ़ी प्रबंध-रचना

हुई है, लेकिन वर्णन में शायद कथा-तत्त्व के अभाव के कारण, थोड़ी एकरसता मालूम पड़ती है। इसमें संदेह नहीं कि **असाध्य वीणा** की धीमी, मननशील लय बहुत कुछ इसी छंद के कारण संभव हो सकी है, लेकिन वर्णन में कथा जितनी भी है, ठीक से नहीं उभर पाती। कथा-तत्त्व और अधिक होता तो शायद यह एकरसता दब जाती, लेकिन जिस रूप में **असाध्य वीणा** है, उससे यही लगता है कि भावों और स्थलों के अपेक्षाकृत हलके-भारी निर्वाह के लिए लय अत्यधिक समतल है। संभव है इस लंबाई की कविता के लिए वर्णिक छंद अधिक उपयुक्त रहता, अधिक उन्मुक्त लय में, हो सकता है, इस ढंग का 'वर्णनात्मक चिंतन' बेहतर निभता। कविता के गहरे आध्यात्मिक रंग में कहानी, या वस्तुएँ, या लोग, ठीक से घुलमिल नहीं पाते, अलग तैरते हुए लगते हैं।

आँगन के पार द्वार किसी भी ऐसे पाठक को अज्ञेय का काव्य-व्यक्तित्व नए सिरे से आँकने के लिए प्रोत्साहित कर सकता है जो उनके कृतित्व में गंभीर रुचि लेता रहा है। इस संग्रह में कई ऐसे स्थल हैं जो **हरी घास पर क्षण भर** से भी पहले के अज्ञेय की याद दिलाते हैं : साथ ही, **चक्रांत शिला** की काव्ययोजना तथा **असाध्य वीणा** से ऐसा भी आभास होता है कि कवि—जिसकी काव्य-प्रतिभा अब तक केवल छोटी कविताओं के माध्यम से ही व्यक्त हुई है—अब एक बृहत्तर माध्यम की खोज में है। आवश्यक नहीं कि वह सुनिश्चित प्रबंध रचना ही करे, लेकिन प्रबंध की दिशा में चिंतन भी उसकी काव्य-चेतना को एक नया मोड़ दे सकता है।

1963 : 'कल्पना'

मुक्तिबोध की कविता की बनावट

मुक्तिबोध ने केवल कविता लिखी नहीं है, कविता लिखे जाने की मानसिकता और रचना-प्रक्रिया पर भी विस्तार से विचार किया है। इससे उनकी कविताओं को समझने में मदद मिलती है और किसी हद तक आज की कविता को भी।

मुक्तिबोध छोटी कविताओं के कवि नहीं हैं। उनका कहना है—"मैं छोटी कविताएँ लिख नहीं पाता और जो छोटी होती हैं वे वस्तुतः छोटी न होकर अधूरी होती हैं। इस प्रकार की न मालूम कितनी कविताएँ मैंने अधूरी लिखकर छोड़ दी हैं। उन्हें ख़त्म करने की कला मुझे नहीं आती..." उनकी लंबी कविताएँ छोटी न होकर क्यों लंबी ही होती हैं इस पर भी उनकी दिलचस्प टिप्पणी है। एक कविता के लिए कहते हैं—"अगर वह कविता भावावेशपूर्ण होती तो एक बार उसकी आवेशात्मक अभिव्यक्ति हो जाने पर मेरी छुट्टी हो जाती। लेकिन वैसा हो सकना असंभव है क्योंकि भावावेश किसी बात को लेकर होता है, वह बात किसी दूसरी बात से जुड़ी होती है, दूसरी बात किसी तीसरी बात से। इस तथ्य को मैं यों कहूँगा : यथार्थ के तत्त्व परस्पर गुम्फित होते हैं, साथ ही पूरा यथार्थ गतिशील होता है।"

यथार्थ को इस तरह परस्पर गुम्फित और गतिशील देखना हमें मुक्तिबोध की कविताओं की बनावट का पहला संकेत देता है। उनकी लंबी, आदि अंत रहित-सी कविताओं की भाषा की बेसब्र गति परस्पर गुम्फित अनुभव-खंडों की याद दिलाती है। बारीक तराश और पच्चीकारी उनकी कविता की ख़ास पहचान नहीं है, न वे अपनी कविताओं द्वारा उस तरह का असर ही पैदा करना चाहते हैं जैसा छोटी कविताओं द्वारा पैदा किया जाता है। शब्द, बिंब, अर्थ, ध्वनियाँ आदि भी परस्पर गुम्फित भँवर की तरह चक्कर खा आगे बढ़ते हैं। अक्सर एक ही बिंब, शब्द या अर्थ एक ही कविता में घूम-फिरकर वापस आता है, मगर टेक की तरह नहीं, चक्राकार घूमते छोटे-छोटे पहियों की गति की तरह। **शब्दों का अर्थ जब** शीर्षक एक कविता है जिसमें ये ही चार शब्द 37 बार लाए गए हैं। इसी तरह **अँधेरा** शब्द जितनी बार मुक्तिबोध की कविताओं में आया है दूसरे कवि में मिलना मुश्किल है। अपनी कई कविताओं में मुक्तिबोध तुकों का इस्तेमाल भी अर्थों पर किसी तरह का विश्राम देने के लिए नहीं करते, आवर्तन द्वारा गति का आभास देने के लिए करते हैं...उनका प्रभाव धक्के का-सा होता है मानो

कविता को आगे ढकेलने के लिए। हर चीज़ जब अपनी से कुछ उदाहरण लेना चाहूँगा :

कि आख़िर बहैसियत एक आदमी के,
न कि सवालात की हवालात
या कि समस्याओं की
सुनहरी अकादेमी के,
हाँ, बहैसियत सिर्फ आदमी के...
X X X
नफरत और नफासत
बीवी के साथ भी सियासत।
X X X
भीड़ भड़क्का है
सँभलो, अपनी अटैची सँभालकर रक्खो
ज़माना उचक्का है
इसीलिए दिमाग के भीतर एक दिमाग में
ज़हरीली आग है
अकेले में दाँत पीसता हुआ झाग है।
टिकट कलेक्टर है ऊँचा सफेदपोश वक्त।
वेल-शेव्ड चेहरा है, काला और सख़्त।
भीतर घुस नहीं सकता है
बिना टिकट कोई भी,
समस्या विकट है,
जिसके पास पैसा है उसके पास टिकट है।

—भूरी भूरी खाक धूल से

इस कविता में एक वृत्ताकार गति है। अंतिम तीन पंक्तियों में 'टिकट', 'विकट' और फिर 'टिकट' द्वारा जिस चक्राकार संरचना को गढ़ा गया है उसका फैलाव पिछली पंक्तियों में भी महसूस किया जा सकता है। कभी-कभी वे गति लाने के लिए एक अक्षर की पुनरावृत्ति को आधार बनाते हैं जैसे इन पंक्तियों में 'ढ़' अक्षर की स्थिति दृष्टव्य है :

इस सल्तनत में
हर आदमी उचक कर चढ़ जाना चाहता है,
धक्का देते हुए बढ़ जाना चाहता है,
हर एक को अपनी अपनी पड़ी हुई है।
चढ़ने की सीढ़ियाँ
सिर पर चढ़ी हुई हैं।

अकसर ऐसा लगता है कि मुक्तिबोध की कविताएँ एक 'एवलान्श' की तरह लुढ़कती-पुढ़कती, शब्द बटोरती, आगे बढ़ती हैं—किसी ऊबड़-खाबड़ सतह पर सरपट, जिसमें एक प्राकृतिक दृश्य की छटा है, पर कसाव और संगठन के लिए धैर्य नहीं। इसलिए शायद बहुधा यह लगता है कि उनकी कविताओं में एक भाषायी पैटर्न तो है पर वह संरचना नहीं जिसके पीछे एक ख़ास तरह का सतर्क नियोजन, निदेशन और संयोजन होता है। वे असंगठित लगती हैं : लगती ही नहीं शायद होती भी हैं मानो उन्हें जानबूझकर इस तरह रचा गया हो कि वे एक उखड़े हुए, बड़बड़ाते यथार्थ के पागलपन का एहसास करा सकें—अपने कथ्य द्वारा ही नहीं अपने फॉर्म द्वारा भी। यह स्वाभाविक प्रश्न उठता है कि यह फॉर्म—या फॉर्म-विहीनता क्या किसी तरह की पूर्वयोजना के मुताबिक है ? या कविताएँ स्वतः स्फूर्त (सेल्फ जैनरेटिंग) भाषायी नियम के अनुसार ..नियम जो अपने आपमें रचनात्मक दिमाग का स्वभाव माना गया है...विकसित होती है, एक स्वचालित प्रक्रिया या 'सेल-डिवीजन' की तरह सायास उतनी नहीं जितनी अनायास। रचना-प्रक्रिया के सिलसिले में स्वयं मुक्तिबोध ने 'फन्तासी' और 'वैज्ञानिक दृष्टिकोण' की भी बात उठाई है। फ़िलहाल, एक और बात मन में उठती है।

कविताओं की प्रकृति को देखते हुए उनकी एक व्याख्या क्या इस प्रकार हो सकती है कि यह अनगढ़ता और खुरदुरापन कहीं मुक्तिबोध के यकीनों से तो नहीं जुड़ता ? यह अनगढ़ता कहीं उस सुगढ़ता के ख़िलाफ़ एक विद्रोह और हिकारत का प्रतीक तो नहीं जिस सुगढ़ता के पीछे एक ऐसी संस्कृति और इतिहास की यादें हैं जिसके पास बारीक कारीगरी, पच्चीकारी वगैरह के लिए धैर्य और आराम का लंबा सामंती समय था ? मुक्तिबोध की कविताएँ एक ख़ास तरह की झपट और जल्दी में हैं...एक मिल, एक मशीन की तरह जल्दी में : कहीं कुछ ऐसे आवश्यक को नष्ट हो जाने से बचाने की जल्दी में जिसके साथ आदमीयत के जीवन-मरण का प्रश्न झूल रहा हो ?

लेकिन यह स्पष्टीकरण हमेशा दूर तक हमारा साथ नहीं देता, क्योंकि इसके साथ प्रेषणीयता के सवाल का सामंजस्य नहीं बैठता और एक ख़ास तरह का अंतर्विरोध सामने आता है। मुक्तिबोध का कथ्य या संदेशा जितना स्पष्ट और सीधा है उनकी कविताओं की बनावट उतनी ही जटिल और उलझी हुई : वे सहज बोधगम्य नहीं। समझे जाने के लिए वे भारी धैर्य और लंबा समय चाहती हैं। यानी, एक तरह से मुक्तिबोध की कविताओं का फॉर्म उनके संदेश या कथ्य के लिए बहुत अनुकूल फॉर्म नहीं ठहरता...संदेशा जिसे मुक्तिबोध महत्त्व देते हैं और जिसे वे भरपूर पाठकों तक पहुँचाना चाहते हैं। उद्देश्य अगर कविताओं के मात्र संदेशवाहक होने का ही होता तो शायद ग़ज़ल या गीतों के स्थापित फॉर्म ज़्यादा काम के ठहरते। वैसे मुक्तिबोध की कविताएँ अपने ढंग से भरपूर प्रभाव छोड़ती हैं, बशर्ते कि पाठक में वह लंबा धैर्य हो जिसकी माँग उनकी कविताओं की बनावट करती है। लेकिन मुक्तिबोध की असली समस्या एक प्रचारक या विचारक की नहीं एक अत्यंत आत्मसजग कलाकार की है इसीलिए उनकी कविताओं की बनावट की कुंजी विशेष रूप से उनकी रचनात्मक

प्रतिबद्धता में खोजनी चाहिए।

•

यहाँ मुक्तिबोध की कविताओं की बनावट को लेकर कोई अंतिम निष्कर्ष निकालने की कोशिश नहीं की गई है क्योंकि मुक्तिबोध स्वयं इस बारे में किसी अंतिम निष्कर्ष तक नहीं पहुँच सके थे। कुछ ऐसे बिंदुओं पर खुला विचार किया है जो मुझे उनकी कविताओं की बनावट से निकलते हुए लगे...उसे निर्धारित करते हुए नहीं।

मुक्तिबोध ने अपने चिंतन में 'फंतासी', 'वैज्ञानिक दृष्टिकोण' और 'मार्क्सवादी यकीनों' की बात की है। ये तीनों बिंदु महत्त्वपूर्ण हैं जिनसे वे अपने समय की दुनिया, अपने यथार्थबोध और अपनी रचना-प्रक्रिया को समझने-समझाने की कोशिश करते हैं। रचनाशीलता और आधुनिकता के परिप्रेक्ष्य में विचार करते हुए उनके बीच निहित अंतर्संबंधों की थोड़ी छानबीन ज़रूरी है ताकि मुक्तिबोध की कविताओं का स्वरूप और स्वभाव कुछ स्पष्ट हो सके।

पहले वैज्ञानिक दृष्टिकोण और रचनात्मकता के अंतर्संबंधों की बात उठाना ठीक होगा यह देखने के लिए कि क्या मुक्तिबोध की विज्ञान-संबंधी धारणाओं का कोई निकट या दूर का रिश्ता उनकी रचनात्मक संवेदनाओं से है ? वे स्वयं अपनी साहित्यिक समझ को वैज्ञानिक चिंतन-पद्धति और फंतासी से जोड़ते हुए कहते हैं..."मैं चाहता हूँ कि साहित्य संबंधी धारणाएँ वास्तविक साहित्य में विश्लेषण के आधार पर बनाई जाएँ। जिस प्रकार विज्ञान में इन्डक्शन से डिडक्शन पर आया जाता है तथ्यों के संग्रह से, उनके विश्लेषण द्वारा...उसी प्रकार साहित्य में..." और आगे चलकर वे कला के तीन महत्त्वपूर्ण 'क्षणों' की व्याख्या इन शब्दों में करते हैं..."कला का पहला क्षण है जीवन का उत्कट तीव्र अनुभव क्षण। दूसरा क्षण है इस अनुभव का अपने कसकते-दुखते हुए मूलों से पृथक् हो जाना एक ऐसी फैंटेसी का रूप धारण कर लेना मानो वह फैंटेसी अपनी आँखों के सामने ही खड़ी हो। तीसरा और अंतिम क्षण है इस फैंटेसी के शब्दबद्ध होने की प्रक्रिया का आरंभ और उस प्रक्रिया की परिपूर्णता तक की गतिमानता...फैंटेसी को शब्दबद्ध करने की प्रक्रिया के दौरान जो-जो सृजन होता है जिसके कारण कृति क्रमशः विकसित होती जाती है—वही कला का तीसरा और अंतिम क्षण है। **(तीसरा क्षण : एक साहित्यिक की डायरी)**

मुक्तिबोध के अनुसार कला का यह 'तीसरा क्षण' फैंटेसी के शब्दबद्ध होने की प्रक्रिया का आरंभ तथा उसका क्रमशः विकसित होते जाना सृजन का सबसे महत्त्वपूर्ण चरण है। मुख्य बात यहाँ मुक्तिबोध की विज्ञान और कलाओं की सृजनात्मकता के बीच लगभग एक-सी रचना-प्रक्रिया की पहचान। इसीलिए वे 'कला के दूसरे क्षण में उपस्थित फैंटेसी की इकाई में संवेदनात्मक ज्ञान और ज्ञानात्मक संवेदना को' अभिन्न मानते हैं। विज्ञान का सबसे सृजनशील पक्ष, कविता की ही तरह, अन्वेषी और आविष्कारात्मक है और दोनों में ही एक ख़ास तरह की सूझबूझ और कल्पनाशीलता बुनियादी है। मुक्तिबोध इस पर ज़ोर देते हैं कि 'सौंदर्य-प्रतीति का संबंध सृजन-प्रक्रिया से है।

सृजन-प्रक्रिया से हटकर सौंदर्य-प्रतीति असंभव हो जाती है।' यानी सौंदर्यानुभूति केवल एक अनुभव या विचार का अनुभव नहीं है, सबसे पहले वह रचनात्मकता का अनुभव है। वैज्ञानिक चिंतन विधि और कविता की रचना-प्रक्रिया में एक बुनियादी समानता दिखती है—पहला सूत्रबद्ध और दूसरा रूपबद्ध होने के पूर्व पहले तो बिंबों, शब्दों, संकेतों संख्या आदि में विश्लेषण है और फिर उनका एक नया संश्लेषण या संश्लिष्ट रूप (ए प्रोसेस ऑव् डीकन्स्ट्रक्शन एंड रिकन्स्ट्रक्शन) है, एक नयी रचना, कृति या इक्वेशन में।

यह नयी रचना या इक्वेशन न तो कवि के ही लिए, न ही वैज्ञानिक के लिए अंतिम होती है। वह फिर एक नयी रचना के लिए कच्चे माल या खाद का काम करती है। (राजशेखर ने भी **काव्यमीमांसा** में जो सोलह काव्यार्थ स्रोत गिनाए हैं उनमें 'विरचना' को भी एक जायज़ काव्यस्रोत माना है।)

मुक्तिबोध की कविताओं की बनावट में ही एक ख़ास तरह का घुमावदार चिंतन व्याप्त लगता है : अपने ही कथनों को मानो बार-बार जोतता-बोता हुआ, कविता की ज़मीन में 'प्लाऊ-बैक' करता हुआ चिंतन जिस तरह एक वैज्ञानिक विचारों को उलट-पलटकर उनकी जाँच-परख करता है। साथ ही, जिस तरह विज्ञान अपनी रचनात्मकता में तथ्यमूलक भी होता है और रहस्यात्मक भी उसी तरह मुक्तिबोध की कविताओं में भी समानान्तर यथार्थमूलक और रहस्यमय पक्ष देखे जा सकते हैं...और ये दोनों ही तत्त्व 'फंतासी' या 'मिथक' में भी मौजूद होते हैं। इस प्रकार साहित्य, विज्ञान और मिथक की संरचना में एक तरह का त्रिकोणात्मक संबंध देखा जा सकता है जिसका मूलाधार है आदमी के अनुभव और कल्पनाशक्ति पर निर्भर उसकी सर्जनात्मक मनोवृत्ति तथा उसे दूसरों तक पहुँचाने की इच्छा। यह सर्जनात्मक पैशन या जुनून ज़रूरी है जिसके बिना एक कलाकार अपनी 'विश्वदृष्टि' को कलात्मक अभिव्यक्ति नहीं दे सकता।

रचनात्मकता की जो समस्याएँ मुक्तिबोध ने उठाई हैं उन पर अगर हम थोड़ा विचार 'मिथक' या 'फंतासी' की ओर से भी करें तो मुक्तिबोध की कविताओं की बनावट के एक प्रमुख पक्ष को समझ सकेंगे। (यहाँ मैं 'फंतासी' और 'मिथक' के मिलते-जुलते प्रयोजनों को ध्यान में रखते हुए दोनों को समानाशयी शब्दों की तरह इस्तेमाल कर रहा हूँ।)

मुक्तिबोध की कविताएँ मुझे कई मानों में काफ़्का की याद दिलाती हैं। उनके समकालीन यथार्थ की समझ और अभिव्यक्ति के तरीकों में अद्भुत समानता है। लंबे-लंबे उलझे वाक्य-विन्यास, फंतासी का इस्तेमाल, कविताओं की मिथकीय बनावट, वर्तमान ज़िंदगी को लेकर दहशत और गहरी व्यग्रता का भाव, अर्धविक्षिप्त-सी मनः-स्थितियाँ, एक अंतहीन कुःस्वप्न की तरह यथार्थ...दानवीय, विकृत और बेतरतीब... जिसकी अमानुषिक जकड़ में आज का सामान्य आदमी। मुक्तिबोध की एक लंबी कविता **इस चौड़े ऊँचे टीले पर** की कुछ पंक्तियाँ हैं :

यह बंगला है, लाल भवन है...
कमरे के भीतर कमरे हैं,

परदों के भीतर परदे हैं,
जो सबके अंदर ठीक केंद्र में बैठा है,
वह एक बड़ा अफ़सर है, उसकी सत्ता है,
आतंक बहुत
उसके दिमाग़ में गुपचुप जो कुछ चलता है
वह सरकारी गुप्तता नियम के अंतर्गत
अनकहा रहेगा आख़िर तक, हाँ आख़िर तक...

और आख़िर तक काफ़्का के भी प्रसिद्ध उपन्यास द ट्रायल में लंबे उबाऊ और पस्त कर देनेवाली सरकारी तहकीकात के बांद भी पता नहीं चलता कि नायक को किस अपराध के दंड में फाँसी दी जा रही है। अर्धप्रकाशित गलियारों, फ़ाइलों, रेडटेप, प्रश्न ...प्रश्न...प्रश्न का दमघोंट चक्रव्यूह, और अंततः मुक्तिबोध के सामने भी :

वही सनातन प्रश्न,
यहाँ मैं क्यों कर आया ?
किस इच्छा-मशीन से धक्का खा कर मैंने
इस टीले पर खुद को पाया !!

उसी कविता में मुक्तिबोध देकार्त की प्रसिद्ध उक्ति को शब्द देते हैं...

मैं ज़िंदा हूँ,
मैं हूँ
'आई एग्ज़िस्ट'
साबित सही सलामत।

समकालीन जीवन के भयानकतम अंश को दोनों ही एक लंबे कुःस्वप्न (नाइटमेयर) की तरह देखते और उसे एक जटिल फंतासी के रूप में प्रस्तुत करते हैं। लेकिन मुक्तिबोध मनुष्य के ख़िलाफ़ उसकी जैविक परिस्थिति के बुनियादी संत्रास को नहीं रखते, यंत्रमूलक पूँजीवादी व्यवस्था को रखते हैं जो मृत्यु की तरह जीवन-विरोधी तो है पर जिससे छुटकारा संभव है। इसीलिए संत्रास के चित्रण में समानता होते हुए भी मुक्तिबोध का अंतिम विश्लेषण काफ़्का से भिन्न है। ख़ास बात है मनुष्य के भयों और दुश्चिंताओं का एक फंतासी या कुःस्वप्न की तरह प्रकट होना, मनोवैज्ञानिक दृष्टि से कहीं उन भयों का बहिष्कार और उनसे निवृत्ति भी है। काफ़्का के अमूर्त भय और मुक्तिबोध के ब्रह्मराक्षस या ओरांगउटांग हमें अनेक पौराणिक कथाओं की याद दिलाते हैं जिनके द्वारा शायद मनुष्य अपने आदिम भयों का विरेचन करता रहा है। मुक्तिबोध की दुश्चिंताओं का संदर्भ सामाजिक है। काफ़्का के उपन्यासों की एक बंद दुनिया है। मुक्तिबोध की कविताओं की बनावट स्वच्छन्द और खुली हुई है एक बीहड़ जंगल की

तरह जिसमें स्पष्ट स्वार्थों का खुला डाका है। उनकी बनावट एक किले की तरह नहीं है। भूलभुलैया की तरह है जिसके बाहर-भीतर हम आ-जा सकते हैं, पर ऐसा लगता है कि आसानी से उसका पार नहीं पा सकते ! दोनों ही की मुख्य चिंता मनुष्य है... उसका निष्कासन, बेगानापन या एलियनेशन...जो अदृश्य ताकतों के मुकाबले अपने को असहाय और लुटा हुआ पाता है। मुक्तिबोध भी मनुष्य की उस जटिल मानसिकता के प्रति सचेत हैं जो अनेक बाहरी विकृतियों और विसंगतियों को पैदा भी करती है, केवल बाह्य परिस्थितियों का परिणाम ही नहीं होती। आदमी की इन भीतरी प्रवृत्तियों को भी वे ख़ास महत्त्व देते हैं...

स्वप्न के भीतर एक स्वप्न,
विचारधारा के भीतर और
एक अन्य
सघन विचारधारा प्रच्छन्न !!
कथ्य के भीतर एक अनुरोध
विरुद्ध विपरीत,
नेपथ्य संगीत!!
मस्तिष्क के भीतर एक मस्तिष्क
उसके भी अंदर एक और कक्ष
कक्ष के भीतर
एक गुप्त प्रकोष्ठ और
कोठे के साँवले गुहान्धकार में...
... ... कोई बंद है
यक्ष
या कि ओरांगउटांग...
... ...
कहीं प्रत्यक्ष न यक्ष हो।

मस्तिष्क की इन अप्रत्यक्ष तहों की तरह मुक्तिबोध की कविताओं की भी अनेक तहें हैं, भाषायी भी और संदर्भात्मक भी, जो कभी बिलकुल यथार्थ के स्तर पर काम करती हैं और कभी मिथकीय या जातीय स्मृति के स्तर पर। कविता जो केवल हमारे घृणा और प्यार को संबोधित नहीं उस विवेक और विचारशीलता को भी संबोधित होती है जो आदमी की मौजूदा विसंगतियों, विकृतियों और ग़लत स्थितियों के मूल तक जाना चाहती है।

स्वप्न और मिथक का आधुनिक चिंतन में ख़ास महत्त्व रहा है। अनेक आधुनिक कृतियाँ और विचारधाराएँ मिथक संबंधी चिंतनों के साथ घनिष्ठ रूप से जुड़ी हैं। और मुक्तिबोध के संदर्भ में भी कई बातें सामने आती हैं। साधारणीकरण और सम्प्रेषणीयता

की भी समस्या का एक हल मिथकों को माना गया है—एक लेखक या चिंतक का अपने विशिष्ट अनुभवों को एक ऐसा आकार देने का आधार जिस आकार में मनुष्य-जाति के तमाम भले-बुरे, कड़वे-मीठे, अनुभवों की यादों के संदर्भ हों। विशिष्ट अनुभव या विचार भी मिथकीय ढाँचे में ढलकर एक सार्वजनिक और सार्वकालिक महत्त्व प्राप्त कर लेते हैं। अकसर ऐसा भी देखा गया है कि ऊपर से स्वतंत्र दिखती विचारधाराओं की रूपरेखा भी मिथकीय खाकों का अनुसरण-सा करती लगती हैं। यथार्थ के साथ मिथक या फंतासी के एक और तरह के संबंध पर भी ध्यान जाता है। कल जो फंतासी था आज सच है, आज जो फंतासी लगता है कल को वह सच हो सकता है। फंतासी की मूल शक्ति इस प्रत्यक्ष और परोक्ष, यथार्थ और कल्पित, अपूर्ण और आदर्श को जोड़ सकने में भी है। मुक्तिबोध के सामने निश्चित मार्क्सवादी आदर्श हैं और प्रत्यक्ष यथार्थ का अनुभव भी या अनुभव से जन्मी फंतासी जो उनके अनुसार स्वतंत्र विकासमान है। विकास की धारणा वैज्ञानिक भी है और मार्क्सवादी भी, तथा दोनों ही अपने सामने भविष्य की एक कल्पना रखते हैं। फंतासी और यथार्थ के रिश्ते पर मुक्तिबोध कहते हैं...''फैंटेसी यथार्थ में भोगे गए वास्तविक अनुभव की प्रतिक्रिया नहीं हो सकती। वैयक्तिक से निर्वैयक्तिक होने के दौरान ही उस फैंटेसी ने कुछ ऐसा नवीन ग्रहण कर लिया कि जिससे वह स्वयं भी वास्तविक अनुभव से स्वतंत्र बन बैठी। फैंटेसी अनुभव की कन्या है और उस कन्या का अपना स्वतंत्र विकासमान व्यक्तित्व है। वह अनुभव से प्रसूत है इसलिए वह उससे स्वतंत्र है।'' यहाँ दो बातें प्रमुख हैं एक तो फैंटेसी का अनुभव से संबंध, दूसरा फैंटेसी का स्वतंत्र विकासमान व्यक्तित्व। दोनों को मुक्तिबोध की कविता के संदर्भ में क्रमशः 'अनुभव' और 'रचना-प्रक्रिया' के समानान्तर रखा जा सकता है। मुक्तिबोध के सामने एक भविष्य है और उस तक पहुँचने के निश्चित तरीके हैं। इनसे उनके विचारों या कथ्य की कुछ निश्चित सीमाएँ बनती हैं, पर उनकी कविताओं के स्वरूप की सीमाएँ नहीं बनतीं क्योंकि वे ज़्यादातर स्वतंत्र रूप से विकसित होती लगती हैं। इसीलिए उनकी अधिकांश कविताएँ जहाँ बेहतर कविताएँ हैं वहाँ उनमें सिद्धांतों की जकड़ उतनी नहीं जितना उनके अनुभवों का ज़िंदा एहसास और खुलापन है।

मैंने यहाँ मुक्तिबोध की कविताओं में कुछ उन बुनियादी सूत्रों को पकड़ना चाहा है जो साहित्य में भी तथा कुछ दूसरे विषयों में भी उनकी गहरी रुचि से जुड़े हैं। मुक्तिबोध की कविताओं में एक सुनहरा स्वप्न है और एक कटु यथार्थ है जिसे वे 'स्वार्थान्ध सभ्यता के शासन के चक्रव्यूह' कहते हैं और जिसके साथ वे किसी तरह का समझौता नहीं करना चाहते। वे हिकारत से कहते हैं :

जाकर उन्हें कह दो कि सफलता के जंग खाये
तालों और कुंजियों की
दुकान है कबाड़ी की।

●

जीवन की तथाकथित
सफलता के पाने की
हमको फुरसत नहीं...

●

पूँजीवादी छेदों में
आधुनिक जीवन बुद्धिजीवियों का
ठीकरे-सा लगता है।

मुक्तिबोध इस सभ्यता पर प्रहार करते हैं एक ख़ास तरह के शब्द-बाहुल्य...शब्दों का बवंडर कहना चाह सकता हूँ...द्वारा। शब्दों के अर्थ द्वारा उतना नहीं जितना उनकी घटाटोप उपस्थिति, उनकी झल्लाती उमड़ती हुई बहुसंख्या द्वारा, यहाँ तक कि अकसर यह लगता है कि उनकी भाषा में जितना आयतन है उतना वज़न नहीं : शक्ति का प्रदर्शन है, उसका सधा हुआ इस्तेमाल नहीं। ब्रेश्त की याद आती है जिनके शब्दों के इस्तेमाल में अपव्यय नहीं विचारों की-सी चुस्ती और अनुशासन है तथा प्रभाव में एक ख़ास तरह की पैनी मार। मुक्तिबोध की भाषा में छायावादी किस्म का फैलाव और उलझाव है उनकी कविताओं में ही नहीं, गद्य में भी। कविता में इस तरह की भाषा की अपनी जगह हो सकती है पर गद्य में वह ज़रूरी नहीं लगती। गद्य को जो भाषा रास नहीं आती कविताओं में वही एक नाटकीय असर पैदा कर ले जाती है और एक विशिष्ट अर्थ में कविता की ज़मीन को विस्तृत भी करती है। लेकिन मुख्य रूप से यह भाषा भावात्मक है, लक्ष्यभेदी नहीं। मुक्तिबोध वह तीरंदाज़ नहीं हैं जिनका तीर ठीक लाल निशान पर जाकर बैठे ! शब्दों का हुजूम है जो अचानक ढेले पत्थरों की तरह बरसने लगता है और अचानक थम जाता है, मगर हमारी उस मनहूस नींद को बुरी तरह भंग करता है जो हमें हमारे मौजूदा हालात की तरफ़ से बेख़बर बनाती है। वैसे भी, एक निश्चित राजनीतिक आदर्श से प्रेरित होते हुए भी मुक्तिबोध की कविताएँ किसी ख़ास मसले या राजनीतिक मुआमलों पर क्रेंदित कविताएँ नहीं हैं। वे जानते हैं कि समकालीन राजनीति का अर्थ और समकालीन कविता के पूरे संदर्भ का अर्थ एक नहीं होता। भारी-भरकम डीलडौलवाली उनकी कविताओं का लैंडस्केप बड़े-बड़े पहाड़ों, पठारों, नगरों, जंगलों आदि की याद दिलाता है, धैर्य से काटे-छाँटे और चमकाये नगों की नहीं। उनकी कविताओं में एक बीहड़ नदी का आवेग और उन्माद है, टकराव है, चक्कर है, छलाँगें हैं, संघर्ष हैं...मैदानी नदी की सोचती हुई-सी स्थिरता नहीं। कविताओं में भव्यता है पर उनमें एक भव्य स्थापत्य के गुण जैसे संतुलन, समता, अनुपात आदि तत्त्व नहीं हैं। किंतु अपनी समग्रता और जीवनपरकता में मुक्तिबोध की कविताएँ जिन मानवीय आयामों को छूती हैं उनमें कविता के बृहत्तर उद्देश्यों की व्यापकता, ईमानदारी और ताकत है।

1980 : 'पूर्वग्रह'।

शमशेर बहादुर सिंह : 'इतने पास अपने'

शमशेर बहादुर सिंह का काव्य-समय हिंदी कविता के पिछले कई दशकों को छूता है। उत्तर छायावाद से लेकर अब तक उनकी कविता अनेक तरह के प्रभावों और परिवर्तनों से गुज़री हैं जिनका कभी साफ़, कभी धुँधला असर उनकी सभी कविताओं पर देखा जा सकता है। शमशेर की कविताओं को सोचते हुए उनके पूरे साहित्यिक व्यक्तित्व पर ध्यान रखना ज़रूरी है क्योंकि वे उन कवियों में से हैं जिनके कृतित्व को केवल किसी एक ही संग्रह के आधार पर नहीं समझा जा सकता। शमशेर को पढ़ना केवल उनकी कविताओं के अर्थ को ग्रहण करना नहीं है, रचनात्मकता के अर्थ को भी अनुभव करना है। स्थितियाँ, बातें या प्रभाव उनकी भाषा से उत्पन्न होते हैं, उसमें अलग से रखे हुए नहीं लगते—इसीलिए अकसर उनकी कविताओं के निष्कर्ष नहीं, उन निष्कर्षों तक ले जानेवाली भाषा ज़्यादा बड़ा काव्यानुभव होती है। उस वक़्त भी जब लगता है कि कवि किसी ख़ास शब्द या बिंब या कथन को टटोल या आँक रहा है वह हम तक ज़िंदगी और भाषा को लेकर एक गहरी चिंता और दायित्व के बोध को सम्प्रेषित-सा करता है। ऊपर से उद्वेलित लगती उनके काव्यभाषा की सतह के नीचे एक अनुशासन भी सक्रिय रहता है—सतर्क, संवेदनशील, शिक्षित और उत्सुक—जिसकी जड़ें मनुष्य और उसकी संस्कृति में कहीं गहरे जगह रखती हैं।

इतने पास अपने की अधिकांश कविताएँ हमें शमशेर के रोमांटिक स्वभाव, प्राकृतिक सौंदर्यबोध और व्यक्तिगत संबंधों की दुनिया के नज़दीक ले जाती हैं। इस प्रकार की कुछ बहुत ही मार्मिक कविताएँ उन्होंने लिखी हैं पर इस संग्रह की कविताएँ उसमें कुछ बहुत नया नहीं जोड़ती लगतीं। संग्रह में शमशेर की मार्क्सवादी आग्रहोंवाली कविताएँ भी नहीं हैं। इस तरह की कविताओं को न शामिल करने के पीछे जो भी कारण हों, पर जिस तरह की कविताएँ शामिल की गई हैं उनके पीछे कोई सशक्त साहित्यिक कारण उभरता हो ऐसा भी नहीं लगता। इस संग्रह की ज़्यादातर कविताएँ (शायद कुछ ज़्यादा ही !) विभिन्न कलाकारों और साहित्यकारों को संबोधित हैं तथा **कला रचना** या **काव्य रचना** पर शमशेर की अपनी प्रतिक्रियाओं और समझ को व्यक्त करती हैं। किंतु उनकी कविताओं के लिए जो सब कहा जाना चाहिए यह संकलन उसके लिए पर्याप्त आधार नहीं बना पाता। इसमें शमशेर की बहुत अच्छी कविताएँ नहीं हैं

फिर भी उनकी रचनात्मकता को समझने के लिए इनमें कुछ संकेत ढूँढ़े जा सकते हैं :

भारतीय दृष्टि पूछती ही है : / पल-छिन-आयाम-अर्थों के आभास के / सारांश जैसे रूप ये/लीलाएँ-जैसी असंगतियाँ ये... ...

•

तथापि यह वह इन उनमें तुम सबका / तथागतीकरण है कला यह।

•

कला-आत्मारूप यही कूची कोयला पत्थर / अंगड़-खंगड़ चमड़ा चीनी-मिट्टी

हड्डी लकड़ी कागज कुछ भी कहीं भी / सकल वर्ग सर्ग में जो है /

सब कुछ बनाकर दृष्टि एक / मार्मिक-इतिहास-भिदी अद्वितीय / अत्याधुनिक निजी अधुनातन की सीमाश्री / सदा एक नए समय की गर्म साँस / अपनी-सी ही बहुत यह कला·पिकासोई... —पिकासोई कला

शमशेर के लिए कला एक शक्ति है जिसमें
सायंस एक धड़कन हो जाती है ज्ञानस्वरूप / और मनुष्य का समाज एक हो जाता है / संगीत से / युद्ध को सबसे अधिक भय संगीत से है / (क्योंकि वह कहीं न कहीं अटामिक विस्फोट को वश में कर लेता है) —कला

शमशेर ने अपनी कविताओं में उर्दू शायरी और छायावादी काव्य-परंपराओं की अनगिनों को अपनी प्रयोगशीलता का हिस्सा बनाया है तथा उन्हें समकालीन अनुभवों की भाषा से जोड़कर अपनी कविता में एक नया असर पैदा किया है। उर्दू, हिंदी और अंग्रेज़ी साहित्य के गंभीर अध्येता होने के नाते शमशेर तीनों काव्य-परंपराओं से पूरी तरह परिचित हैं तथा तीनों की कभी सहज, कभी जटिल बुनावट उनकी काव्यभाषा का ख़ास रंग है। शमशेर की शायरी अलग विचार का विषय है, पर शमशेर की कविता को उर्दू शायरी के प्रभाव ने एक अतिरिक्त आयाम दिया है। शमशेर ने अपनी पसंद के कवियों में एक साथ शेक्सपीयर, मीर, हाली, ग़ालिब, नज़ीर, फ़ानी, इक़बाल, कबीर, निराला आदि का नाम लिया है और शुरू से ही ''बहुत गहरी दिलचस्पी ली, एकदम एक-दूसरे से भिन्न बल्कि विरोधी प्रकार के अभिव्यक्ति शिल्पों में और अभिव्यक्ति के कवियों में।'' यहाँ तक कि... ''जो ये पेंटिंग के स्टाइल थे, सुर्रियलिज़्म के एब्सट्रेक्ट के, मैंने शब्दों में उनका प्रयोग शुरू कर दिया था।'' शमशेर उन कवियों में से हैं जो कविता के स्वरूप या शिल्प (फॉर्म) को महत्त्वपूर्ण मानते हैं और उसको लेकर बराबर प्रयोगशील रहे हैं। इसलिए शमशेर उनके लिए एक दुरूह कवि साबित होते रहे हैं जो कविता में सीधे-सादे कथन को पहली ज़रूरत मानते हैं। शमशेर के सामने तो :

कुछ मार्मिक भाषाओं के स्वरूप / और नाद / कुछ प्राचीन हार्दिकताएँ / या कुछ सचित्र / अत्याधुनिक मर्म की सूचनाएँ / कुछ ग़ज़लों के टुकड़े / कुछ मुनाजाते कुछ प्रार्थनाएँ। —**गोया वो**

*इनका एक बिखरा-फैला काव्य-संसार है जिसमें प्रवेश के संकेत अत्यंत **सूक्ष्म** और विरल हैं। इसीलिए उनकी कविताओं में शब्दों की **स्थिति** अत्यंत महत्त्वपूर्ण है यहाँ तक कि कभी-कभी एक शब्द पूरी कविता को व्यंजित करता है : "मेरे समय को एक **काश** की तरह काट दिया गया है।"*

—मेरे समय को

यों

थम् एक ठोस रोशनी का, / सुबह और शाम को सँभाले।

—थम् एक ठोस रोशनी का

शब्दों, बिंबों, ध्वनियों, अर्थों की अनुगूँजों आदि के सांकेतिक या निर्देशात्मक (रेफरेन्शियल) इस्तेमाल द्वारा शमशेर एक पैना प्रभाव उत्पन्न करने की विचित्र क्षमता रखते हैं। उनकी कविताओं को एक विशेष अर्थ में **शब्द रचनाएँ** कहा जा सकता है ... शब्द भाषा के नियमों से बँधे नहीं उसमें खुले-से पड़े हैं।

शमशेर ने **सीधे कथन** के स्तर पर कविता में आसान समीकरण नहीं ढूँढ़े हैं, वे उस अंतर के प्रति पूरी तरह सचेत हैं जो एक मौलिक कवि को दूसरे से अलग करता है। नजीर और ग़ालिब के बीच समानता नहीं वह असमानता ज़्यादा महत्त्वपूर्ण है जो नज़ीर को नज़ीर और ग़ालिब को ग़ालिब बनाती है। नज़ीर मुख्यतः उस ज़िंदगी के कवि हैं जो उन्हें सामने दिखाई देती है जिसे वे स्वयं भोगते हैं, ग़ालिब ज़िंदगी को गहराई से सोचने और समझनेवाले कवि हैं। दोनों की दृष्टियों और समझ में बुनियादी अंतर है जो उनकी भाषाओं में भी प्रकट होता है। मुक्तिबोध की ही तरह शमशेर की कविताओं को भी आत्मसात् करने के लिए उनके राजनीतिक विचारों को ही नहीं उनके साहित्यिक आदर्शों और मान्यताओं को समझना पहली ज़रूरत है अन्यथा हम उस प्रतिभा को ही गौण मानेंगे जो उन्हें अनेक कवियों से बिलकुल अलग करती है।

शमशेर की साहित्यिक चेतना में कला के सार्वभौमिक आदर्शों (यूनीवर्सल आइडियल्स) की व्याप्ति है। वे भारतीयता के नाम पर स्थानीयता या प्रादेशिकता के संकुचित दायरे नहीं बनाते बल्कि दोनों के अर्थ को विस्तृत करने की कोशिश करते हैं एक ऐसी कला में जिसके संदर्भ बुनियादी जीवन-मूल्यों और रचनात्मकता के नियमों का स्पर्श करते हों। चाहे पिकासो या वान गॉग के चित्र हों, चाहे विजय सोनी या रावल गोस्वामी के, उनकी दृष्टि कला के मूल स्रोतों और अभिव्यक्ति के तरीकों पर रहती है। शमशेर के लिए शब्द और ध्वनियाँ भी उसी विश्वास और कला भाषा के हिस्से-रंग और रेखाएँ हैं (जिनका कलापूर्ण संयोग हमें उनकी काव्यभाषा में मिलता है), तथा आत्मीयता का अर्थ अपने अंदर वह बहुत बड़ी जगह है जिसमें केवल उनके नहीं मानवमात्र के अनुभवों की यादें हैं। इसीलिए जब शमशेर, बन्ने भाई या प्रो. एजाज हुसैन साहब को याद करते हैं तो उनकी यादें केवल व्यक्तिगत मित्रता का उद्‌गार या इजहार भर नहीं होतीं, उनमें :

एक लय ऐसी लिये हुए जिसमें / अनेक वर्षों की पर्तों / झूम रहे हैं पीड़ा से हर्ष से / उदास मौन समझ लिए / अनगिनत आइनों को / न जाने कितने कोणों से प्रतिबिंबित किए हुए / गौर से देखो तो हम सबका एक धुँधला इन्द्रधनुष बनाते / हाँ, वो कोई क्लासिकी अंदाज़... **–गोया वो**

या

रोम सागर के बीचोबीच / आधुनिक माल्टा के सुसंस्कृत टापू में / उत्तर भारत का हृदय और मस्तिष्क / कोई टटोल रहा है / इस सागर के अंदर हमारे / कितने संसार समाये हुए हैं ?/एक साथ कितनी सदियों से होकर हम / आज गुज़र रहे हैं... **–रोम सागर के बीचोबीच**

शमशेर अपनी रचनात्मक विशिष्टता में अपनी सही पहचान बनाते हैं : अपनी भारतीयता या जातीयता मात्र में नहीं–उसी तरह जैसे पिकासो की कला का मतलब केवल स्पेन या उनका स्पेनियर्ड होना उतना नहीं जितना योरप और अमरीका से लेकर अफ्रीका तक उनका किसी भी कलारूप के प्रति संवेदनशील हो सकना था।

जब शमशेर कहते हैं कि "एक बड़े कवि में जिस गुण को मैं महत्त्व देता हूँ वह है एक आंतरिक फोर्स, एक तरह का फोर्स, ऊर्जा, जो कि निराला में है, फोर्स। और एक सेल्फ कानफीडेन्स जो उसकी कविता में बोलता है" तब वे कविता के आधार को बहुत सही जगह रखते हैं। उनकी इस इच्छा से भी पूरी हमदर्दी होती है कि "जितने भी एलीमेंट्स हैं काव्य के सृजन में उनमें से एक एलीमेंट सामान्य पाठक भी है और उसके सृजन के कम्पोनेन्ट्स में वह आता है..." "आमतौर पर वह छूटता जा रहा है...वह न छूटे और शामिल किया जाए..." किसी भी कवि के लिए सामान्य पाठक को लेकर चिंता नयी बात नहीं, किंतु शमशेर ने उपर्युक्त आदर्श के कवियों में शेक्सपीयर, ग़ालिब और निराला का नाम लिया है। मुझे ये तीनों ही कवि काफ़ी जटिल लगते हैं अगर हम उनके पूरे कृतित्व को ध्यान में रखें और उनमें से केवल आसान का ही चुनाव न करें। एक क्लासिक की भाषायी ज़मीन बहुत बड़ी होती है और वह अपनी समग्रता में जीवन के अनेक पक्षों का स्पर्श करती है। हम अगर चाहें तो उनमें से छोटे-मोटे निष्कर्ष भी आसानी से निकल सकते हैं और उसे बिलकुल ग़ैर-साहित्यिक दृष्टिकोण से भी पढ़ सकते हैं। यानी एक ख़ास दृष्टि से हम निराला की **कुकुरमुत्ता** कविता को पसंद करते हैं लेकिन उसी दृष्टि से हम निराला के संपूर्ण कृतित्व का आकलन नहीं कर सकते। शमशेर खुद भी इसका उदाहरण हैं और सामान्य पाठक को ध्यान में रखकर लिखी गई कविताएँ ही उनकी सबसे अच्छी कविताएँ नहीं हैं। वे अच्छी तरह जानते हैं कि सामान्य पाठक की माँगों और रचनात्मकता की माँगों के बीच आदर्श समझौता हमेशा संभव नहीं हो पाता। शमशेर की इस कोशिश ने (जो किसी भी अच्छे कवि का आदर्श होना चाहिए) कि "भाषा हम लें सरल और कुछ जिसे कहते हैं जनवादी भी, लेकिन उसमें हम बात अपनी ऐसी जो काम्प्लेक्स होती है वह कह जाएँ।" अगर

उन्हें हमेशा एक सहज कवि नहीं भी तो एक विशिष्ट कवि ज़रूर बनाया है। सीमित उद्देश्य या सीमित अनुभवों की कविता भी हो सकती है, लेकिन शमशेर का काव्यानुभव उसके प्रतिकूल पड़ता है—वह अर्थ के विस्तार के लिए भाषा में ज़्यादा से ज़्यादा छूट और खुलापन माँगता है।

शमशेर की रचना-प्रक्रिया में एक तरह का त्रिकोणात्मक तनाव बराबर मौजूद रहता है। एक ओर तो रोमेंटिक तत्त्व जिसे "लोग कहेंगे कि छायावादी रंग की, छायावादी फैगएन्ड की चीज़" दूसरी ओर वे "प्रगतिशील रचनाएँ जिनके बारे में मेरे दिल में हमेशा संदेह रहा कि ये कविता के रूप में अच्छी नहीं बन पड़ी हैं शायद..." और तीसरा बिंदु है समकालीन यथार्थ का प्रामाणिक अनुभव। शमशेर जानते हैं कि इस तनाव को समाप्त करने का मतलब है कविता का इनमें से किसी एक बिंदु की ओर खिंच जाना—यानी एक ख़ास अर्थ में रचना का रचना न रह जाना। शमशेर इसीलिए अपनी कुछ कविताओं में जहाँ रचनात्मकता के सही माने पर अपनी पकड़ को ढीली होने देते हैं उनकी कविता उनके यकीन के काम की नहीं रह जाती उसी तरह जैसे उनका यकीन उनकी कविता को शक्ति नहीं दे पाता। शमशेर का अंतर्द्वंद्व उनके कथ्य और उनके शिल्प दोनों में निहित है। इसीलिए यह कहना कि शमशेर एक रोमेंटिक कवि हैं, या जनवादी कवि हैं, या यथार्थवादी कवि हैं कोई ख़ास माने नहीं रखता—मुख्य बात है उनकी कविता में इन सबकी क्या जगह है। जनवादी आदर्शों को लेकर उनमें शेली की तरह—केवल एक रोमेंटिक उत्साह है ? या ब्रेश्त की तरह वे उसे समकालीन यथार्थ की गहरी समझ और अपने समय की ज़रूरी जानकारियों से भी जोड़ पाते हैं ? उनकी निष्ठा या प्रतिबद्धता किस प्रकार की है—धार्मिक किस्म की धारणामूलक, थोक और संतुष्ट ? या वैज्ञानिक ढंग की विवेचनात्मक, खोजी और बेचैन ? शमशेर अंतिम निर्णयों के कवि नहीं हैं—और यह उन्हें एक रचनाकार की मूल प्रवृत्तियों के साथ जोड़ता है। एक सच्चे और सजग रचनाकार और वैज्ञानिक की तरह वे अपने शिल्प, विचारों या विश्वासों को लेकर अंतिम रूप से निर्द्वंद्व (काम्प्लेसेंट) हो गए नहीं लगते। ज़्यादातर कवि रोमेंटिक होते हैं, और आजकल ज़्यादातर कवि जनवादी भी हैं लेकिन शमशेर उन मानों में न तो रोमेंटिक ही हैं न जनवादी ही जिन मानों में ज़्यादातर कवि होते हैं : शमशेर उन ख़ास अर्थों में कवि हैं जिन अर्थों में ज्यादातर कवि, कवि नहीं हो पाते ! क्योंकि उनके अंदर अपनी कला, अपने कवि-धर्म को लेकर पहली चिंता है।

"हमारा नागरिक का दायित्व है, वहाँ पर कृतिकार, रचनाकार, शिल्पी कहाँ कैसे खड़ा होता है...एक तो यह कि ईमानदारी से वह जैसा जो कुछ महसूस करता है, उसको वह भरपूर व्यक्त करता है, और उसके इस तरह से व्यक्त करने से उसके इस दायित्व की पूर्ति होती है। दूसरे... वह उसमें कुछ जोड़ना चाहता है...जो हमारा अंग बनता है, हमारी कविता का, यह सब यथार्थ या सत्य, वह कविता बनता है, कहीं मशीन बन के तो नहीं रह जाता। यानी एक मेकेनिकल चीज़ तो नहीं हो जाती।" यह संदेह, यह आत्मान्वेषण, शमशेर की संपूर्ण भाषा और रचनात्मकता में व्याप्त यह चिंतित, नर्वस

और परेशान-सी मानसिकता, कभी खुद में, कभी चीज़ों में, कभी प्रकृति में भटकती-सी छटपटाहट... उनकी कविताओं में एक ख़ास तरह स्पंदित रहती है। स्पंद जो कभी भी शमशेर के विचारों और भावनाओं को छायावादी या रोमेंटिक भाषा के तलछट में नहीं जाने देता। इसीलिए वे बहुतों से अलग एक ख़ास तरह का अकेलापन भी महसूस करते हैं :

मैं डोल रहा हूँ जहाँ / वहाँ / एक जहान जैसे डोल रहा है / अरे / उसे प्रकाशन नहीं चाहिए नहीं, कत्तई नहीं / बड़ी से बड़ी कृति यहाँ तो / कोई बड़ा ही कीमती इश्तहार है / आदमी कोई आधुनिक बाज़ार है / जितना ही बड़ा आर्टिस्ट जो है / उतना ही बड़ा पत्रकार है।

●

मेरी दुनिया सहज ही इनसे दूर... पार कहीं गुम हो गई है। —**गोया वो**

शमशेर का **अकेलापन** एक ईमानदार रचनाकार की अनिवार्य नियति का अकेलापन है। उनकी भाषा में जो एक ख़ास तरह की अनगढ़ता और अटपटापन है वह मुझे कभी-कभी शब्दों की आकर्षक इकाइयों से खेलते हुए एक बच्चे की याद दिलाता है जो उन्हें मिलाकर कुछ बहुत सुंदर-सा बनाना चाहता हो पर उसके मन में उस सुंदर की कोई पूर्वयोजना न हो—केवल एक यकीन हो कि ये इकाइयाँ जो अपने आपमें इतनी समर्थ और रहस्यपूर्ण हैं अगर किसी तरह सही ढंग से साथ रखी जा सकें तो उनसे ज़रूर कुछ बहुत ही महान् और सार्थक बन सकता है। इकाइयाँ जो केवल शब्दों की ही नहीं मनुष्यों की भी याद दिलाती हैं। यह कोशिश ही मुझे शमशेर की कविताओं का मुख्य विषय लगती है। उनके अल्प-कथन में बराबर एक आग्रह-सा भी छिपा रहता है कि उनका अति-पठन किया जाए !

इतने पास अपने में चुनी गई कविताएँ शमशेर के पूरे काव्य-संसार की विविधता और शक्ति का एहसास नहीं करातीं, केवल उनके एक परिचित पक्ष से पुनः सामना कराती हैं। शमशेर इस बात को ज़्यादा महत्त्व देते नहीं लगते कि अपनी कविताओं के संकलनों को वे स्वयं तैयार करें। प्रकृति संबंधी तथा आत्मीय अनुभवों के ज़मीन की जो अधिकांश कविताएँ इस संकलन में शामिल की गई हैं उनमें शमशेर का परिचित अंदाज़ेबयाँ, उनका अत्यंत जटिल और कोमल शिल्प तो है पर इनके अतिरिक्त ऐसा विशेष कुछ नहीं है जो शमशेर जैसे प्रतिष्ठित कवि के एक नए संकलन की ज़रूरत को पूरे विश्वास के साथ स्थापित करता हो।

इससे पहले के संकलन **चुका भी नहीं हूँ मैं** में शमशेर के मानवीय सरोकार का दायरा मुझे अपेक्षाकृत ज़्यादा विस्तृत लगा था। आशा है शमशेर के आगामी काव्य-संग्रह (**बात बोलेगी, उदिता, ग़ज़लें** वगैरह जो **इतने पास अपने** में घोषित हैं) उनके रचना-संसार को ज़्यादा संपूर्णता में प्रस्तुत कर सकेंगे।

1980 : 'पूर्वग्रह'।

कविता के बहाने एक सही आदमी पर बहस

इस लेख को लिखते समय तक मेरे सामने साहीजी का काव्य-संग्रह **मछलीघर** उनके कुछ लेख और उनके साथ हुई अनेक बहसों की यादें ही थीं जिनके आधार पर मैंने यहाँ कुछ बातें कहनी चाही हैं। मुझे पूरा विश्वास है कि नयी पुस्तकों के प्रकाश में आने के बाद साहीजी के मूल्यांकन में ज़रूर एक नया आयाम जुड़ेगा।

विजयदेव नारायण साही हमारे समय के उन प्रमुख हिंदी साहित्यकारों में रहे हैं जिनका गंभीर मूल्यांकन लगभग उपेक्षित रहा। इसके पीछे कुछ व्यावहारिक कठिनाइयाँ भी रही हैं—साही की समीक्षाएँ, विचार-लेख, निबंध आदि पुस्तक रूप में नहीं छपे। उनका अधिकांश चिंतन उनके व्याख्यानों, विचार-गोष्ठियों तथा बातचीतों में बिखरा फैला रहा। उनकी बातचीतों का अपना अलग ही रस और विवेक होता था। उनकी बहस का तरीक़ा कभी अगर किसी एक ख़ास नुक्ते को ज़रूरत से ज़्यादा मथ डालता था, तो कभी-कभी उसी मंथन के दौरान तमाम ऐसे नुक़्तों को उठाता, या उकसाता, जो एक सतर्क सहभागी को अनेक नयी-नयी दिशाओं में सोचने का मसाला देता, कम से कम मेरे लिए उनके साथ बातचीत का सबसे लाभप्रद पक्ष यही होता था कि कोई भी बहस कभी भी उनके साथ समाप्त नहीं होती थी—और मैं समझता हूँ आज भी समाप्त नहीं हुई है। कम से कम मेरे लिए, हमेशा की तरह, आज भी वह जारी है और यह उनके व्यक्तित्व का एक ऐसा जानदार हिस्सा था जिसे शायद उनका कोई भी समकालीन भुला नहीं सकता।

साही हमेशा साहित्य-चर्चाओं के केंद्र में रहे। कम छपने, ज़्यादा समझने-बूझनेवालों का वह एक ऐसा विरल उदाहरण थे, जिनके लिए साहित्य एक बहुत ही स्वस्थ अर्थ में लिखित से अधिक मौखिक परंपरा का विस्तार और परिष्कार दोनों था। पुस्तकें छपाने के मामले में हद दर्ज़े के लापरवाह थे, इसी का नतीज़ा है कि **मछलीघर** काव्य-संग्रह को छोड़कर दूसरे किसी भी काव्य-संग्रह को छपाने के अपने इरादों को वे अपने सामने पूरा न कर सके। मुझे याद है **साखी** काव्य-संग्रह (जो अब रिलीज़ हो चुका है) का ज़िक्र—यदि मुझे ठीक याद है तो—उन्होंने चार-पाँच वर्ष पहले ही मुझसे किया था। हमारे बीच तब इस पर भी विचार हुआ था कि संग्रह का शीर्षक 'साखी' रखना ठीक होगा या 'साक्षी'। 'साखी' की अपेक्षा 'साक्षी' रखने के पीछे मेरा अपना तर्क यह था कि उसे

कबीरी ध्वन्यात्मकता के इतना निकट ले जाना ज़रूरी नहीं : वह आज की क़ानूनी ध्वन्यात्मकताओं के ज़्यादा नज़दीक रहे तो बुरा नहीं। बहरहाल वह बात अब ख़ास माने नहीं रखती, और साही ने अगर कबीरी शब्द अधिक पसंद किया तो शायद वह उनके फक्कड़ और निडरता से खरी-खरी सुना देनेवाले स्वभाव के अनुकूल ही पड़ता है।

साही के काव्य-व्यक्तित्व का जिस रूप में मूल्यांकन होना चाहिए था नहीं हुआ, और मेरा ख़याल है कि **मछलीघर** के आधार पर भी नहीं हुआ—फिलहाल, अगर हम उनकी अन्य कविताओं को छोड़ भी दें तो। यह मुझे उतना ही अनुचित लगता है जितना यह कि साही के विचारों पर अधिकांश बहसों का उनकी **लघु मानव** वाली बहस पर केंद्रित रहना।

1966 में **मछलीघर** जब निकला उसने पर्याप्त ध्यान तो आकृष्ट किया पर उसका गंभीर मूल्यांकन शायद अब तक नहीं हुआ है। **मछलीघर** की एक प्रति साही मुझे भेज चुके थे। लखनऊ में मिले तो काफ़ी देर तक संग्रह पर मेरी उनकी बातचीत हुई थी। सब बातें याद नहीं, पर एक बात की ओर ख़ासतौर पर ध्यान खींचना चाहूँगा जिस पर चर्चा काफ़ी टिकी थी। ताक़त और ग़ुस्से के बीच बुनियादी फ़र्क़ करते हुए मैंने **मछलीघर** की कविताओं को उदात्त या Sublime के वर्ग में रखकर विचार करने की आवश्यकता पर बल दिया था। वह मुझे आज भी ज़रूरी लगता है। उनकी कविताओं में कहीं भी ग़ुस्से का छिछला प्रदर्शन नहीं है : ताक़त—लगभग हीरोइक आयामोंवाली ताक़तों—की भव्यता है, 'एक चढ़ी हुई प्रत्यंचा की तरह।' उनमें वह दृढ़ता और संयम है, जिनसे महाकाव्य बनते हैं, तुरत खुश या नाखुश करनेवाली कविताओं की चंचलता नहीं। साही की यह मुद्रा इधर लिखी गई उन तमाम कविताओं से बिलकुल अलग है, जिनमें हम नाराज़गी और उत्तेजना को लगभग एक रूढ़ि बन जाते देखते हैं। **मछलीघर** की कविताएँ पढ़ते समय **मिल्टन** के **ग्रैंड स्टाइल** की याद आती है, **शेली** या **कीट्स** की कविताओं की नहीं, यद्यपि साही जब मिल्टानिक नहीं होते तो भी उसी ऊँचाई पर होते हैं, जहाँ हम कीट्स या शेली की कविताओं को श्रेष्ठ अर्थों में याद करते हैं (**मछलीघर** में उनके 6 संध्या-चित्रों की ओर विशेष रूप से ध्यान जाता है।) इस संदर्भ में मैं समझता हूँ साही लगभग क्लासिकी अनुशासन में लिखी गई कविताओं के एकमात्र ऐसे उदाहरण हैं जिसने एक ओर अगर अंग्रेज़ी साहित्य के क्लासिकल अनुशासन की मर्यादा को स्वीकार किया तो दूसरी ओर उर्दू-फ़ारसी के श्रेष्ठमत आदर्शों को नज़र के सामने रखा। हिंदी कविता पर उर्दू साहित्य का असर कोई नयी बात नहीं। तमाम उर्दू शब्द, उसकी साहित्यिक परंपरा, **अमीर खुसरो** से लेकर अब तक हिंदी में घुलीमिली रही। **नज़ीर अकबराबादी, मीर, ग़ालिब, इक़बाल** आदि की देन ने सिर्फ़ उर्दू ही नहीं हिंदी को भी जो कुछ दिया, आज की हिंदी कविता में उसके श्रेष्ठ उदाहरणों में साही का नाम विशेष रूप से लिया जाना चाहिए। साही ने ग़ज़लें भी लिखी हैं, लेकिन बिलकुल शौक़िया, और उन्हें छपाने के मामले में अतिरिक्त सावधान थे—उतने ही सावधान जितने कि अपनी तमाम अच्छी-से-अच्छी कविताओं को छपाने के मामले में बिलकुल सिनिकल ! मेरे कहने

पर अपनी एक ग़ज़ल उन्होंने मेरे घर पर रेकार्ड कराई थी, जिसे कंचनजी ने स्वर भी दिया था। उसे सुनता हूँ तो आज भी, या शायद आज विशेष रूप से, वह मुझे केवल अभ्यास मात्र नहीं लगती—एक बिलकुल भिन्न स्तर पर ज़िंदगी और मौत के साथ उनकी वाबस्तगी का सबूत लगती है। उर्दू शैली साही की भाषा में व्याप्त थी : वह उनके कविताओं के रचाव का एक ख़ास रंग है—ऊपर से चढ़ाया हुआ रंग नहीं, कविताओं के अंदर से खिलता हुआ रंग...इतना अलग कि उनकी कविता की एक भी पंखुरी से उसे साफ़ पहचाना जा सकता है।

दूसरी बात, जिस तरह साही अपनी कविताओं में नाटकीय तत्त्वों और भाषायी अलंकरण को एक बहुत ही परिष्कृत रचनात्मकता का हिस्सा बनाते हैं वह हर एक के बस की बात नहीं। नाटकीय तत्त्वों और शब्दालंकारों के उपादानात्मक प्रयोग में अगर ज़रा भी असावधानी हो तो वह कविता के नाजुक तंतुओं को बिलकुल सुन्न कर दे सकता है। साही की कविताओं में नाटकीयता और भाषायी अलंकरण की क़िलाबंदी नहीं है, कविताओं के पीछे उनकी बहुत ही हल्की छाप या अक्स का लहराता आभास भर रहता है जिसके ऊपर कविता लिखी हुई जान पड़ती है—जिसके नीचे दबी हुई नहीं—न जिसके बगल में ही लिखी हुई। साही की कविताओं में जो एक ख़ास तरह की दृढ़ता है उसका गारा भर क्लासिकल रहता है लेकिन स्थापत्य साही का बिलकुल अपना और अपने समय की या जीवन की प्रमुख समस्याओं से रगड़ खाता हुआ। साही के लिए दृढ़ता का मतलब चारित्रिक दृढ़ता है—हीरोइक के अर्थ में—रुखाई या हृदयहीनता नहीं। उसके उपयुक्त साही ने प्रभावशाली शिल्प गढ़ा है **जलते हुए जंगल के पास** कविता में वे जीवन की कुछ आधार-स्थितियों के निरीक्षण को नाटकीय मुद्राओं से तनावपूर्ण बनाते हैं, पर उनका नाटक नहीं बनने देते :

हमने पूछा, क्या हम यहाँ रुकेंगे ?
उसने कहा, नहीं, यहाँ हम अपने साथ लाई हुई
प्रेत-घटनाओं को विसर्जित करेंगे।
...इस तरह वह घटित हुआ
जो वह पहले ही कह चुका था
तब हमने पूछा,
हम यहाँ से क्या ले जाएँगे ?
उसने कहा, यहाँ से कोई
कुछ नहीं ले जाता।

साही के संदर्भ में जब मैं ताक़त शब्द कहता हूँ तो मैं ख़ासतौर पर उनके गहरे आत्म-विश्वास और दार्शनिक निर्लिप्तता को, उनके अनासक्त भाव को रेखांकित करना चाहता हूँ—बहुत कुछ उन्हीं अर्थों में जिनमें ग़ालिब या इक़बाल की शायरी का तेवर रोमांटिक होते हुए भी रोमांटिसिज़्म की भावुक, परंपरा से बिलकुल अलग अपनी एक

पहचान स्थापित करता है। साही के अडिग आत्मविश्वास का स्रोत कहीं भारतीय जीवनदर्शन की उस सधुक्कड़ी प्रवृत्ति में भी था जो जीवन से छोटी नहीं जीवन से बहुत बड़ी जीवन दृष्टि अपनाकर जीने में विश्वास करती थी। साही ने उसे अपने जीवन और अपनी कविताओं में भरसक जीने की कोशिश की है।

इतिहास और कविता को लेकर साही से अक्सर बात होती थी। उनकी काव्य भाषा एक ख़ास माने में इतिहास-सतर्क भाषा है। इतिहास की किसी ख़ास घटना, पात्र या जगह को वे केंद्र में नहीं रखते : ऐतिहासिक अनुभवों की अनेक अनुगूँजों को कुछ ख़ास शब्दों और मुहावरों द्वारा झंकारते हैं। हिंदी बल्कि उर्दू-हिंदी में तमाम ऐसे शब्द जज़्ब हो चुके हैं जिनमें कुछ ख़ास तरह के मध्ययुगीन ऐतिहासिक अनुभवों की यादों के अवशेष हैं। साही ऐसे शब्दों के ऐतिहासिक संस्कारों को अत्यंत कुशलता से उद्दीप्त करते हैं। इतिहास के किसी या किन्हीं अनाम अनुभवों को अचानक हमारे अंदर जगा देने में कम लोग उनकी बराबरी कर सके हैं। उनकी कुछ पंक्तियाँ याद आती हैं :

आधी रात
जब बर्बर सेनानी
अपने अपने तंबुओं में
रोशन पत्थरों पर सिक्के बजाते हैं
तुम क्यों उनके शिविरों से निकल कर
हमारे नगर की प्राचीरों पर
दस्तक देते हो ?
तुम जानते हो
दीवारें इस तरह नहीं खुलतीं।
लौट जाओ
इन धधकती आत्म-भर्त्सनाओं से
कोई लाभ नहीं

—अगाध-द्रष्टा, बर्बर और एक तीसरा

तुम हमारा ज़िक्र इतिहासों में
नहीं पाओगे
और न उस कराह का
जो तुमने आज रात सुनी
क्योंकि हमने अपने को
इतिहासों के विरुद्ध दे दिया है :
लेकिन जहाँ तुम्हें इतिहासों में
छूटी हुई जगहें दिखें
और दबी हुई चीख का एहसास हो
समझना हम वहाँ मौजूद थे।

यह 'इतिहास के विरुद्ध साक्षी' होने का भाव—चाहे इतिहास में हो चाहे वर्तमान परिस्थितियों में हो—साही की कविताओं का प्रमुख और सबसे अलग स्वर रहा है। यह शायद आकस्मिक नहीं कि साही ने अपने काव्य-संग्रह का नाम **साखी** चुना। ज़िंदगी के साथ गंभीर हिस्सेदारी का यह उनका अपना तरीक़ा था—एक निडर और ईमानदार गवाह की हैसियत से वे समय की किसी भी अदालत में खड़े होकर सचाई को बेहिचक बयान कर सकते थे। वे यह भी जानते थे कि यह साफ़-बयानी कभी-कभी महँगी भी पड़ सकती थी, शायद पड़ी भी, लेकिन उनके उस फक्कड़, साहसी रवैये को आदर से याद करता हूँ जिसकी स्पष्टवादिता के पीछे द्वेष या दुराग्रह नहीं होता था, मूर्खता और धूर्तता के प्रति अधैर्य होता था। यदि उन्हीं से दो शब्द उधार लूँ तो—एक 'फकीर चिड़िया' का-सा बेलौस साहस होता था। इस माने में साही साहित्य के **आचार्य कृपलानी** और **डाक्टर लोहिया** थे—व्यवस्था के जन्मजात आलोचक ! उनका कोई ठीक नहीं, कब किस साजिश की सुरंग में आग लगा दें !

इतिहास, साहित्य के स्थायी विषयों में से रहा है। शायद ही ऐसा कोई समय रहा हो जब साहित्य की इतिहास में गहरी दिलचस्पी न रही हो, पर वह दिलचस्पी हर समय में एक-सी नहीं रही—एक ही समय में भी एक-सी नहीं रही। साही के पास, **प्रेमचंद** की तरह, उर्दू फ़ारसी के गहरे भाषायी और साहित्यिक संस्कार थे। 1960-61 में **नयी कविता** 5-6 में जब मेरी इतिहास संबंधी कविताएँ छपी थीं; साहीजी से मेरी उन पर तथा इतिहास और कविता के संबंधों पर विस्तार से बात हुई थी। मध्ययुगीन ऐतिहासिक अनुभवों की गूँज को साही ने अपनी कविता में अद्‌भुत लाघव और तीक्ष्णता से न केवल पकड़ा है, बल्कि उसकी विडंबनाओं को आज की अनेक समान मनःस्थितियों से जोड़ा है। साथ ही, जहाँ कहीं वे 'पौराणिक समय' के भाषा-अनुभव में गए; जैसे **क्रतोस्मर** कविता में, बिलकुल भिन्न प्रकार के शब्दों द्वारा एक दूसरे 'समय' का अनुभव हम तक उन्होंने संप्रेषित किया है, लेकिन उनकी भाषायी तकनीक क़रीब-क़रीब वही रही—यानी, लगभग उसी तरह शब्दों की आह्वानात्मक (इवोकेटिव) शक्ति द्वारा कुछ अनुभवों का उद्‌बोधन :

> मैंने तुम्हारी मृत्यु को सामने देखकर
> हिरण्मय ढक्कर उघाड़ दिया है
> देखो, इस अग्निकुंड में
> बल खाती हुई, मणियाँ उगलती, बदहवास शताब्दियाँ
> जन्मेजय के नागों की तरह
> आ आकर गिर रही हैं

लेकिन इतिहास की ज़्यादा ठोस पहचान और अनुभूति के लिए, मेरा ख़याल है, इतिहास के ज़्यादा ठोस तथ्यों और गवाहियों की ओर भी जाना ज़रूरी है—केवल भाषा काफ़ी नहीं। साही की सफलता मेरी दृष्टि में यह है कि मूलतः भाषासिद्ध होते हुए भी

इतिहास उनकी कविताओं में अमूर्त या मात्र सजावटी नहीं रहता, यथार्थ की-सी तीक्ष्णता और मूर्तता धारण करके सामने आता है। मेरा संकेत उस फ़र्क़ की ओर है जो **प्रसाद** और **प्रेमचंद** के इतिहास प्रसंगों में है। यानी प्रेमचंद की ही तरह साही के लिए भी इतिहास केवल एक सहायक-तत्त्व (subsidiary element) है जिसके द्वारा वे समकालीन राजनीति और जीवन की अनेक विसंगतियों की पहचान कराते हैं। वे अतीत में खो नहीं जाते, अतीत के तमाम लक्षणों को वर्तमान जीवन में रेखांकित करते हैं। साही के लिए इतिहास केवल सांस्कृतिक अतीत नहीं है, राजनीतिक अतीत भी है जिसकी अनेक झलकें आज के राजनीतिक जीवन में हम बरक़रार पाते हैं। उनका व्यक्तित्व अगर पूरी तरह राजनीति का नहीं हो सका तो उसके पीछे कहीं साही में वह सिनिक भी था जो अपने को 'इतिहासों के विरुद्ध' रखकर भी देखता रहा।

लघुमानव के बहाने नयी कविता पर साही की बहस निर्णयात्मक नहीं कही जा सकती, लेकिन उस समय भी साही ने कई मुद्दे उठाये थे जो आज भी विचारणीय हैं। भारतीयता को लेकर इधर जो सोच-विचार हुआ उसके बीज साही की उस समय की बहस में हैं—और उनका संकेत सही दिशा में था कि भारतीय जीवनबोध एक ओर अगर बिलकुल किसानी अर्थों में ज़मीन का है, तो दूसरी ओर अत्यन्त उदात्त अर्थों में भारतीय, सांस्कृतिक, दार्शनिक और वैचारिक परंपराओं से शक्ति खींचता है। साही दोनों स्रोतों को संश्लिष्ट रूप में ग्रहण करते हैं। शायद यही वह मूल बिंदु है जहाँ साही का राजनीतिक व्यक्तित्व और उनका जीवन-दर्शन एक सही भारतीय मानस का प्रतिनिधित्व करता है। साही का समाजवाद ठीक उन्हीं अर्थों में उदारवादी था जिन अर्थों में उनकी भारतीयता रूढ़िवादी नहीं थी। साही की प्रगतिशीलता भारतीय जीवन-पद्धति का निषेध नहीं है, नए और ज़रूरी को निष्पक्षता से जाँच कर स्वीकार या अस्वीकार करने की सतर्कता है।

साही व्यावहारिक राजनीति से सीधे जुड़े थे। उतना हमारी पीढ़ी का शायद ही कोई अन्य कवि जुड़ा रहा होगा—और संभव है यह भी एक ख़ास वजह रही हो कि कविता उनकी राजनीति का विकल्प कभी नहीं बनी। कविता को उन्होंने जिस मूलतः मानवीय धरातल पर रखा उसकी अंतश्चेतना (Ethos) में उनकी भारतीयता और उनका समाजवाद एक-दूसरे से पृथक नहीं, एक दूसरे के पूरक थे—ठीक उन्हीं अर्थों में जिनमें **आचार्य नरेंद्रदेव** का **बुद्ध** का अध्ययन या **डॉ. लोहिया** का **कृष्ण** का अध्ययन कहीं न कहीं भारतीय जनमानस को समझने की कोशिश थी। लेकिन साही के इस शैक्षिक उदारवाद को मौजूदा स्थितियों या 'व्यवस्था' के साथ किसी भी प्रकार का समझौता मानना उनके उस मूलतः क्रांतिकारी स्वभाव और जीवन-दर्शन दोनों को जानबूझकर विकृत करके देखना होगा जिसकी तेज़ धार किसी भी प्रकार के आडंबर, पाखंड, नीचता, कुंद-दिमाग़ी और अवसरवादिता को मुआफ़ करने के लिए तैयार न थी। चुनाव की विडंबना को साही ने भरपूर झेला और समझा था : उनकी जगह कोई भी दूसरा आदमी शायद एकदम कटु होकर इस देश के लिए किसी न किसी प्रकार के अतिवादी विकल्प की बात सोचता, लेकिन साही के सांस्कृतिक विवेक के लिए किसी भी तरह की

तानाशाही की बात करना, सोच-विचार छोड़कर एक कठमुल्लापन की आसान हिंसा में पलायन होता। **अगाध-द्रष्टा, बर्बर और एक तीसरा** में साही ने कवि की स्थिति की पूरी विडंबना को जिस तीव्रता से उभारा है उसकी बर्बरता को कहीं न कहीं वे वर्तमान परिदृश्य में भी गहराई से महसूस करते रहे होंगे :

हमने इक्कीस बार पृथ्वी जीती
और इक्कीस बार बर्बरों को दान कर दी
यही कहते हुए
कि उसे भी बर्बरों को ले जाने दो—
क्योंकि हम जिस अगाध की तलाश में थे
बर्बरों का उससे कोई सरोकार नहीं था।

●

यह नगर, ये हंस, यह नैसर्गिक संगीत
ये तब तक सनातन हैं
जब तक हम या हमारी राख से
जन्म लेने वाला कोई
उनकी ओर देखता रहेगा,
सनातन है नगर के बाहर
बर्बरों के स्कंधावार भी—
और शायद तुम या तुम्हारे जैसे भी
जो इन शान्त प्रासादों की ईंट से ईंट बजाकर
आक्षितिज सिर्फ़ बर्बरों का राज्य देखने के लिए
भयंकर ज्वाला में आजीवन तिलमिलाते रहेंगे।

साही की कविताओं में इस 'अगाध-द्रष्टा' और 'बर्बरों' के बीच कोई कशमकश नहीं, स्पष्ट विभाजन और वर्गीकरण है। कवि की स्थिति को साही उस तीसरे में देखते हैं जो दोनों का साक्षी है—वह **कबीरी रामझरोखा** जहाँ से कवि पूरे जीवन को देखता और गुनता है। इस बिंदु से साही के लिए 'विद्रोह' का मतलब राजनीतिक विद्रोह से कहीं ज़्यादा बड़ा हो जाता है : इस माने में वे **कबीर** और **निराला** को **मुक्तिबोध** और **धूमिल** से ज़्यादा बड़े विद्रोही कवि मानते थे, जैसा कि उन्होंने अपनी एक टी. वी. वार्ता में स्पष्ट करने की कोशिश भी की थी। राजनीतिक विद्रोह भी बिना नैतिक आधार के सफल नहीं हो सकता, और इसीलिए गाँधी के उदाहरण को वे विशेष महत्त्व देते थे।

साही की 'बहसों' पर दो शब्द कहना चाहूँगा। साही के विचारों को समझने का यह मेरा अपना तरीक़ा है कि मैं न केवल उनकी बहसों बल्कि उनके लेखों, व्याख्यानों, वक्तव्यों आदि को भी प्रमुखतः उनकी बहसों का ही हिस्सा मानता हूँ। विचारों को अभिव्यक्ति देने का उनका प्रमुख माध्यम उनकी 'बहस'-शैली थी, लगभग उन्हीं अर्थों में जिनमें सुकरात के विचारों की अभिव्यक्ति का प्रमुख माध्यम उनकी 'संवाद-शैली'

थी। उनकी बहसें उनके लेखों या व्याख्यानों में सीमित नहीं होतीं, लगातार उनका उल्लंघन और अतिक्रमण करती हैं। यह बहसी अतिक्रमण ही उनके विचारों की जान है। चाहे **मार्क्सवाद** हो, चाहे **धर्म-निरपेक्षता** हो, चाहे **लघुमानव के बहाने हिंदी कविता पर बहस** हो, चाहे **साहित्यकार के दायित्व** पर व्याख्यान हो, चाहे **जायसी** का मूल्यांकन हो—उनकी बहस का पैशन हमेशा उनके विषय की सीमा के बाहर छलक जाता। जिस विषय को भी वे उठाते उसे उसकी तार्किक परिणति पर पहुँचाने की न तो उन्हें जल्दी रहती थी, न शायद बहुत उत्सुकता ही। वे अच्छी तरह जानते थे कि किसी भी बहस के दो या दो से अधिक दल बन जाना स्वाभाविक है जिनके बीच निर्णय या समझौता लगभग असंभव होता है : हर व्यक्ति तब सचाई का नहीं अपने पक्ष का ही प्रवक्ता बन जाता है। सचाई तब उसकी वकालत में नहीं, बहसों के बीच की जगहों में कहीं छिपी या फँसी पड़ी होती है। साही में एक स्वाभाविक प्रतिभा थी ऐसी चोर जगहों में घुसकर सचाई को पकड़ने और उसे उघाड़ने की; और, इसे भी वे अच्छी तरह जानते थे कि सचाई किसी की तरफ़ नहीं होती, वह अपने आपमें होती है।

विचारों के स्तर पर मेरे और साही के बीच सहानुभूति का शायद सबसे पक्का आधार यही होता था जहाँ मैं उनकी बहसों में हिस्सा लेना पसंद करता था। बहसों के दौरान हममें से कोई भी कहीं भी पकड़ा जा सकता था, और यह पकड़ा जाना ही कभी-कभी हमारी बहसों का शायद सबसे रोमांचक और सार्थक क्षण होता था। साही कुछ सिद्ध करने की नीयत से इतना नहीं बोलते थे जितना इस नीयत से कि देखें इस बहस से क्या सिद्ध होता है। अपने आपको भी बराबर चुनौती देती हुई यह मानसिकता आज मुश्किल से हिंदी साहित्य में दिखती है। अपनी बहसों के दौरान साही अनेक अपूर्ण और विचारोत्तेजक वाक्यों और प्रस्तावों को छोड़ जाते थे—मानो अगली बहसों का मुद्दा बनाते हुए। लेकिन कहीं-कहीं वे बहुत ही निर्णायक फिक्रों को कुछ इस तरह से भी छोड़ जाते थे मानो उन्हें बहस का विषय नहीं, दुर्घटनाओं से बचने के लिए सड़क के किनारे लगे हुए 'सावधानी' वाले लाल चिन्ह मानना चाहिए ! ये सावधान करानेवाले चिन्ह जितने साही में होंगे, हमारे समय के कम साहित्यकारों में मिलेंगे। एक उदाहरण याद आता है—"समझौता हर हालत में यथार्थ से समझौता है। आदर्श आदर्श में समझौता नहीं होता।... मनुष्य में हम कुछ ऐसा आविष्कृत करते हैं, जो नैतिक और कल्पनात्मक आँच में पूर्णतः पिघल जाने से इनकार करता है। पिसे हुए शीशे की तरह हम उसे पानी में जितना ही चक्कर दें, वह घुलकर पानी नहीं बनता।" राजनीतिज्ञ होते हुए भी साही आदर्श और यथार्थ के बीच समझौता नहीं कर सके। उस समय भी जब उनकी पार्टी सत्तारूढ़ थी, साही 'विद्रोही' बने रहे। ज़िंदगी को एक अत्यंत संवेदनशील कवि की मानसिकता, आत्मसम्मान और गर्व से जीना पसंद किया; दुनिया के सामने न घुटने टेके, न कभी कातर हुए। बहुत सच्चे और सही अर्थों में उनका लेखन उनके जीवन-विवेक की अभिव्यक्ति था।

1984 : 'पूर्वग्रह'।

मलयज का कविता से साक्षात्कार

कविता से पहला साक्षात्कार उसे पढ़ने से शुरू होता है। कविता के बारे में हमारी पूर्वधारणाएँ होती हैं जिनके रहते हर एक के लिए हर एक तरह की कविता को समझना और सराहना मुश्किल होता है। **मलयज** ने कई तरह के कवियों को भरसक निष्पक्षता से सोचने-समझने की कोशिश की है जिसका यह मतलब नहीं कि मलयज अपने को अपनी पूर्वधारणाओं से बिलकुल मुक्त कर सके। कहीं-कहीं उनकी पूर्वधारणाएँ उनकी निष्पक्षता से ज़्यादा मुखर भी रही हैं, लेकिन इसके बावजूद **मलयज** ने अपने समय की कविता के स्थायी गुण तथा बदलते हुए स्वभाव को बहुत बारीकी, योग्यता और ईमानदारी से विश्लेषित करने की कोशिश की है। यह बारीक विश्लेषण और उसकी बहुत ही चुस्त (चालाक नहीं ?) भाषा मुझे मलयज की समीक्षा का सबसे आकर्षक और ताकतवर हिस्सा लगती है। भाषा, जिसके अथाह वैभव को खँगालते हुए वे विभोर हो उठे हैं।

त्रिलोचन की कविता को पढ़ने का क्या तरीका हो इस पर मलयज की टिप्पणी किसी भी कविता को पढ़ने के तरीके पर ध्यान खींचती है—**त्रिलोचन की कविता...एक सहृदय एवं परिपक्व मानसिकता की माँग करती है। इस कविता को भागते हुए तीव्र एहसासों के क्षण में पकड़ पाना मुश्किल, बल्कि दुस्साध्य है। इसे पकड़ने के लिए थोड़ा इत्मीनानवाला भाव लाना होगा, जिसमें आप इसके अंतरंग सौष्ठव का आनंद ले सकें। ...इस कविता की भाषा के पीछे जो रक्त बजता है, उसे सुनने के लिए आपको उसकी धमनी पर कुछ देर तक हाथ रखना होगा।** त्रिलोचन को मलयज ने इसी सहानुभूतिपूर्ण ढंग से पढ़ा है, लेकिन इसी ढंग से मलयज ने उन सभी कवियों को नहीं पढ़ा है जिन पर उन्होंने **कविता से साक्षात्कार** में लिखा है—और मलयज ने त्रिलोचन से बेहतर या मुकाबले के कवियों पर भी तेजस्विता से लिखा है परंतु जिन कवियों को वे किन्हीं कारणों से कम सहानुभूति दे सके उन पर भी उन्होंने कम जिम्मेदारी से लिखा हो ऐसा नहीं। **अज्ञेय** के दृष्टिकोणि से असहमति के बावजूद उनकी कविता के जिन सूक्ष्म बिंदुओं पर मलयज ने उँगली रखी है वहाँ तक उन समीक्षकों की दृष्टि भी नहीं गई जिन्होंने **अज्ञेय** पर पूरी निष्ठा से लिखा है। इसे मैं मलयज की समीक्षा की एक खूबी मानता हूँ कि गुण, दोष विवेचन में मलयज का यह बुनियादी साहित्यिक विवेक बना

रहता है कि समीक्षक का पहला काम एक कृति की निष्पक्ष और वैज्ञानिक छानबीन है, कृति को माध्यम बनाकर अपनी मान्यताओं या पूर्वाग्रहों की वकालत नहीं। यही कारण है कि मलयज ने कविता के बारे में बुनियादी महत्त्व के सवाल उठाए हैं, हमारा ध्यान निश्चित समस्याओं पर केंद्रित किया है, एक **वाद** से दूसरे **वाद** को उखाड़ने-पछाड़ने का काम नहीं किया है। कविता के बारे में उनकी अपनी मान्यता है कि **कविता मेरे लिए अपने अनुभव को महसूस करने और उसे रचने का नाम है...कविता अपने से बाहर दूसरों से जुड़ने का एक माध्यम है–कविता कुछ भी सिद्ध नहीं करती सिवाय एक अनुभव के रचने के।...अनुभव ही कविता को आलोचना से जोड़ता है, पर कविता में इस जुड़ने की भाषा अनुभूति है और आलोचना में विचार**। मलयज जानते हैं कि समीक्षा के अनेक **पद** ऐसे हैं जिनकी पुनर्व्याख्या ज़रूरी है। **अनुभूति** ऐसा ही एक शब्द है जो **छायावाद** के ज़माने से अब तक चला आ रहा है लेकिन आज की कविता के संदर्भ में उसका अर्थ नयी तरह समझा जाना है, **अब अनुभूति को शब्दों में आँख से देखने, अंतःविवेक से जानने और कर्म से पहचानने का युग है। अनुभूति का काव्य-शास्त्र एक दलदल बन चुका है और बाहर के अस्तित्ववाद की चुनौतियों से निबटने के लिए नाकाफ़ी हो चुका है**। इस उद्धरण में **अस्तित्ववाद** शब्द का इस्तेमाल भी द्रष्टव्य है। मलयज उसे सुपरिचित अस्तित्ववादी संदर्भ से अलग काटकर **भीतर के बरक्स बाहर** का वह नया संदर्भ देते हैं जो अधिक मूर्त्त भौतिक शक्तियों के बीच लड़ा जा रहा युद्ध है। मलयज नए समीक्षा-पदों का भी आविष्कार करते हैं और समीक्षा की उस भाषा का भी जिसमें पुराने शब्द भी नयी तरह अर्थवान् हो उठते हैं। उनकी अत्यंत सक्षम समीक्षा-भाषा में लिए गए कई शब्दों, मुहावरों, वाक्यों, शब्द-व्यवस्थाओं आदि की गूँजें-अनुगूँजें इधर की समीक्षा-भाषा में लगभग रूढ़ि हो गई हैं, मसलन, **भाषा का इकहरापन** ऐसा ही एक मुहावरा है जो बाद की समीक्षा का एक हिस्सा ही-सा बन गया लगता है। मलयज इसका भी एक अच्छा उदाहरण हैं कि **कभी-कभी विचारों से भी अधिक विचारों की भाषा साहित्यालोचना पर असर डालती है**।

मलयज के चिंतन में **ब्लाइन्ड स्पॉट्स** न हों ऐसा नहीं। **इतिहास, स्मृति, समय, मिथक** आदि पर उनका सोच-विचार बहुत गहरा और उदार नहीं। **यथार्थ** को भी बहुधा उन्होंने **प्रत्यक्ष किं प्रमाणं** वाले अर्थ में ही लिया है। लगभग खारिजी ढंग से जब वे कहते हैं कि **कविता में सपाटबयानी की जो करुण परिणति भाषा के इकहरेपन में हुई उसे देखकर कुछ लोगों को जातीय-स्मृति का ख़याल आया। यह समझा गया कि भाषा में अर्थ की तहें पैदा करने के लिए हिंदी काव्य-रचना में इतिहास की यादें, चित्र-मालाएँ, प्रतीक-ध्वनियाँ और विन्यास, यानी हिंदी के जातीय-संसार की उपलब्ध सामग्री का उपयोग कारगर सिद्ध होगा**। तो एक बार ऐसा लगता है कि वे शायद सपाटबयानी के कारणों को बहुत सही जगह रखकर नहीं सोच रहे। यह मानते हुए भी कि **वस्तुतः भाषा का इकहरापन जातीय संसार की यादों से रहित होने की वजह से नहीं, बल्कि इसलिए है कि अपने समय को पूरी भाव और बुद्धि-ऊर्जा के साथ जिया नहीं गया है। ...सार्थक**

कवि-कर्म परिस्थितियों में से गुज़रकर अपने होने का हिसाब-किताब रखना भर नहीं है बल्कि उस होने की दिशा को खोजना और पाना भी है। वे सपाटबयानी या/और **जातीय स्मृति** की भाषायी गहराइयों में नहीं जाते। लगता है, दो ख़ास मुद्दों को एक तीसरा मुद्दा उठाकर स्थगित कर रहे हैं। सपाटबयानी की समस्या तब तक बनी रहती है जब तक उसे भाषा और अभिव्यक्ति के स्तर पर ठीक से न विश्लेषित किया जाए। भाषा के लिए मलयज कहते हैं कि (1) **कविता में नया सृजनात्मक अर्थ भरने एवं उस अर्थ का नया आयाम रचने के लिए भाषा के नियम-विधान का ज्ञान आज के कवि की आवश्यकता है। तथा (2) अनुभूति में अधिकतम आयाम ढूँढ़ने या भरने के कई तरीके हैं। एक है, उसे इतिहास के अनुभव स्रोतों से जोड़ना। स्मृति का तत्त्व प्रायः भाषा की रचना में ही निहित होता है**...पर उनका यह निष्कर्ष थोड़ा चक्कर में डालता है कि अनुभूति का एक छोर सुदूर कालातीत अतीत का **स्पर्श भले करने लगता हो किंतु... इससे यथार्थ के विकासमान स्वरूप को भाषा द्वारा संप्रेषित करने की संभावना ख़त्म हो जाती है।** 1981 में प्रकाशित अपने मुक्तिबोधवाले लेख में भी मलयज ने **इतिहास, स्मृति फैंटेसी** आदि की बात उठाई है, परंतु **विचार के बरक्स एक प्रति-विचार की रचना** की बात तक जाकर भी वे मुक्तिबोध के जटिल काव्य-शिल्प में बिंधी उस **दूसरी भाषा** को अनदेखा कर गए हैं जिसके द्वारा मुक्तिबोध **सतह से ऊपर** और **सतह से नीचे** छिपे जीवन-यथार्थ का संस्पर्श भी हम तक संप्रेषित करते हैं।

मलयज ने **अनुभव की गत्यात्मकता** पर ज़ोर दिया है, साथ ही **भाषा के नियम-विधान के ज्ञान** को भी कविता से संदर्भ में ज़रूरी माना है। पर भाषायी संरचना के अनुरूप ही मिथकों की दुनिया को जातीय-स्मृति से जुड़ी हुई एक तरह की सांकेतिक भाषा या **कोड-लैंग्वेज** की तरह नहीं लिया है। मिथ-रचना की प्रवृत्ति जातीय या सामूहिक मनोविज्ञान का एक अभिन्न हिस्सा है : जीवन यथार्थ का ही एक आयाम-भारतीय जन जीवन का ख़ासतौर पर। मिथ पुराने ही नहीं नए भी बनते चलते हैं और मनुष्य की छिपी आकांक्षाओं और भयों आदि को समझने की कुंजी हैं। भाषा और मिथक के इस पक्ष पर भी यदि मलयज ने और ध्यान दिया होता, तो निश्चय ही उनके यथार्थबोध में भी एक अतिरिक्त आयाम जुड़ता।

कविता-संबंधी मलयज के पूरे चिंतन में **बाहर** और **भीतर** का द्वंद्व केंद्रीय है। **कविता इन्हीं दोनों के तनाव-बिंदु पर संभव होती है।** मलयज के लिए **बाहर** ज़्यादा बड़ा यथार्थ है क्योंकि वहाँ भारतीय समाज है, दूसरे हैं, व्यवस्था है, कर्म है, गरीबी है, शोषण है, संघर्ष है, संभावनाएँ हैं। रचनाकार का काम **भाषा में यथार्थ की रचना है, पर यह काम यथार्थ को शब्दों के भीतर बाँधने से नहीं, उसे शब्दों के बाहर ले जाने से होता है। भाषा में होते हुए भी भाषा से बाहर, यह है आधुनिक रचना की नियति।** मलयज ऐसे कवि को लेकर थोड़ा सशंकित हैं जो **भीतर** की ही ओर झाँकता हो। निराला इसीलिए ज़्यादा ग्राह्य हैं क्योंकि **सरोज स्मृति में पहली बार दुःख एक सौंदर्यानुभूति के स्तर से अलग एक कठोर वास्तविकता के रूप में व्यक्त होता है...दुःख का उसके निपट**

नंगेपन में साक्षात्कार है—जो निराला को बाकी छायावादियों से अलग करता है। मलयज कह सकते थे कि जो निराला को भी बाकी निराला से अलग करता है। लेकिन वे इस तरह के आसान समीकरण नहीं निकालते। इसीलिए शायद वे अपने होने को अप्रकाशित करते हुए भी अपने को प्रकाशित करते हैं—अपने समीक्षा-धर्म द्वारा भी और अपने कवि-कर्म द्वारा भी, क्योंकि कविता उनके लिए **एक आत्मसाक्षात्कार है और आलोचना उसी कविता से साक्षात्कार।**

तो क्या मलयज **भीतर** की मानसिकतावाले आदमी थे ? नहीं, ऐसा सोचना उनके साथ ज़्यादती होगी। दरअसल, इस तरह के एकतरफ़ावाद से उन्हें चिढ़ थी। **रमेशचंद्र शाह** पर लिखते समय उन्होंने अपनी भी स्थिति को स्पष्ट किया है, **एक है इस पार का आदमी, एक है उस पार का आदमी। एक तीसरा भी है : बीच का आदमी। रमेशचंद्र शाह या मैं।... इस पार और उस पार के लोग निर्णय पर पहुँचे हुए लोग हैं। आज जो हट्टी-कट्टी विचारधाराएँ आदमी को अपने कब्ज़े में कर लेने के लिए उमड़ी पड़ रही हैं उनमें से किसी एक को चुनकर वे उनके हवाले हो चुके हैं। वे प्रबुद्ध लोग हैं।...वे क्रांति को या शांति को, प्रेम को या युद्ध को, पूर्व को या पश्चिम को, व्यक्तिवाद को या फिर जनतावाद को एकांत भाव से दे दिए गए हैं। कोई अंतर्विरोध उनमें नहीं, कोई दरार उनमें नहीं, न उनकी आत्म-संतुष्टि में न उनके घोर जुझारूपन में कोई फाँक, न उनके सपाटपन में कोई सिकुड़न, सब चुस्त-दुरुस्त, सबकुछ मसलहत, रणनीति, लाघव।** यह तीसरा आदमी वही तीसरा **तनाव बिंदु** है जिस पर मलयज के लिए कविता संभव होती है। मुक्तिबोध पर लिखते हुए उन्होंने एक **तनावपूर्ण संतुलन** की बात की है—**यदि उनका व्यक्तित्व विकेंद्रित होकर बिखरने नहीं पाया तो सिर्फ़ इसलिए कि वे एक अद्‌भुत स्नायविक ऊर्जा से उन दोनों पाटों के बीच अंत तक एक तनावपूर्ण संतुलन बनाए रख सके। फैंटेसी की रचना एक प्रकार का आंतरिक पलायन है, पर मुक्तिबोध की फैंटेसी में भी उस तनावपूर्ण संतुलन की सक्रिय और भौतिक ध्वनियाँ सुनाई पड़ती हैं।**

यथार्थ और कविता के संबंधों पर मलयज ने विस्तार और समझदारी से लिखा है, **यथार्थ को पूरा जीना उसे भाव-ऊर्जा के साथ-साथ बुद्धि-ऊर्जा में भी जीना है...आज के लिए प्रासंगिक काव्य के अनुभव में सिर्फ़ भाव के सहारे ही नहीं, बुद्धि के सहारे भी पैठना और उसको रचना में रूपांतरित करना होता है।...कविता का यथार्थ भाव-ऊर्जा की ही ज़मीन पर जन्म लेता है...पर उसे गतिशीलता बुद्धि ऊर्जा ही प्रदान करती है।** आधुनिक कविता में बुद्धि तत्त्व को मलयज ने अतिरिक्त महत्त्व दिया है जिसकी अपेक्षा वे बिंब-प्रधान कविता या **भावुक आवेश** वाली ऐसी कविता को बहुत नहीं सराह पाते जिसमें कोई **ठोस वैचारिक तत्त्व** न हो।

शेक्सपियर की एक प्रसिद्ध उक्ति याद आती है जिसका भावार्थ है कि कवि **अमूर्त को एक स्थानीयता और नाम देता है।** साहित्य का काम विषम, और आसानी से पहचान में न आ सकनेवाली भलाइयों-बुराइयों को एक रूप, एक चेहरा, एक चरित्र देना है और अगर ज़रूरी हो तो एक कदम आगे जाकर फंतासी के स्तर पर भी उन्हें एक नहीं दस

चेहरे देना है। यह यथार्थ से पलायन नहीं उसका वृहदीकरण Magnification है। राजनीति की **व्यक्ति** में दिलचस्पी नहीं। व्यक्ति उसके लिए मात्र इकाई है, मत है, संख्या है, वोट है। समूह में मिलकर ही वह कुछ है, अन्यथा वह कुछ नहीं। राजनीतिक यथार्थ का यह एक बुनियादी अंतर्विरोध है कि यद्यपि शक्ति हर तरह की राजनीतिक व्यवस्था में अंततः किसी एक व्यक्ति में जाकर केंद्रित होती है, राजनीति स्वयं व्यक्ति के प्रति निरपेक्ष है। साहित्य, इसके विपरीत, व्यक्ति के माध्यम से ही सक्रिय होता है—समाज की सहानुभूति या नफरत के उद्दीपन में। **प्रेमचंद** ने **होरी** ही नहीं कहानियों में भी अनेक सशक्त पात्रों द्वारा हमारा अनेक सामाजिक और चारित्रिक विषमताओं से सामना कराया है। **गोर्की** ने **माँ** को एक ऐसा चेहरा और चरित्र दिया जिसमें उस समय का बुनियादी संघर्ष समाहित है। साहित्य का काम चेहरों को छीनना नहीं, चेहरों के फ़र्क़ को सामने लाना है, और सिर्फ़ बाहरी नहीं भीतरी फ़र्क़ को सामने लाना है। राजनीति में आदमी को लेकर एक **एडहाकिज्म** या थोकपन है, साहित्य में Particularization या एकाग्रता है—यह एकाग्रता किसी चरित्र पर ध्यान केंद्रित करके मूल समस्या को Intensify करती या चटक बनाती है। इधर इस एहसास ने कि क्रांतिकारी सामाजिक परिवर्तन का प्रमुख साधन राजनीति ही हो सकती है, साहित्यकार को आदमी के बारे में राजनीतिक दृष्टिकोण (राजनीतिक आदर्शवाद को नहीं) को सबसे ऊपर रखकर सोचने के लिए प्रोत्साहित किया है।

मलयज प्रतिबद्धता के सवाल को सीधे राजनीतिक कर्म से जोड़ते हैं, मात्र कवि-कर्म से नहीं। दूसरे शब्दों में, कविता करना कर्म करने का विकल्प नहीं है। वे व्यक्ति को या कवि को सक्रिय राजनीतिक संघर्ष की जिम्मेदारी से, उससे उपजनेवाले सही-ग़लत नतीजों के उत्तरदायित्व से, मुक्त नहीं मानते। उनका कहना है कि **संघर्ष कवि को तपाए, झुलसाए, जलाए और एक मनुष्य में आकार दे,** इसके लिए **कवि को क्रांतिकारी कविता के पास नहीं, क्रांतिकारी संघर्ष के पास जाने की ज़रूरत है।** इसके मूल में मलयज की यह धारणा भी काम कर रही है कि कविता का आधार अनुमानमूलक या भविष्यवादी न होकर वास्तविक अनुभव की ठोस ज़मीन होना चाहिए। **वे राजनीति निरपेक्ष व्यक्ति नहीं थे पर इस माने में दृढ़ थे कि कला की नैतिकता ''सबसे पहली और सबसे आख़िरी यह है कि वह अपने अनुशासन पर दूसरा कोई अनुशासन हावी न होने दे...अपने प्रति सच्ची बनी रहे''...**

इस सिलसिले में मलयज की एक और टिप्पणी भी गौरतलब है। उन्होंने **यथार्थ** और **रोमांटिसिज़्म** के समन्वय की बात उठाई थी और उनका ख़याल था कि दोनों का समन्वय **एक उदात्त मानववादी दृष्टिकोण में फलीभूत** हो सकता था : और यह भी कि दोनों के बीच समझौते की बात **प्रगतिवाद काल** में ही हुई थी—**पर जीवनानुभूतियों की वास्तविकता द्वारा समर्थित न होने के कारण उसका खोखलापन शीघ्र ही प्रकट हो गया।** शायद, कठिनाई जीवनानुभूतियों के स्तर पर उतनी नहीं होती जितनी रोमांटिक और यथार्थ—ख़ासतौर पर यथार्थ—के मतलब को निश्चित कर सकने और दोनों के बीच

सार्थक रिश्तों को खोज निकालने की। यथार्थ शब्द जिस आसानी से विशेषणों से जुड़कर अपना अर्थ बदल लेता है उसे देखते हुए लगता है मानो उसका अपना कोई निश्चित अर्थ है ही नहीं। वह केवल एक प्रत्यय है जिसका अर्थ उससे जुड़नेवाले विशेषणों पर निर्भर है। **डेमियन ग्रांट** ने अपनी पुस्तक **रियलिज़्म** में ऐसे 26 मान्य विशेषणों की फेहरिश्त दी है जो आसानी से **यथार्थ** के साथ जुड़कर जुदा-जुदा अर्थ देते हैं। **यथार्थवाद** को लेकर **लूकाच** की दिक़्क़त की ओर भी ध्यान जाता है। एक ओर तो वे **पश्चिमी योरॅपीय यथार्थवाद** को उसकी **बुर्जुवा** और पतनोन्मुख प्रवृत्तियों के कारण नहीं स्वीकार कर सके, दूसरी ओर, **स्तालिनयुगीन सामाजिक यथार्थवाद** इतना ठस और सपाट अर्थ दे रहा था कि उसमें सारी साहित्यिक संभावनाएँ ही समाप्त हो गई-सी लगने लगी थीं। यह भी मुझे एक दिलचस्प विडंबना ही लगती है कि एक तीसरे विकल्प के रूप में लूकाच ने जो **समीक्षात्मक यथार्थवाद** शब्द दिया वह भी **यथार्थवाद** में ही एक नया विशेषण जोड़कर। बाद में, हम इस **पद** की भी अपर्याप्तता को महसूस करते हैं।

यथार्थ पर मलयज ने भी ज़ोर दिया है। यथार्थ शब्द, वैसे पेचीदा होते हुए भी, जोखिमवाला शब्द नहीं है। कभी-कभी लगता है कि **होमियोपैथिक दवा** की तरह इतना **बे-उज्र** शब्द है कि अगर फ़ायदा नहीं पहुँचा पाता तो अपनी तरफ़ से कोई खास नुकसान भी नहीं पहुँचाता। **यथार्थ** और **रोमांटिक** साहित्य के उन स्थायी भावों में से हैं जिनका भाव पूरी तरह कभी नहीं गिरता, लेकिन जब भी किसी प्रचलित साहित्यिक धारा या **ट्रेंड** का अवसान-काल होता है तब ये शब्द नए सिरे से सक्रिय होते हैं। इधर **आधुनिक** शब्द के अपदस्थ होने से जो जगह खाली हुई है उसके लिए नए दावेदार की जो तलाश है उसे आसानी से **यथार्थ** और **रोमांटिक** की ज़मीन पर भी परखा जा सकता है। संकेत के लिए, नवलेखन के सिलसिले में दिए गए मलयज के कुछ शब्द हैं **अस्मिता की तलाश, जड़ों की खोज, आदिमता की ओर, प्रगतिशील विकसित समाज का सपना** आदि। इनमें यथार्थ और रोमांटिक के बीच उस समन्वय का परोक्ष आभास भी मिलता है जिसकी परिणति **एक उदात्त मानववादी दृष्टिकोण में फलीभूत** होने की संभावना की ओर मलयज ने संकेत किया था। स्वयं मलयज का यथार्थ-बोध **अनुभव** और **अनुभूति** की प्रामाणिकता तथा **बाहर भीतर** के कलात्मक संतुलन को अधिक महत्त्व देता है। यह संतुलन तनावात्मक भी हो सकता है—और मलयज के अनुसार, होता भी है। सृजनात्मकता या रचनात्मकता के संदर्भ में वे **संतुलन** को दो, या दो से अधिक भी, सक्रिय बिंदुओं के बीच तनावपूर्ण या द्वंद्वशील या संघर्षमय स्थिति (डायनेमिक सिचुएशन) के रूप में देखते हैं, संतुलन की स्थिर या निश्चल स्थिति (स्टेटिक सिचुएशन) मानते नहीं लगते। इसीलिए वे आगाह करते हैं कि **अपने परिवेश के प्रति अधिकाधिक लगाव आज के युवा लेखक की नियति है, पर तनावहीनता के ख़तरे भी पहले की अपेक्षा आज कहीं अधिक बढ़ गए हैं।**

मलयज से मेरा निजी परिचय बहुत गहरा नहीं रहा—केवल दो-तीन साधारण-सी मुलाकातों की यादें ही मन में हैं—लेकिन उनकी समीक्षाओं का उत्सुक पाठक और

प्रशंसक रहा हूँ। उनका अंतिम लेख जो मैंने पढ़ा शायद वह **पूर्वग्रह में मुक्तिबोध** पर **सतह से ऊपर उठाती रचना** था। मलयज उन विरल साहित्यकारों में से थे जिन्होंने साहित्य को पूरे **पैशन** और गहरी जिज्ञासा के साथ जिया। उनके पास एक सक्षम भाषा-संपदा थी, भाषा जिसे वे एक झूठ की तरह भी बोल सकते थे और एक हथियार की तरह भी इस्तेमाल कर सकते थे लेकिन यह मलयज की अत्यंत परिष्कृत साहित्यिक संस्कृति के बिलकुल ख़िलाफ़ पड़ता कि वे समीक्षा के औज़ारों को लड़ाई के हथियारों की तरह इस्तेमाल करते।

उनकी भाषा में ज़रूर एक स्फीति है, अकसर एक **आइडिया** को ज़रूरत से ज़्यादा मथने की प्रवृत्ति, लेकिन फिर भी भाषा में धुंध नहीं है—विचारों की चटक तराश और रौनक है। उनकी समीक्षा-पद्धति शास्त्रीय समीक्षा (मेरा मतलब शास्त्रीय समीक्षा के आदर्शों से नहीं) के मूल अनुशासन और परिश्रम की याद दिलाती है तथा निष्पक्षता के उस आदर्श के बहुत नज़दीक पहुँचती है जिससे साहित्य को देखना इस ज़माने में दुर्लभ-सा होता जा रहा है।

मलयज की निगाह से कविता को पढ़ना एक कवि की परिष्कृत संवेदना और एक समीक्षक के धीर विवेक से कविता को पढ़ना है। मलयज की समीक्षा कविता की विवेचना के साथ-साथ कविता के प्रति एक सही दृष्टिकोण पर भी विचार है। **भाव-तत्त्व** और **बुद्धि-तत्त्व, बाहर** और **भीतर, अनुभव** और **अनुभूति, यथार्थ** और **रोमांस, समाज** और **व्यक्ति...**इनके बीच मलयज के लेखन में अनावश्यक विभाजन और ध्रुवीकरण नहीं है। साहित्य-रचना इनके बीच कट्टर फ़ासला रखकर नहीं की जा सकती यह समझ मलयज के लेखन में मानो एक स्वाभाविक विवेक की तरह व्याप्त है।

मलयज के लिए निष्पक्षता का मतलब विकल्पहीनता और अनिश्चय नहीं था, साहित्य द्वारा ज़िंदगी की सचाई तक पहुँचने का उपक्रम था—और सचाई अक्सर बहुत असुविधाजनक ढंग से निष्पक्ष और बेलाग होती है। मलयज की शांत मगर दृढ़ और खोजी विवेचना अकसर उद्विग्न करती है, एक ख़ास तरह से **एक्सपोज़** शायद उन्हें तक जिन पर उन्होंने बहुत बचा-बचाकर भी लिखा है। एक कृति के भीतरी चरित्र तक को पढ़ लेनेवाली वह खुर्दबीनी दृष्टि उनके पास थी जिससे एक कुशल वैज्ञानिक तथ्यों का विश्लेषण और परीक्षण करता है; लेकिन ज़्यादा बड़ी बात यह है कि मलयज केवल **परान्वेषी** ही नहीं **आत्मान्वेषी** भी हैं। उनको पढ़ते समय यह विचित्र एहसास बराबर बना रहता है कि वे किसी कृति या कृतिकार को सोचते वक़्त उसे ही नहीं अपने सोचने को भी उतनी ही तत्परता से जाँचते चल रहे हैं ? मैं समझता हूँ कि एक कृति के साथ मलयज के **इन्वाल्वमेंट** का यही वह मुश्किल धरातल है जहाँ एक कृति के साथ तादात्म्य से ज़्यादा बड़ा काम होता है साहित्य के सर्वोच्च मूल्यों की रक्षा। मलयज ने इसीलिए सामाजिक जिम्मेदारी के सवाल को साहित्य के सौंदर्यशास्त्र से अलग रखकर नहीं देखा है—दोनों को एक-दूसरे का पूरक माना है। सामाजिक यथार्थ-जीवन-संघर्ष, आज की बदलती दुनिया में औसत भारतीयता का सवाल, सामान्य आदमी...कई ऐसे बिंदु हैं

जिनके सहारे भी मलयज की उस बुनियादी मानवीय चिंता को सोचा-समझा जा सकता है जिसे वे अपने इधर के लेखों में (पं. रामचन्द्र शुक्ल, मुक्तिबोध आदि पर) एक से ज़्यादा ठोस और भौतिक आधार देते लगते हैं—यानी **अनुभव को उसकी जड़ के साथ संपूर्ण पकड़ना** और **जो दुनिया अपनी नहीं उसे भी स्वीकार करना कि वह है, अपनी शर्तों पर टिकी हुई और कभी-कभी लेखक की अपनी दुनिया के विरुद्ध।**

मलयज केवल समीक्षक नहीं थे जिसका गुणात्मक असर उनकी कविता पर पड़ा हो, एक **सजग कवि पहले थे जिसका गुणात्मक असर उनकी समीक्षा पर पड़ा है।** मलयज का जितना लेखन प्रकाश में आया है (और उनकी डायरी के अंशों से लगता है कि अभी काफ़ी कुछ महत्त्वपूर्ण लेखन अप्रकाशित है) उससे उनकी साहित्यिक देन का पूरा अंदाज़ नहीं लगता। अपने समय के अनेक महत्त्वपूर्ण लेखकों पर उन्होंने बहुत कम या बिलकुल नहीं लिखा है, और अकसर जो बहुत अच्छा लिखा है वह कभी-कभी उस लेखन से पुष्ट नहीं हो पाता जिसे उन्होंने चर्चा के लिए चुना है। लेकिन वे अभी भी बहुत सतर्कता और निष्ठा से समसामयिक लेखन से एकचित होकर लिख रहे थे और महत्त्वपूर्ण लिख रहे थे। साहित्य में उनकी उपस्थिति एक ऐसे गंभीर साहित्य चिंतक की उपस्थिति थी जिसने अपने समय को, और अपने समय के लेखन को, एक क्लासिकल स्तर की पहचान देने की कोशिश की। उनका आकस्मिक निधन मानो अपने समय के साथ चल रहे एक अत्यंत सार्थक संवाद की अचानक समाप्ति है।

1984 : 'पूर्वग्रह'।

लेखक के निधन के बाद अप्रकाशित लेखन के प्रकाशन का तरीका क्या हो ?

आज इस मौके पर अपने निकट मित्र और सहधर्मी श्रीकांत वर्मा को स्नेह और आदर से याद करता हूँ। उनकी स्मृति को बनाए रखने के लिए उनका साहित्य उनका सबसे अच्छा स्मारक है। उनके साहित्य पर सोचते वक़्त उनकी राजनीतिक ज़िंदगी की ओर भी ध्यान जाता है। साहित्य और राजनीति साथ नहीं चल पाते, ऐसी आम धारणा है। श्रीकांत की ज़िंदगी यदि इस धारणा को ग़लत साबित कर सकी तो इसे मैं साहित्य और राजनीति दोनों के लिए एक स्वस्थ उदाहरण मानता हूँ। श्रीकांत जब राजनीति में आए, उस समय हममें से बहुतों को यह लगा था कि इससे शायद उनकी साहित्यिक ज़िंदगी पर उल्टा असर पड़ेगा या फिर उनकी राजनीति औसत दर्जे की ही रह जाएगी, लेकिन जब उनकी **मगध** संबंधी कविताएँ सामने आईं तो लगा कि उनके राजनीतिक अनुभवों ने निश्चित रूप से कहीं उनकी काव्य-संस्कृति को एक ज़्यादा ठोस आधार दिया है।

इस सिलसिले में एक ख़ास बात की ओर ध्यान जाता है। श्रीकांत ने साहित्य और राजनीति के बीच विरोध नहीं माना, असली विरोध साहित्य के अंदर या राजनीति के अंदर विभिन्न विचारधाराओं में देखा और उन्हें अपनी तरह हल करने की कोशिश करते रहे। 'मगध' की कविताओं की एक जायज़ व्याख्या यह भी हो सकती है कि वे हमें सैद्धांतिक विकल्पों की एक ऐसी दुनिया में ले जाती हैं, जो व्यावहारिक राजनीति से पलायन नहीं, उस पर समानांतर टिप्पणी है। उनका साहित्यकार राजनीति से अपनी शर्तों पर सुलह चाहता था, ऐसे समझौते नहीं चाहता था, जो साहित्यिक अस्मिता को कुंठित करें। यह कोशिश अगर उनकी राजनीति की अपेक्षा उनके साहित्य में बेहतर प्रकट हुई है तो इसे पक्का प्रमाण माना जा सकता है कि श्रीकांत ने हमेशा अपने साहित्यिक व्यक्तित्व को सबसे ऊपर रखा।

हम जानते हैं कि ऐसे भी मौके आए, जब श्रीकांत के राजनीतिक यकीन खुद उनके लिए भी एक मुश्किल बन गए। विजयदेव नारायण साही शायद दूसरा ऐसा उदाहरण थे, जिन्होंने इस तरह के राजनीतिक संकट को महसूस किया था और न केवल राजनीति बल्कि साहित्य में भी उसके अतिवादी रूप को स्वीकार नहीं कर सके थे। श्रीकांत के

लेखन में उस प्रकार की अनबन या असहमति उतनी खुलकर नहीं प्रकट हुई, जितनी साही में, लेकिन उस तकलीफ़ के बारीक रेशों को उनकी कविताओं में आसानी से पहचाना जा सकता है। एक तरह से देखा जाए तो वे राजनीति के अंतर्मुखी (इन्ट्रोवर्ट) सदस्य थे, और उसमें भीतर से परिवर्तन ला सकनेवाली चेष्टाओं में अधिक विश्वास करते थे। राजनीतिक माहौल में साहित्यिक संवेदना के लिए अगर वे थोड़ी-सी जगह भी बना सके तो इसे मैं बड़ी बात समझता हूँ।

साहित्य और राजनीति दोनों ही क्षेत्रों में वे अंत तक सक्रिय रहे। मेरे ख़याल से अभी भी उनका ऐसा बहुत-सा लेखन होगा, जिसे प्रकाश में आना चाहिए, और मुझे खुशी है कि वीणाजी इस ज़रूरत के प्रति पूरी तरह सचेत हैं। इस सामग्री के प्रकाशित होने पर मुझे विश्वास है कि श्रीकांत के व्यक्तित्व और कृतित्व के मूल्यांकन में सहायता मिलेगी।

थोड़ा विचार मुझे इस बारे में भी करना ज़रूरी लगता है कि एक लेखक के न रहने पर उसके अप्रकाशित लेखन को छपाने के मामले में कौन-सा तरीका अपनाया जाना चाहिए ? 'साहित्य' की बजाय 'लेखन' शब्द को मैं यहाँ जानबूझकर इस्तेमाल कर रहा हूँ, क्योंकि एक बड़े लेखक के न रहने पर हम भावुकतावश उसके सभी लिखे हुए को साहित्य मान लेने की जल्दबाज़ी कर सकते हैं, जबकि वह स्वयं शायद ऐसा न करता। हमारे यहाँ काफ़्का और मुक्तिबोध जैसे लेखकों के उदाहरण भी हैं जिनका अधिकांश साहित्य उनके बाद छपा, जिसके आधार पर उनका सही मूल्यांकन संभव हो पाया। इसी के विपरीत धूमिल के बाद उनका जो संग्रह छपा, वह अपेक्षाकृत उनकी कमज़ोर कविताओं का संग्रह था, जबकि साही का **साखी** संग्रह निस्संदेह उनकी बहुत ही प्रौढ़ और सुगढ़ कविताओं को सामने लाया।

अज्ञेय का काफ़ी साहित्य बराबर छपता रहा था, लेकिन अभी भी मेरा अनुमान है, उनके लेखन का काफ़ी बड़ा अंश अप्रकाशित होगा।

समस्या एक लेखक की निजी डायरी और पत्रों को लेकर और भी टेढ़ी हो जाती है, क्योंकि तब साहित्यिक उत्कृष्टता ही नहीं, नैतिक औचित्य का प्रश्न भी उठ खड़ा होता है। यदि चुनाव और संपादन के बाद ही छपाना उचित है तो इस कार्य की व्यवस्था किस प्रकार की जानी चाहिए ? और अगर एक सरल रास्ता यह निकाला जाए कि एक लेखक का बचा हुआ सबकुछ छप जाना चाहिए...अंतिम निर्णय समय पर छोड़ते हुए, तो क्या यह लेखक के अपने इरादों के साथ पूरा न्याय होगा ?

इस समस्या के कई पहलू हैं, जिन पर यहाँ विस्तार से विचार संभव नहीं, लेकिन प्रश्न उठाने के पीछे भी मेरी ख़ास मंशा यही है कि किसी और समय पर इस पर भी विचार होना चाहिए ताकि एक लेखक के बाद उसका अप्रकाशित लेखन भी उचित परिप्रेक्ष्य में रखकर देखा जा सके।

1987 : 'नवभारत टाइम्स'।

सर्वेश्वरदयाल सक्सेना

ऐसा कोई समय याद नहीं आता जब मैंने अपने इतने साहित्यकार मित्रों को इतने कम समय में खोया हो जितना पिछले कुछ वर्षों में। मलयज और साही के बाद अचानक सर्वेश्वर का भी हमारे बीच से चले जाना एक ऐसा नया हादसा है जो कहीं बहुत गहरे तक हमें हिला देता है। मलयज और साही की ही तरह सर्वेश्वर भी अभी अपने लेखन के सशक्तम बिंदु पर थे—कहीं भी थकने या चुकने का एहसास नहीं देते थे। बराबर अपने समय और देश की समस्याओं से जूझते हुए उनका लेखन एक ऐसे यथार्थ से अनथक सामना था जिसे वे पूरी सतर्कता और तीव्रता से महसूस कर रहे थे।

सर्वेश्वर मूलतः तीव्र आवेगों और उत्तेजनाओंवाले व्यक्ति थे जिसका पूरा असर उनके लेखन और उनके आपसी संबंधों दोनों पर पड़ता था—और कभी-कभी आश्चर्यजनक रूप से लगभग एक ही-सा। बौद्धिकता की बारीकियों और काट-छाँट में वे ज़्यादा नहीं पड़ते थे। जिसे तीव्रता से महसूस करते उस पर विश्वास करते और उसे उतनी ही तीव्रता से शब्द देते। यही उनके लेखन की ताक़त थी, और कहीं-कहीं शायद कमज़ोरी भी। कविता में तर्क की अपेक्षा भावना को अधिक महत्त्व देनेवाले सर्वेश्वर के लिए कविता का मतलब था आदमी और आदमी को बाँधने, या बाँध सकनेवाले, मूलभावों और प्रतीतियों का उद्दीपन। सर्वेश्वर की भाषा में खड़ीबोली, अवधी और उर्दू की भाषायी परंपराओं की स्पृहणीय गूँजें हैं जिन्हें न केवल उनकी **कुआनो नदी** जैसी गंभीर रचनाओं में बल्कि बच्चों के लिए लिखी गई कविताओं तक में बखूबी से महसूस किया जा सकता है। किसी भी रंग में वे लिखते, भाषा को लेकर एकदम सहज रहते : इसी तरह छंदों और तुकों की दुनिया में भी सर्वेश्वर एक ख़ास इत्मीनान के साथ विचरण करते। तुक उनकी कविताओं में इतने अनायास ढंग से आते हैं मानो वे मिलाए नहीं गए ठीक उन्हीं जगहों के लिए बने हों। इसी तरह अत्यंत चटक बिंबों का संयोजन उनकी कविताओं को रूप देने में निश्चित भूमिका अदा करता है। लेकिन मैं समझता हूँ कि सर्वेश्वर की कविताओं में भावुकता का अतिरेक अकसर उनकी कविताओं के ढाँचे को थोड़ा शिथिल करता था : और कभी-कभी शायद आपसी संबंधों के ढाँचे पर भी अनावश्यक दबाव डालता था।...शीघ्र ही निरीहता की हद तक उदार हो जानेवाले सर्वेश्वर और उद्दंडता की हद तक उत्तेजित हो जानेवाले सर्वेश्वर के अनेक तेवर याद

आते हैं। वह सर्वेश्वर नहीं जो प्यार और घृणा, आदर और अनादर, दोनों ही को अतिशयोक्ति की सीमा पर न पहुँचा दें ! इसके बावजूद अंदर से वे कहीं बहुत ही निष्कपट और सरल स्वभाववाले व्यक्ति थे। जो जिस समय महसूस करते उसे उसी समय निधड़क प्रकट कर देते। बिलकुल बच्चों की तरह खुश होते और उन्हीं की तरह रुष्ट। जब वे उत्तेजित होते तो संयम और विवेक की हर सीमा लाँघ जाते, जब सहज होते तो इतने भावुक कि कभी-कभी उनकी कोमलता को सहना भी मुश्किल हो जाता। मेरे ही तरह मेरे अनेक मित्रों को भी उनके स्वभाव के इन दोनों पक्षों का पर्याप्त अनुभव होगा।

अपने लेखन की आलोचना बिलकुल नहीं सह पाते थे। एक बार उनके नाटकों को लेकर मैंने हँसी-हँसी में कुछ कह दिया था तो आपे से बाहर हो गए। काफ़ी दिनों तक हमारे बीच संबंध असहज रहे, पर इधर वे फिर मेरे निकट आ रहे थे। लगभग हर पंद्रह-बीस दिनों पर उनका—बल्कि उनका नहीं मेरे उसी पुराने और आत्मीय मित्र सर्वेश्वर का पत्र आ जाता कि **पराग** के लिए कुछ भेजूँ, बच्चों की उन तमाम छोटी-छोटी कविताओं में से जो मैं अकसर सर्वेश्वर को उनके लखनऊ-प्रवास के दौरान सुनाया करता था।

सर्वेश्वर जब तक लखनऊ रहे लगभग रोज़ ही उनसे मिलना-जुलना होता रहता। उनकी बेटियाँ शुभा और विभा उन दिनों बहुत छोटी थीं : उनकी पत्नी और छोटी बेटी उन दिनों काफ़ी अस्वस्थ रहती थीं जिन्हें लेकर कभी-कभी अस्पताल तक की दौड़ लगानी पड़ती थी। लेकिन परेशानियों के बावजूद सर्वेश्वर का साहित्यिक जीवन यहाँ भी सक्रिय रहता था। उन दिनों का लखनऊ साहित्यकार-संपन्न लखनऊ था—यशपालजी, भगवती बाबू, पं. इलाचन्द्र जोशी, नागरजी, सुरेंद्र तिवारी, गिरधर गोपाल, कृष्णनारायण कक्कड़, ठाकुरप्रसाद सिंह, भ्रमरजी आदि अनेक साहित्यकारों के जमघट के दिन थे और इन सबमें सर्वेश्वर न रहें यह असंभव था। लखनऊ की साहित्यिक ज़िंदगी में सर्वेश्वर की हिस्सेदारी के अनेक गंभीर और खिलवाड़ी प्रसंग आज भी याद आते हैं। एक-दूसरे की कविताओं पर हम अकसर सोच-विचार करते थे : शायद कम लोग जानते होंगे कि मेरे **आत्मजयी** का नामकरण सर्वेश्वर ने ही किया था। उन्हीं दिनों यहाँ से सर्वेश्वर का **बाँस का पुल** और **एक सूनी नाव** प्रकाशित हुए थे। आज अत्यंत कृतज्ञता, और थोड़े असमंजस से भी, याद करता हूँ भेंट-प्रतियों पर मेरे लिए लिखी सर्वेश्वर की दो उदार और स्नेहपूर्ण पंक्तियाँ—**बाँस के पुल** पर उन्होंने लिखा था, "प्रिय कुँवर को जो इस्पात का पुल रचने में समर्थ हैं" तथा **एक सूनी नाव** पर—"नहीं जानता यह एक सूनी नाव कहाँ 'जयी' होगी।"... सर्वेश्वर की इस इतनी बड़ी विनम्रता के सामने आज अपनी यही शुभाकांक्षा व्यक्त करना चाहता हूँ कि ईश्वर करे उनकी रचनाएँ हमारे समय की एक अत्यंत मूल्यवान साहित्यिक धरोहर बनें।

1983 : 'दिनमान'।

रघुवीर सहाय

आज रघुवीर को याद करते बहुत-सी बातें मन में आती हैं। मेरा उनका एक लंबा और घनिष्ठ साथ रहा। लखनऊ विश्वविद्यालय से हम दोनों ने साथ ही अंग्रेज़ी में एम.ए. किया था। उन्हीं दिनों अज्ञेय का **हरी घास पर क्षण भर** प्रकाशित हुआ था। यह संग्रह हिंदी कविता की नयी संभावनाओं से मेरा पहला परिचय था। रघुवीर इस संग्रह को लेकर उत्साहित थे, और अकारण नहीं। **तार सप्तक** प्रकाशित हो चुका था। हिंदी कविता की एक नयी और सशक्त भूमिका बन रही थी। एम.ए. करने के कुछ समय बाद रघुवीर दिल्ली चले गए, वहाँ आकाशवाणी से संबद्ध हुए, और उन्हीं दिनों अज्ञेय के **नया प्रतीक** से। दिल्ली प्रवास शुरू के दिनों में उनके लिए कष्टप्रद था—आर्थिक और मानसिक दोनों दृष्टियों से, लेकिन रचनात्मक दृष्टि से वह तक़लीफ़ बंजर नहीं थी। लखनऊ और घर छूटने की पीड़ा तथा दिल्ली का उखड़ापन उस समय का उनका लगभग स्थायी मूड था। दिल्ली से मुझे अकसर पत्र लिखते रहते थे। हमारा संपर्क बराबर बना रहा। रघुवीर सहाय के साथ **लखनऊ लेखक संघ** के इर्द-गिर्द हम लोगों की जो एक बिरादरी बनी—जिसमें ख़ासतौर पर सर्वश्री यशपाल, अमृतलाल नागर, भगवतीचरण वर्मा, गिरिजाकुमार माथुर, डॉ. देवराज, इलाचंद जोशी, कृष्ण नारायण कक्कड़, मनोहर श्याम जोशी, सज्जाद ज़हीर, रज़िया आपा, राजीव सक्सेना आदि—उसने हमारे साहित्यिक जीवन को निस्संदेह एक उत्तेजक शुरूआत दी। विभिन्न विचारों और रायों के लेखकों का इस तरह सौहार्द्रपूर्ण ढंग से एक ही मंच पर इकट्ठा होना हमारे लिए एक सुखद अनुभव और ज़रूरी शिक्षा दोनों थे। मतभेद न हों ऐसा नहीं था, पर मतों के बीच इतनी कट्टर विभाजक रेखाएँ न थीं कि संवाद असंभव हो जाए। यह अपने आपमें एक स्वस्थ साहित्यिक स्थिति थी कि **नया पथ** और **युगचेतना** निकालनेवाले लेखक एक मंच पर इकट्ठा होकर बातचीत कर सकते थे। विचारों के कारण लेखकों के आपसी संबंधों में दूरियाँ नहीं आने पाती थीं। शायद इसका एक बड़ा कारण लखनऊ की वह साहित्यिक तहज़ीब भी थी जिसका एक दूसरा, और ज़्यादा खुला मंच, उस समय का लखनऊ कॉफ़ी हाउस था। सभी तरह के लेखक, कवि, बुद्धिजीवी और पत्रकार वहाँ इकट्ठा होते थे। लखनऊ के उस समय के साहित्यिक जीवन की कोई भी तस्वीर अधूरी रहेगी अगर हम एक बार उस कॉफ़ी हाउस में झाँके बिना लखनऊ से लौट जाएँ। और वहाँ झाँकने-भर

का मतलब था किसी न किसी मेज़ पर इकट्ठा झुंड में पकड़ जाना। फिर हो सकता है आप सुबह के निकले शाम को ही घर लौटें। लखनऊ कॉफ़ी हाउस खुलने से बंद होने तक किसी भी समय बुद्धिजीवियों या क़लमजीवियों से ख़ाली रहता हो ऐसा याद नहीं पड़ता। कुछ 'मेज़ें' थीं जो अपनी बिलकुल अलग-अलग पहचान रखती थीं—प्रो. सी. पी. मिश्रा की मेज़, प्रो. डी.पी. मुखर्जी की मेज़, शहर में हों तो डॉ. लोहिया या डॉ. केस्कर की मेज़, और अगर लगी हो तो मजाज़ की मेज़ जिस पर सुरुर साहब या सलाम मछलीशहरी या जलाल मलिहाबादी भी, और पर शाम के वक़्त यशपालजी की मेज़, दिन में नागरजी की मेज़...मगर नागरजी और इलाचंदजी की मेज़ अगर कभी शाम को लग जाए तो उसका रंग ही दूसरा होता था ! कोई नियम नहीं था कि कब किसकी मेज़ ज़ोर पकड़ जाए और कॉफ़ी हाउस में एक छोटी-मोटी क्रांति आ जाए। इस बौद्धिक सरकस के कुछ स्थायी विट्स, विदूषक और मसख़रे भी थे जो हाउस में गर्दिश में रहते—जिस मेज़ की भी पकड़ में आ जाएँ, या जो भी मेज़ इनकी पकड़ में जा आए, कभी बोरिंग नहीं हो सकती थी। इस माहौल में सिर्फ़ साहित्य नहीं था, ज़िंदगी थी, जिसकी तमाम झलकें वहाँ इकट्ठा होनेवाले साहित्यकारों के लेखन में आज भी बरक़रार हैं।

X X X

रघुवीर ने जिस समय लखनऊ छोड़ा यहाँ की साहित्यिक ज़िंदगी गुलज़ार थी और दिल्ली की अब तक कोई नयी साहित्यिक पहचान बन नहीं पाई थी। एक कारण यह भी था कि रघुवीर लखनऊ को कुछ ज़्यादा ही 'मिस' कर रहे थे। आकाशवाणी में अज्ञेय के आने से अनेक साहित्यकारों का भी प्रवेश होने लगा और आकाशवाणी के इर्द-गिर्द एक साहित्यिक वातावरण बनने लगा। इस समय में आकाशवाणी और **नया प्रतीक** ने अनेक नए लेखकों को आकृष्ट किया। एक बड़ा लेखक अपने समय के लेखन को कई तरह प्रभावित करता है। शायद अज्ञेय के लेखन का उस समय के हिंदी साहित्य पर उतना स्थायी प्रभाव नहीं पड़ा जितना उनके व्यक्तित्व के इस पक्ष का कि उस समय साहित्य में प्रवेश कर रहे अनेक लेखकों को उनसे भरपूर प्रोत्साहन और सहारा मिला। आकाशवाणी से **दिनमान** तक किसी न किसी रूप में रघुवीर, सर्वेश्वर, श्रीकांत, मनोहर श्याम जोशी आदि अज्ञेय से जुड़े रहे जिसका यह मतलब क़तई नहीं कि वे उनके लेखन से भी प्रभावित रहे। अज्ञेय के इस प्रकार के प्रभाव को **सप्तकों** के ज़्यादा बड़े परिप्रेक्ष्य में भी देखा जाना चाहिए। यह भी एक विचारणीय बात है कि उनके नज़दीक जो भी लेखक आए वे स्वतंत्र रूप से विकसित हुए। अज्ञेय ने जो भी स्वतंत्रता साहित्य के साथ ली अगर उस स्वतंत्रता के रचनात्मक मूल्य को हम तक संप्रेषित कर सके तो मैं इसे उनका एक स्वस्थ प्रभाव मानता हूँ।

'प्रभाव' की चर्चा यहाँ मैंने जानबूझकर उठाई है क्योंकि इधर की कविता पर रघुवीर सहाय की कविताओं के प्रभाव की बात उठती रही है। रघुवीर खुद भी इस बात को लेकर सचेत—और संतुष्ट भी—थे कि वे नए आनेवाले कवियों पर एक गहरी छाप

छोड़ रहे हैं। बहुत हद तक यह बात सही है कि आज लिखी जा रही बहुत-सी कविता पर रघुवीर की काव्यभाषा और उनके यथार्थबोध का स्पष्ट अक्स है। लेकिन प्रभावों को खोजने की धुन में कभी-कभी हम ग़लत या फ़िज़ूल ट्रैक पर भी निकल जा सकते हैं और एक कवि का वास्तविक महत्त्व हमारी पकड़ से छूट जा सकता है। कभी-कभी एक बड़ा कवि अपने बाद एक ज़्यादा बड़ा प्रभाव बनकर उभरता है। इसके पीछे एक बड़े कवि की छवि के प्रति हमारी सराहना और कृतज्ञता के जज़्बात भी शामिल होते हैं जो उसे उसके बाद एक ज़्यादा बड़े कवि की ख्याति दिलाने में सहायक होते हैं। हमारा ध्यान तब उस कविता के मूलभूत गुणों से भटककर उसकी छवि पर टिक जाता है। एक कवि, ज़रूरी नहीं कि अपने समय की कविता, या अपने बाद की कविता पर एक बड़ा प्रभाव भी बने ही। हम मुक्तिबोध का उदाहरण ले सकते हैं। साहित्य में प्रभावों के इतिहास का ग्राफ़ एक बृहद कालावधि में खिंचता है। निराला का प्रभाव निराला के बहुत बाद में अनुभव किया गया। अज्ञेय का प्रभाव उनके अपने ही समय में क्षीण होने लगा था। एक प्रभाव के रूप में आज साही, सर्वेश्वर या श्रीकांत की चर्चा नहीं होती यद्यपि वे हमारे समय के अत्यंत महत्त्वपूर्ण कवियों में से रहे हैं।

रघुवीर सहाय यथार्थ की कठिनाइयों या जटिलताओं का किसी आदर्शवादी उपाय या युक्ति में सरलीकृत समाधान नहीं रचते—इसका गहरा संबंध रघुवीर की कविताओं की बाहरी और अंदरूनी बनावट से है जिसकी ऊपरी सतह अगर हमारे सामने एक सहज तथ्य रखती प्रतीत होती है तो उसकी भीतरी सतहें हमें उसके उतने ही गूढ़ उद्वेलों की ओर ले जाना चाहती हैं। प्रभावों के मामले में रघुवीर एक आसान कवि नहीं हैं, मुश्किल कवि हैं। उनकी कविताओं की बाहरी बनावट से यह लग सकता है कि ऐसी कविताएँ लिखना आसान है, और ऐसी ही कविताएँ लिखना चाहिए। परंतु यह उनकी कविताओं को लेकर एक छोटा-मोटा धोखा भी हो सकता है। पढ़ने में बहुत सरल और सीधी लगनेवाली कविता प्रभाव के मामले में बहुत टेढ़ी भी साबित हो सकती है। कवाफ़ी, बोर्ख़ेस या रोज़ेविक की कविताएँ पढ़ते हुए भी यह लगता है कि वैसी कविता लिखना बहुत आसान है क्योंकि उनमें तुरत पहचान में आनेवाला यथार्थ होता है और उस यथार्थ से सीधे जुड़े हुए शब्द। लेकिन वह कविता जिस जगह सबसे अधिक कविता होती है वहीं सबसे अधिक नाज़ुक और जटिल भी। वह अनुकरणीय नहीं होती, उसी तरह जैसे एक कवि के स्रोत-अनुभवों को किसी पराई चेतना से जिया नहीं जा सकता। उसकी कविताओं द्वारा हम जो पाते हैं उसमें बहुत कुछ हमारा होता है, उसके शब्दों द्वारा हमारी संवेदनाओं में पुनर्निर्मित। एक कविता को यों भी हम समूची ग्रहण नहीं करते, टुकड़ों में ग्रहण करते हैं और उन्हें अपने अंदर फिर से बनाते हैं। यह 'फिर से बनाना' कविता के साथ पाठक का वह रचनात्मक संबंध है जो कविता को अन्य साहित्यिक विधाओं से अलग करता है। रघुवीर की भाषा सीधी चाल नहीं चलती—गुंफित, पेचीदा, घुमाव-फिरावदार... लगभग एक भूलभुलैया-सी रचती हुई, जबकि वह यथार्थ जिसकी रघुवीर बातें करते हैं इतना अ-सरल नहीं होता जितनी उनकी भाषा। शब्दों के

साथ-साथ वाक्य-कौशल से भी कविता निकाल लेने की विचित्र क्षमता उनमें थी। भाषा की मुश्किल को (जो मुश्किल कविता से भिन्न बात है) रघुवीर कविता से बाहर की कार्रवाई नहीं मानते थे। भाषा की पेचीदगी और उलझनों को पाठक के लिए हल करके देने के ख़िलाफ़ रघुवीर का कहना था कि यह माँग अपने-आपमें उस दिमाग़ी आलस्य का नतीजा है जो हर चीज़ बिना मेहनत के आसानी से प्राप्त कर लेना चाहती है। पाठक और कविता के बीच एक सरल समीकरण बने इससे ज़्यादा ज़रूरी उन्हें यह लगता था कि दोनों के बीच सही संबंध बनें, और इसके लिए कविता ही नहीं पाठक की ओर से भी थोड़ी कोशिश हो ! पाठक अब रघुवीर की कविताओं के साथ, या भाषा के साथ, वैसा अटपटापन महसूस नहीं करता जैसा पहले करता था। **कुछ पते कुछ चिट्ठियाँ** तक आते-आते हम देखते हैं कि रघुवीर ने भी अपनी भाषा को बोधगम्यता की दिशा में सम्हाला है। लेकिन इस अलग तरह की भाषा के लिए वे पाठकों में अलग तरह का सौंदर्यबोध (एस्थेटिक रिसपॉन्स) पैदा कर सके यह बड़ी बात है। भाषा की इस वक्रता को रघुवीर लगभग एक अलंकार की तरह इस्तेमाल करते हैं—केवल बाहरी सजावट या चमत्कार के लिए नहीं, वाक्शक्ति के संवर्धन के लिए—लेकिन जैसा कि हर अलंकार के साथ होता है रघुवीर की कविता भी कहीं-कहीं इसके अति-दोष से मुक्त नहीं। कथ्य के संतुलन में भाषा कुछ ज़्यादा ही खिंच जाती, या लपेट ले लेती है, जो कविता के साथ हमारी वाबस्तगी को बजाय गहरी करने के कुछ हतोत्साहित भी करती है। रघुवीर भाषा के अपने उस ख़ास क़िस्म के 'अंदाज़े बयाँ' को बरक़रार रखते हैं जो भाषा में कथन को उतना ही छकाता है जितना उसे एक कविता की आभा और रहस्यमयता (मिस्टीक) देने के लिए अनिवार्य हो। उनकी भाषा सरल में विघटित नहीं होती, सरल की हैसियत को ऊपर उठाती है।

अपराध संगठित, राजनीति संगठित, दमनमंत्र संगठित
केवल अपराध के विरुद्ध जो कि बोला था अकेला था
... ...
मुझसे कहा कि मृत्यु की ख़बर लिखो :
मुर्दे के घर नहीं जाओ, मरघट जाओ
लाश को भुगताने के नियम, ख़र्च और कुप्रबंध
—खोज खबर लिख लाओ :
यह तुमने क्या लिखा—''झुर्रियाँ, उनके भीतर छिपे उनके प्रकट होने के आसार,
आँखों में उदासी-सी एक चीज़ दिखती है—''
यह तुमने मरने के पहले का वृत्तान्त क्यों लिखा ?

रघुवीर की भाषा के साथ ही उनके यथार्थबोध पर भी एक संक्षिप्त दृष्टि डालना ज़रूरी है क्योंकि दोनों के बीच अटूट संबंध है। आमतौर पर रघुवीर ने अपनी कविताओं

में प्रतिदिन जिए जा रहे जीवन के उन्हीं परिचित बिंबों और प्रसंगों को लिया है जिन्हें हभ उनका बिलकुल निजी अनुभव-संसार कह सकते हैं—निजी संकुचित अर्थों में नहीं क्योंकि उसकी प्रामाणिकता को आधार बनाकर रघुवीर उसका एक बृहत्तर यथार्थ में विस्तार करते हैं। शास्त्रीय शब्दावली में कहें तो निजी के साधारणीकरण के दौरान ही उनकी कविता उस मानवीय करुणा और सचाई का स्पर्श करती है जो उनकी कविता का सबसे मार्मिक और मौलिक हिस्सा है। परिवार, स्त्री, राजनीति, पाखंड, दंभ, नासमझी, मृत्यु, हत्या आदि कुछ ऐसे स्थायी बिंदु हैं जिनके इर्द-गिर्द ही उनकी कविता घूमती और फैलती है। रघुवीर की इस चेतावनी के बावजूद कि 'मत अलग अलग डिब्बों में मेरी पीड़ाओं को बंद कीजिए' उनकी पीड़ाओं का एक सामान्य वर्गीकरण सबसे आसान है : लेकिन यह आसानी उनके उन अर्थ-संदभों को आसान नहीं बनाती जिन्हें मिला-जुलाकर रघुवीर कविता करते हैं। उनके विचार-सूत्र, शब्दों और भाषा-ध्वनियों और अनुगूँजों में पिरोये होते हैं। बात से बात निकालते हुए रघुवीर कविता की लय और गति, पक्ष और विपक्ष का तानाबाना बुनते हैं। मसलन, उनकी कविताओं में 'मैं' और 'आप' या 'वह' के बीच भाषा केवल एक संवाद का माध्यम नहीं है, एक रणनीति भी है। उनकी 'बदला' कविता एक दिलचस्प उदाहरण है—

उसने आक्रमण किया
मैंने जवाब दिया
उसने तर्क खोजकर कहा तुम सहमत नहीं तब बहस क्यों करें
और मतभेद जो उसका कवच था लपेटकर कस लिया।
कल मुझे सूझा—अब वह बदला लेगा।
वह ऐसा ही व्यक्ति है
इसलिए उसने नमस्ते की,
मित्रों को 'उस दिन मैं पिये था' कह दिया
चाहें तो क्षमा करें।
अब वह यह कहता है
उसमें दो ऐब हैं
एक तो पियक्कड़ है
दूसरे समझ नहीं।

रघुवीर की कविताओं में यथार्थ उनके अपने अनुभवों तक सीमित रहता है, यहाँ तक कि अकसर यह लगता है कि वह उन्हीं से परिभाषित भी होता है। उनके लिए यथार्थ प्रत्यक्ष या सहज ज्ञान है, परोक्ष या निगमात्मक ज्ञान नहीं। एक स्तर पर जहाँ यह उनकी शक्ति है दूसरे स्तर पर उनकी सीमा भी। उनकी अधिकांश कविताओं में अगर स्त्री का करुण या दयनीय रूप ही उभरता है तो यह उनके यथार्थबोध पर एक विपरीत टिप्पणी भी मानी जा सकती है। एक बड़ा कवि सिर्फ़ अपनी ही तरफ़ और

एक ही तरह नहीं देखता; अपने चारों ओर, दूसरों की तरफ़, और दूर-दूर तक भी देखता है। करुणा और व्यंग्य अगर रघुवीर की कविताओं की दो प्रमुख मानसिकताएँ हैं तो उनके व्यंग्य की मार भी अचूक है जो आज के राजनीतिक यथार्थ, भ्रष्टाचार, कपट, धूर्तता और पाखंड के अनेक पक्षों को अपना निशाना बनाती है। उनकी मृत्यु-संबंधी कविताएँ, जैसे **मरघट**, **शोकसभा** या **कैंसर**, उनकी सबसे अधिक जीवन-संबंधी कविताएँ भी हैं ! अवसाद को झेलते हुए भी उनमें जीवन के प्रति एक गहरा लगाव और आस्था है। उथले अर्थों में उत्सव और उल्लास के कवि रघुवीर सहाय नहीं हैं, पर उनके सरोकार की गहरी जड़ें मनुष्य के जीवन-विवेक में हैं। जीवन की जिन मानवीय चेष्टाओं का स्मरण उनकी कविता में है उसकी मूल शक्ति होड़ में नहीं एहसास में है—जीवन को प्रदूषित करनेवाली शक्तियों के प्रति पूर्ण अविश्वास में है।

1992

चार

प्रेमचंद की साहित्यिक मान्यताएँ

प्रेमचंद मानवता के साथ-साथ साहित्य के भी श्रेष्ठतम आदर्शों की रक्षा में विश्वास करते थे और दोनों को एक-दूसरे के लिए ज़रूरी मानते थे। जन-जीवन के लिए जहाँ उनके मन में गहरी हमदर्दी थी वहीं कला को उसके उच्चतम शिखर तक ले जाने की ईमानदार बेचैनी भी। लोक-रुचि के नाम पर प्रेमचंद ने कला के मानदंडों में गिरावट को कभी प्रोत्साहित नहीं किया, यह मानते हुए कि लोक-रुचि के हिसाब से रिआयती साहित्य लिखना अंततः लोक-हित में नहीं होगा। इसीलिए वे ध्येयवादी होते हुए भी उपदेशात्मक साहित्य के भी ख़िलाफ़ थे। वे मानते थे कि साहित्य का जो भी संदेश हो उसे एक कृति के आंतरिक तर्क में गुँथा हुआ और निहित होना चाहिए : अगर उस पर थोपा हुआ लगेगा तो वह कृति की विश्वसनीयता को कमज़ोर कर देगा। प्रेमचंद की ऊपर से सरल दीखती हुई कृतियों के पीछे एक अत्यंत गंभीर, चिंतनशील और सजग-बुद्धि कलाकार छिपा होता है जो जीवन का न केवल सूक्ष्मता से निरीक्षण करता है बल्कि उतनी ही सूक्ष्मता से विवेचन भी करता है। प्रेमचंद ने अपनी कहानियों और उपन्यासों में जिन सामाजिक बुराइयों, अनैतिकताओं, अशिक्षा, अंधविश्वास, आर्थिक विषमताओं, आत्मिक और भौतिक स्तर पर शोषण आदि की समस्याओं को उठाया है वे अगर हमारे समाज में आज भी वैसी ही बनी हुई हैं तो यह हमारे लिए एक शर्म की बात है। उन्हें अब तक अप्रासंगिक हो जाना चाहिए था (जैसाकि वे बालज़क, टाल्सटाय, दोस्तावस्की या ज़ोला के समाजों में बहुत कुछ हो चुकी हैं), लेकिन यह एक फ़ख़्र की बात होगी कि प्रेमचंद की साहित्यिकता कभी भी अप्रासंगिक न हो, हमेशा उसी क्लासिकी स्तर पर बनी रहे जिस पर हम संसार के महानतम् साहित्यकारों को रखते-परखते हैं। स्वयं प्रेमचंद इस ओर पूरी तरह सचेत थे कि उनका साहित्य श्रेष्ठतम की तुलना में खरा उतरे। वे अच्छी तरह जानते थे कि इसके लिए जीवन को केवल सतही तौर पर देखना और भाव-द्रवित हो जाना काफ़ी नहीं, एक दूसरे तरह की तैयारी भी ज़रूरी है—तैयारी जिसका ताल्लुक साहित्यकार की दुनिया से है, उसकी संवेदनाओं और समझ के विस्तार से है। एक साहित्यकार केवल अपने अनुभव मात्र पर नहीं निर्भर करता, अपनी उस क्षमता पर ज़्यादा निर्भर करता है जो दूसरों के अनुभव को भी अपना करके महसूस कर सके। प्रेमचंद ने इस क्षमता को किसी भी कलाकार के लिए ज़रूरी माना है, **अपनी**

निगाह अपने हृदय में डालो और जो कुछ देखो, लिखो—लेखक अपने को कल्पना द्वारा जितनी ही भिन्न-भिन्न परिस्थितियों में रख सकता है, उतना ही सफल मनोरथ होता है। इसी सिलसिले में प्रेमचंद ने अध्ययन या स्वाध्याय पर विशेष बल दिया है और इस बात का खंडन करते हुए 'कि उपन्यास—लेखक को पढ़ना न चाहिए, इससे उसकी मौलिकता मारी जाती है' उन्होंने डी. एल. राय के इस कथन को पुष्ट किया है कि 'जिस लेखक की मौलिकता पुस्तकावलोकन से मारी जाती है, उसमें मौलिकता है ही नहीं।' और ज़ोर दिया कि **लेखक को—और विशेषकर उपन्यास लेखक को—विविध साहित्य का भली-भाँति अध्ययन किए बिना कलम न उठाना चाहिए। विचारों की शिथिलता ही पतन का सबसे मनहूस लक्षण है।**

प्रेमचंद की इन्हीं मान्यताओं से बहुत निकट से जुड़ी हुई उनकी यथार्थ-संबंधी धारणाएँ हैं। पहली बात तो, यथार्थ उनके लिए केवल प्रत्यक्ष का ही अनुभव नहीं है : उन अप्रत्यक्ष जड़ों का एहसास भी है जो हमारे निजी और जातीय मानसिकता में छिपी होती हैं। बार-बार प्रेमचंद ने यथार्थ की मनोवैज्ञानिक गहराइयों की ओर भी इशारा किया है **'यथार्थवादी (तो) अनुभव की बेड़ियों में जकड़ा होता है...हमारी विषमताओं और हमारी क्रूरताओं का नग्न चित्र (देता) है और इस तरह यथार्थवाद हमको निराशावादी बना देता है...।'** वे स्वयं **आदर्शोन्मुख यथार्थवाद** के हिमायती थे। उनका कहना था कि आदर्श को सजीव बनाने ही के लिए यथार्थ का उपयोग होना चाहिए। **'वही उपन्यास उच्चकोटि के समझे जाते हैं, जहाँ यथार्थ और आदर्श का समावेश हो गया हो।'**

ऊपर से देखने पर लग सकता है कि प्रेमचंद यथार्थ से दूर हटते जा रहे हैं—पर वास्तव में वे यथार्थ को अपने लेखन के केंद्र में रखते हुए उसे एक अतिरिक्त आयाम दे रहे हैं—जिसमें मात्र वस्तुस्थिति का चित्रण नहीं उस वस्तुस्थिति को बदलने, उससे जूझने की संकल्प-शक्ति की भूमिका है। यथार्थ को एकाग्रही दृष्टि से प्रेमचंद ने नहीं देखा है—उसे आदमी के अतीत से उसके भविष्य तक फैला हुआ देखा है : कर्म और अकर्मण्यता के उन ऐतिहासिक और मनोवैज्ञानिक कारणों से जोड़कर देखा है जिसके बिना कोई भी साहित्य आदमी के अंदर गहरे छिपे या दबे शक्ति-स्रोतों को नहीं छू सकता। **''यों कहना चाहिए कि वर्तमान आख्यायिका या उपन्यास का आधार ही मनोवैज्ञानिक है। घटनाएँ और पात्र तो उसी मनोवैज्ञानिक सत्य को स्थिर करने के निमित्त ही लाए जाते हैं।''** प्रेमचंद यहाँ यथार्थ की उस अंतर्मुखी दिशा की ओर पूरी तरह सचेत हैं जो समकालीन उपन्यासों और कहानियों में होनेवाले अनेक महत्त्वपूर्ण प्रयोग का आधार रही है। साहित्य में रचनात्मकता का आग्रह (**'उपन्यासकार का प्रधान गुण उसकी सृजनशक्ति है।'**) कभी-कभी प्रेमचंद को उस ख़तरनाक हद तक ले जाता हुआ दीखता है जहाँ वे यथार्थवाद के कुछ मूल आग्रहों को ही नकारते-से लगते हैं : **अगर हम यथार्थ को हूबहू खींचकर रख दें, तो उसमें कला कहाँ है ? कला केवल यथार्थ की नकल का नाम नहीं है।... कला दीखती तो यथार्थ है, पर यथार्थ होती नहीं। उसकी खूबी यही है कि वह यथार्थ न होते हुए भी यथार्थ मालूम हो। उसका मापदंड भी जीवन के मापदंड**

से अलग है। यहाँ तक कि वे कह डालते हैं कि, **'कला के लिए कला' के सिद्धांत पर किसी को आपत्ति नहीं हो सकती। वह साहित्य चिरायु हो सकता है जो मनुष्य की मौलिक प्रवृत्तियों पर अवलंबित हो...** लेकिन ऐसा नहीं है कि प्रेमचंद यह बात असावधानी में कह गए हों, क्योंकि साहित्य के मुख्य उद्देश्य के बारे में वे बिलकुल स्पष्ट थे। वे जानते थे कि एक साहित्य का 'चिरायु' होना और उसका 'श्रेष्ठ' होना एक बात नहीं है। वे सोचते थे कि जो मौलिक प्रवृत्तियाँ किसी साहित्य को चिरायु बना सकती हैं क्यों न उन्हें श्रेष्ठ रचना के लिए इस्तेमाल किया जाए, इस तरह कि साहित्य गंभीर सामाजिक जिम्मेदारियों को भी निभा सके। **'कला के लिए कला' का समय वह होता है जब देश संपन्न और सुखी हो। जब हम देखते हैं कि हम भाँति-भाँति के राजनैतिक और सामाजिक बंधनों में जकड़े हुए हैं, जिधर निगाह उठती है दुःख और दरिद्रता के भीषण दृश्य दिखाई देते हैं, विपत्ति का करुण क्रंदन सुनाई देता है, तो कैसे संभव है कि किसी विचारशील प्राणी का हृदय न दहल उठे ?** उद्देश्यपरक साहित्य की साहित्यिकता के बारे में भी प्रेमचंद निश्चिंत नहीं थे—एक गंभीर अंतर्द्वन्द्व उनके अंदर बराबर चलता रहा। वे जानते थे कि साहित्य का मात्र प्रोपेगंडा, उपदेशात्मकता या सस्ते मनोरंजन में परिवर्तित हो जाना कोई मुश्किल बात नहीं, मुश्किल बात यह है कि **विचार परोक्ष रूप से व्यक्त हों, उपन्यास की स्वाभाविकता में उस विचार के समावेश से कोई विघ्न न पड़ने पाए।** प्रचार-प्रधान साहित्य के ख़तरों के प्रति पूर्णतः सचेत उन्होंने जगह-जगह चेतावनी दी है कि **जब साहित्य की रचना किसी सामाजिक, राजनीतिक और धार्मिक मत के प्रचार के लिए की जाती है, तो वह अपने ऊँचे पद से गिर जाता है. ..इसमें कोई संदेह नहीं।' 'वह (साहित्य) देशभक्ति और राजनीति के पीछे चलानेवाली सचाई भी नहीं, बल्कि उनके आगे मशाल दिखाती हुई चलनेवाली सचाई है।** साहित्य और प्रोपेगंडा में फ़र्क़ करते हुए प्रेमचंद ने कहा है कि **प्रोपेगंडा आँधी है जो आँखों में धूल झोंकती है...वह रस-विहीन होने के कारण आनंद की वस्तु नहीं। लेकिन यदि कोई चतुर कलाकार उसमें आनंद और रस भर सके, तो वह प्रोपेगंडा की चीज़ न होकर सद्-साहित्य की वस्तु बन जाती है।** इसीलिए वे लेखक के व्यक्तित्व, उसकी बौद्धिक और आत्मिक तैयारी को बहुत महत्त्व देते हैं...**बहुत कुछ लेखक के व्यक्तित्व पर मुनहसर है।–एक लेखक की क़लम से जो चीज़ प्रोपेगंडा होकर निकलती है, वही दूसरे लेखक की क़लम से सद्साहित्य बन जाती है।** प्रेमचंद ने साहित्य की सर्वोत्तम सार्थकता उसके 'जीवन की आलोचना' हो सकने में माना है, जो एक तरह से साहित्य के स्वतंत्रपद की भी दलील है, दलील जो मानवता और साहित्य को लेकर प्रेमचंद के उस गहरे लगाव से निकलती है जिसे दोनों के साथ किसी तरह का सस्ता समझौता करना मंज़ूर न था। उन्होंने साहित्यकार के सामने कठिनतम और उच्चतम आदर्श रखा यह अच्छी तरह समझते हुए कि बिना इस दोहरे अनुशासन के साहित्य समाज का कोई भला नहीं कर सकेगा। इस समय जबकि साहित्यिक मानदंडों में एक ख़ास तरह की गिरावट आती जा रही है, प्रेमचंद के इन शब्दों को गहराई से सोचना शिक्षाप्रद हो सकता है—**जिस साहित्य**

से हमारी सुरुचि न जागे, आध्यात्मिक और मानसिक तृप्ति न मिले, हममें शक्ति और गति न पैदा हो, हमारा सौंदर्यप्रेम न जाग्रत हो—जो हममें सच्चा संकल्प और कठिनाइयों पर विजय पाने की सच्ची दृढ़ता न उत्पन्न करे, वह आज हमारे लिए बेकार है, वह साहित्य कहाने का अधिकारी नहीं।

प्रेमचंद के साहित्यिक विचारों और रचनाओं को पढ़ते समय ऊपर से यह लग सकता है कि उन्होंने सामाजिक समस्याओं को लेकर एक ख़ास तरह का सरलीकरण प्रस्तुत किया है, उनके पात्र और परिस्थितियाँ सपाट-से हैं तथा उनकी समस्याएँ मूलतः आर्थिक-सामाजिक और शैक्षिक हैं। मैं समझता हूँ यह प्रेमचंद को, या किसी भी बड़े साहित्यकार को, पढ़ने का बहुत ही सतही तरीक़ा है। यह पढ़नेवाले में ही उस दृष्टि का अभाव जताता है जो प्रेमचंद की कृतियों के उन अभिप्रायों को नहीं पकड़ पाती जिनमें उनके साहित्य के मूल उद्देश्य निहित हैं। **गोदान** को ही लें, होरी की त्रासदी उसका अंधविश्वास, उसका आर्थिक शोषण और उसमें विद्रोह की कमी मात्र नहीं है—**गोदान** में प्रेमचंद एक बिलकुल भिन्न स्तर का द्वंद्व भी सामने रखते हैं जिसकी जड़ें कहीं आदमी के स्वभाव में बहुत गहरे छिपी हैं। होरी के ख़िलाफ़ उसके समाज का व्यवहार राक्षसीय है जो उसको ज़िंदा खा जाता है—लेकिन वस्तुतः यह होरी की पराजय नहीं उस समाज की पराजय है जिसके अपने ही दिये नैतिक और सांस्कृतिक मूल्य होरी की रक्षा नहीं कर पाते। प्रेमचंद ने हमारे सामने आसान विकल्प नहीं रखे हैं, न हमें आसान प्रतिद्वंद्वी ही दिए हैं। वे हमें एक सार्वजनिक दुश्मन देकर व्यक्तिगत ज़िम्मेदारियों से मुक्त नहीं करा देते : सबसे पहले हमारा सामना उस चोर से कराते हैं जो हम सबमें, हमारी मानसिकता में, कहीं छिपा होता है। **गोदान** की असली विभीषिका वह मूल्यबोध-रहित समाज है जिसमें होरी बिलकुल असहाय और अकेला छूट जाता है। एक रोगी समाज जो होरी जैसे व्यक्ति के लिए इतनी बड़ी समस्या बना है उस अन्यायी समाज के ख़िलाफ़ होरी जैसा कोई भी व्यक्ति किसी भी प्रकार की समस्या न बन सके—व्यक्तित्व का यह विघटन भी एक समाज की अस्वस्थता का ही लक्षण है।

साहित्य को किसी बिलकुल सीमित उद्देश्य से भी लिखा जा सकता है और बड़े-से-बड़े साहित्य को किसी बिलकुल सीमित उद्देश्य से पढ़ा भी जा सकता है। लिखने के मामले में प्रेमचंद सतर्क थे, तो उन्हें पढ़ने के मामले में हम सतर्क रहें। प्रेमचंद की साहित्यिक मान्यताएँ सीमाएँ नहीं कुछ मोटे-मोटे आधार पर बनाती हैं जिन पर प्रेमचंद के साहित्य का विशद ढाँचा खड़ा होता है। उन्होंने भारतीय जीवन के एक बहुत बड़े हिस्से को अपनी कहानियों और उपन्यासों में लिया है और उसके कुछ हिस्सों को मार्मिक गहराई से चित्रित करने में सफल हुए हैं। प्रेमचंद का साहित्य उनकी साहित्यिक मान्यताओं का उदाहरण मात्र नहीं है, अपने आपमें एक अलग सचाई है। साहित्य के सरोकार का दायरा जितना ही बड़ा होगा—जितने ही महाकाव्यीय आकार का—उतने ही ज़्यादा मुश्किल सवालों को वह उठाएगा, और उतने ही कम आसान जवाबों को वह दे सकेगा।

1980 : 'उत्तर-प्रदेश' में प्रकाशित।

प्रेमचंद और सत्यजित राय

सत्यजित राय ने हिंदी में दो फ़िल्में बनाई हैं—'शतरंज के खिलाड़ी' और टी. वी. के लिए 'सद्गति'। दोनों ही फ़िल्में प्रेमचंद की दो बिलकुल अलग तरह की कहानियों पर आधारित हैं। नवाबी ज़माने के पतनोन्मुखी लखनऊ ने इन दोनों कलाकारों को, जो बिलकुल भिन्न माध्यमों में काम करते रहे, एक ख़ास तरह आकृष्ट किया है। शायद कहा जा सकता है कि एक ख़ास बिंदु पर लगभग एक ही तरह आकृष्ट किया है। एक कमज़ोर संस्कृति नज़ाकत और नफ़ासत की उस हद पर पहुँची हुई जहाँ उसके लिए अपनी रक्षा कर सकने तक का पौरुष बाक़ी नहीं रह गया था। शरर की 'गुज़िश्ता लखनऊ' का दूसरा शीर्षक 'मशरिक़ी तमद्दुन का आख़िरी नमूना' एक महत्त्वपूर्ण नज़रिए की ओर संकेत करता है : इसी नज़रिये को कमोबेश हम रुसवा के 'उमराव जान अदा' और रतननाथ सरशार के 'फ़सानए आज़ाद' में भी पाते हैं। प्रेमचंद द्वारा 'फ़सानये आज़ाद' का हिंदी रूपांतरण, 'आज़ाद-कथा', सरशार द्वारा चित्रित लखनवी तहज़ीब को बहुत नज़दीक से देखने-समझने की भी कोशिश है, और उनकी कहानी 'शतरंज के खिलाड़ी' इस लड़खड़ाती हुई नवाबी दुनिया के एक बहुत ही नाजुक और दुखती हुई रग पर उँगली रखती है। "नवाब वाजिदअली पकड़ लिए गए थे... शहर में न कोई हलचल थी, न मारकाट। एक बूँद भी खून नहीं गिरा था। आज तक किसी स्वाधीन देश के राजा की पराजय इतनी शांति से, इस तरह खून बहे बिना नहीं हुई होगी। यह वह अहिंसा न थी, जिस पर देवगण प्रसन्न होते हैं। यह वह कायरपन था, जिस पर बड़े-बड़े कायर भी आँसू बहाते हैं। अवध के विशाल देश का नवाब बंदी चला जाता था, और लखनऊ ऐश की नींद में मस्त था। यह राजनीतिक अधःपतन की चरम सीमा थी। (आगे चलकर) उनमें राजनीतिक भावों का अधःपतन हो गया था...पर व्यक्तिगत वीरता का अभाव न था...।"

'राजनीतिक' और 'व्यक्तिगत' : मनुष्य की बाहरी और भीतरी दुनिया को लेकर प्रेमचंद बराबर से सचेत रहते हैं। **गोदान** में होरी का व्यक्तिगत चरित्र उतना ही महत्त्वपूर्ण है जितना उसके चारों तरफ़ का समाज। प्रेमचंद एक की अपेक्षा दूसरे को कम महत्त्वपूर्ण नहीं मानते : बाहरी और भीतरी के बीच जटिल अंतर्संबंधों को बारीक़ी से टटोलते और चित्रित करते हैं। दोनों के बीच कभी तनाव, कभी अनबन, कभी

समझौता, कभी संतुलन उनके कथानकों का वह मूलाधार है जो हमें ग्रीक और भारतीय क्लासिकल ढाँचों की याद दिलाता है। प्रेमचंद यह मानते नहीं दिखते कि मनुष्य की सारी त्रासदी का कारण उसके अंदर भी नहीं है—उसके बाहर ही बाहर है जिसका वह परिणाम है। इसीलिए प्रेमचंद के कथानकों में इतने बड़े सामाजिक फलक के साथ-साथ इतने स्मरणीय और सशक्त पात्रों का जमघट है, तथा दोनों के बीच प्रेम-घृणा-संबंध का जटिल तानाबाना ही उनसे पैदा होनेवाली तीव्र नाटकीयता का आधार है। प्रेमचंद अकसर इस नाटकीयता को किसी नतीजे पर पहुँचाकर हल कर देने को आतुर नहीं दिखते : उनकी कहानियों और उपन्यासों के इस पक्ष की ओर कम लोगों का ध्यान गया है कि पारंपरिक कहानियों की तरह न तो वे शुरू होती हैं न उनकी तरह समाप्त होती हैं : वे ज़िंदगी के यथार्थ की तरह कहीं से भी शुरू होकर कहीं भी समाप्त हो जाती हैं। इसीलिए उनकी कहानियों के शुरू से पहले, या उनके अंत के बाद भी, कहानियों को इस तरह बढ़ाया जा सकता है कि उनकी मूल कहानी सुरक्षित रहे। मृणाल सेन ने 'ओका ओरी कथा' ('कफ़न' पर आधारित) में यही तकनीक इस्तेमाल की है। **कफ़न** कहानी पूरी फ़िल्म में ज्यों की त्यों रहती है, लेकिन वह फ़िल्म का केवल एक हिस्सा ही रहती है। 'ओका ओरी कथा' 'कफ़न' की कहानी का प्रस्तुतीकरण मात्र नहीं है, फ़िल्म में और बहुत कुछ भी है जिसे मृणाल सेन ने अपनी तरफ़ से, बिना प्रेमचंद की कहानी को छुए, जोड़ा है। यह **कफ़न** के फ़िल्मीकरण का एक नायाब तरीक़ा था जो उस कहानी के स्कोप को देखते हुए सर्वथा जायज़ लगता है। मूल **कफ़न** कहानी को भीतर से विस्तृत या परिवर्तित करना—चाहे फ़िल्मों में चाहे नाटकों में—उसकी उस सांकेतिकता को नष्ट करना है जो प्रेमचंद की कहानी का प्राण है। आमतौर पर **कफ़न** में 'मृत्यु' के दृश्य को खींच-खींचकर इतना खींच दिया जाता है कि पूरी कहानी के संतुलन को वह बिगाड़ देता है।

प्रेमचंद जैसे बड़े कथाकार को लेते समय यह सावधानी बहुत ज़रूरी है कि किसी दूसरे माध्यम में प्रस्तुत करते समय मूल के साथ ज़बरदस्ती न हो जाए। अपने माध्यम विशेष में एक क्लासिक अपने आपमें एक संपूर्णतः सफल रचना होती है जो आसानी से किसी दूसरे माध्यम की शर्तों को स्वीकार नहीं करती। एक शाब्दिक या साहित्यिक रचना पाठक की कल्पना और मनन-शक्तियों द्वारा काम करती है : शब्दों से संकेत लेकर वह कथानक और पात्रों को अपने लिए अपनी तरह पुनः रचता है : यह पुनर्रचना जहाँ शब्दों की सांकेतिकता को अधिक मूर्तरूप देती है वहीं शब्दों के अभिप्राय को सीमित भी करती है—स्थान विशेष, वस्तुविशेष और अभिनेता विशेष की ठोस निश्चितता में।

सिनेमा की अपेक्षा नाटकों की प्रस्तुति में यह स्थूलीकरण (कान्क्रीटाइज़ेशन) और भी ज़्यादा होता है क्योंकि वह न तो समय-परे होता लगता है न स्थान-परे। लेवी स्त्रोस का कहना था, "मैं नाटकों को अधिक पसंद नहीं कर पाता क्योंकि वे मुझे बहुत स्थूल लगते हैं : उन्हें देखते समय मुझे हमेशा यह लगता है कि मैं एक कला का अनुभव नहीं

पा रहा, पड़ोसी के घर में झाँक रहा हूँ !" इस कथन में अतिशयोक्ति है, पर यह भी सही है कि यथार्थ से बिना एक दूरी बनाए (डिस्टैन्सिंग) कोई भी कला अपना काम पूरी तरह नहीं कर सकती। हमारी स्मृति में श्रेष्ठ मंचन और अभिनय के उदाहरण भी वही हैं जहाँ हम 'तत्काल' को लगभग पूरी तरह भूल जाते हैं। एक श्रेष्ठ साहित्यिक रचना का इसीलिए फ़िल्म की भाषा में पुनर्निर्माण तो हो सकता है, लेकिन मूल कृति का पूर्णानुभव शायद वह नहीं करा पाता। यहाँ 'श्रेष्ठ साहित्य-रचना' को रेखांकित करना ज़रूरी है क्योंकि अकसर एक साधारण साहित्य-रचना को इस्तेमाल करके उससे एक बेहतर फ़िल्म बनाना तो संभव रहा है, पर एक 'क्लासिक' इस तरह के हस्तक्षेप को आसानी से स्वीकार नहीं कर पाता।

शेक्सपियर के नाटक मंच के लिए लिखा गया 'श्रेष्ठ साहित्य' है : उनका यह साहित्य-पक्ष इतना प्रबल है कि उनके किसी भी नाटक का मंचन केवल उनके नाटक की कहानी-भर की प्रस्तुति नहीं हो सकती। अगर हम कुरोसावा के **मैकबेथ** पर आधारित 'थ्रोन आव ब्लड' फ़िल्म को याद करें तो वह मैकबेथ की कहानी से कहीं अधिक शेक्सपियर की साहित्यिक संवेदना का विशुद्ध फ़िल्म की भाषा में अद्भुत व्याख्या और विस्तार है। ख़ास बात है किसी भी माध्यम में काम कर रहे रचनाकार की अपनी दृष्टि किस हद तक साहित्यिक भी है, और किस तरह के साहित्य से प्रेरित होती है। एक फ़िल्मकार का किसी कहानी या उपन्यास के कथा-पक्ष पर अतिरिक्त दबाव डालना ग़लत नहीं, लेकिन उस दृष्टि से एक साहित्यिक 'क्लासिक' की अपेक्षा शायद एक अच्छे सामान्य उपन्यास में फ़िल्मी 'छूटें' लेने की ज़्यादा गुंजाइश रहती है। जैसे, 'गॉन विद द विंड' : एक साधारण उपन्यास पर एक उत्कृष्ट फ़िल्म बन सकी : फ़िल्म देखते हुए हम मिचेल के उपन्यास को याद नहीं करते क्योंकि उस उपन्यास की कोई प्रसिद्ध छवि हमारे दिमाग़ों में नहीं होती। लेकिन जब हम 'अन्ना केरेनिना', 'वार एंड पीस', 'मदाम बोवारी' या 'डॉ. जिवागो' पर आधारित फ़िल्में देखते हैं तो एक विश्वविख्यात साहित्यिक क्लासिक की यादों से घिरे रहकर उसे देखते हैं, और हमारे अंदर दोनों को लेकर एक द्वंद्व की-सी स्थिति बनी रहती है कि फ़िल्म कहाँ तक मूल के साथ न्याय कर सकी है।

सत्यजित राय की मूल संवेदनाएँ साहित्यिक थीं, जिन्हें वे कुशलता से फ़िल्मों में लाए। इसी कोटि में हम कुरोसावा और तार्कोव्स्की जैसे फ़िल्मकारों की संवेदनाओं को भी सोच सकते हैं। पर यहाँ साहित्यिक रुचियों में अंतर को भी ध्यान में रखना ज़रूरी है। तार्कोव्स्की का फ़िल्मकार लगभग एक कवि है : कुरोसावा की प्रतिभा लगभग उन्हीं अर्थों में 'नाटकीय' है जिन अर्थों में शेक्सपियर की नाटकीय होते हुए भी अत्यंत काव्यात्मक भी है : सत्यजित राय का सशक्तम पक्ष औपन्यासिक है और चरित्रों पर उनकी अचूक पकड़ उनकी फ़िल्मों को वह विशेष आलोक देती है जिसे हम बड़े उपन्यासकारों में पाते हैं—दृश्यांकन, विवरण और चरित्र-चित्रण उनकी फ़िल्मों के विशेष गुण हैं जो एक उपन्यास की संरचना में भी प्राथमिक महत्त्व रखते हैं। सरलीकरण पर

न जाएँ तो सत्यजित राय जिस तरह विभूतिभूषण वंद्योपाध्याय के साथ (पाथेर पांचाली) तादात्म्य अनुभव कर सके वैसा प्रेमचंद के साथ नहीं, यद्यपि उनकी टी.वी. के लिए बनाई गई 'सद्गति', बड़े पर्दे के लिए बनाई गई 'शतरज के खिलाड़ी' से कहीं अधिक प्रेमचंद की मूल संवेदना के निकट है, ओर मेरी नज़र में एक बेहतर फ़िल्म भी है। प्रेमचंद की कहानियाँ ऊपर से सरल दिखती हैं पर अंदर से उनमें अर्थों और अर्थ- ध्वनियों की जो कई तहें डोलती रहती हैं उन्हें फ़िल्म जैसे चाक्षुष माध्यम से पकड़ना आसान नहीं : ऐसे में कहानियों को भरसक ज्यों-का-त्यों प्रस्तुत करना शायद उनके मूल तत्त्वों तक पहुँचा सकने में ज़्यादा मददगार हो।

सत्यजित राय जब लखनऊ में 'शतरंज के खिलाड़ी' के कुछ अंशों को फ़िल्मा रहे थे तब मुझे उनके निकट संपर्क में आने का मौक़ा मिला। 'शतरंज के खिलाड़ी' में सत्यजित राय ने बाहरी और भीतरी कई परिवर्तन किए तो मुझे लगा कि मूल कहानी की संरचना इसे बर्दाश्त नहीं कर पा रही। बाद में सत्यजित राय भी इससे सहमत हुए जैसा कि एक पत्र में उन्होंने मुझे लिखा भी था। 'शतरंज के खिलाड़ी' फ़िल्म को देखते हुए वह ख़ास तरह का रचनात्मक टेंशन बराबर महसूस होता रहता है जो दो भिन्न प्रकार के कला-माध्यम की टकराहट से उत्पन्न हुआ लगता है, उनके आदर्श समझौते से नहीं। इसके बरक्स 'सद्गति' फ़िल्म ज़्यादा समतल गति से आगे बढ़ती है और उसमें प्रेमचंद की कला मानो ज़्यादा सुरक्षित, इसलिए ज़्यादा आश्वस्त, अनुभव करती है। 'सद्गति' में सत्यजित राय प्रेमचंद के साथ-साथ चलते हैं, जबकि 'शतरंज के खिलाड़ी' में उनसे थोड़ा अलग हटकर भी। प्रेमचंद की कला यदि एक स्तर पर पूर्णतः विवरणात्मक है तो दूसरे स्तरों पर अत्यंत सांकेतिक भी। सत्यजित राय के लिए हिंदी भाषा की दिक्क़त तो थी ही, पर उस तरह चरित्रों और दृश्यों को एक-दूसरे में सटीक ढंग से पढ़ सकने की दिक्क़त भी थी जो बंगाल और उत्तरप्रदेश के सांस्कृतिक परिवेश को एक-दूसरे से अलग करते हैं। अवध की नवाबी संस्कृति को लेकर सत्यजित राय किंचित भावुक भी थे : इस भावुकता की एक झलक हमें उनके **जलसाघर** में भी मिलती है—उसके कुछ रेशे अगर सत्यजित राय के अपने कला-संस्कारों में भी यदाकदा दिखाई दे जाएँ तो आश्चर्य नहीं ! लेकिन प्रेमचंद की कला उस निख़ालिस मिट्टी की बनी है जिससे उत्तरप्रदेश का किसान और उसकी सख़्त ज़िंदगी बनी है। सत्यजित राय जब नवाबी ज़मानों में घुसते हैं तो उस ज़माने की तहज़ीब और वैभव पर पूरा ध्यान रखे हुए : प्रेमचंद एक ठेठ अक्खड़ किसान की नज़रों से उसके खँडहरों को देखते हैं। दोनों की दृष्टियों में यह बुनियादी अ-समानता ही हमें दो बिलकुल भिन्न तरह की कलाएँ देती है। दोनों के बीच समानता भी उतनी ही महत्त्वपूर्ण है जितनी अ-समानता—वे फ़ासले जिन्हें वे अपनी-अपनी तरह भरते हैं, या खुला छोड़ देते हैं।

मैंने एक बार हँसी में श्री सत्यजित राय से कहा था, "फौजी शक्ति को ही शक्ति का आदर्श क्यों माना जाए ? नवाबी-संस्कृति फौजी-संस्कृति नहीं थी : वह सबसे पहले जीने की कला की संस्कृति थी। अगर हम इन दोनों दृष्टियों के बुनियादी फ़र्क़ को

अगल-अलग समझने और परिभाषित करने में ग़लती करेंगे तो स्थूल फौजी ताक़त को ही असली ताक़त मानकर बाक़ी जिजीविषा को उसकी अपेक्षा कमज़ोर (डिकाडेंट) कहकर खारिज करते रहेंगे। फौजी-शक्ति तो हमारे एक असभ्य और बर्बर अतीत के अवशेष हैं। मानवता को, सभ्यता और कलाओं की दिशा में आदमी की उन्नति के अर्थ को, ताक़त के इतने अ-परिष्कृत रूप से जोड़कर क्यों देखा जाए ?''

'शतरंज के खिलाड़ी' फ़िल्म में नवाबी ज़मानों की लक़दक़ है, पर उसके बीच शायद उस गहरी मानवीय त्रासदी को भी पढ़ सकना मुश्किल नहीं जिसे सत्यजित राय केवल राजनीतिक-सामाजिक ढाँचे में ही नहीं ढालते, मनुष्य की चारित्रिक खूबियों और ख़ामियों में भी चित्रित करते हैं।

'शतरंज के खिलाड़ी' न तो पूरी तरह प्रेमचंद की कहानी है, न ही पूरी तरह सत्यजित राय की फ़िल्म है : यह दो भिन्न तरह की कलाओं, और उन कलाओं की दो बेजोड़ प्रतिभाओं, के बीच एक दिलचस्प संवाद है।

1993

यशपाल : कुछ यादें

यशपाल का चीज़ों को समझने-समझाने का तरीका सीधा, सरल और शिक्षित था। विचारों की भूल-भुलैयों और पगडंडियों को लाँघकर सीधे किसी बहस के निथार तक पहुँचने की उनकी अपनी शैली थी जिसमें जल्दबाज़ी नहीं एक ख़ास तरह का धैर्य झलकता था—बाहर से शांत रहते हुए विचारों के साथ भीतर ही भीतर जूझने का धैर्य। अकसर यह भी लगता था कि विचारों को बेहद सुलझाकर रखने की कोशिश में वे उन्हें कभी-कभी इस हद तक चिकना कर देते कि विचार सपाट हो जाते थे—ऐसा सरलीकरण जिसके मूल में शायद प्रगतिशील चिंतन विधि का अक्स था। लेकिन इसका यह मतलब नहीं कि मार्क्सवाद या किसी भी विचारधारा को लेकर वे एक आसानीपसंद जीव थे। आगे चलकर उस प्रकार के निर्णयों और निष्कर्षों की प्रवृत्ति, जिसका एक रूप हम **गांधीवाद की शव परीक्षा** में देखते हैं—यानी विचारों को मार्क्सवादी सम पर पहुँचाने की आपाधापी—यशपाल में कम दीखती है।

●

यशपाल उन प्रगतिशील साहित्यकारों में से नहीं थे जिनके साथ बैठकर साहित्य पर कोई सोच-विचार करना मुश्किल हो जाता था। यशपाल उन साहित्यकारों में से थे जिनके साथ बैठकर प्रगतिशील साहित्य पर सोच-विचार करना एक सुखद अनुभव था। उनके अपने पूर्वग्रह थे—जिन्हें वे कभी भी दूसरों के पूर्वग्रहों के ख़िलाफ़ नहीं रखते थे, दूसरों के पूर्वग्रहों के ख़िलाफ़ वे तर्क रखते थे, इस तरह कि दूसरों के पूर्वग्रह, पूर्वग्रह साबित हों, तर्क नहीं। कभी उनके तर्कों की यह सादगी उनकी अपनी ही धारणाओं के विरुद्ध क्रूर हो जाती थी और तब लगता था उनकी निष्ठाओं से उनकी शंकाएँ अधिक रोचक हैं। विचारों को बहुत ज़्यादा निथारकर समझने पर भी उनसे कई बार बातचीत होती थी। इस हद तक विचारों का सपाटीकरण या मामूलीकरण क्यों ?—किसके लिए ? वे मानते थे कि बहुत से विचार तभी तक विचार हैं जब तक उनकी नोक, धार, पैनी और बारीक रहती है। साधारणीकरण के चक्कर में उन्हें भोथरा कर देना उनकी जान ले लेना है और उसकी भी जिन पर वे विचार लागू किए जाते हैं। कुल्हाड़ी से शल्य चिकित्सा नहीं हो सकती और यह भी आदमी के हित में ही होगा कि उसे यह न समझाया जाए कि आपरेशन का चाकू भी—एक तरह की कुल्हाड़ी होता है ! विचारों की मर्यादा—प्रगतिशील विचारों की भी—उचित मर्यादा रखना ज़रूरी है वरना हम बिलकुल फूहड़ नतीज़ों पर

पहुँच सकते हैं। **झूठा सच** में यशपालजी ने इस तरह के सरल निष्कर्षों से अपने को बचाया है जिस पर उनसे अकसर बातचीत होती थी। वे मानते थे कि साहित्य को केवल मार्क्सवाद का साहित्यिक उदाहरण नहीं होना है, सबसे पहले अपने आपमें एक जायज़ साहित्यिक कृति होना चाहिए।

पहली बार ही मिलकर ऐसा लगा था कि यशपाल से एक ऐसे स्तर पर बातचीत हो सकती है जिस स्तर पर हर प्रतिष्ठित लेखक के साथ बातचीत संभव नहीं हो पाती। मन में कहीं यह आशंका भी थी कि यशपाल एक बड़े प्रगतिशील लेखक हैं और उनके साथ बातचीत भी पहले साहित्य नहीं, पहले राजनीति से शुरू होगी या अंत में राजनीति पर आकर समाप्त होगी। लेकिन उनसे मिलना दोनों ही स्तरों पर मेरे भ्रमों को तोड़ता था। उनका मार्क्सवादी होना या बड़ा लेखक होना या आयु में बड़ा होना किसी भी तरह दूसरों को छोटा नहीं करता था—और यह मेरे लिए उनके बड़प्पन का सबसे प्रिय पक्ष था।

●

1950-51 में यशपाल के घर पर 'लेखक संघ' की बैठकें हुआ करती थीं। मैंने वहाँ श्री कृष्ण नारायण कक्कड़ के साथ जाना शुरू किया था। वह समय था जब एक नए लेखक का 'इश्क' पहले मार्क्सवाद से फिर किसी और से होता था और जैसा कि सभी 'इश्कों' के साथ होता है, मार्क्सवाद का जोश भी बुखार की तरह चढ़ता और उतरता था ! इस जोश के पीछे रोमांटिक बाल दिमाग, शेलियन क्रांति-भावना, दुख-दर्द, ग़रीबी के प्रति लिबिड़-सिबिड़ भावुकता, सोच-समझ से ज़्यादा उत्साहवाली मनोवृत्ति तो थी ही मगर यह तथ्य आज ज़्यादा महत्त्वपूर्ण लगता है कि लखनऊ का साहित्यिक वर्ग 'लेखक संघ' के जिस मंच पर इकट्ठा होता था उस मंच के अधिकांश नए पुराने लेखक यशपाल की तरह, कट्टर मार्क्सवादी न होकर अन्य विचारों के प्रति भी अगर उदार नहीं तो उत्सुक तो थे ही और यह मानते थे कि साहित्य का मार्क्सवादी विचारधारा से प्रभावित होना और उसका मार्क्सवादी राजनीति के तहत होना एक बात नहीं है। वरना आज हमारे लिए यह समझना मुश्किल हो जाएगा कि एक ही मंच पर यशपालजी, राहुलजी, श्री अमृतलाल नागर, श्री भगवतीचरण वर्मा, श्री सज्ज़ाद जहीर, मजाज़, डॉ. देवराज, रघुवीर सहाय, राजीव सक्सेना, गिरिजाकुमार माथुर, नरेश मेहता आदि एक साथ कैसे इकट्ठा होते थे। हमारी राजनीति कुछ भी रही हो, हमारी साहित्य नीति हमें एक सूत्र में बाँधती थी और इसका बहुत कुछ श्रेय यशपाल को था कि उन्होंने साहित्यकारों के बीच हमेशा इस साहित्यिक संबंध को ही प्रमुख रखा। यशपाल का कहना था कि मार्क्सवाद को घटिया समर्थकों ने जितना नुकसान पहुँचाया है, उतना मार्क्सवाद के अच्छे समीक्षकों ने नहीं। **झूठा सच** की जब मेरी समीक्षा छपी तो उन्होंने मेरे उस वाक्य का विशेष रूप से ज़िक्र किया था कि 'एक कृति किसी वैचारिक आग्रह के कारण उतनी अशक्त नहीं होती जितनी कि उस विचार के अपच के कारण।'

●

साहित्य को समझने और जाँचने-परखने के मामले में वे विस्तृत अध्ययन या दूसरों की

रायों की अपेक्षा अपनी सुरुचि, प्रौढ़ समझ और साहित्यिक सूझ-बूझ पर अधिक निर्भर करते थे। इस एप्रोच की अपनी सीमाएँ होती हैं जो यशपाल से कम समझवाले व्यक्ति में खटकतीं। लेकिन यशपाल से बातचीत करना मेरे लिए कभी-कभी मानो अपनी ही जानकारी से अपने आपको एक नयी तरह शिक्षित करना भी था। कविता में उन्हें कोई गहरी दिलचस्पी नहीं रही और इस बात को लेकर उन्होंने हमेशा अपने को, अपने व्यंग्य का निशाना बनाया—कविता को नहीं। कहते, "नयी कविता समझ में नहीं आती बंधु, लेकिन फिर यह भी तो नहीं कह सकता कि कविता ही बहुत समझ में आती है।"

अपने विरुद्ध आलोचना सुन सकने का असीम धैर्य उनकी संस्कृति का एक स्वाभाविक अंग था। मुझे नहीं याद पड़ता कि मैंने कभी भी यशपालजी के इस धैर्य को टूटते हुए देखा हो—आलोचना चाहे जितनी कटु और निराधार रही हो।

यशपालजी से जितने घनिष्ठ व्यक्तिगत संबंध रहे, पारिवारिक संबंध उतने ही घनिष्ठ नहीं रहे। जब तक वे साथी प्रेसवाले मकान में रहे 'लेखक संघ' की बैठकें होती रहीं जिनके कारण मिलना-जुलना होता रहता था। महानगर में यद्यपि वे बिलकुल मेरे पड़ोस में आ गए थे लेकिन लेखक संघ की बैठकों का सिलसिला टूट जाने से उनसे भेंट भी कुछ विशेष अवसरों पर ही होती थी। फिर भी, यदि मैंने सही महसूस किया है, हमारे बीच लगाव पहले से कम नहीं हुआ बल्कि बढ़ा ही और इस बढ़ने का कारण मकानों का पास होना न होकर प्रमुख रूप से हमारे साहित्यों और साहित्यकार मित्रों की दुनिया थी। बहुत दिनों बाद भी उनसे मिलता था तो यह नहीं लगता था कि हमारे बीच कहीं किसी प्रकार की दूरी आ गई है। लगता था, हम कहीं बिलकुल पास ही थे, केवल एक-दूसरे की ओर देख नहीं रहे थे—कि हम जिन अर्थों में एक-दूसरे के निकट थे उन्हीं अर्थों में आज भी एक-दूसरे के निकट हैं और हमारे परिवार हमारी उस निकटता के दायरे में हैं, दो परिवारों की निकटता के दायरे में हम नहीं हैं।

सन् 1963 में यशपालजी का **बारह घंटे** उपन्यास छपा था। दिसंबर में उनसे मिलने गया था। उन दिनों उनकी आँखों का आपरेशन हो चुका था, या शायद होनेवाला था। बिलकुल नहीं देख पाते थे। अपना नया उपन्यास मुझे दिया, फिर रुके, बोले, 'कलम लाओ'। मैंने हिचकते हुए कहा, "कैसे लिखेंगे, रहने दीजिए—आपको कष्ट होगा। यूँ भी ठीक है।" नहीं माने, बोले, "ऐसा करो कि मेरे हाथों में कलम देकर हाथ पुस्तक पर वहाँ रख दो जहाँ लिखना है। तुम्हारा नाम अंदाज़ से लिख दूँगा—लेकिन ठीक लिखूँगा..." उन्होंने ठीक लिखा : मेरे लिए मेरा नाम। मुझसे उस एक चेष्टा ने कुछ शब्दों में बहुत कुछ कहा।

●

1966 में मेरे विवाह में सम्मिलित हुए थे। बधाई देते हुए हँसकर अपनी दो पुस्तकें भेंट कीं—**अप्सरा का शाप** तथा **आदमी और खच्चर**। इस भेंट को इसके गूढ़ार्थ सहित सधन्यवाद स्वीकार करते हुए मैंने बाद में मज़ाक में पूछा, "इन्हें अपना भविष्य ही मानूँ या किसी का वर्तमान भी !" "इस तरह के सवालों का जवाब दिया नहीं जाता—खोजना

पड़ता है।" मुस्कराते हुए बोले।

एक घटना उन दिनों की याद आती है जब मैं **युग चेतना** की संपादन समिति में था। रघुवीर सहाय की कविता **हमारी हिंदी, युगचेतना** में छपी थी जिसको लेकर ख़ासा वाबेला खड़ा हुआ था कि इस कविता में **मातृभाषा** का अपमान हुआ है। अधिकांश साहित्यकार कविता के विरुद्ध थे लेकिन संपादन समिति के लिए यह एक आश्चर्य की बात थी कि यशपालजी अधिकांश साहित्यकारों से सहमत नहीं थे और उन्होंने उस दृष्टिकोण का मज़ाक उड़ाया जो उस समय हिंदी को लेकर सामने आ रहा था। वे उस समय उस कविता के या हमारे पक्ष में उतना नहीं बोल रहे थे जितना उस कट्टरता के ख़िलाफ़ बोल रहे थे जो हिंदी भाषा को हर तरह अविवेचनीय बनाए हुए था। इस प्रसंग को लेकर वे चुप भी रह जा सकते थे लेकिन यशपालजी ऐसी चुप्पी में विश्वास करनेवाले जीव नहीं थे जो उन्हें तर्क विरुद्ध ही नहीं, साहस विरुद्ध भी लगे।

●

वे मृत्यु के बारे में क्या सोचते थे ? एक बातचीत याद आती है उस समय की जब मैं **आत्मजयी** लिख रहा था। यम-नचिकेता के प्रसंग पर एक दिन हँसकर बोले, "भई, मृत्यु पर सोचे बिना काम नहीं चल सकता ?" मैंने कहा, "चल सकता है। मृत्यु ही क्यों बहुत-सी ऐसी बातें हैं जिन पर सोचे बिना काम चल सकता है। अगर काम चल सकने का ही आग्रह है तो बिना सोचे भी काम चल सकता है—बहुतों का काम चलता भी है। लेकिन विचारशील प्राणी होने के नाते सोचना मनुष्य की नियति है—मृत्यु को भी सोचना और जीवन को भी।" वे चुप रहे। मैंने आगे कहा, "जीवन-पक्षता का हिमायती हूँ मैं भी, इसीलिए मुझे आपका **झूठा सच** पसंद है। **आत्मजयी** में जीवन-पक्षधरता को ही उभारना चाहता हूँ—मृत्यु की निराशा के विरुद्ध शायद हम दो भिन्न बातें नहीं कह रहे हैं—एक ही बात को दो भिन्न तरह कह रहे हैं।"

●

उनके निधन से दो-तीन दिन पहले अकादमी पुरस्कार पर उन्हें बधाई देने गया था। उन्होंने स्नेह से मुझे हाथ पकड़कर पास बैठाया। वह उदास स्पर्श। बहुत अशक्त लगे शरीर से। लेकिन मन से तब भी नहीं। प्रकाशजी ने 'दिव्या' पर फ़िल्म बनवाने की बात चलाई थी। उन दिनों सत्यजित राय 'शतरंज के खिलाड़ी' के सिलसिले में लखनऊ में ही थे—शायद इसे ही ध्यान में रखकर। लेकिन यशपालजी कुछ और बातें करना चाहते थे, कमज़ोरी के कारण अधिक नहीं बोल पा रहे थे। उस समय वे क्या सोच रहे थे ? क्या वे उस ज़िंदगी के बारे में सोच रहे थे जिसे जिया था या अभी और जीना चाहते थे ? क्या वे मृत्यु के बारे में सोच रहे थे जो कभी भी किसी की भी हो सकती है ?

कुछ लोगों का जीवन ही मन पर अंतिम छाप छोड़ जाता है—उनकी मृत्यु नहीं। मेरे लिए यशपालजी की यादें, मुख्यतः उस समय की यादें हैं जो उनके साथ बीता, उनकी रचनाओं के साथ बीता।

1978 : 'सारिका'।

यशपाल का 'झूठा-सच'

काफ़ी पहले यशपाल का उपन्यास 'दिव्या' पढ़ा था। इस ढंग का यह पहला ऐतिहासिक उपन्यास नहीं, लेकिन ऐसे अन्य उपन्यासों की अपेक्षा यह अधिक हेतुपूर्ण और विशिष्ट लगा था। उसके बाद अरसे तक यशपाल की कृतियों से परिचय छूटा रहा। यशपाल के मार्क्सवादी पूर्वग्रहों के कारण उनकी कृतियों के प्रति शायद मन में ऐसी कुछ धारणा बन गई थी जैसी अधिकांश मार्क्सवादी कृतियों के प्रति बनी हुई थी—कि वे भी सतही और प्रचारात्मक अधिक होंगी, गंभीर कम। लेखक के पिछले कुछ उपन्यासों को देखते हुए शायद यह धारणा बिलकुल निराधार भी नहीं कही जा सकती, लेकिन विशिष्टता की जो मुहर **दिव्या** को उस ढंग के अन्य उपन्यासों से अलग करती है, वह अंतर यशपाल के उपन्यासों तथा वैसी ही पृष्ठभूमि पर लिखे गए दूसरे उपन्यासों में भी देखा जा सकता है। **झूठा-सच** को विचारने से पहले लेखक के इस मार्क्सवादी पूर्वग्रह के कारण उसकी कृतियों के प्रति बन गए अपने इस पूर्वग्रह को स्वीकार कर लेना आवश्यक समझता हूँ, क्योंकि **झूठा-सच** की पहली विशेषता ऐसे पूर्वग्रहों का स्पष्ट खंडन ही मानी जा सकती है। न तो यह उपन्यास सतही है, न मार्क्सवादी दृष्टिकोण का औपन्यासिक प्रचारमात्र। उपन्यास निस्सन्देह मानव-जीवन के उन गण्य दस्तावेज़ों में है जिनका मूल्यांकन प्रमुखतः एक कला-कृति के रूप में होना चाहिए।

इस उपन्यास का सबसे सशक्त अंग है चरित्रों का चित्रण—उनका विषम परिस्थितियों के बीच अदम्य संघर्ष। ऐसा नहीं कि वे परिस्थितियों पर सदा विजयी ही होते हैं, लेकिन वे आसानी से टूटते नहीं। उनमें जीवन के प्रति एक गहरी आसक्ति है जो निराशा के घोरतम क्षणों में भी जीने का बल देती है। यह जीवन-लालसा या आसक्ति ही उपन्यास की धुरी है जिसके सहारे चरित्रों, घटनाओं, संघर्षों, राजनैतिक दाँव-पेंचों तथा सैकड़ों सूक्ष्म और स्थूल प्रतिक्रियाओं से लदे-फँदे लगभग 1200 पृष्ठों के इस उपन्यास का कथानक चलता है। उपन्यास आरंभ करते समय उसके बृहत आकार को देखकर संदेह होता था कि क्या इसे समाप्त करने का धैर्य रहेगा ? लेकिन उसे आसानी से समाप्त कर चुकने के बाद यह आश्चर्य किए बिना न रह सका कि छोटी-बड़ी दर्ज़नों जीवनियों का इस प्रकार निर्वाह कि उनमें से एक की भी विशिष्टता नष्ट न हो, उन्हें इस प्रकार सामान्य और असामान्य परिस्थितियों में कुशलता से गूँथना

कि उनकी चारित्रिक विशेषताएँ उभर सकें, साधारण उपलब्धि नहीं। साथ ही, चरित्रों को लेकर जो वांछनीय तटस्थता लेखक बरतने में सफल हुआ है वह अन्यत्र उसी के उपन्यासों में मिलना कठिन है। **गीता : पार्टी कामरेड** के रोमांटिक मार्क्सवाद की तुलना में **झूठा-सच** का निहित जीवन-दर्शन लेखक के प्रौढ़तर दृष्टिकोण का द्योतक है। यह नहीं कि **झूठा-सच** मार्क्सवादी दृष्टिकोण के आशावादी पहलू के प्रति सचेत नहीं, बल्कि यह कि उसे वह एक सफल कला-कृति में पूर्णतः पचा सकने में सफल हुआ है। एक कृति किसी वैचारिक आग्रह के कारण उतनी अशक्त नहीं होती जितनी कि उस विचार के अपच के कारण। यह दूसरी बात है कि हम लेखक की यथार्थ संबंधी बुनियादी धारणा से ही असहमत हों, और यह न मानें कि जीवन केवल सामाजिक और आर्थिक ज़रूरतों से ही निर्देशित होता है, उन आत्मिक या आंतरिक ज़रूरतों से नहीं, जिन्हें नितांत वस्तुवादी दृष्टिकोण से समझाना कठिन है। शायद यह निःसंकोच कहा जा सकता है कि यशपाल ऐसी ज़रूरतों को विशेष महत्त्व नहीं देते—या उन्हें भी, मार्क्सवादियों की ही तरह, व्यक्ति की सामाजिक और आर्थिक विषमताओं से उत्पन्न मानते हैं। कम से कम **झूठा-सच** में ऐसा कोई चरित्र नहीं जो किसी सूक्ष्म आत्ममंथन से गुज़रता हुआ दिखाई दे। चाहे वह क्रमशः अपने आदर्शों से गिरता हुआ नायक जयदेव पुरी हो, चाहे बिना किसी आदर्श के भी एक आदर्श नायकत्व की ओर उठती हुई उसकी बहन तारा हो, चाहे पुरी से अपना वैवाहिक संबंध जोड़ती और तोड़ती हुई कनक हो—वे सब जीवन के प्रति एक बिलकुल दैनिक और व्यावहारिक दृष्टिकोण रखकर चलते हैं। किसी भी परिस्थिति में उनका ध्यान तात्कालिक सामाजिक या पारिवारिक या आर्थिक कठिनाइयों से आगे, उन जटिलतर प्रश्नों की ओर नहीं जाता जिनका संबंध हमारे अस्तित्व की बुनियादी परिस्थितियों से है। सामाजिक और आर्थिक संतुष्टि को ही जीवन का चरम समाधान मान लेने के ये अर्थ हैं कि हम रोग, बुढ़ापे, मृत्यु आदि की यथार्थता को विचारणीय समस्या नहीं मानते। **झूठा-सच** के इतने बड़े आयाम में भी मनुष्य की तात्कालिक आवश्यकताओं की पूर्ति से बृहत्तर किसी मानवीय आकांक्षा को लेखक ने नहीं लिया है। पात्रों का साहसपूर्ण संघर्ष, जीने के लिए तो प्रेरणा देता है, लेकिन किसी बड़े हेतु के लिए जीने की प्रेरणा नहीं देता। जैसा कि मैं अन्यत्र एक स्थान पर लिख चुका हूँ—स्वरक्षा मनुष्य और पशु दोनों के लिए स्वाभाविक है; आक्रांत होने पर दोनों ही पूरी तरह अपनी रक्षा करने का प्रयत्न करेंगे। लेकिन पशु से अधिक विकसित मानव-विवेक यह समझ सकता है कि ऐसे भी जीवन-सत्य हैं जिनकी रक्षा के बिना अपनी रक्षा भी या तो संभव नहीं, या कोई मानी नहीं रखती।

उपन्यास के निष्कर्ष को विचारने पर ऐसा भी लग सकता है मानो पात्रों के न टूटने, न हारने का कारण कोई समर्थ जीवन-दृष्टि या सांस्कृतिक विरासत नहीं, बल्कि इनका अभाव है ! जैसाकि मैंने पीछे कहा, उनमें जीवन के प्रति एक आसक्ति तो है, पर आस्था नहीं : वह आस्था नहीं जिसका संबंध मनुष्य की विकासशील चेतना से है, बल्कि वह आसक्ति है जो किसी भी जीव में होती है। इस ऐतिहासिक तथ्य को समझ

लेना अत्यंत आवश्यक है कि बहुत बड़ी प्राकृतिक या राजनैतिक दुर्घटनाओं के बीच ज़रूरी नहीं कि नष्ट-होने-योग्य ही नष्ट हो, और बचने-योग्य ही बच रहे। ऐसे किसी विषय पर लिखी गई एक कृति में यदि यह विवेक स्पष्ट नहीं उभरता तो उसे पूर्णतः सफल कृति नहीं कहा जा सकता। ऊपर से देखने पर ऐसा लगता है कि पंजाब विभाजन के बवंडर में पड़कर जो लोग दिल्ली की ओर आए उनके साथ ऐसी कोई विशिष्ट सांस्कृतिक, या धार्मिक या नैतिक परंपरा नहीं आई जिसका विनाश या सताया जाना पाठक के मन पर किसी अमूल्य और मार्मिक क्षति का बोध करा सके। ऐसा संदेह हो सकता है कि लेखक या तो जानबूझकर जीवन की इन सूक्ष्मताओं को महत्त्व नहीं देता, या जिन लोगों की बात वह कर रहा है उनमें ऐसी सूक्ष्मताएँ हैं नहीं, या फिर लेखक उन्हें समझ सकने में समर्थ नहीं।

लेकिन, 'उपन्यास में जो नहीं है' उसकी ओर ध्यान आकर्षित करने में मेरा अभिप्राय 'उपन्यास में जो है' उसका महत्त्व गिराना नहीं। तारा जिन मूल्यों का प्रतीक है, और पुरी जिन दुर्बलताओं का, उनका संघर्ष नैतिक-अनैतिक, अच्छे-बुरे आदि रूढ़-संघर्षों से कहीं अधिक वास्तविक है। यथार्थ को प्रमुखता देनेवाले यशपाल के लिए, पुरानी परिपाटी के अनुसार अच्छे को पुरस्कृत और बुरे को दंडित दिखाकर औपन्यासिक न्याय करने का लोभ नहीं रहा है। सामाजिक-आर्थिक दृष्टि से न तारा असफल कही जा सकती है, न पुरी; फिर भी, जो मूल्य तारा द्वारा प्रतिष्ठित होते हैं और पुरी द्वारा अपमानित उनके बीच यदि मनुष्यता का सही पक्ष ही ऊपर आया है, तो इसे मैं उपन्यास की एक सराहनीय उपलब्धि मानता हूँ।

लेकिन, जब मैं यह कहता हूँ कि उपन्यास के पात्रों में सूक्ष्म अनुभूतियों का अभाव है तो मेरा संकेत पात्रों की अपेक्षा लेखक में खटकनेवाली एक कमी की ओर है। यशपाल कवि नहीं हैं : अपने में यह तथ्य कोई महत्त्व नहीं रखता किंतु उपन्यास के संदर्भ में एक ऐसे गुण का अभाव प्रकट करता है जिसके बिना एक साहित्यिक कृति 'क्लासिक' की कोटि में नहीं आ सकती। ज़रूरी नहीं कि एक अच्छा कवि अच्छा उपन्यासकार भी हो, लेकिन एक अच्छे उपन्यासकार में यदि कवि के भी गुण हों तो वह निश्चय ही बेहतर उपन्यासकार हो सकता है। **मादाम बोवारी** का कोई भी पात्र कवि नहीं, उसी प्रकार **झूठा-सच** का कोई भी पात्र कवि नहीं; लेकिन जिस विशेष अर्थ में उपन्यासकार गुस्ताव फ्लोबेअर कवि हैं और यशपाल नहीं, उसका अंतर दोनों की कृतियों में स्पष्ट देखा जा सकता है। **झूठा-सच** के नीरस प्रेम-प्रसंग लेखक के स्थूल दृष्टिकोण की प्रत्यक्ष असफलताएँ हैं।

'झूठा-सच' मुख्यतः सामाजिक-राजनैतिक पृष्ठभूमि पर लिखा गया यथार्थवादी उपन्यास है। इससे भिन्न किसी दृष्टिकोण से जाँचते समय यह सावधानी बरतना आवश्यक है कि विवेचना कृति के मूल मंतव्य को देखते हुए असंतुलित न हो जाए। उपन्यास की प्रमुख उपलब्धि उस साधारण जनजीवन का विस्तृत और यथातथ्य वर्णन है जिसका एक रूप हम पंजाब-विभाजन के समय ('वतन और देश' : पहला भाग)

पाकिस्तान में देखते हैं, और दूसरा रूप विभाजन के बाद ('देश का भविष्य' : दूसरा भाग) दिल्ली तथा उत्तर-प्रदेश में। लेखक की जो भी स्वाभाविक सीमाएँ हैं उनके बावजूद भी उसकी प्रतिभा छिपती नहीं। घटनाओं और चरित्रों की इतनी असाध्य विविधता को एक उपन्यास के दायरे में इस इतमिनान से सँभाल लेना शिल्प की मामूली सफलता नहीं।

पंजाब-विभाजन उपन्यास का मुख्य खल-पात्र माना जा सकता है, जो पंजाब से उखड़कर दिल्ली की ओर आनेवाली एक समूची पीढ़ी के जीवन को अस्त-व्यस्त कर देता है। कैसे इस पैशाचिक तहस-नहस के बाद भी साहस और आपसी सहायता के बल पर वह पीढ़ी अपने को नयी परिस्थितियों में फिर से जमाती है, उपन्यास का कथा-वस्तु है। उस बड़ी राजनैतिक घटना को कुछ साधारण, कुछ विचारशील पात्रों के द्वारा इस प्रकार देखा गया है कि उसमें दैनिक जीवन की निकटता और तीव्रता आ गई है। विश्व-साहित्य में ऐसे उपन्यासों की एक विशिष्ट परंपरा है, जैसे, टाल्स्टाय का **वार एंड पीस** तथा शोलोखोव और अपटन सिंक्लेयर के उपन्यास। **झूठा-सच** भी उतने ही बड़े लक्ष्य को लेकर चलता है—किसी सीमा तक उसमें सफल भी होता है—लेकिन तुलना करते समय उसमें वह कमी महसूस होती है जिसके बारे में मैं कह आया हूँ।

कथानक को मुख्यतः तीन चरित्रों के माध्यम से देखा जाना चाहिए—पहला, जयदेव पुरी; दूसरा, उसकी बहन तारा और उन दोनों का परिवार; तीसरा, कनक और उसका परिवार। प्रसंगवश, पुरी और तारा का मकान जिस गली में है—भोला पांधे की गली—उसका वर्णन उपन्यास साहित्य के उन अमिट स्थलों में से है जिनके लिए कहा जा सकता है कि वे यथार्थ से भी गहरा प्रभाव मन पर छोड़ जाते हैं। कथा का एक सूत्र है पुरी का कनक से प्रेम, किंतु उनके विवाह में सामाजिक तथा आर्थिक विषमताओं के कारण बाधाएँ, पंजाब विभाजन की घटनाएँ, कनक की दृढ़ता और पुरी से विवाह—बच्चे; राजनीति-विशारद सूदजी की कृपा से पुरी का आर्थिक उत्थान और चारित्रिक पतन तथा अंत में कनक से संबंध-विच्छेद। आदर्शवादी पुरी का कथानक के सूक्ष्म ताने-बाने द्वारा धीरे-धीरे नायक-पद से गिरना उपन्यास की उल्लेखनीय मनोवैज्ञानिक सफलताओं में से है। नायक के प्रति लेखक कहीं भी परंपरागत औपन्यासिक पक्षपात नहीं दिखाता : तटस्थ भाव से उसे जीवन की कठिन परीक्षाओं से गुज़ारकर हमारे सामने अंतिम परिणाम रख देता है—बिना कोई राय दिए हुए, बिना कहीं उसकी ओर से शरीक़ हुए। मानो वह अच्छे-बुरे, गुण-दोष आदि की जटिल मीमांसा में पड़ने के बजाय, उस वास्तविक जीवन-क्रम को हमारे सामने रखना चाहता है जिसे समझे बिना और कुछ समझना अपने को धोखा देना है।

कथानक का दूसरा सूत्र है तारा, उसका मुसलमान राजनैतिक कार्यकर्ता असद के प्रति आकर्षण और निराशा, उसका ज़बरदस्ती एक अयोग्य वर से विवाह, पंजाब विभाजन, तारा पर बलात्कार, छुटकारा, दिल्ली में कई नौकरियाँ और अंत में एक स्थायी सरकारी नौकरी, शिक्षित और उदार डॉ. प्राणनाथ से पुनर्विवाह। तारा का विकास पुरी

से विपरीत ढंग से होता है और अंत में वही उपन्यास का सबसे सशक्त और प्रमुख पात्र बनकर उभरती है। इन दोनों से अलग व्यक्तित्व है अर्ध-आधुनिक शिक्षा-दीक्षा वाली कनक का। इन दोनों की अपेक्षा कनक का व्यक्तित्व इस अर्थ में अधिक जटिल माना जा सकता है कि वह एक ऐसे वातावरण में पली है जिसमें पाश्चात्य और भारतीय संस्कृतियों का आभिजात्य गोलमाल है। लेखक शायद इस चरित्र को उतनी खूबी से नहीं उभार पाया है जितना मध्यवर्गीय और निम्न-मध्यवर्गीय चरित्रों को। ऐसा लगता है कि व्यक्तित्व की मनोवैज्ञानिक जटिलताओं को व्यक्त करने लायक अंतर्दृष्टि और भाषा यशपाल के पास नहीं। वे जीवन को समझदारी से देखते हैं और जो कुछ देखते हैं उसे उतनी ही वफ़ादारी से बयान करने में कम लेखक उनकी बराबरी कर सकते हैं, लेकिन जहाँ कल्पना और पैनी संवेदनाओं को व्यक्त करने का सवाल है, उनकी भाषा पर्याप्त लचीली नहीं। इसका यह अर्थ नहीं कि मैं उनकी भाषा की अन्य विशेषताओं का क़ायल नहीं : उदाहरण के लिए, असामान्य विचारों और तर्कों को अत्यंत सहज और सुलझे ढंग से कह सकने की उसमें अपूर्व क्षमता है। विषय के साथ-साथ भाषा भी जटिल न हो जाए, मूलतः इसका संबंध लेखक की वैचारिक ईमानदारी और स्पष्टता से तो है ही, लेकिन उसका यह पहलू भी कम महत्त्वपूर्ण नहीं कि लेखक स्वयं अपने विचारों को व्यक्त करने के इस माध्यम—यानी भाषा—के विकास में कितनी गहरी दिलचस्पी रखता है, उसके संवर्धन में कितना प्रयोगशील है। यशपाल की भाषा में भी एक ख़ास शैली का रस लिया जा सकता है—वैसे ही जैसे जैनेंद्र, अज्ञेय या हजारीप्रसादजी की भाषाओं की अलग-अलग विशेषताएँ हैं। उपन्यास के संदर्भ में यशपाल की भाषा का यह गुण श्लाघ्य है कि वह कहीं भी थकाती नहीं।

1962 : 'कल्पना'

'गोदान' और 'झूठा-सच' का यथार्थ

प्रेमचंद और यशपाल के **गोदान** और **झूठा-सच** को दृष्टि में रखते हुए उपन्यास और यथार्थ के बारे में कुछ बातें कहना चाहूँगा। दो बातें मानकर चलूँगा : उपन्यास सबसे पहले एक विशिष्ट साहित्यिक रचना है; फिर यथार्थ का चित्रण। दूसरी यह कि यथार्थ केवल सामाजिक या सामाजिक-आर्थिक नहीं होता, वह बहुमुखी और बहुआयामी होता है।

व्यक्ति और समाज, या समाज और व्यक्ति, दोनों यथार्थ हैं और दोनों का वास्ता उस बुनियादी सचाई से है जिसे हम आदमी की ज़िंदगी कहते हैं। दोनों एक-दूसरे के लिए ज़रूरी हैं। दोनों के बीच असामंजस्य या विरोध भी उत्पन्न हो जा सकता है—पर आदर्श स्थिति यही होगी कि दोनों के बीच संतुलन और सामंजस्य बना रहे। इस आदर्श स्थिति को पाने के लिए और आदमी की मौजूदा स्थिति को समझने के लिए ज़िंदगी को कई तरह सोचा जाता रहा है : कभी समाज को प्रमुख मानकर कभी व्यक्ति को और कभी दोनों को आमने-सामने रखकर, लेकिन हर हालत में ज़िंदगी ही केंद्र में रही है।

X X X

समाजशास्त्रीय दृष्टि से एक उपन्यास के अध्ययन का मतलब है समाजशास्त्र द्वारा पहले एक कला का अध्ययन, फिर उपन्यास द्वारा समाज का अध्ययन—इसका उलटा नहीं। यानी सबसे पहले हमारे जाँच की ज़मीन यह होनी चाहिए कि एक उपन्यास किस हद तक एक सार्थक साहित्यिक रचना है। मानवीय मूल्यों को लेकर कोई भी उपन्यासकार निरपेक्ष नहीं रह पाता, और अगर वह मूल्य-निरपेक्षता को ही चुनता है तो भी परोक्ष रूप से उसे एक मूल्य मान रहा होता है। हर ज़िम्मेदार उपन्यासकार ने यह जानने की भरसक चेष्टा की है कि उसके समय में दूसरे क्षेत्रों के चिंतक आदमी की जैविक और सामाजिक स्थिति को किस तरह सोचते-समझते हैं। आदमी के भीतर की दुनिया और उसके बाहर की दुनिया के बीच संबंध किस तरह बनते या बिगड़ते हैं। किस हद तक आदमी का समाज उसके स्वभाव का नतीजा है और किस हद तक समाज ही आदमी के स्वभाव को बनाने-बिगाड़ने का कारण। मनुष्य का अध्ययन सामाजिक और मनोवैज्ञानिक दोनों ही आधारों से होता रहा है और दोनों ही तरह के अध्ययनों का असर

उपन्यास लेखन पर भी पड़ता रहा है। ये दोनों अप्रोचेज़ एक-दूसरे की विरोधी नहीं, एक-दूसरे के लिए ज़रूरी हैं। विरोधी अगर लगती हैं तो वहीं जहाँ साहित्य और यथार्थ दोनों के बारे में हमारी समझ अगर ग़लत नहीं तो एकतरफ़ा ज़रूर है।

आदमी का जो रिश्ता चीज़ों के साथ होता है कलाओं के साथ वही—या वैसा ही—रिश्ता नहीं होता। कलाओं के यथार्थ और वस्तुओं के यथार्थ के बीच फ़र्क़ है। जिस तरह हम अपने जीवन और समाज में चीज़ों की ज़रूरत को महसूस करते हैं और उन्हें बनाने तथा पाने की कोशिश करते हैं, कलाओं की ज़रूरत को न तो उस तरह महसूस ही करते हैं और न उन्हें उस तरह पा ही सकते हैं। मनुष्य व्यक्तिगत और सामाजिक दोनों स्तरों पर विचारणीय है। उपन्यास जब व्यक्ति को केंद्र में रखता है तब भी वह उस व्यक्ति के सामाजिक संदर्भ की दिशा में विस्तार पकड़ता है जैसा कि हम स्तांधाल, दोस्तोव्स्की, काफ़्का, जेम्स जॉयस के उपन्यासों में पाते हैं। इसी तरह एक बड़े सामाजिक फलक को लेकर चलनेवाले उपन्यास भी कुछ ख़ास व्यक्तियों या पात्रों पर केंद्रित होते चलते हैं—डिकेन्स का **डेविड कापरफील्ड**, बालज़ाक का **गोरिओ**, ज़ोला की **नाना**, फ्लोबेअर की **मादाम बोवारी**, गोर्की की **मदर**। एक महान् कृति को 'सामाजिक' या 'व्यक्तिगत' जैसे विशेषणों से सीमित करके नहीं समझा जा सकता : हमेशा उसका मुख्य आशय इस तरह की सीमाओं के बाहर छलककर उस मूल जीवनधारा से जुड़ता है जिसकी मैंने आरंभ में चर्चा की थी। उसे कभी भी किसी एक या दो धारणाओं द्वारा नहीं परिभाषित किया जा सकता, एक समर्पित कलाकार की उस व्यापक अस्मिता द्वारा ही ग्रहण किया जा सकता है जिसे हम **गोदान** और **झूठा-सच** जैसी कृतियों में मौजूद पाते हैं और जिसे एक रचना के संदर्भ से अलग करके मात्र सामाजिक या व्यक्तिगत दृष्टिकोण से समझना उतना ही मुश्किल है जितना उस जीवन को समझना जिसे साहित्य सीधे अपने सोच-समझ से ग्रहण करके अपनी तरह कला का मौलिक अर्थ देता है।

X X X

अगर हम यह मानते हैं कि उपन्यास सबसे पहले एक विशिष्ट साहित्यिक रचना है तो हमें सबसे पहले यह जानना चाहिए कि पाठक के लिए वह किस प्रकार का अनुभव है। यानी लेखक ने ज़िंदगी को जिस तरह देखा, भोगा या जाना है; उसे वह अपने उपन्यास में किस तरह इस्तेमाल करता है; उसे किस प्रकार के अनुभव में पुनः रचता है। वह कृति स्वयं भी पाठक के लिए किस प्रकार का साहित्यिक अनुभव बनने की क्षमता रखती है, और जीवन के बारे में हमारे अनुभवों में वह क्या कुछ नया जोड़ती है। किन अर्थों में वह हमारी जीवनदृष्टि को संशोधित और समृद्ध करती है, तथा किन अर्थों में दूषित या हताश। उपन्यास का काम यथार्थ को हमारे सामने ज्यों-का-त्यों रख देना, या तथ्यों का संग्रहमात्र कर देना नहीं है। अगर इतना ही हो तो ये काम आज के अनेक मीडिया द्वारा बेहतर संपन्न हो रहा है। एक उपन्यास वह कुछ भी देता है जो मीडिया नहीं दे सकते—एक लेखक की अपनी दृष्टि और उसकी रचनाशक्ति का सकारात्मक एहसास। रचनात्मकता की शर्तें एक सिद्धांत की शर्तों से भिन्न होती हैं।

प्रेमचंद ने चेतावनी दी थी कि "बहुधा एक लेखक की क़लम से जो चीज़ प्रोपागेंडा होकर निकलती है, वही दूसरे लेखक की क़लम से सद्साहित्य बन जाती है। बहुत कुछ लेखक के व्यक्तित्व पर मुनहसर है।" महान् कृतियाँ कभी भी सिद्धांत के दायरों में नहीं अंट पातीं, हमेशा उनका उल्लंघन कर जाती हैं। बालज़ाक, ज़ोला या फ्लोबेअर के उपन्यास कभी भी उनके इस सिद्धांत पर दृढ़ नहीं रहे कि उनके उपन्यास जीवन का हूबहू चित्रण हों। प्रेमचंद का कहना था कि—"अगर हम यथार्थ को हूबहू खींचकर रख दें, तो उसमें कला कहाँ है ? कला केवल यथार्थ की नकल का नाम नहीं है। कला दीखती तो यथार्थ है : पर यथार्थ होती नहीं। उसकी खूबी यही है कि वह यथार्थ न होते हुए भी यथार्थ मालूम हो। उसका मापदंड भी जीवन के मापदंड से अलग है।" अपनी सारी कोशिशों के बावजूद वर्ड्सवर्थ और कोलरिज की कविताएँ उनके इस सिद्धांत का अनुसरण नहीं कर सकीं कि वे सामान्य जन के लिए सामान्य जन की भाषा में ही लिखी जाएँ : इस सिद्धांत के अनुसार लिखी गई उनकी कविताएँ उनके असफलता का अद्भुत नमूना हैं। (लेकिन ऐसा नहीं है कि आगे चलकर, और उनके समय में भी, वर्ड्सवर्थ और कोलरिज की अन्य अनेक कविताएँ लोकप्रिय नहीं हुईं ! उनकी बहुत-सी ऐसी कविताएँ आज भी जीवित और लोकप्रिय हैं जो उनके सिद्धांतों का जड़ से खंडन करती हैं : जिनकी न तो भाषा जनसाधारण की है, न विचार ही।) आज कबीर और ग़ालिब अत्यंत लोकप्रिय हैं लेकिन वे अत्यंत जटिल और गूढ़ कवि भी हैं। ये सभी कृतिकार हमें अपनी रचनाओं में वह विशेष कुछ या अतिरिक्त कुछ देते हैं जो केवल प्रत्यक्ष का चित्रण मात्र नहीं है। वह विशेष कुछ ही उस कृति की आत्मा है जो उनकी कृतियों को अमर बनाती है, और हमारे लिए स्वयं में भी एक यथार्थ बन जाती हैं—कृति का यथार्थ जो हमारे जीवन को प्रभावित करता है, हमारे जीवन में साहित्य के साहसिक और सशक्त हस्तक्षेप को संभव बनाता है। इसीलिए जीवन के संदर्भ में साहित्य को ही नहीं, साहित्य के भी संदर्भ में जीवन को सोचना ज़रूरी है। जीवन पर कलाओं के वापसी प्रभाव (फीडबैक) की प्रक्रिया को रचना हमारे सामने यथार्थ को—या उसकी व्याख्या को—केवल प्रस्तुत भर नहीं कर रही होती बल्कि अपने समय में, और अपने बाद के समय में भी, स्वयं एक यथार्थ बन जाती है जिसका भला-बुरा असर हमारी ज़िंदगियों पर पड़ता है।

X X X

प्रेमचंद और यशपाल दोनों ही सामाजिक यथार्थ के उपन्यासकार माने जाते हैं लेकिन दोनों ही ने होरी और तारा जैसे सशक्त चरित्रों की रचना की है जिनके माध्यम से उन्होंने अपने समय के सामाजिक परिवेश को हमारे सामने रखने की कोशिश की है। वे एक समस्या के प्रति भी बराबर सचेत हैं—उस अनबन और खिंचाव के प्रति जो होरी और उसके समाज या तारा और उसके समाज के बीच बनी रहती है। वे सिर्फ़ जीते नहीं, एक लड़ाई भी लड़ते हैं उस परिवेश से जिसमें वे ज़िंदा हैं। होरी की लड़ाई में ग़रीबी के साथ-साथ एक धार्मिक-नैतिक दबाव है; तारा के संघर्ष में राजनीतिक कारणों के दबाव की प्रमुखता है। होरी में एक विश्वास है जो किसी हद तक उसे जीने की

ताक़त और कारण देता है। तारा में अदम्य जिजीविषा है जो अंत तक उसे टूटने से बचाती है। होरी के यक़ीन को उसका समाज सहारा नहीं देता, यह होरी की त्रासदी है और एक तरह से उसके समाज की भी। जिस नैतिक ईमानदारी का होरी प्रतीक है दूसरों में उन्हीं गुणों का अभाव उसकी असफलता का कारण बनता है। होरी की त्रासदी और मृत्यु केवल होरी की नहीं है उस पूरे समाज की है जिसमें होरी अकेला और बेगाना छूट जाता है। उसकी अडिग नैतिकता का पूरा-का-पूरा संदर्भ खोखला और प्राणहीन हो गया लगता है। लेकिन तारा के यक़ीन और आत्मविश्वास को एक सहारा मिलता है जो उसके जीवन को सर्वथा त्रासदी हो जाने से बचाता है। तारा को कहीं सारी यातना और संघर्ष के बाद भी उन गुणों का पूरक मिल जाता है जिनका वह स्वयं प्रतीक है। प्रेमचंद और यशपाल दोनों ही अपनी-अपनी तरह अपने समय और समाज पर टिप्पणी करते हैं और दोनों ही उस सामाजिक परिवेश में उस शक्ति, न्यायप्रियता और ईमानदारी को ज़रूरी मानते हैं जिनके न मिलने के कारण होरी का अंत दुखांत, और जिनके कहीं भी मिल जाने के कारण तारा का अंत दुखांत नहीं होता। दोनों ही उपन्यासकार अपनी-अपनी तरह आदमी के लिए उस नैतिकता को रेखांकित करते हैं जिसके बिना जीवन संभव नहीं, जिसके बिना ऐसे किसी नियम का निर्वाह संभव नहीं जिससे जीवन की रक्षा होती है। अंतिम विश्लेषण में वे हमारे सामने केवल सामाजिक या व्यक्ति यथार्थ को ही नहीं रखते, कुछ ऐसे बुनियादी मूल्यों को रखते हैं जिनका गहरा ताल्लुक हमारे मनुष्य होने से है, हमारी जैविक परिस्थितियों से है। जीवन को लेकर यह आत्मीय सरोकार हमें किसी भी बड़े साहित्य की प्रमुख चिंता दिखेगी। प्रेमचंद 'आदर्शोन्मुख यथार्थ' के हिमायती थे और इसमें नहीं विश्वास करते थे कि 'यथार्थ यथार्थ के लिए' चित्रित किया जाए। उनका कहना था कि "वही उपन्यास उच्च कोटि के समझे जाते हैं, जहाँ यथार्थ और आदर्श का समावेश हो गया है। उसे आप 'आदर्शोन्मुख यथार्थवाद' कह सकते हैं। आदर्श को सजीव बनाने ही के लिए यथार्थ का उपयोग होना चाहिए...।" लेकिन प्रेमचंद और यशपाल की अनेक कृतियाँ इस बात को सिद्ध करती हैं कि 'आदर्श' या 'यथार्थ' दोनों ही को लेकर उनके यक़ीनों में कठमुल्लापन नहीं था।

गोदान या **झूठा-सच** जैसे क्लासिक्स केवल सामाजिक यथार्थ का दर्पण नहीं, जीवन के आशय को विस्तृत करनेवाली रचनाएँ या कृतियाँ हैं। एक रचना इतिहास में कई कारणों से जीवित रह सकती है, लेकिन उसे एक महान् कृति हम तभी कहेंगे जब उसमें हमारे मौजूदा ज़िंदगी को प्रभावित या प्रतिबिंबित कर सकने की शक्ति समाप्त न हो गई हो; जबकि उसमें सही जीवनमूल्यों के प्रति आग्रह हो। रतननाथ सरशार के उपन्यास एक समय के समाज का बड़ा ही सजीव चित्रण हैं लेकिन उन अर्थों में हमारे लिए आज वे महत्त्वपूर्ण नहीं हैं जिन अर्थों में कबीर, तुलसी, ग़ालिब या इक़बाल की रचनाएँ आज भी हमारी सामाजिक और व्यक्तिगत चेतना का हिस्सा हैं : जो हमारे इतिहास में ही नहीं, हमारे वर्तमान में भी ज़िंदा हैं।

अनेक समकालीन उपन्यासों में मुझे ऐसा लगता है कि उनमें यथार्थ की संकुचित

और सीमित समझ उद्घाटित हुई है। सामान्य आदमी भी छोटा आदमी नहीं होता, और उसमें यह एहसास भी कराना साहित्य का प्रमुख काम है कि वह दीनहीन छोटा आदमी नहीं है। इस अर्थ में होरी और तारा दोनों ही विशिष्ट नायक हैं। वे सामान्य होते हुए भी अपने धैर्य, सहनशीलता और संघर्ष में असामान्य ऊँचाइयों (हीरोइक डाइमेन्शन्स) को छूते हैं। प्रेमचंद ने अपने ही नहीं शायद सभी साहित्यों के लिए एक बुनियादी बात कही है, "जिस साहित्य से हमारी सुरुचि न जागे, आध्यात्मिक और मानसिक तृप्ति न मिले, हममें शक्ति और गति न पैदा हो, हमारा सौंदर्यप्रेम न जाग्रत हो—जो हममें सच्चा संकल्प और कठिनाइयों पर विजय पाने की सच्ची दृढ़ता न उत्पन्न करे, वह आज हमारे लिए बेकार है, वह साहित्य कहाने का अधिकारी नहीं।"

X X X

यह एक रचना और समीक्षा दोनों के हित में होगा कि 'आम आदमी' या 'सामाजिक यथार्थ' जैसे मुहावरों के अर्थ का हम अति-सरलीकरण न करें, वरना वे साहित्य में, और शायद हमारी ज़िंदगी में भी, हर तरह के घटियापन की पनाह बन जाएँगे। साहित्य में ज़रूरी है कि हम दोनों के सही मतलब को एक रचना की अंदरूनी ज़रूरतों से निकलने दें—इस यक़ीन के साथ कि साधारण आदमी में भी असाधारण क्षमताएँ होती हैं, और साहित्य उन्हें उद्घाटित कर सकता है—करता भी रहा है—मगर यह काम अपने आपमें इतना साधारण नहीं है जितना साधारण तौर पर मान लिया जाता है।

अमृतलाल नागर–1

चौहत्तर वर्ष की आयु में अमृतलाल नागर का निधन एक ऐसे साहित्यकार के रचना जीवन का अंत है जो लगभग पिछली आधी सदी से साहित्य में, और लखनऊ की साहित्यिक ज़िंदगी में ख़ासतौर पर लगातार छाया रहा। जब से मैंने अपना साहित्यिक होश सँभाला जिन तीन नामों की सशक्त उपस्थिति लखनऊ के साहित्यिक जीवन को बराबर आंदोलित करती रही उनमें यशपाल और भगवतीचरण वर्मा के साथ नागरजी का नाम इस अर्थ में अपना बिलकुल अलग महत्त्व रखता है कि नागरजी लखनवी तहजीब की पुरानी यादों, उसके इतिहास की भूली-बिसरी गलियों, उसकी गुज़िश्ता जुबान के लोच लहजों के साथ इन सबकी पतनोन्मुख विरासत को खारिज करते हुए एक स्वस्थ, हँसमुख ज़िंदादिली के साथ घुलमिलकर रहते रहे।

नागरजी के लिए लखनऊ चौक में स्थित 200 वर्षों से भी अधिक पुरानी हवेली में रहना इतिहास के एक ऐसे संदर्भ में भी रहना था जब उस सांस्कृतिक और साहित्यिक लखनऊ को वह पहचान और नाम मिला जिसके प्रति नागरजी एक आंतरिक आकर्षण महसूस करते थे। केवल एक भावुक लगाव मात्र नहीं था, उन सशक्त जीवन-संदर्भों को पकड़ने की कोशिश थी जिनका पक्का और बेहतर प्रमाण नागरजी के उपन्यास हैं। **बूँद और समुद्र** की जिस ऐतिहासिक गली में एक पूरा वर्तमान घटित होता है उसका एक भी चरित्र ऐतिहासिक नहीं है पर जिन मानवीय दुर्बलताओं और अंधविश्वासों पर उपन्यास उँगली रखता है वह मानो किसी अंधी गली का सुपरिचित अछोर हो। वर्तमान को बराबर अतीत से जोड़कर देखने का आग्रह नागरजी के लगभग सभी उपन्यासों में देखा जा सकता है, पर इतिहास के प्रति उनका यह झुकाव पलायनधर्मी नहीं है, वर्तमान सामाजिक आयामों की एक प्रमुख दिशा की ओर देखने की कोशिश है।

नागरजी की जीवनदृष्टि में अदम्य जिजीविषा थी जो वर्तमान में ही नहीं मानो अतीत में भी प्राण फूँक देती थी। नागरजी का लखनऊ में जीना सिर्फ़ एक ख़ास 'जगह' या एक ख़ास 'वक़्त' में जीना मात्र नहीं था, एक ऐसे माहौल और एहसास में जीना था जिसमें आत्मीयता थी, स्नेह था, खुलापन था और ज़िंदगी को उसके सबसे कोमल और खुशदिल प्रसंगों में पकड़ने की कोशिश थी। उनके निकट सान्निध्य की अनेक यादें

मन में उठती हैं : चाहे यशपालजी के घर पर होनेवाली लेखक संघ की बैठकें हों, चाहे कॉफ़ी हाउस में होनेवाली अनन्त बहसें हों, चाहे नागरजी का हवेली का वह कमरा जिसमें किताबें, काग़ज़, ऐतिहासिक ईंटें, पत्थर, मूर्तियों आदि के बीच लहीमशहीम तख्त पर बैठे नागरजी अपने 'नवीनतम' उपन्यास को बोलकर लिखवा रहे हों, नागरजी के उस उत्साह और आत्मीयता में कभी फ़र्क़ नहीं आया जो उनके स्वभाव का अभिन्न हिस्सा थे। कठिनाइयों से हार मानना उन्होंने कभी स्वीकार नहीं किया। चित्रकार मदन लाल नागर और फिर पत्नी के निधन ने उन्हें काफ़ी तोड़ दिया था। पर इस टूटने ने उन्हें हताश नहीं किया। इस टूटने को उन्होंने 'और काम' से जोड़कर अपने को बचाया। यह बड़ी बात थी।

एक छोटा-सा प्रसंग याद आता है जब हिंदी संस्थान के 'भारत भारती' पुरस्कार से उन्हें उनके घर पर ही सम्मानित किया गया। लगा एक प्रतिष्ठित साहित्यकार के दरवाज़े पर जाकर उसे सम्मानित करते हुए पुरस्कार ने पूरे साहित्य को एक नयी तरह गौरवान्वित किया—और अपने महत्त्व को भी बढ़ाया। दूसरे दिन नागरजी अपनी पौत्री के साथ अचानक मेरे घर पहुँचे। मेरी आँखों में 'अरे, अचानक कैसे ?' की खुशी को शायद पढ़ते हुए बोले—'पता नहीं क्यों इच्छा हुई तुमसे मिलने चलूँ—सो चला आया... ।' फिर बैठे। चाय पी। मीठा छोड़ रखा था, पर उस दिन मुँह मीठा किया। उनके स्वास्थ्य की बात उठी। शायद कुछ उदास हो गए। बोले, '74 का हो रहा हूँ। पता नहीं समय मिलेगा कि नहीं, पर इच्छा है कि कबीर के जीवन को आधार बनाकर एक उपन्यास और लिखूँ...उस पर काम शुरू भी कर दिया है।'

अद्भुत जीवट के व्यक्ति थे वे। हाँ, वे जीना चाहते थे। अभी और जीना चाहते थे—एक उपन्यास और लिखने के लिए जीना चाहते थे।

फरवरी, 1990 'नवभारत टाइम्स'।

अमृतलाल नागर :
जीवनानुभव एक संपदा है–2

नागरजी लखनऊ के थे—उन ख़ास अर्थों में जिनमें **गुज़िश्ता-लखनऊ** के लेखक शरर और **फ़सानए-आज़ाद** के लेखक सरशार लखनऊ के थे। लखनऊ नागरजी के लिए भी जिस तमद्दुन का नमूना था, उसके पतनशील पक्ष का जहाँ नागरजी ने मज़ाक उड़ाया है, वहीं उसके स्वस्थ और मानवीय पक्ष के प्रति आकृष्ट भी हुए।

नए लखनऊ को छोड़कर अगर पुराने लखनऊ के चौक क्षेत्र में स्थित दो सौ वर्षों पुरानी शाहजी के हवेली में (जिसमें गदर के समय कभी बेगम हज़रत महल और बिरजिस क़दर ने भी एक रात पनाह ली थी) नागरजी ने रहना पसंद किया तो इसके पीछे सिर्फ़ 'पुराने' के प्रति भावुक लगाव मात्र नहीं था, उस जनजीवन को निकट से देखने और समझने का आग्रह था, जिसकी एक आत्मीय झलक हम उनके प्रसिद्ध उपन्यास **बूँद और समुद्र** में पाते हैं। उपन्यास पढ़ते हुए लगता है नागरजी सूत्रधार की तरह उपन्यास के अंदर भी उसी तरह हैं जिस तरह उपन्यास के बाहर—ज़िंदगी को सिर्फ़ उसकी तात्कालिकता में ही नहीं, उसकी तन्मयता में भी व्यक्त करते हुए। नागरजी इतिहास को 'घटनाओं' और 'चरित्रों' की तथ्यपरक क्रमिकता में नहीं देखते, प्रत्यक्ष को इतिहास का हल्का-सा स्मृति-संदर्भ देते लगते हैं। जगहों और लोगों का स्थूल संपर्क उनकी रचनात्मक कल्पना को प्रेरित करता था। चौक की ऐतिहासिकता नागरजी के लिए चौक की 'स्थानीयता' में छिन्न-भिन्न रूपों में विद्यमान थी और बहुत कुछ उस क्षेत्र में आज भी जिए जानेवाले जनजीवन में भी। अतीत केवल स्थानिक नहीं होता, उसके अवशेष सामान्य जीवन में भी बचे रह जाते हैं। नागरजी का लखनऊ सिर्फ़ पुराना लखनऊ ही नहीं है, एक ऐसी जीती-जागती ज़िंदगी से संवाद भी है जो पुराने और नए के बीच एक घनिष्ठ रिश्ता बनाता है।

लखनऊ की साहित्यिक संस्कृति के जिस सबसे मूल्यवान पहलू को याद रखना चाहूँगा वह है वैचारिक मतभेदों के बावजूद साहित्यकारों के बीच एक अत्यंत स्नेहपूर्ण सौहार्द्र का बना रहना। सन् '50 के आसपास लेखक संघ की बैठकें उस समय यशपालजी के घर पर हुआ करती थीं। विभिन्न विचारधाराओं और उम्र के लेखक इकट्ठे

होते, उनकी रचनाएँ पढ़ी जातीं और उन पर खुलकर बहसें होतीं। अकसर ऐसा लगता कि बैठकों में गहरा तनाव व्याप गया है—पर कमरे से बाहर निकलते ही जैसे सबकुछ पूर्ववत् और कोमल हो जाता। विचार-विनिमय का वह सौजन्यपूर्ण वातावरण आज जैसे दुर्लभ-सा हो गया है। एक ही मंच पर राहुल सांकृत्यायन, सज्जाद ज़हीर, रज़िया आपा, यशपाल, भगवतीचरण वर्मा, अमृतलाल नागर, शमशेर बहादुर सिंह, डॉ. देवराज, गिरिजा कुमार माथुर, गंगाप्रसाद मिश्र, कृष्णनारायण कक्कड़, रघुवीर सहाय, मनोहर श्याम जोशी, राजीव सक्सेना आदि छोटे-बड़े अनेक लेखक इकट्ठा होते और खुलकर लंबी बहसों में बराबरी से हिस्सा लेते। यशपालजी के महानगर में आ जाने के बाद से लेखक संघ की औपचारिक बैठकें होना प्रायः बंद हो गईं, लेकिन वे बैठकें कभी बंद न हुईं—न वे बहसें—न वे मतभेद—जो एक-दूसरे के घरों पर होती रहतीं। इसमें कोई संदेह नहीं कि नागरजी अंत तक इस साहित्यिक संस्कृति का एक जीता-जागता प्रतीक बने रहे और आज भी अगर लखनऊ में यह वातावरण किसी हद तक बना हुआ है तो वह उसी परंपरा का ऋणी है।

नए-पुराने, या बड़े-छोटे को लेकर नागरजी ने कभी कोई भेदभाव नहीं माना। जब जिसे आवश्यकता पड़ी, आगे बढ़कर भरसक उसकी मदद के लिए तत्पर रहते। लखनऊ की कुछ सांस्कृतिक संस्थाओं में मुझे भी नागरजी के साथ अकसर काम करना पड़ा। असहमति और गंभीर असहमति के भी कई मौके आए, पर ऐसा कोई अवसर याद नहीं आता, जब हमारे आपसी संबंधों की ऊष्मा में कमी आई हो।

1960 के आसपास लखनऊ के निकट जब महानगर कालोनी में यशपालजी, भगवतीचरण वर्मा और मैंने मकान बनवाए, तो नागरजी भी आकृष्ट हुए कि महानगर में एक घर बनाएँ। हम लोगों के आग्रह पर काफ़ी मन बना लिया कि एक प्लाट ख़रीदेंगे—पर हम चारों अंदर-ही-अंदर समझ भी रहे थे कि नागरजी कहें कुछ भी चौक की वह गली और हवेली उनसे छूटने की नहीं। उन्हें उपन्यास लिखना ही नहीं उन उपन्यासों को जीना भी था, जिसकी सामग्री महानगर जैसी अनैतिहासिक कालोनी में कहाँ ? उन्हें तो वह ज़मीन चाहिए थी जहाँ गुज़िश्ता लखनऊ और मौजूदा लखनऊ एक साथ जी रहे हों। मनमौजी नागरजी का स्थानीयता के साथ मनमानी और छेड़छाड़ का रिश्ता भी था—सिर्फ़ तथ्यों की छानबीन और खोजपरकता का बौद्धिक रिश्ता ही नहीं। उनका लेखन, उनके आसपास की ज़िंदगी और उनसे मिलते-जुलते रहनेवाले लोगों के साथ एक सहज और आत्मीय संबंध बनाता था। नागरजी के जीवन में बेहद खुलापन और बेबाकी थी। दुराव-छिपाव रखना उनके स्वभाव में ही नहीं था। जिससे भी मिलते उन्मुक्त मन से मिलते। पिछले चालीस वर्षों से लखनऊ की साहित्यिक ज़िंदगी में ऐसा कोई समय याद नहीं आता जब नागरजी की मौजूदगी का सजीव अहसास न बना रहा हो। नागरजी का घर एक छोटे-मोटे साहित्यिक तीर्थ की तरह था, स्थानीय साहित्यकारों से लेकर आते-जाते रहते साहित्यिक यात्रियों का उनके यहाँ ताँता-सा लगा रहता। लेकिन इन सबके बीच, और शायद इन्हीं सबसे रस और खुराक खींचता हुआ, उनका

लेखन लगभग लगातार जारी रहता। जब भी उनसे मिलता यही सुनता, "भइया, एक नए उपन्यास पर काम कर रहा हूँ..." निधन से कुछ ही दिनों पहले वे मिले थे, तब उन्होंने बताया कि कबीर की जीवनी के आधार पर एक उपन्यास लिखने की योजना पर काम शुरू कर दिया है।

नागरजी 'निजी किस्म' के आदमी नहीं थे, न ही उनका लेखन उस प्रकार का है। उन्हें जीवन की भरपूर हलचल, गहमागहमी और घनिष्ठता चाहिए थी। इसी ईंट, गारे और मसाले से उनके उपन्यासों की इमारत बनती थी। विचारों और अनुभवों की बारीक पच्चीकारी उनकी कला का गुण नहीं है। ठोस अनुभवों का दृढ़ स्थापत्य उनके उपन्यासों की ख़ास पहचान है। बारीक विश्लेषण नहीं बारीक निरीक्षण द्वारा वे जीवन का एक बड़ा फलक प्रस्तुत करते हैं। नागरजी हमें जीवन के विस्तार में ले जाते हैं, उनकी गहराइयों का संकेत देते हुए भी उसे एक रहस्य बना रहने देते हैं। वे एक कुशल तैराक थे, गोताखोर नहीं; उसी सतह पर उनकी क्षमता और कारीगरी का जायजा लिया जाना चाहिए। नागरजी अच्छी तरह जानते थे कि एक उपन्यासकार की ज़रूरतें एक कवि की ज़रूरतों से बिलकुल भिन्न होती हैं। विवरणों को लेकर उनके मन में विचित्र आसक्ति थी जिसका भरपूर उपयोग उन्होंने अपने उपन्यासों में किया यहाँ तक कि कभी-कभी लगता है अगर उनका अधिक संयत और सुनियोजित इस्तेमाल किया जाता तो उनके उपन्यासों का व्यक्तित्व और भी मज़बूत उभरता। ज़िंदगी के फैलाव-बिखराव में से जो 'सामग्री' नागरजी इकट्ठा करते, उसे औपन्यासिक आकार देने में उन्हें अधिक समय नहीं लगता था। अधिक समय लगाते तो शायद इन भव्य आकारों के भीतरी हिस्से और कक्ष ज़्यादा व्यवस्थित और संश्लिष्ट बन पड़ते। जीवनानुभव एक संपदा है और नागरजी इस संपदा के धनी थे : इस संपदा को उन्होंने अपने लेखन में जी भरकर लुटाया—कभी-कभी नाहक, रईसीभाव से भी !

जीवन की हलचल को उन्होंने हमेशा एक समृद्धि की तरह लिया, व्यवधान या हस्तक्षेप की तरह नहीं। आज जब उनकी उस प्रसिद्ध हवेली को सोचता हूँ जहाँ वे अपनी पत्नी, भाई मदनलाल नागर तथा पुत्र कुमुद और शरद नागर के परिवारों के साथ रहते थे, तथा वह कमरा जो मित्रों, मेहमानों, पुस्तकों, नए-पुराने चित्रों, प्राचीन ईंट-पत्थरों और मूर्तियों आदि से लदफंद रहता था तो उनसे मिलने के अनेक प्रसंग याद आते हैं। जीवन को उन्होंने भरपूर उत्साह और लगाव से जिया। इसी जीने को उन्होंने अपने उपन्यासों का नाम दिया। शायद इस संबंध का सबसे दिलचस्प हिस्सा वह 'कोना' नहीं था जहाँ एक रचनाकार सिर्फ़ अपने साथ होता है : जीवन के प्रति वह खुला स्वागत भाव था, जिसके बिना यह कला संभव ही न थी।

1990 : नवभारत टाइम्स'।

'रेखा' : भगवतीचरण वर्मा

भगवतीचरण वर्मा के नवीनतम उपन्यास **रेखा** के लगभग 350 पृष्ठ जिस कथा-सूत्र पर बुने गए हैं वह कुछ इस प्रकार है—रेखा एक समझदार और जवान छात्रा है जो भावुकतावश अपने एक ऐसे विद्वान प्रोफ़ेसर, प्रभाशंकर, से विवाह करने की नासमझी कर बैठती है, जो उम्र में उससे कहीं अधिक है। रेखा अपनी ग़लती को पूरी तीव्रता से तब अनुभव करती है जब वह अपने समवयस्क युवकों के निकट संपर्क में आती है। रेखा में अपने पति के प्रति कर्तव्य तथा शारीरिक माँगों के बीच गहरा संघर्ष दिखाकर लेखक उपन्यास का अंत प्रभाशंकर की मृत्यु और रेखा के असहाय आत्मोत्पीड़न में कराता है।

कथानक, चरित्र-चित्रण और उनके विकास का ढंग एक परिचित उपन्यास-शैली का अनुसरण करते हैं। लेखक की रुचि मनुष्य की जानकारी के उन गूढ़तर क्षेत्रों में नहीं दिखती जिनसे उपन्यास का शिल्प इस सदी में क्रांतिकारी ढंग से परिवर्तित हुआ है। ऐसा लगता है कि लेखक की दृष्टि मूलतः कल्पना-प्रधान है, जिसका एक रूप उसके प्रसिद्ध उपन्यास **चित्रलेखा** में व्यक्त हुआ था, जबकि यथार्थवादी—ख़ासकर व्यक्ति-यथार्थवादी—उपन्यास के लिए कल्पना और अनुभव ही नहीं, जीवन का सूक्ष्म निरीक्षण और विवेचन पहली आवश्यकता है। अनुभव, और फिर उस अनुभव के गंभीर अध्ययन को यहाँ अलग-अलग समझना ज़रूरी है, वरना हम उस अंतर को ठीक से नहीं समझ सकेंगे जो यथार्थ को क़िस्से की तरह बयान करने और उसे एक सशक्त कलात्मक दलील की तरह प्रस्तुत कर सकने में है। **रेखा** में लेखक ने व्यक्ति-यथार्थ को प्रमुखता दी है—उपन्यास का सामाजिक परिवेश शिथिल रहता है—फिर भी वह चरित्रों के सर्वेक्षण से आगे नहीं बढ़ पाता। जीवन का वह गंभीर अध्ययन तथा विश्लेषण नहीं मिलता जो पात्रों के सोचने और करने के बीच विश्वसनीय कारण खोज सके। इसीलिए उपन्यास में आए कथन और कथानक संपृक्त नहीं लगते। जब रेखा कहती है, **पता नहीं, मैं आपसे प्रेम करती हूँ, प्रोफ़ेसर, या नहीं, लेकिन इतना निश्चित है कि मैं आपका प्रेम पाने को उत्सुक हूँ। और आपका प्रेम पाकर प्रसन्न हूँ। शायद नारी का प्रेम पुरुष का प्रेम पाने की भावना हो, नारी तो अनुगमन करना चाहती है। और प्रोफ़ेसर, मैं तो न जाने कबसे आपकी अनुगामिनी बन चुकी हूँ।** तो ऐसा नहीं लगता

कि इस कथन के पीछे इस कथन से बृहत्तर भी कोई अनिवार्यता है। इसी प्रकार उपन्यास में यह सूचना दे दी जाती है कि प्रभाशंकर अंतर्राष्ट्रीय ख्याति का विद्वान है, लेकिन अपने व्यवहार या बातचीत में वह इसका कोई सबूत नहीं देता। प्रश्न यह नहीं कि उपन्यास में आए पात्र और प्रसंग यथार्थ जीवन से लिए गए हैं या नहीं, प्रश्न है उपन्यास में उस सामग्री का कितना सफल उपयोग हो सका है। क्या हम **रेखा** के यथार्थ को कला के उसी स्तर पर ग्रहण कर सकते हैं जिस स्तर पर **चित्रलेखा** की कल्पना को ? **चित्रलेखा** का कथानक कल्पनाप्रधान है, फिर भी लेखक उसे एक कलात्मक मानवीय महत्त्व दे सका, जबकि यथार्थ-पक्षीय होते हुए भी **रेखा** उपन्यास मनुष्य-स्वभाव की गहराइयों में नहीं उतर पाता—केवल उसकी जटिलताओं का आभास कराके रह जाता है।

उपन्यास का जो पक्ष आकर्षित करता है वह है कई तरह के ऐसे सतही चरित्रों का जुटाव जिनसे समाज और संस्कृति के दिखावटी मूल्य बनते हैं, पर जिनमें स्वयं की कोई मौलिकता या रचनात्मक प्रेरणा-शक्ति नहीं, केवल पाशविक उत्तेजनाओं का आदान-प्रदान है, जैसे रेखा, सोमेश्वर, रत्ना, निरंजन वगैरह। इस प्रकार के पात्रों की एक ख़ासी भीड़ नए साहित्य में आई है, पर कम ही लेखक ऐसे हैं जो हेमिंग्वे, फ़ाकनर या टेनेसी विलियम्स की तरह मनुष्य के बुनियादी आवेगों के संघर्ष से उच्चतम जीवन-मूल्य निकाल सके हों।

1965 : 'माध्यम', इलाहाबाद।

अज्ञेय का 'अपने-अपने अजनबी' : शिल्प की दृष्टि से

अपने-अपने अजनबी हिंदी के उन इने-गिने उपन्यासों में से है जिन पर मुख्यतः तकनीकी दृष्टि से विचार करना उपयोगी हो सकता है। हिंदी साहित्य के एक बड़े क्षेत्र में यह धारणा शायद अभी भी अव्यावहारिक समझी जाती है कि तकनीक, उपन्यास-लेखन की स्वाभाविक उपलब्धि न होकर एक सचेत वैज्ञानिक चेष्टा हो। अंग्रेज़ी में भी, इस दृष्टिकोण से रचनाओं पर विचार बहुत कुछ अमरीकी रचनात्मक और आलोचनात्मक साहित्य की देन है। तकनीक के मामले में प्रोफ़ेसर सेन्ट्सबरी का ख़याल था कि उसमें ख़तरे ज़्यादा, फ़ायदा कम है। एच.जी. वेल्स जैसे उपन्यासकार तक का कहना था कि "मैंने लेखन में बहुत ज्यादा सावधानी कभी नहीं बरती...इस मामले में मैं श्री जेम्स जॉयस का बिलकुल उल्टा हूँ...।" कलाकार और उसके माध्यम, यानी भाषा, के बीच कितना क्रांतिकारी संबंध हो सकता है, इस ओर ध्यान मुख्यतः जेम्स जॉयस के **यूलिसिस** ने ही आकर्षित किया।

साहित्य की एक प्रमुख समस्या, भाषा की समस्या होती है। भाषा से मतलब उस संपूर्ण जीवंत माध्यम से है जिसके द्वारा साहित्यकार अपने जीवनानुभव को भाषा का एक ख़ास ढाँचा और आयाम देता है : भाषा के बुनियादी तत्त्व, यानी प्रतीकात्मकता, अर्थ-विन्यास, शब्द और पद-योजना, लयात्मकता आदि नयी सामर्थ्य पाते हैं। नैतिक, धार्मिक या सामाजिक मानदंड साहित्य-रचना या साहित्यालोचन में बहुत दूर तक सहायक नहीं होते। उनके द्वारा न तो प्रयोगों और तकनीक की आवश्यकता ही समझी ज़ा सकती है, न चरित्रों, घटनाओं, स्थानों आदि के उस गूढ़तर प्रतीकात्मक महत्त्व को ही, जिनके द्वारा एक कुशल लेखक आधुनिक जीवन की जटिलताओं और द्वन्द्वों को यथार्थ के विभिन्न स्तरों पर छूता है। किसी समय केवल एक निश्चित मत या धारणा के चश्मे से देखकर जीवन का सीधा-सादा चित्रण ही उपन्यास की सफलता समझा जाता था। लेकिन आज जीवन को उसकी द्वंद्वात्मक और द्विविधात्मक स्थिति में सोचना-समझना अत्यंत आवश्यक हो गया है, और यहीं भाषा को इस ज़िम्मेदारी लायक़ समर्थ बनाने के लिए तकनीक और प्रयोग आवश्यक हो जाते हैं। कविता-क्षेत्र में जिस

प्रकार की आलोचना का कुछ-कुछ आभास अब मिलने लगा है, उपन्यास-क्षेत्र में भी वह कम महत्त्वपूर्ण नहीं—यानी, उपन्यास का मुख्यतः एक कलाकृति के रूप में अध्ययन। अमरीकी नयी आ़लोचना का एक बड़ा हिस्सा तकनीक और प्रयोगों के इसी बुनियादी अन्वेषण से आग्रहीत है, जिसके प्रकाश में ही जेम्स जॉयस, वर्जीनिया वुल्फ़, आन्द्रे ज़्हीद आदि के प्रयोगों का नए कथा-साहित्य पर क्रांतिकारी प्रभाव समझा जा सकता है। **यूलिसिस** की चर्चा करते हुए टी. एस. इलियट ने इस प्रकार की साहित्यिक छानबीन की ओर संकेत किया था, "सवाल है, उनकी (जेम्स जॉयस) कृतियों में कितना जीवन-बोध (या जीवनानुभव) ऐसा है जिसके पीछे हम विशुद्ध कलाकार को पाते हैं—शिक्षक या विधायक को नहीं ?"

शेखर—एक जीवनी की ही तरह अज्ञेय का नवीनतम उपन्यास **अपने-अपने अजनबी** भी मृत्यु-भय से आग्रहीत मन का चिंतन है। शेखर 'संभव मृत्यु-दंड' से पहले अपने अतीत को सोचता है। **अपने-अपने अजनबी** की नायिका योके, बूढ़ी सेल्मा को कैंसर से मरते देखती है, जिसके साथ वह अकेली कुछ समय के लिए एक झोंपड़ी में बर्फ़ के नीचे फँस गई है। झोंपड़ी के एकांत वातावरण में है—एक असह्य निर्वासन की भावना, सेल्मा के स्वार्थपूर्ण अतीत की बर्बर स्मृतियाँ और धीरे-धीरे पास आती मृत्यु की अशुभ गंध, जिनके बीच योके जीवन को विचारती है : उस चरम अकेलेपन को महसूस करती है—"...अकेला होना—मृत्यु के साथ अकेला होना—मृत्यु में अकेला होना। इस चरम अकेलेपन और स्वयं मृत्यु में क्या अंतर है ?" योके इस पागल बना देनेवाली स्थिति से बचकर बाद में इससे भी बड़े पागलपन का शिकार होती है—द्वितीय महायुद्ध में जर्मन सिपाहियों के हाथों में पड़कर नष्ट-भ्रष्ट। आत्महत्या से पहले वह बाज़ार में राघवन् को देखती है—जो शायद उसे गाँधी या ईसु का कोई पूर्वीय प्रतीक लगता दिखाया गया है। राघवन् को पहले अकारण चिढ़ाकर और फिर उससे क्षमा प्राप्त कर योके मानो अपनी आत्मा के लिए शांति पाती है।

उपन्यास में मृत्यु मुख्य अनुभव है (जिसके कई सामूहिक रूप भी प्रतीकित हुए हैं, जैसे, बाढ़, आग, युद्ध आदि), मृत्यु, जिसे जीवन की सीमाओं में रखकर सोचा गया है, जीवन को मृत्यु की सीमाओं में रखकर नहीं। इसी अनुभव को केंद्र मानकर कुछ बुनियादी जीवन-मूल्यों का अन्वेषण किया गया है। झोंपड़ी के अंदर का निश्चल एकांत : बाहर, दूर तक फैली बर्फ़ का एकरंग विस्तृत मौन, मानो समय को रोककर (सेल्मा की मृत्यु को स्थगित कर ?) उसकी अपेक्षा अतीत से विभिन्न जीवन-खंडों को ला-लाकर उनका परीक्षण किया गया है। मृत्यु की अनिवार्यता को इस तरह मूर्त किया गया है कि वह सेल्मा के अतीत से भी अधिक चटक दिखाई दे। स्वार्थ-व्यस्त जीवन में जिस तरह मृत्यु दूर भविष्य की चीज़ लगती है, उसी तरह मृत्यु की ओर से, जीवन को उलटकर दूर अतीत की चीज़ करके, देखा गया है।

अपने-अपने अजनबी के 'सेल्मा' खंड में कई द्वंद्वात्मक स्थल हैं, जिनका महत्त्व कथानक से अधिक प्रतीकों के रूप में है। भूचाल और बाढ़ में बह गए पुल के अवशेषों

पर एक प्रतिनिधि जीवन-खंड : "तीन खंभों पर टँगा हुआ पुल का बीच का हिस्सा और उसके ऊपर की तीन-चार दूकानें और उनमें बसे हुए तीन-चार लोग।" स्वार्थी सेल्मा, फ़ोटोग्राफ़र की आत्महत्या, यान के साथ सेल्मा का नया जीवनानुभव,..."एक मुसकान जो केवल उन दोनों के बीच थी...अंत वहाँ पुल पर नहीं था; अंत यह था जो नया आरंभ था...खुला आकाश...जिसमें से एक नया जीवन उपजा—एक नया अनुभव, एक नयी गृहस्थी, तीन संतानें... फिर वह दिन आया कि यान नहीं रहा; पर वह अर्थवत्ता नहीं मिटती, पाए हुए सारे अर्थ चाहे छिन जावें। जीवन सर्वदा वह अंतिम कलेवा है जो जीवन देकर ख़रीदा गया है...जीवन छोड़ ही देना होता है कि वह बना रहे और भर- भरकर मिलता रहे; सब आश्वासन छोड़ देने होते हैं कि ध्रुवता और निश्चय मिले।"—

देयर इज़ ओनली दी फाइट टु रिकवर व्हाट हैज़ बीन लास्ट एंड फाउंड एंड लास्ट अगेन एंड अगेन :

होम इज़ व्हेयर वन स्टार्ट्स फ्रार्म। एज़ व्ही ग्रो ओलडर दी वर्ल्ड बिकम्स स्ट्रेंजर, दी पैटर्न मोर काम्पलीकेटड आफ़ डेड एंड लिविंग।

(ईस्ट काकर)—टी. एस. इलियट

मृत्यु की समस्या : मृत्यु के संदर्भ में मनुष्य का भयानक अकेलापन : सहसा अहेतुक दीखने लग जानेवाले अस्तित्व की पुनर्स्थापना—इस पर चिंतन उपनिषदों से लेकर आज तक विभिन्न तरीक़ों से हुआ है—धार्मिक चिंतन, दार्शनिक चिंतन, साहित्यिक चिंतन...। आधुनिक अस्तित्ववाद ने मृत्यु की समस्या को न केवल एक नया मोड़ बल्कि एक महत्त्वपूर्ण तार्किक गहराई दी है, विशेषकर तद्‌विषयक भाषा पर उसका क्रांतिकारी प्रभाव पड़ा है। मामूली तौर पर, **शेखर—एक जीवनी** तथा **अपने-अपने अजनबी** की भाषा में अंतर भी उस प्रभाव का द्योतक है, जिसने दोनों उपन्यासों के सामान्य आचरण में महत्त्वपूर्ण भेद ला दिया है। अस्तित्ववादी दृष्टिकोण से शायद शेखर की स्थिति योके की स्थिति से भी अधिक उपयुक्त कही जा सकती है। **शेखर** यदि आज लिखा जाता तो वह किस सीमा तक अतीत की मार्मिक स्मृतियाँ होता और कहाँ तक अस्तित्व की बुनियादी जटिलताओं पर गहरा चिंतन, इसका अंदाज़ लगाना कठिन नहीं। **शेखर** में रोमांटिक भावधारा का आग्रह तब उतना ही स्वाभाविक था जितना आज उसका अभाव होता। लेकिन **अपने-अपने अजनबी** को हम अभी भी उस भावधारा से पर्याप्त मुक्त नहीं पाते, क्योंकि अज्ञेय के उपन्यासों का विकास मुख्यतः रोमांटिक उपन्यासों की परंपरा में आता है—विक्टर ह्यूगो, बटलर, हार्डी, मेरेडिथ, आदि—जबकि नए उपन्यासों की दिशा स्तान्दूहाल, दोस्तोव्स्की, प्रूस्त आदि से अधिक निर्देशित हुई। यह नहीं कि अज्ञेय इन नवीनतम प्रवृत्तियों से प्रभावित नहीं, बल्कि **अपने-अपने अजनबी** की **शेखर** से विभिन्नता काफ़ी बड़ी दलील है कि अज्ञेय ने नए उपन्यासों की तकनीक पर विशेष ध्यान दिया है। इस उपन्यास में लेखक ने शायद पहली बार एक व्यक्ति से अधिक कुछ विचारों को महत्त्व दिया है—या, विचारों को व्यक्तियों की अपेक्षा अधिक महत्त्व दिया है। उसके लिए, प्रश्न है, अज्ञेय की भाषा और तकनीक कहाँ तक सफल ठहरती है ?

मैं नहीं समझता कि **अपने-अपने अजनबी** को अस्तित्ववादी उपन्यास मानकर चलना ज़रूरी है। अस्तित्ववादी भंगिमा भले ही उसमें मिले, लेकिन उसी आधार पर उपन्यास को अस्तित्ववादी ठहरा देना कुछ ज़्यादती हो सकती है—लेखक के साथ, या अस्तित्ववाद के साथ, या शायद दोनों के साथ—उसी प्रकार जैसे उपन्यास में आए विदेशी नामों के आधार पर उसको विदेशी मान लेना ! मुख्य बात है, भाषा की प्रकृति। यह कहना कि **अपने-अपने अजनबी** में पाठक को वे सभी गुण मिलेंगे जिनके लिए अज्ञेय जाने और माने जाते हैं, जैसे चुस्त ओजस्वी वाक्य, सूक्ष्म अनुभूतियाँ, मनोवैज्ञानिक पैठ, सुशिक्षित चिंतन आदि, बात का केवल ऊपरी स्तर है। इससे अधिक महत्त्वपूर्ण अभाव की ओर अकसर ध्यान जाता है—कि अज्ञेय की स्वाभाविक चिंतन-विधि आधुनिक उपन्यासों के उपयुक्त तर्कमुखी न होकर मुख्यतः भावात्मक है, भारतीय है, कहना चाह सकता हूँ। रहस्यवादी विचार-धारा—बल्कि भावधारा—का व्यापक प्रभाव हिंदी पर पड़ा है। भाषा की प्रकृति क्लासिक न होकर—जो शायद संस्कृत के और निकट संपर्क से होती—रोमांटिक और रहस्यवादी बनी, जो आगे चलकर अंग्रेज़ी 'रोमांटिसिज़्म' और प्रतीकवाद के संपर्क से और पुष्ट ही हुई। अंग्रेज़ी भाषा की बात दूसरी रही : उसके लंबे साहित्यिक इतिहास में 'क्लासिसिज़्म' और 'रोमांटिसिज़्म' के कई दौर बराबर से आते-जाते रहे, जिसके कारण भाषा किसी एक ही ओर उलार नहीं होने पाई। हिंदी के विकास में 'रोमांटिक' प्रवृत्तियों का ही अधिक दबाव रहा—ख़ासकर कविता और आदर्शवादी उपन्यासों में। एक भाषा है जो प्रत्यक्ष जीवन के स्थूल अनुभव से मिलती है : एक और भाषा है जो उस अनुभव के गहरे चिंतन से उत्पन्न होती है। हिंदी में पहले प्रकार की भाषा की अपेक्षाकृत दृढ़तर परंपरा है—प्रेमचंद, यशपाल, अमृतलाल नागर, रेणु आदि। दूसरे प्रकार की भाषा के लिए अज्ञेय—और कुछ भिन्न अर्थों में डॉ. देवराज की कृतियों का निकट अध्ययन आवश्यक हो जाता है।

अज्ञेय **अपने-अपने अजनबी** में कहाँ तक चिंतन की रूढ़ भारतीय 'शैली' को तोड़कर उसे वैज्ञानिक बल दे सके हैं, यह खोज बराबर मन में रही है। एक सीमा तक इसमें वे असाधारण सफलता पा सके हैं : जहाँ सफल नहीं हो सके, वहाँ, शायद, उनका स्वभाव अधिक ज़िम्मेदार रहा है, वैचारिक असमर्थता नहीं। उदाहरण के लिए, उपन्यास को पढ़ते समय पाठक कठिनता से कहीं लेखक के साथ किसी महत्त्वपूर्ण तथ्य को खोज पाने का रोमांच अनुभव करता है। उसके सामने खोजे हुए तथ्य एक ऊँचाई से रख दिए जाते हैं—साफ़, सधी, सुसंस्कृत भाषा में, बस। अज्ञेय की पैरवी का तरीक़ा तर्क और हक़ीक़त की अपेक्षा भावावेश और हुकूमत पर अधिक निर्भर करता है। अज्ञेय जब किसी सचाई को पाठक तक पहुँचाना चाहते हैं तो अकसर उस सचाई में लेखक की नियामकता पाठक के हाथ लगती है, जबकि उसे घटनाओं की पुष्ट गवाही और पक्के तर्क पर आधारित होना चाहिए।

1963 : 'कल्पना'।

'चारु चंद्रलेख' : हजारीप्रसाद द्विवेदी

चारु चंद्रलेख से ऐसा कोई निश्चित संकेत नहीं मिलता कि उसे ऐतिहासिक उपन्यास ही माना जाए, यद्यपि उसे ऐतिहासिक उपन्यास मानकर भी चर्चा शुरू की जा सकती है। कुछ ऐतिहासिक चरित्रों और घटनाओं के बावजूद उपन्यास कल्पना-प्रधान ही रहता है, तथ्य-प्रधान नहीं; कल्पना-प्रधान भी सजावट के अर्थ में नहीं, वायवीयता के अर्थ में। लेखक का इतिहास-बोध इतिहास-ग्रंथों पर आधारित न होकर प्राचीन धर्मग्रंथों पर निर्भर करता है। ऐतिहासिक तत्त्व धर्मग्रंथों से भी लिए जा सकते हैं, लेकिन **चारु चंद्रलेख** पर धार्मिक स्रोतों की शैली और चिंतन-पद्धति का अधिक प्रभाव दीखता है; वह दृष्टि नहीं मिलती जिसका रुझान मूलतः अतीत के वास्तविक जीवन में हो। शायद, इसीलिए **चारु चंद्रलेख** का जीवन-पक्ष चटक नहीं उभर पाता; लगता है, लेखक खिलौनों की तरह पात्रों से खेल रहा है।

लेखक ने कई जगह आधुनिक समस्याओं की बात उठाई है, लेकिन उपन्यास का शिल्प इतना शिथिल है कि आधुनिक समस्याओं और ऐतिहासिक कथानक के बीच सामंजस्य नहीं बैठ पाता, जैसे सीदी मौला का चीन पर वक्तव्य ! 12वीं-13वीं सदी के ख़िलजी-कालीन भारत के कई चरित्रों के माध्यम से लेखक ने हिंदू धार्मिक मनोवृत्ति का चित्रण किया है जिसे उसने मुख्यतः नाथ संप्रदाय—जिसके प्रमुख प्रचारक गोरखनाथ (9वीं-10वीं सदी) माने जाते हैं—के संदर्भ में विचारा है। इस धर्म का 'सिद्धों' के लिए जो भी महत्त्व रहा हो, पर जनसाधारण के लिए वह हितकर नहीं सिद्ध हुआ—उसने किसी हद तक पलायन का रास्ता दिखाकर सामाजिक चेतना को कुंठित किया। लेखक ने जगह-जगह इस ओर संकेत किया है—(पृ. 99 पर, "...सारा समाज धर्म की झूठी कल्पना के कारण जर्जर हो गया है, शतधा विच्छिन्न हो गया है। आत्मगौरव की भावना से हीन हो गया है। वीरो, प्रतापी सातवाहन और उनकी रानी चंद्रलेखा तुम्हारा नेतृत्व इसलिए नहीं कर रहे हैं कि वे धर्म को युद्ध माननेवाले कुछ विशिष्ट राजपुत्रों के प्रतिनिधि हैं। वे सारी प्रजा के प्रतीक हैं...") लेकिन कहाँ तक वह इस प्रकार के विचारों को उपन्यास के शिल्प में पूरी तरह खपा पाया है, इसमें संदेह है। अधिकतर वे एकालाप या वार्तालाप द्वारा जोशीले वक्तव्यों में प्रकट हुए हैं; चरित्रों और घटनाओं के अनिवार्य संघर्षों द्वारा उत्पन्न नहीं होते।

शुद्ध औपन्यासिक दृष्टि से, मुझे इस असफलता का मुख्य कारण ऐतिहासिक स्रोतों का ग़लत चुनाव लगता है। जिस ऐतिहासिक सामग्री से लेखक ने कथानक और पात्रों का चुनाव किया है उससे अधिक प्रामाणिक और विस्तृत सामग्री को उसने अछूता छोड़ दिया है। हिंदूकालीन भारत की बात दूसरी है, जबकि अधिकांश सामग्री तत्कालीन धार्मिक और साहित्यिक पुस्तकों में ही मिलती है और विधिवत् लिखा गया इतिहास नहीं के बराबर है। इसीलिए, शायद, **प्रसाद** के नाटकों में प्राचीन भारत का वातावरण एक सजावट के रूप में ही लाया गया है; घटनाओं, पात्रों और सामाजिक यथार्थ पर अधिक ज़ोर नहीं दिया गया। यही प्रवृत्ति हम बाद के अधिकांश उन हिंदी ऐतिहासिक उपन्यासों में देखते हैं जिनमें प्राचीन भारत को लिया गया है। लेकिन मध्यकालीन और आधुनिक भारत की स्थिति भिन्न है। ख़िलजी-कालीन भारत का इतिहास अपेक्षाकृत अधिक विश्वस्त सूत्रों द्वारा भी उपलब्ध है। समकालीन इतिहासकारों में बरनी, सिराज, अमीर खुसरो, इब्नेबतूता, फ़रिश्ता, एसामी आदि के रोचक और विस्तृत वृत्तान्त मिलते हैं जिनके सहारे उस समय के भारत की सही और जीवंत सामाजिक तसवीर खींची जा सकती थी, और जिन मन्तव्यों को लेखक ने **चारु चंद्रलेख** में व्यक्त करना चाहा है उन्हें अधिक ठोस और विश्वसनीय आधार दिया जा सकता था। उदाहरण के लिए, सीदी मौला जलालुद्दीन ख़िलजी के समय में था और बादशाह के विरुद्ध षड्यंत्र में शरीक होने के अपराध में उसे हाथी के पैरों के तले कुचलवा के मरवा डाला गया था। **तारीख़े फ़ीरोज़शाही** का लेखक ज़ियाउद्दीन बरनी सीदी मौला को अच्छी तरह जानता था और उक्त पुस्तक में विस्तार से उसके बारे में लिखा है। **फुतूहस्सलातीन** और **तारीख़े मुबारकशाही** में भी सीदी मौला का जो ज़िक्र आया है वह बरनी के ज़िक्र से मेल खाता है। सीदी मौला का एक निश्चित ऐतिहासिक व्यक्तित्व है, लेकिन 'चारु चंद्रलेख' में उसका जो रूप सामने आता है वह सूफ़ियों की अपेक्षा हिंदू फक्कड़ साधुओं के अधिक निकट पड़ता है। उपन्यास में सीदी मौला यदि दो-एक जगह यह न कहे कि दिल्ली का सुलतान उसे हाथी के पैरों के नीचे कुचलवा डालना चाहता है, तो उसके ऐतिहासिक व्यक्तित्व को शायद पहचान सकना ही कठिन हो। इसी प्रकार, उपन्यास में नालंदा के विध्वंस की चर्चा है, जिसे उस समय के धार्मिक और सांस्कृतिक संदर्भ में बड़े ही महत्त्वपूर्ण ढंग से लाया जा सकता था। मिनहाज़ सिराज ने **तबक़ाते नासिरी** में बख्तियार द्वारा नालंदा के विनाश का विस्तृत वर्णन दिया है, किंतु उपन्यास में वह किसी लोककथा-सा प्रतीत होता है।

ऐतिहासिक तथ्यों की यह अवहेलना हो गई है, या किसी विशेष कारण से की गई है, इसको विचारने से पहले उपन्यास में उपन्यास के नायक सातवाहन की स्थिति पर थोड़ा विवेचन आवश्यक है—आवश्यक इसलिए कि ऐतिहासिक उपन्यासों में सुविख्यात ऐतिहासिक व्यक्तित्व को नायक बनाना कहाँ तक उचित है और कहाँ तक उपन्यास के कला-पक्ष के लिए घातक, इस प्रश्न से **चारु चंद्रलेख** की दूसरी असफलता जुड़ी हुई है। सातवाहन का चरित्र उपन्यास में न तो कथा की दृष्टि से, न इतिहास की

ही दृष्टि से महत्त्वपूर्ण बन पाया है। एक बार यदि यह मान भी लिया जाए कि ऐतिहासिक दृष्टि से सातवाहन एक प्रमुख व्यक्तित्व है, तो तुरंत ही दूसरे प्रकार की समस्या सामने यह उठती है कि उसमें एक सफल औपन्यासिक नायक के गुण कहाँ तक समाविष्ट किए जा सके। प्रसिद्ध ऐतिहासिक व्यक्तित्व पर, एक सीमा तक ही, कल्पना का रंग चढ़ाया जा सकता है। वाल्टर स्काट ने कहीं भी प्रमुख ऐतिहासिक व्यक्तित्वों को अपने उपन्यासों में नायक नहीं बनाया; उन्हें पृष्ठभूमि में ही रखा। उसने ऐतिहासिक व्यक्तित्वों की अपेक्षा देशकाल के प्रामाणिक चित्रण पर अधिक ज़ोर दिया। इसीलिए, शायद, लेखक का पिछला उपन्यास **बाणभट्ट की आत्मकथा** भी **चारु चंद्रलेख** की अपेक्षा अधिक सफल रहा। पूरे उपन्यास में सातवाहन केवल उपस्थित है, सक्रिय नहीं। उपन्यास में जो कुछ होता वह सब केवल उसके नाम पर। कथानक उसके साथ-साथ नहीं, उसके, बावजूद चलता है। यहाँ तक कि आगे चलकर कथानक का गतिकेंद्र सातवाहन न होकर मैना या मैनसिंह बन जाता है। लेकिन मैना का व्यक्तित्व उपन्यास में इतना व्याप्त होते हुए भी विकसित नहीं हो पाता। अंशतः इसका कारण जगह-जगह वह बचकानी कायापलट भी है जो पाठक का कोई स्थायी रागात्मक संबंध न तो मैना न मैनसिंह के साथ बनने देता है। जहाँ तक चंद्रलेखा का प्रश्न है, उसका चारित्रिक महत्त्व उसी समय रद्द हो जाता है जब उसके मानसिक असंतुलन का आभास करा दिया जाता है। लेखक ने रानी के अंतर्मन में घटित होनेवाली घटनाओं को एक नयी व्याख्या देने का प्रयत्न किया है, लेकिन उसकी चर्चा अभी बाद में करूँगा।

पीछे कहा जा चुका है कि **चारु चंद्रलेख** की कथा-वस्तु के लिए लेखक ख़िलजी-कालीन इतिहासकारों की अपेक्षा नाथ-साहित्य के अपने विशेष अध्ययन पर अधिक निर्भर करता है। इसीलिए एक बार उस ओर से भी उपन्यास पर विचार कर लेना उपयुक्त हो सकता है। लेखक ने नाथ-पंथियों के इस विश्वास की चर्चा की है कि सिद्ध लोग चिरंजीवी हैं और काल-दंड को खंडित करके आज भी ब्रह्मांड में विचर रहे हैं। संभवतः इस धारणा ने लेखक को उपन्यास में काल की समस्या की ओर प्रेरित किया। जो कुछ रानी चंद्रलेखा के अंतर्मन में अर्ध-विक्षिप्तावस्था में घटित होता है, उसे प्राथमिक महत्त्व देकर उपन्यास के शिल्प, या शिल्पहीनता को, जायज़ ठहराते हुए कहा जा सकता है कि चंद्रलेखा उपन्यास का प्रमुख पात्र है, जो कुछ होता हुआ देखा जाता है वह उसके ही माध्यम से। बाह्य यथार्थ के यथातथ्य वर्णन की अपेक्षा, यदि चेतना-विशेष को साक्षी बनाकर घटनाओं का विवेचन किया जाए तो निश्चय ही एक बृहत्तर अनुभव-क्षेत्र को उपन्यास में समेटा जा सकता है—कुछ-कुछ उसी प्रकार जैसे स्वप्नावस्था में समय का बोध लगभग मिट-सा जाता है। मार्सेल प्रूस्त और जेम्स जॉयस ने अपने विश्वप्रसिद्ध उपन्यासों **ए ला रेशार्श द्यू ताम्प्स पर्दू** और **यूलिसिस** में इसी प्रकार की तकनीक को अपनाया है। लेकिन **चारु चंद्रलेख** में कहाँ तक इस तकनीक का सफल उपयोग हो सका, यह संदिग्ध है।

प्रूस्त और जॉयस की मुख्य चिंता थी यथार्थ के नए स्तरों की खोज। सामाजिक यथार्थवाद की जो नींव 19वीं सदी में पड़ी और मार्क्सवाद द्वारा पुष्ट हुई, उसने

व्यक्ति-यथार्थ को लगभग पृष्ठभूमि में डाल दिया था। 20वीं सदी के आरंभ होते-होते नए दार्शनिक और मनोवैज्ञानिक विचारों ने एक बार फिर साहित्यकारों का ध्यान उस व्यक्तिमन पर केंद्रित किया जिसे बर्गसों, फ्रायड आदि इतना महत्त्व दे चुके थे। **चारु चंद्रलेख** को पढ़कर सहज ही यह प्रश्न उठता है कि लेखक ने इस तकनीक को किस उद्देश्य से अपनाया है। क्या वह यथार्थ का कोई नया स्तर खोज सका है ? क्या वह मानव-अनुभव के आयाम को और विस्तृत कर सका है ? क्या इस तकनीक द्वारा इतिहास या धर्म को किसी नए आलोक में देखा गया है ? कला की दृष्टि से इतना ही कहा जा सकता है कि यथार्थ को प्रमुखता देनेवाले उपन्यासों में—चाहे वह सामाजिक यथार्थ हो, चाहे ऐतिहासिक यथार्थ, चाहे मनोवैज्ञानिक यथार्थ, चाहे धार्मिक यथार्थ—जिस विश्वसनीयता के प्रति कलाकार सतर्क रहता है **चारु चंद्रलेख** में उसकी सर्वथा अवहेलना हुई है। लोक-कथाएँ, धर्म-ग्रंथ, सिद्ध-वाणी, भक्ति-साहित्य आदि के मुहावरों में लेखक ने जिस कथा-शिल्प का निर्माण किया है, औपन्यासिक उपलब्धियों को देखते हुए वह अनिवार्य नहीं सिद्ध होता। यद्यपि उन स्रोतों का मनोविज्ञान और सामूहिक-मनोविज्ञान से दूर का नाता है अवश्य, किंतु उस सामग्री का उपन्यास में कुशल उपयोग नहीं हो सका।

समय **चारु चंद्रलेख** में नितांत अ-मानवीय मालूम देता है, जिसके सामने मनुष्य और उसका संकल्प महत्त्वहीन ठहरते हैं। प्रूस्त के विश्लेषण में समय मानवीय संदर्भ में ही महत्त्व पाता है। एक में यथार्थ समय से आक्रांत है, दूसरे में वह समय को अर्थ देता है। इसीलिए **चारु चंद्रलेख** का कोई ठोस—महत् भी नहीं—आकार नहीं बन पाता, और उसका ढाँचा कल्पित कथाओं के संग्रह-सा लगता है जिन्हें किसी प्रवक्ता या बातूनी पात्रों द्वारा जोड़ दिया गया हो। जहाँ तक पौराणिक विषयों का सवाल है, यह कह देना यहाँ प्रासंगिक होगा कि जेम्स जॉयस के 'यूलिसिस' का पूरा ढाँचा ही एक पौराणिक 'थीम' पर खड़ा है। **चारु चंद्रलेख** की कमज़ोरी का मुख्य कारण वैसे स्रोत नहीं, उपन्यास-शिल्प को ठीक से न सँभाल पाना है। जिस सामाजिक चेतना और मिथ्या धर्म-भावना की बात लेखक ने जगह-जगह उठाई है, वह उपन्यास का अभिन्न अंग नहीं बन पाता। जोशीले भाषणों, उद्‌बोधनात्मक वक्तव्यों, नाथपंथी पूजा साधना के साथ-साथ, एक ऐतिहासिक कथानक का ख़ाका घिसटता हुआ चलता है। सवाल यहाँ उपन्यास से किसी शिल्प या मंतव्य को गढ़ निकालना उतना नहीं, जितना उसके ठीक-ठीक पहचान में आ सकने का है ! किसी उपन्यास के शिल्प-विधान का उसमें न होना, असंतोष की बात नहीं, लेकिन पाठक उस निरालेपन को किस संदर्भ में ग्रहण करे, इसका संकेत स्पष्ट होना चाहिए। **चारु चंद्रलेख** की धार्मिक-संवेदना न तो ऐतिहासिक प्रसंग में ही पूरी तरह बँध पाई है, न उसका आधुनिक विचारों के आलोक में ही कोई महत्त्वपूर्ण विवेचन हो सका। शुद्ध मनोरंजन के लिए तो शायद यह उपन्यास लिखा ही नहीं गया था।

1965 : कल्पना'।

भाषा से परे : 'लाल टीन का छत'

इस उपन्यास पर दो तरह से विचार किया जा सकता है। एक तो, काया के 'अकेलेपन' का अध्ययन जो लेखक की अपनी मनोदशा और भाषा से जुड़ता हुआ लगता है : दूसरा, काया की वयःसंधि पर होनेवाले परिवर्तनों का अध्ययन जिन्हें काया की अपनी मनोदशा और भाषा से जुड़ना चाहिए था, लेकिन...

काया की अपनी कोई भाषा नहीं। कुछ घटनाएँ हैं, कुछ लोग हैं, कुछ जगहें हैं—काया उन्हें अनुभव करती है, लेकिन अपने अनुभवों को अपनी भाषा में व्यक्त नहीं कर पाती : अपने व्यवहार में व्यस्त रहती है जिसे लेखक अपनी भाषा देता है। इस सबको वह एक औपन्यासिक आकार भी देने की कोशिश करता है, लेकिन...

बात ज़रा पहले से शुरू करूँगा। 1960 में निर्मल वर्मा का पहला कहानी-संग्रह **परिंदे** निकला था। उसमें भी इसी तरह की भाषा, ऐसा ही अकेलापन, नास्टैलजिया, रोमान्टिसिज़्म, काव्यात्मकता, संवेदना...मगर तब कहानियों का मामला था। और तब कहानियों का मामला जिस तरह 'यथार्थ' को लेकर उलझा हुआ था उसमें से निर्मल एक सीधा रास्ता निकाल सके उन सारे दावों से विरक्त होकर—घबराकर नहीं—जो कहानी को लेकर किए जा रहे थे। जहाँ हर एक की अपनी-अपनी डफली और अपना-अपना राग था वहाँ निर्मल की आवाज़ नक्कारखाने में तूती की तरह नहीं **अँधेरे में एक चीख़** की तरह सुनाई दी कि 'कहानी' मर गई ! अब वह केवल एक फ़ेबल है...कविता है...ऐंटी-कहानी है...संक्षेप में, न होने का 'टेरर' है। यथार्थ ? बीटिंग अबाउट द बुश है'। राजनीति ? हमारी आज की 'स्थिति' है 'समस्या' नहीं—एक अनिवार्य संदर्भ है जैसे कभी धर्म था बायज़न्टाइन संस्कृति के लिए। या क्लासिकी ग्रीक सभ्यता थी पुनरुत्थान-युगीन इटली के लिए। और कहानीकार ? 'आत्मा का डिटेक्टिव है...संदिग्ध व्यक्तियों का पीछा करता है ताकि उनका भेद मालूम कर सके !'

उस समय साहित्य और राजनीति की जो दशा थी उसमें 'आत्मा' और 'व्यक्ति' का नाम भी लेना हिम्मत का काम था। उस मुहावरे में तो और भी हिम्मत का काम था जिसमें **परिंदे** की कहानियाँ लिखी गईं। रोमांटिसिज़्म को लेकर जबकि अच्छे-ख़ासे सोचने-समझनेवाले लोग भी इसी थोक धारणा से काम चला रहे थे (या क़लम चला रहे थे) कि वह भी छायावाद जैसी ही कोई गईबीती चीज़ है, निर्मल उस बारीक़ फ़र्क़

को सामने ला सके कि रोमांटिक वृत्तियों की भी एक मनोवैज्ञानिक प्रासंगिकता है जो आज के मनुष्य की कमबख़्तियों और विकृतियों को न केवल समझने में मदद कर सकती है बल्कि एक हद तक उन्हें सँभालने में भी। मानसिक शक्तियों को उन अर्थों में भी समझना ज़रूरी है जिन अर्थों में वे मनुष्य की केवल तर्कबुद्धि ही नहीं है, उसकी कल्पनाशीलता और भावनात्मकता भी है : शायद इसी अर्थ में नीत्शे ने कला को एक पारभौतिक रचना-प्रक्रिया माना है। स्वस्थ और अस्वस्थ का भेद तो 'यथार्थ' पर भी उसी तरह लागू होता है जिस तरह 'रोमांटिक' पर : इस भेद को ध्यान में रखते हुए ही एक कला का मूल्यांकन होना चाहिए। कला का वह स्तर भी होता है जहाँ इस तरह के वर्गीकरण बेमानी हो जाते हैं : जब उस स्तर तक एक कला नहीं पहुँच पाती तभी ये वर्गीकरण उन कारणों की खोज करने में मदद करते हैं जिन्हें हम एक ख़ास तरह की 'प्रवृत्तियों' का असंतुलित या असंयमित दबाव कह सकते हैं। इसकी अपनी रोचकता भी हो सकती है और सीमा भी। निर्मल अपनी कहानियों में भाषा को एक ऐसे स्तर पर रच सके थे जहाँ कहानियों से अधिक उनकी भाषा पर ध्यान देना अनिवार्य हो गया। उनके बात कहने के ढंग में एक जादू है, जिसका प्रभाव पढ़नेवाले पर जो भी रहा हो, स्वयं लेखक पर एकछत्र रहा—चाहे रचनात्मक साहित्य हो, चाहे उस पर चिंतन हो, चाहे उसके बावजूद चिंतन हो, भाषा में वही सम्मोहन, वही अत्यंत भद्र नाज़ुक अंदाज़, अपने-आपमें बेहद डूबी हुई—जिसकी रोचकता और सीमा दोनों को **लाल टीन की छत** में देखा जा सकता है। भाषा में एक हल्का तनाव पैदा करते चलना इस तरह के कुछ शब्द, लेखक के प्रिय शब्द, बार-बार झंकृत होते रहें—उनकी मींड़ और गमक मूल लय के स्थायी रस को अर्थों, बिंबों, ध्वनियों तथा अनुगूँजों के विभिन्न स्तरों पर निचोड़ती रहे...पूरा का पूरा उपन्यास इसी विलंबित लय में, लेकिन इस भावभूमि पर निस्संदेह एक माने हुए कलाकार की शुद्ध शास्त्रीय स्तर की कृति...

कठिनाई वहाँ हो सकती है जहाँ 'इस उपन्यास' के माने को उपन्यास के माने की एक दूसरी हद से शुरू किया जाए—कि उपन्यास भी सब चीज़ों की तरह सबसे पहले जनता की चीज़ है और उसका वास्ता भी आम आदमी की रोज़ की ज़िंदगी, उसकी मुश्किलों और आफ़तों से होना चाहिए। शिकायत हो सकती है कि इस तरह अपने अकेलेपन को काया पर थोपकर उसके अकेलेपन को सोचना सामाजिक दायित्व से पलायन है—अकेलापन भी ऐसा जिसके लिए लेखक स्वयं कहता है कि जैसे वह "... कोई बीमारी है जो भीतर पनपती है, और बाहर से उसे कोई नहीं देख सकता. .." अन्य साहित्यिक विधाओं की अपेक्षा उपन्यास ही एक ऐसी विधा है जिसके माने पाठक से विशेष रूप से (और अगर मैकलुहन की दलील मानें तो छापेखाने तक से) जुड़े हैं। सामाजिक यथार्थ...

हो सकता है लेखक कुछ उलझकर 'केंद्रीय मानव स्थिति' की बात उठाए : (लेखक का) कमिटमेंट "किसी बाह्य सामाजिक सत्य से न होकर, अपने से, केवल अपने से है। और हर लेखक अपने इस कमिटमेंट में बिलकुल अकेला है..." हो सकता है यहाँ वह

राब्ब-ग्रिये से अपनी मुलाक़ात का भी हवाला दे। कभी सार्त्र ने शिकायत की थी कि "राब्ब-ग्रिये की पुस्तकों का उस दुनिया में कोई महत्त्व नहीं जहाँ लाखों बच्चे रोज़ भूख से मर जाते हैं" तब राब्ब-ग्रिये ने चुटकी ली थी कि "मैं समझता हूँ सार्त्र की अपनी पुस्तकें भूख से मरते हुए बच्चों की ज़्यादा मदद नहीं करतीं..." (**'हर बारिश में'** उद्धृत)

बहरहाल, यह मानकर चलना उचित होगा कि **लाल टीन की छत** को उन्हीं शर्तों पर परखना चाहिए जो उसके अंदर से निकलती हों : उस सबको बीच में लाना ज़रूरी नहीं जो उपन्यास में नहीं है, न जिसका किसी उपन्यास में होना अनिवार्य ही है। केंद्रीय मानव स्थिति के परिप्रेक्ष्य में भी उन बातों को उठाया जा सकता है जिनका सबके लिए, या अनेक के लिए, महत्त्व हो। इस उपन्यास द्वारा लेखक किस प्रकार का अनुभव हम तक पहुँचाता है—जीवन से उसका बुनियादी उलझाव क्या है...इन दृष्टियों से भी उपन्यास का विश्लेषण ज़रूरी है। जिन्हें निर्मल की कहानियों ने संतोष दिया होगा उनमें से कुछ ने मेरी तरह शायद यह भी महसूस किया हो कि संतोष का यह बिंदु एक हद भी हो सकती है—संभव है इसी कला को आगे बढ़ाते जाने की अपेक्षा निर्मल जैसा सजग कलाकार स्वयं इस कला से आगे बढ़ना पसंद करे, ख़ासकर जब वह कहानी के बंद कमरे से निकलकर उपन्यास के खुले शहर में प्रवेश कर रहा है। कहानी में कविता का-सा प्रभाव उत्पन्न करना उस माने में अत्यंत आकर्षक था जिस माने में निर्मल कर सके—लेकिन यहाँ मैं भाषा नहीं, भाषा से परे काया की उस मानवीय और औपन्यासिक स्थिति को सोचना चाह रहा हूँ जिस पर उपन्यास आधारित है।

उपन्यास में कई ऐसे प्रसंग आए हैं जो काया की संज्ञा में एक हलचल पैदा करते हैं लेकिन उसे पूरी तरह जगहा नहीं पाते, जैसे गिनी की मृत्यु, मृत शिशु का जन्म और मिस जोसुआ की मृत्यु। ये तीनों ही जीवन के 'बंद सिरे' हैं : जो चीज़ काया को पूरी तरह जगा देती है वह मृत्यु का ठंडा स्पर्श नहीं पहाड़ी स्त्री की अनगढ़, गर्म और कामुक निकटता है। इन प्रसंगों का चुनाव सावधानी और समझदारी से किया गया है, लेकिन इनका इस्तेमाल शायद पूरी कुशलता से नहीं हो सका है। अंत में जिस 'परिवर्तन' को काया में एक परिणति के रूप में विघटित होना चाहिए वह भी एक भावोद्‌गार के रूप में ही प्रकट होता है—"...मैं हो गई थी। मैं ईश्वर के पास पहुँचकर उसके परे निकल गई थी।" मुझे लगा कि जीवन की ओर खुलते हुए इस तरह के संकेतों का अधिक उद्दाम पक्ष लिया जा सकता था। काया की प्रसुप्तावस्था का प्रभावशाली चित्रण हुआ है, लेकिन इस प्रसुप्तावस्था से झकझोरकर जगा दिए जाने का इतना सशक्त प्रभाव अंत में नहीं पड़ता कि उसका अस्तित्व नए सिरे से अर्थपूर्ण लगे। वह संदर्भ जिसमें काया जीती है उस संदर्भ से बिलकुल कटा हुआ लगता है जिसमें वह सोचती है—और यह अंतर बाद तक बना रहता है। वह 'है', क्योंकि वह सोचती है लेकिन उसका यह 'होना' लेखक के चिंतन की अपेक्षा है काया के जीने की अपेक्षा नहीं। उपन्यास में काया की उपस्थिति तो है लेकिन उसकी औपन्यासिक स्थिति कमज़ोर है; क्योंकि वह अपने वर्तमान को भी लेखक की स्मृति में जीती हुई-सी लगती है—उस जीवनधारा की अपेक्षा

नहीं जिससे उसका वर्तमान बनता है। दूसरे पात्रों तथा घटनाओं से उसका कोई ऐसा सार्थक संवाद या अंतर्संबंध नहीं स्थापित होता जो उसके 'होने' की या 'न-हो सकने' की तात्कालिकता को पुष्ट करे : उनसे उसका संबंध भी मानो एक दूसरे तरह का सम्मोहन है जो मुक्त करने या बाँधने की बजाय बार-बार अपनी ही दुनिया में वापस ढकेल देता है और उसे हर रिश्ते को फिर नए सिरे से शुरू करना पड़ता है। यहाँ मैं 'हाड़-मांस के जीवंत कनविंसिंग चरित्र' की बात नहीं कर रहा हूँ, उस 'नियति' की ही बात कर रहा हूँ जो वरजीनिया वुल्फ की मिसेज़ डैलोवे और पास्तेर्नाक की लॉरा को 'कनविंसिंग' बनाती है परंतु काया को नहीं। यह मानकर चलने में भी कि काया का 'अकेलापन' एक केंद्रीय मानव स्थिति का प्रतीक है—विपरीत परिस्थितियों में 'न-हो सकने' की विवशता है—एक मनोदशा विशेष का मार्मिक चित्रण-भर ही उभर पाता है।

इसी सिलसिले में उपन्यास के उस पक्ष पर भी थोड़ा विचार ज़रूरी है जिसका संबंध काया के बाल्यावस्था से यौवन में प्रवेश करने से है और जिसके निश्चित संकेत उपन्यास में हैं। **लाल टीन की छत** में 'इनीसिएशन स्टोरीज़'* या 'इनीसिएशन' विषयों के कई सटीक मोटिफ़ हैं यद्यपि वे उपन्यास की पूरी संरचना में इस तरह संयोजित नहीं कि काया में होनेवाले परिवर्तन की अनिवार्यता को गहरा सकें। कई ऐसे विवरण हैं जिनका सीधा संबंध इनीसिएशन थीम्स से है, जैसे, गिनी की मृत्यु (रक्तपात, मृत्यु), मृत शिशु का जन्म (जीवन-मृत्यु, गोपनीयता), मिस जोसुआ की मृत्यु (रहस्यमयता, मृत्यु), काली का मंदिर (रक्त, धार्मिक अनुष्ठान), पहाड़ी स्त्री का संपर्क, ऋतुस्राव (सेक्स, रक्त, गोपनीयता) आदि—स्वयं लाल टीन की छत मानो पूरे शहर की ऊँघती हुई विराट रहस्यमयता पर चमकते रक्त के एक उतावले धब्बे की तरह कभी जीवन, कभी मृत्यु, कभी दोनों का मिलाजुला किंतु अनिवार्य रंग (मानो काया स्वयं !) इस घुटन और अकेलेपन की दबोच से बाहर निकलने के लिए बेचैन।

यह बदलाव का समय विशेष रूप से 'कठिनाई', 'पीड़ा' और 'मानसिक ऊहापोह' का समय माना गया है जिसका न केवल मनोवैज्ञानिक बल्कि सामाजिक महत्त्व भी होता है। अनेक प्राचीन समाजों और संस्कृतियों में इससे संबंधित विभिन्न धार्मिक और कर्मकांडी प्रथाएँ आज भी किसी न किसी रूप में प्रचलित हैं—विशेषकर कबायली ज़िंदगी में तो इसके काफ़ी हिंसक और बर्बर रूप भी देखे जा सकते हैं। सेक्स, जन्म, मृत्यु, रक्त आदि से संबंधित प्रौढ़ जानकारी का गोपनीय और रहस्यमय वातावरण ही वह दुनिया है जिसे काया अनुभव तो करती है लेकिन समझ नहीं पाती। इन घटनाओं से उसके अंदर ऐसी कोई विस्फोटक प्रतिक्रिया नहीं उत्पन्न होती जो उसकी अपने बारे में या दुनिया के बारे में पुरानी धारणा को जड़ से बदल दे। वे उसकी चेतना में स्वप्न की तरह हैं जो उसकी प्रसुप्तावस्था को तो चित्रित करता है लेकिन उस 'परिवर्तन' के संदर्भ में उनका महत्त्व पूरी तरह नहीं स्थापित होता जिसके लिए इनीसिएशन मोटिफ़

---

* Mordecai Marcus : "What is an initiation story ?" The Journal of Aesthetics and art Criticism, Vol. XIV, No. 2 (Winter 1960)

लिए जाते हैं। बाहरी घटनाओं और लोगों का प्रभाव क्षीण और धीमा है, वैसा तीक्ष्ण और आक्रामक नहीं जैसा हेमिंग्वे ('द इंडियन कैंप'), फ़ॉकनर ('द बिअर') या कैथरीन मैन्सफील्ड ('द गार्डन पार्टी') की कुछ कहानियों में मिलता है, और जो इनीसिएशन संबंधी कहानियों की विशेषता है। उपन्यास की कुल संरचना में भी ये प्रसंग एक निजी मिथक के हिस्से लगते हैं, सामूहिक अंतर्मन की ऐसी शक्तियों से जुड़नेवाली कड़ियाँ नहीं जो मनुष्य के सामाजिक ही नहीं, व्यक्तिगत अर्थों में भी मनोबल का स्रोत हैं और जिसकी पूरी संभावना इस उपन्यास में थी बशर्ते कि काया को उसकी आसपास की ज़िंदगी से इतना अछूता न रखा जाता। यह ठीक है कि जीवन में यह संभव है, लेकिन उपन्यास में इससे अधिक भी संभव था क्योंकि जीवन में बहुत कुछ संभव है ! उपन्यास की एकरसता को किसी हद तक शिल्प के स्तर पर भी कम किया जा सकता था—जैसा कि 'तसल्ली से परे' खंड में परिप्रेक्ष्य को बदलकर किया गया है—लेकिन शिल्प को उतना महत्त्व नहीं दिया गया है जितना भाषा को और उसी के अनुरूप एक ख़ास तरह की संवेदना को।

निर्मल पूरी तरह सचेत हैं कि जो चीज़ उनके लेखन को दमदार बनाती है वह विशेष रूप से उनकी भाषा रही है और शायद इसी का आग्रह है जो उन्हें अपने अनुभवों की दुनिया में खुला नहीं छोड़ती—उन्हें कुछ ख़ास तरह के ही अनुभवों का चुनाव करने के लिए बाध्य करती है। यह भाषा जहाँ अपने-आपमें एक खूबसूरत अनुभव है वहीं वह एक खूबसूरत पर्दादारी भी है जो अकसर किसी सत्य को उद्घाटित करने से ज़्यादा छिपाती है : इसे ही अगर आप 'संपूर्ण कला' नहीं मानते तो संभव है आपको निर्मल की कला से थोड़ी परेशानी हो—निराशा नहीं होगी यदि आप उस तरह के शब्दों के शौकीन हैं जिनके लिए निर्मल ने कहा है, "ऐसा कई बार होता है कि स्मृति—किसी घटना की स्मृति—मिट जाती है, केवल शब्द रह जाते हैं। वे अलग हवा में झूलते हैं। मुझे ऐसे शब्द इकट्ठा करने का शौक़ है...वे अलग हैं, घटनाएँ अलग हैं, कम-से-कम मैं इन्हें अलग रखना चाहता हूँ...क्योंकि मैं जानता हूँ कि कोई भी शब्द इस घटना के तात्कालिक सत्य, उसकी धड़कन, उसके गर्द और पसीने को नहीं घेर सकते, जो बीत गया है।" **(हर बारिश में)** ऐसे शब्दों द्वारा जीवनानुभूति के कुछ तीव्रतम क्षणों को स्मृति में छू सकने की निर्मल में अद्भुत क्षमता है—वह कुछ जिसकी सचाई और गहरी मानवीयता हमें अभिभूत करती है।

1974 : 'आलोचना' में प्रकाशित।

कहानी के नये परिवेश : निर्मल वर्मा का 'परिन्दे' और उषा प्रियंवदा का 'ज़िंदगी और गुलाब के फूल'

नयी कहानी का नयापन भी बहुत कुछ उन्हीं संवेदनाओं का विश्लेषण होगा जिन्हें हम आज के साहित्य का विशिष्ट बोध मानते हैं। मार्क्सवाद और अस्तित्ववाद दोनों ही ने आज के मनुष्य को अपनी स्थिति अधिक तार्किक ढंग से समझने की ओर प्रोत्साहित किया है। समझने और समझाने का साधन, यानी भाषा, आज उसके लिए एक साहित्यिक महत्त्व ही नहीं वैज्ञानिक वास्तविकता भी रखती है। हर क्षेत्र में मनुष्य अपने-आपको अपनी परिस्थितियों के लिए कुछ इस तरह ज़िम्मेदार पाता है कि नए मानव-मूल्यों की खोज और उनका विश्लेषण उसके लिए अत्यंत आवश्यक हो गया है। इन सबका क्रांतिकारी प्रभाव उसकी चिंतनविधि और साहित्य पर पड़ा है। प्रस्तुत दोनों संग्रहों को लेकर कुछ ऐसे तथ्य सामने आते हैं जो कहानी ही नहीं, साहित्य की अन्य विधाओं के संदर्भ में भी विचारणीय हैं।

उषा प्रियंवदा की एक कहानी को लेकर जो लंबी चर्चा **नयी कहानियाँ** में आरंभ हुई थी उसने कुछ उत्सुकता अवश्य जगाई थी, लेकिन बहुत आश्वस्त नहीं किया। वह चर्चा कहानी पर न केंद्रित रहकर कहानीकारों पर अधिक मुखर रही : नए और पुराने को लेकर—'नयी कविता' के वज़न पर—एक ऐसे वाद-विवाद में फँसी कि उससे नयी या पुरानी कहानी के बारे में कोई निष्कर्ष निकालना कठिन हो गया। यह शायद लेखिका के हित में ही रहा कि उससे शुरू हुई चर्चा शीघ्र ही उसे छोड़कर दूसरों पर समाप्त हुई—या दूसरे उससे समाप्त हुए ! उस लंबी कहा-सुनी की सबसे बड़ी निष्फलता मुझे यही लगती है कि किसी ने उस अत्यंत महत्त्वपूर्ण परिवर्तन की छानबीन करना आवश्यक नहीं समझा जो आज की कहानी के कथा-वस्तु में उतना नहीं परिलक्षित होता जितना कहानीकार की विज्ञान-युगीन संवेदनाओं में : कला की दृष्टि से कहें तो, एक मौलिक ढंग से जीवन से उलझ सकने की क्षमता में।

शुद्ध कथानक को लें तो **ज़िंदगी और गुलाब के फूल** की कोई भी कहानी प्रेमचंद-कालीन हो सकती थी, लेकिन उन कहानियों के माध्यम से लेखिका जिस प्रकार

जीवन को सोचती है वह मूलतः उस युग से भिन्न है—समकालीन है। उदाहरण के लिए इस संग्रह की एक कहानी **कटीली छाँह** को लिया जा सकता है। कहानी का सारा वातावरण और चरित्र पूर्वपरिचित—'टाइप्स'—लगते हैं, और पाठक जबकि उससे कोई नयी बात पाने की आशा लगभग छोड़ चुका होता है, कहानी का अंतिम वाक्य इस तरह सामने आता है कि सारी कहानी एक सर्वथा नया अभिप्राय, एक नितांत मौलिक दृष्टिकोण का बल पा जाती है।

इस संवेदना का नयी कहानी के संदर्भ में विशेष महत्त्व है जो कहानी के क्षेत्र में धीरे-धीरे विकसित हुई है, जबकि कविता के क्षेत्र में इसके परिवर्तन का ढंग अधिक व्यक्ति-केंद्रित—इसलिए अधिक क्रांतिकारी—रहा। 'नयी कविता' की तरह जनरुचि के शासन की अवहेलना करके भी परिवर्तित होना नयी कहानी के लिए संभव भी न था। **ज़िंदगी और गुलाब के फूल** की कहानियाँ कहीं भी एक नए तरह के पाठक की माँग नहीं करतीं : सामान्य अनुभवों को इस तरह नया संदर्भ देती हैं कि उसको कहीं भी संस्कारगत धक्का नहीं लगता। अपेक्षाकृत, कहा जा सकता है, निर्मल वर्मा की कहानियाँ काव्य-चेतना के अधिक निकट हैं—लेकिन उसकी चर्चा बाद में करूँगा।

फॉर्म की दृष्टि से, जैसाकि मैंने अभी कहा, उषा प्रियंवदा की कहानियाँ पुराने के अधिक निकट हैं : दूसरे शब्दों में, वे साहित्य के अन्य 'प्रकारों' से सबसे कम प्रभावित। नयी कहानी के कई ऐसे तत्त्व हैं जिनका सीधा संबंध उन प्रश्नों से है जो साहित्य के अन्य क्षेत्रों में उठे या उठाये गए (निर्मल वर्मा ने अपनी कहानियों में कई जगह भाषा और शब्दों की ओर संकेत किया है) इसीलिए शायद आज कहानी को लेकर टेकनीक की बात उठाना इतना आवश्यक नहीं लगता जितना शायद कुछ दशकों पहले लगता। कुछ अन्य कारणों से उषा प्रियंवदा की कहानियों को लेकर भी टेकनीक की बात उठाना बहुत ज़रूरी नहीं लगता : आधुनिक विचारों और रहन-सहन का जो नया संस्कार लेखिका के मूलतः भारतीय दृष्टिकोण पर पड़ा है वह अधिक आकर्षित करता है। कहानियों में तमाम रूढ़ि-परिस्थितियों और घटनाओं से गुज़रते हुए भी वे अपने को रूढ़ि-निष्कर्षों से बचाती हैं : मानो जीना ही नहीं, समझदारी से जीना ज़्यादा ज़रूरी है। किसी भी स्तर पर जीते हुए वे विवेक की तरफ़दार हैं, मानो लेखिका इस तथ्य के प्रति बराबर सचेत है कि स्वस्थ जीवन-मूल्य मनुष्य की इच्छा-क्षमता से अधिक उसकी चिंतन-क्षमता पर निर्भर करते हैं। इस आग्रह के बावजूद भी कहानियाँ एक सहज प्रभाव मन पर डालती हैं—कि कहानी मुख्यतः जीवन-वस्तु है। बात को सँभालकर कहना, जीवन में पूरी तरह रमकर कहना—फॉर्म को अपने आप पर छोड़ देना। टेकनीक गौण है लेकिन अनुभूत इतना खरा और पैना उतरता है कि टेकनीक की बात उठाना ज़रूरी नहीं लगता—बल्कि यह आशंका होती है कि लेखिका से इससे भिन्न कोई आशा करना शायद उसके संवेदनाओं की ताज़गी और सचाई को धुँधला कर दे। हर कहानी एक सार्थक प्रभाव मन पर डालती है, जिसके पीछे जीवन से घनिष्ठ संपर्क और सूक्ष्म निरीक्षण झलकता है। भावनाओं में भी कायरता या दुर्बलता नहीं, विचारों की-सी गरिमा,

संयम और गहराई है। ऐसा लगता है कि लेखिका की सफलता कहानी-कला में कोई बहुत मौलिक प्रयोग के कारण उतनी नहीं जितनी कुछ परिचित कमज़ोरियों से अपने को बचा जाने के कारण है। हिंदी के लिए शायद यह सिद्ध कर सकना भी काफ़ी नयी चीज़ है कि भावनाओं को बिना कुंठित किए भी नियंत्रित रखा जा सकता है।

फॉर्म की दृष्टि से **परिन्दे** की कहानियाँ, कह आया हूँ, कविता के अधिक निकट हैं। उनमें जीवन का अध्ययन है, मात्र सर्वेक्षण नहीं। वे यथार्थ को अनुभव के कई स्तरों पर एक साथ छूती हैं। उनका कथा-वस्तु बहुत विस्तृत नहीं—यह उनका लक्ष्य भी नहीं—उनमें जीवनानुभव की आत्मिक और मनोवैज्ञानिक सचाई उभारने की अधिक कोशिश है।

परिन्दे में 'मूड' की एकता है। यह एकता इतनी स्पष्ट है कि सारी कहानियों को इकट्ठा देखने पर उन्हें वह लगभग एक औपन्यासिक आकार-सा देती लगती है। यह 'मूड' जो मूलतः रोमांटिक 'एगोनी' का ही अधिक प्रच्छन्न रूप है, कहानियों से अपने को अलग नहीं रख पाता—कई स्तरों से यथार्थ को उधेड़ता है। लगता है, यह 'मूड' और इस 'मूड' से अभिन्न लेखक का व्यक्तित्व ही मूल यथार्थ है, कहानियाँ केवल सहायक उपकरण। उषा प्रियंवदा के चरित्र स्वाभाविक आकांक्षाओं और आवश्यकताओं वाले लोग हैं, रोज़ के आर्थिक और आपसी संबंधों के बीच। वे जीवन को लेकर कोई बुनियादी सवाल नहीं उठाते। निर्मल वर्मा एक रचनाकार की हैसियत से सारे जीवन-वस्तु को विवेचनीय मानते हैं। उनका उलझाव अधिक रचनात्मक है, इसलिए अधिक जटिल और व्यक्तिगत। प्रतीकरूप से कई संकेतपूर्ण चित्र निर्मल वर्मा की कहानियों से निकाले जा सकते हैं, जो कहानीकार की अपनी मनःस्थिति के द्योतक हैं; उदाहरण के लिए, 'अँधेरे में' कहानी में बीरेन चाचा की काटेज या **परिन्दे** कहानी में लतिका। किसी न किसी रूप में 'विपन्नता' कहानियों का स्थायी रंग लगती है। 'डायरी का खेल' में बिट्टो, 'माया का मर्म' की जीजी; 'पिक्चर पोस्टकार्ड', 'तीसरा गवाह'...हर कहानी में हम एक परिचित द्रष्टा को हिस्सा लेते पाते हैं।

जीवन-वस्तु और रचनाकार के बीच यह अभिन्नता, यह व्यक्तिगत उलझाव, उसकी कृति को एक ऐसा संघटन देती है जिसे मुख्यतः काव्य-चेतना के संदर्भ में ही समझा जा सकता है। इसीलिए निर्मल वर्मा की कहानियों को उन्हीं शर्तों पर नहीं ग्रहण किया जा सकता जिन शर्तों पर उषा प्रियंवदा की कहानियों को क्योंकि उषा प्रियंवदा ज़्यादातर 'टाइप' चरित्रों और परिस्थितियों के द्वारा एक विशेष संवेदना को प्रसार-सा देती लगती हैं, जबकि निर्मल वर्मा जैसे चरित्रों और परिस्थितियों की अपेक्षा प्रतिकृत होते हैं।

जीवनानुभव ने कितने व्यापक कोटि का आत्ममंथन एक रचनाकार में जगाया है इसका घनिष्ठ संबंध उसकी रचना-प्रक्रिया से होता है। इसीलिए एक अप्रौढ़ कृति को उच्च कोटि की रचना से अलग करनेवाले तत्त्व अनुभवों पर इतना निर्भर नहीं करते जितना अनुभव करनेवाले पर ! इन दोनों संग्रहों में एक विशेष बात ध्यान देने की है। उषा प्रियंवदा आसानी से सुधारवादी क़िस्म की सतही सामाजिक कहानियाँ लिख ले जा

सकती थीं—जो अकसर वस्तुपरक कला की कमज़ोरी होती है। इसी प्रकार निर्मल वर्मा की अधिक व्यक्तिपरक रोमांटिक कहानी-कला भी मात्र कल्पनामयी प्रयोगप्रियता होकर रह जा सकती थी। लेकिन दोनों ही कहानीकार अपने को इन ख़तरों से बचा ले जाते हैं, क्योंकि दोनों ही अपनी स्वाभाविक प्रवृत्तियों की अपेक्षा उस शिक्षित जिज्ञासा को प्राथमिकता देते हैं जिसके बिना यथार्थ की सही पकड़ असंभव है। और यह, मेरे विचार से, आधुनिक या नयी कही जानेवाली संवेदना का एक महत्त्वपूर्ण पहलू है।

प्रतीक शैली में अस्तित्व पर चिंतन करते हुए निर्मल वर्मा, तथा सामाजिक स्तर पर व्यक्ति और व्यक्तियों के बीच की विषमताओं को सोचती हुई उषा प्रियंवदा—दोनों ही विचारणीय समस्याओं को उठाते हैं। लेकिन, अपेक्षाकृत ऐसा लगता है कि निर्मल वर्मा का अस्तित्व-बोध अधिक बुनियादी कारणों से उपजता और अधिक स्थायी समाधानों को खोजता है। उनके चिंतन की भंगिमा दार्शनिक है। उषा प्रियंवदा यद्यपि सहसा अधिक विविधता और मार्मिकता का आभास कराती हैं लेकिन वे किसी ऐसे विचारकोण से जीवन को नहीं देखतीं कि व्यक्ति अपनी परिस्थितियों से बड़ा लगे—काम्यू के सिसीफस की तरह। निराशापूर्ण स्थितियों में भी आज का मनुष्य अपने को साहसी और अपराजित देखना चाहता है—हताश और दीन नहीं। इस प्रकार अपने को देखना मनुष्य के लिए कोई नयी बात नहीं, लेकिन इसे एक ईमानदार रचनात्मक तर्क दे सकना अवश्य कला को एक नया आयाम दे सकता है।

निर्मल वर्मा इस आवश्यकता की ओर सचेत हैं। ऐसी स्थितियों से गुज़रते हुए भी जिन पर मनुष्य का वश नहीं, वे उन स्थितियों से बड़ा दृष्टिकोण रखकर चलने की कोशिश करते हैं : जीवन को इस प्रकार देखना चाहते हैं कि मनुष्यता की छोटी-से-छोटी जीत भी उसकी निराशाओं से अधिक गौरवपूर्ण लगे। 'माया का मर्म' कहानी में सहसा यथार्थ की कटुता से भी अधिक महत्त्वपूर्ण हो जाती है परियों की वह कहानी जो नितांत काल्पनिक होते हुए भी, सुंदर में मनुष्य के विश्वास का प्रतीक है—एक शुद्ध पलायन-भावना, भाषा के प्रतीकात्मक प्रयोग से, एक नया तात्पर्य पा जाती है।

उषा प्रियंवदा की भाषा इस दृष्टि से अधिक वस्तु-संबंधी ही रहती है, और इसीलिए शायद उपरोक्त अर्थ में कुछ सीमित भी। जीवन में आस्था व्यक्त करते हुए भी उनके चरित्र अपनी परिस्थितियों के अंतर्गत रहते हैं, वे कठिनता से कहीं विद्रोही या साहसिक नज़र आते हैं। इस दृष्टि से निर्मल वर्मा की भी कई कहानियाँ शिथिल जान पड़ती हैं, लेकिन उनका आचरण, भाषा के अधिक हेतुपूर्ण इस्तेमाल के कारण, पाठक को नयी रचनात्मक दिशाओं में सोचने के लिए प्रोत्साहित करता रहता है। यदि उषा प्रियंवदा के 1961 में प्रकाशित उपन्यास **पचपन खंभे लाल दीवारें** की चर्चा यहाँ बहुत अप्रासंगिक न हो तो मेरी बात और स्पष्ट हो सकती है। सुषमा और नील का प्रेम जिन कारणों से असफल रह जाता है उनके पीछे कहीं मनुष्य के संकल्प-शक्ति और बुद्धिमत्ता की पराजय झलकती है। उस प्रेम की एक सपाट 'सफलता' यह होती कि दोनों का विवाह हो जाता : उतनी ही सपाट 'असफलता' यह रही कि दोनों अलग हो

गए बिना किसी ऐसे कारण के जिसकी अनिवार्यता अधिक तर्कसंगत होती। उस प्रेम का ऐसे कारणों को लेकर समाप्त होना जिनकी जड़ें मनुष्य के अज्ञान और अंधविश्वास में हों, ऐसे मूल्यों में हमारे विश्वास को आघात पहुँचाता है जो विवेक-जनित हैं। प्रश्न यह नहीं कि 'क्या ऐसा संभव नहीं ?'—प्रश्न है, ऐसी संभावनाओं का एक कृति में स्थान क्या रखा गया है। राम और रावण के संघर्ष में—शुद्ध यथार्थ की दृष्टि से—यह भी जायज़ होता कि रावण जीतता; लेकिन राम का पक्ष कवि के लिए वस्तुतः सही जीवन-मूल्यों का भी पक्ष है, और इसलिए वह एक बृहत्तर यथार्थ है।

दुखांत नाटकों पर अरस्तू के विचारों के आधार पर 'दुखांत' और 'दयनीय' के बीच शायद एक ख़ास तरह का भेद करना उपयोगी हो सकता है। 'दुखांत'—क्लासिकल अर्थ में—शायद मनुष्य के संकल्प-शक्ति (विल पावर) के अपव्यय की अनुभूति है, जबकि उस संकल्प-शक्ति के ह्रास की अनुभूति 'दयनीय' है। ग्रीक दुखांत नाटकों या शेक्सपियर के दुखांत नाटकों को सोचने पर यह बात स्पष्ट हो जाएगी। संस्कृत नाटककारों ने इसी संकल्प-शक्ति को सुखान्त नाटकों द्वारा देवत्व-पद तक का बड़प्पन दिया। आज के मनुष्य का इतिहास-बोध भी--यद्यपि बिलकुल दूसरी तरह—अपने को एक स्वतंत्र, क्रियाशील चेतना के रूप में पहचानना चाहता है। उसकी दिलचस्पी अब अपने सामाजिक-आर्थिक विवशताओं के चित्रण में उतनी नहीं जितनी उन बौद्धिक और वैज्ञानिक संभावनाओं में है जो उसे उन विवशताओं से उबार सकें। भाग्यवादी ढंग की मान्यताओं में उसकी आस्था शिथिल हो चली है।

ज़िंदगी और गुलाब के फूल की कई कहानियाँ, संकेत किया जा चुका है, इस दृष्टि से आधुनिकता की तरफ़दार हैं अवश्य, लेकिन अकसर वे 'दयनीय' की ही अनुभूति कराके रह जाती हैं, 'दुखांत' का महत् पक्ष पूरी तरह अभिव्यक्त नहीं हो पाता। निर्मल वर्मा जब अस्तित्व के प्रति एक आत्मचेतन 'स्टैंड' लेते हैं—आत्मकेंद्रित नहीं—तब वे संभवतः आज के मनुष्य का अधिक ज़िम्मेदार पक्ष चित्रित करते हैं।

1962 : 'कल्पना'।

खरगोश के रोयें-जैसे गद्य को सहलाते हुए

निर्मल का लिखा कुछ पढ़ते समय मैंने अकसर पाया है कि मैं अनजाने ही उसे बहुत धीमी रफ़्तार से पढ़ने लग गया हूँ—लगभग उस गद्य को सहलाते हुए, खरगोश (निर्मल का प्रिय बिंब) के रोयों की तरह, मुलायम उसकी त्वचा को। उस गद्य को, लगता है, तेज़ी से पढ़ना या पढ़ जाना, उस ख़ास लय के साथ हिंसा होगी जो निर्मल के गद्य की रचावट का सबसे आत्मीय और काव्यमय प्रसंग है, जिसे मानो वे खुद एक नाजुक (फ्रैजाइल) चीज़ की तरह उतने एहतियात से लेकर चलते हैं कि कहीं वह किसी सख़्त चीज़ से टकराकर या खुरदुरी चीज़ से रगड़ खाकर टूट-बिखर न जाए।

निर्मल की कहानियों में आपसी रिश्तों की भीतरी तहें हैं, गाँठें हैं, टूटनें हैं, असमंजस हैं, पीड़ाएँ हैं, लेकिन वस्तुओं के साथ रिश्तों का आतंक न्यूनतम है। "एक पुरानी पीड़ा का टेप, जिसका संबंध किसी दूसरी ज़िंदगी से है...चीज़ें और आदमी कितनी अलग हैं !" उनकी कहानियों में जुनून नहीं है, न तूफ़ान है; एक उदास और भद्र किस्म की फ़िक्र है, अनुभव की अपेक्षा अनुभूति के सबसे ज़्यादा चोट खाए, या चोट खाते हिस्सों को सावधानी और संकोच से खोलकर दिखाती हुई। इस तकलीफ़ पर चिंतन की उनकी अपनी सिलवटें और 'मेटाफिज़िक्स' है जिसकी परिचित शब्दावली को हम **कव्वे और काला पानी** में फिर एक बार अपनी पूरी गरिमा और वैभव में बरक़रार पाते हैं। "वह क्षण-भर देहरी पर ठिठक गया, 'मैं चलता हूँ' उसने कहा। पता नहीं, यह बात उसने किससे कही थी, किंतु जहाँ वह बैठी थी, वहाँ से कोई आवाज़ नहीं आई। वहाँ उतनी ही घनी चुप्पी थी, जितनी बाहर अँधेरे में, जहाँ वह जा रहा था।" ('एक दिन का मेहमान')

"हम चैनेल पार कर रहे हैं...नीचे देखा, कुछ भी दिखाई नहीं देता था—न समुद्र, न लाइट हाउस, सिर्फ़ अँधेरा, अँधेरे में बहता हुआ अँधेरा...फिर कुछ भी नहीं। और तब नीचे अँधेरे में झाँकते हुए उसे खयाल आया कि वह चैनेल जो नीचे कहीं दिखाई नहीं देता था, असल में कहीं भीतर है...उसकी एक ज़िंदगी से दूसरी ज़िंदगी तक फैला हुआ : जिसे वह हमेशा पार करता रहेगा, कभी इधर, कभी उधर, कहीं का भी नहीं, न कहीं से आता हुआ, न कहीं पहुँचता हुआ...।" (**कव्वे और काला पानी**, पृ. 178)

"पापा, क्या तुम अब भी अपने आपसे बोलते हो ?"

"हाँ, लेकिन अब मुझे कोई नहीं सुनता..."

कव्वे और काला पानी संकलन की सबसे लंबी कहानी है, और निर्मल की कहानियों के 'मूड' को उसकी पूरी संपन्नता में पकड़ती हुई। और कुछ भी है जो निर्मल की पिछली कहानियों से अलग है—'धूप का एक टुकड़ा' या 'लंदन की एक रात' जैसी कहानियों से अपेक्षाकृत भारतीय परिवेश में ज़्यादा बसा हुआ उनका मन—सप्रयास नहीं, अनायास मानो किसी गहरे निर्वेद की समरसता में डूबता-उतराता, तन्मयता खोजता !

"बाहर धुंध में ठिठुरते हुए वह दुनिया कितनी बेगानी जान पड़ती है : सहसा एक रिरियाते-से डर ने मुझे पकड़ लिया अगर कोई मुझे अचानक इस सुंदर और सुरक्षित दुनिया से बाहर फेंक दे तो मेरा क्या होगा...मैं उस टिड्डे की तरह अँधेरे में चक्कर लगाऊँगा जिसे एक उँगली से पकड़कर ड्राइंगरूम की खिड़की से बाहर फेंक दिया जाता है...और जो दोबारा कभी भीतर आने का रास्ता नहीं ढूँढ़ पाता..." (**कव्वे और काला पानी**, पृ. 149)

निर्मल की कहानियों को पढ़ते समय एक विचार मन में बार-बार उठता है—उनमें ऐसा कुछ नहीं होता लगता जो पिछले कुछ हुए, या किए, को खारिज करके आगे बढ़ता हो। उनकी कहानियों में अतीत की जितनी सशक्त उपस्थिति होती है उतनी वर्तमान, या भविष्य, की नहीं। कहीं-कहीं तो ऐसा लगता है मानो वर्तमान को इस तरह उलट दिया गया है कि वह अतीत के लिए एक 'बैक ड्राप' का काम कर रहा है। इसीलिए शायद उनके वर्तमान के भी वर्णनों में 'स्मृति' का-सा धुँधलका रहता है—आलोक भी मानो एक पारदर्शी अँधेरे से नहलाया हुआ, जिसे हम निर्मल की कहानियों का ख़ास रंग कह सकते हैं। यह रंग काफ़्का की कहानियों के वातावरण की याद दिलाता है और यह असंभव नहीं कि निर्मल की कहानियों में वह वहीं से आया हो जहाँ से काफ़्का में—प्राहा नगर (चेकोस्लोवाकिया) के गिरजे, इमारतें, सड़कें—जगह-जगह उसी रंग की प्रतीतियाँ जगाते हैं। लेकिन यह निर्मल की कहानियों का अंदरूनी रंग नहीं है, जैसा कि काफ़्का में वह है; वह निर्मल की कहानियों के दामन का रंग है। भीतर कहीं निर्मल के भावबोध में विशुद्ध भारतीय संस्कारों की गहरी छाप है—सबसे ज़्यादा चीज़ों को लेकर उनकी विरक्ति, बल्कि अनासक्ति में।

निर्मल की कहानियों में जगहों का असाधारण महत्त्व होता है, जिन्हें उनकी संवेदना एक ख़ास तरह से चमत्कारिक और रहस्यपूर्ण बनाती है। प्रकृति की एक सशक्त चारित्रिक उपस्थिति होती है—कभी सापेक्ष, कभी निरपेक्ष और अकसर पात्रों को लगभग आप्लावित करती हुई। हार्डी के उपन्यासों में वेसेक्स के लैंडस्केप्स एक विराट मंच की तरह हैं जिन पर मनुष्य की त्रासदी का नाटक खेला जाता है : निर्मल की कहानियों/उपन्यासों में प्रकृति उनकी भीतरी भावनाओं और विचारों की मानो दिखाई पड़नेवाली ऊपरी त्वचा है, अत्यंत नर्म और संवेदनशील। यह शायद नितांत आकस्मिक नहीं कि पहाड़ी प्रदेशों की जो छवि बार-बार उनकी कहानियों में उभरती है, उसके पीछे कहीं निर्मल के निजी अनुभवों की यादें तो हों ही, प्राकृतिक दृश्यों का वह आदि और

अनछुआ रूप भी हो जो पहाड़ों में अब भी काफ़ी हद तक सुरक्षित है। निर्मल की कहानियों का 'मूड' प्रकृति के इसी सौम्य और मनीषी रूप को नज़दीक से प्रतिबिंबित करता है। कभी-कभी लगता है, निर्मल जगहों को एक ख़ास तरह इस्तेमाल करते हैं, अपनी सूक्ष्म—लगभग पारदर्शिता की हद तक सूक्ष्म—भावनाओं को थोड़ा अपारदर्शी बनाने के लिए, अपनी भावनाओं के बहुत हल्के रंगों को थोड़ा गाढ़ा करने के लिए। समरसता के बावजूद इसीलिए उनके 'लैंडस्केप्स' हर कहानी में नयी तरह आविष्कृत लगते हैं। 'लैंडस्केप्स' जो अपनी प्राकृतिक या नैसर्गिक या रोमांटिक छटा के कारण इतना नहीं आकृष्ट करते जितना उन कुछ पात्रों के कारण जिन्हें निर्मल बहुत सँभालकर इन 'लैंडस्केप्स' में रखते हैं—उनके और पाठक के बीच के फ़ासलों को करीब-करीब मिटाते हुए, पर एक बहुत ज़रूरी और मानवीय संकोच को बरक़रार रखते हुए, जैसा संकोच **कव्वे और काला पानी** कहानी में छोटे और मास्टरजी तथा छोटे और उसके संन्यासी भाई के बीच रखा गया है।

निर्मल की कहानियों के अंतरंग तक पहुँचने के लिए उनको सामान्य से अधिक मौक़ा देना पड़ता है। उनसे एक घनिष्ठता बनानी और फिर बढ़ानी होती है। उनके लिए हमारे पास पहले ही से कोई तैयारी नहीं होती, या इतनी कम और अलग तरह की होती है कि पहले परिचय में, मुमकिन है हम निर्मल की कहानियों के उस मूलार्थ तक ही न पहुँच पाएँ, जो यथार्थ के हूबहू चित्रण से नहीं, उसके, और खुद के भी, लगभग तटस्थ अन्वीक्षण से निकलता है—कहानी के पारंपरिक कहानीपन को प्रायः खारिज करता हुआ। निर्मल की कहानियाँ भौतिक यथार्थ की बहुत विविध और बड़ी ज़मीन को नहीं समेटतीं, यथार्थ के सार को अनुभव के एक सीमित संसार में पाने की कोशिश करती हैं। इसीलिए शायद निर्मल की कहानियों में विविधता की अपेक्षा शुरू से ही एक ख़ास शैली और 'मूड' के परिमार्जन का इतिहास ज़्यादा मुखर रहा है। **कव्वे और काला पानी** इस दिशा में एक महत्त्वपूर्ण प्रगति है।

1989 : 'आलोचना' में प्रकाशित।

'राग दरबारी' : श्रीलाल शुक्ल

शिवपालगंज, समझ लीजिए, उत्तरप्रदेश का कोई एक ठेठ पिछड़ा हुआ गाँव है : साधारण लोगों की बस्ती और ग्रामीण स्तर की उनकी तिकड़में, दाँवपेंच, खींचतान। चटपटी विवरण शैली में लेखक इस ऊबड़-खाबड़ दृश्य पर विचरता है। जैसे-जैसे उपन्यास आगे बढ़ता पात्र भी धीरे-धीरे विकसित होने लगते, और उनके लघु-चरित्रों में हम एक बृहत्तर सामाजिक-राजनीतिक ढाँचे को चलानेवाले चरित्रों को पहचानने लगते। इस पहचान की विद्रूपता, और जगह-जगह जानबूझकर खींची गई एक औसत नेता से उनकी नटखट तद्रूपता और भारतीय राजनीतिक जीवन में उनकी भयानक भूमिका—लेखक के अचूक व्यंग्य की सामग्री बनते हैं। लेखक के गहरे मानवीय सरोकार, हास्य और व्यंग्य पर तलस्पर्शी पकड़, उसकी कला में बारीक़ी से बुने हुए हैं। वास्तविक और ठेठ, स्थानीय और सार्वभौमिक का जोड़-तोड़ कुछ इस तरह आमने-सामने चलता है कि उपन्यास में प्रामाणिकता और प्रहार कहीं भी अपने लक्ष्य से चूकते नहीं। **राग दरबारी** में वातावरण अतिरिक्त महत्त्व रखता है। उसमें एक ढीठ क़िस्म का चारित्रिक गुट्ठलपन है जो न तो खुद ही बदलता है न अपने आसपास कुछ बदल पाने में समर्थ साबित होता है। इस धूसर ग्रामीण मंच पर जैसे-जैसे मनुष्य जीवन का नाटक एक बृहत्तर आकार लेता है कुछ महत्त्वपूर्ण बिंदु उभरते हैं—कभी टिप्पणियों तो कभी पैने वेक्षण के रूप में। न्याय और हक़ की लड़ाई में लंगड़ जैसे पात्र का मोर्चे पर डटे रहने का करुण पराक्रम मानो अँधेरे में दम तोड़ती एक गुहार है कि बचाओ इस देश को हमारे राष्ट्रीय और निजी जीवन में घर कर गई चारित्रिक अधःपतन की राक्षसी माया से !

राग दरबारी के पहले से ही श्रीलाल शुक्ल **अंगद के पाँव** में एक कुशल व्यंग्यकार की पक्की पहचान बना चुके हैं। भाषा को बरतने का उनका अपना एक अंदाज़ है जिसमें एक स्तर पर अगर संस्कृत साहित्य के अभिजात्य हास्य की शिष्ट छटा है, तो दूसरी ओर बोलचाल की अवधी का तगड़ा मुँहफट हँसोड़पन भी। **राग दरबारी** निश्चय ही हिंदी साहित्य की उन श्रेष्ठतम उपलब्धियों में से है जिसने व्यंग्य-प्रधान उपन्यासों को शास्त्रीय ऊँचाइयों तक पहुँचाया है।

राग दरबारी की सफलता किसी नए शिल्प या नए कथानक की खोज में नहीं है

बल्कि उपन्यास के परिचित—बल्कि कहूँगा अति परिचित—शिल्प के कुशल निर्वाह में है। इसीलिए बहस उपन्यास के उन्हीं तत्त्वों तक भी घूम-फिरकर रह जा सकती है जिन तत्त्वों पर काफ़ी बहस हो चुकी है। **राग दरबारी** का शिल्प किसी पुरानी परंपरा को नहीं तोड़ता, न किसी नयी ज़मीन को। लेखक शिल्प की पेचीदगी में न पड़कर विषय-वस्तु को प्राथमिकता देता है। और यहीं हमारा ध्यान इस तथ्य की ओर जाता है कि श्रीलाल शुक्ल मुख्यतः व्यंग्यकार हैं। यह दूसरी बात है कि उन्होंने व्यंग्य का माध्यम निबंध न चुनकर (जिसका एक उत्कृष्ट उदाहरण उनका **अंगद के पाँव** है) उपन्यास को चुना (जिसका एक औसत उदाहरण उनका **अज्ञातवास** है)। दूसरा तत्त्व जिसे ध्यान में रखना ज़रूरी है वह यह कि व्यंग्यकार होने के कारण लेखक ने जो भी विषय चुना है वह व्यंग्य के अंतर्गत है। बात को और स्पष्ट करूँ तो **राग दरबारी** एक आंचलिक उपन्यास भी हो सकता था जिसमें कहीं-कहीं व्यंग्य का पुट होता, लेकिन जिस रूप में **राग दरबारी** हमारे सामने है वह एक व्यंग कृति है जिसमें कहीं-कहीं आंचलिकता का पुट है। इसे मैं उपन्यासकार से अधिक व्यंगकार की सफलता मानता हूँ कि आंचलिकता के गहरे दवाव के बावजूद यह कृति मुख्यतः एक व्यंग कृति रहती है। रेणु के उपन्यासों की सफलता ने जहाँ आंचलिक उपन्यासकारों की एक भीड़-सी पैदा कर दी है वहाँ श्रीलाल शुक्ल ने अपने को उस आसान सफलता से बचाया है जो उन्हें भी उसी श्रेणी में रख देती। **राग दरबारी** से सिद्ध होता है कि श्रीलाल शुक्ल आसानी से एक अत्यंत सफल आंचलिक उपन्यास लिख सकते थे। जिस प्रकार शिवपालगंज की आंचलिक पृष्ठभूमि पर विभिन्न स्तरीय चरित्रों को खींचते हैं और उनके आपसी तनाव और स्वाभाविक गुण-दोषों से उपन्यास का ढाँचा खड़ा करते हैं वह अच्छे से अच्छे आंचलिक उपन्यासकार के लिए ईर्ष्या का कारण हो सकता है। गाँव के चरित्रों को गहराई, सूझबूझ और घनिष्ठता से चित्रित कर सकने की अपूर्व क्षमता श्रीलाल शुक्ल में है, लेकिन आंचलिक उपन्यासकारों वाली हल्की भावुकता और लिजलिजापन उनमें नहीं है। उनके लिए गाँव का जीवन उस तरह का भावुक रंग लिए हुए नहीं है जिस पर व्यंग करते हुए लेखक ने एक जगह बाबू मैथिलीशरण गुप्त की प्रसिद्ध पंक्तियाँ याद की हैं :

'अ ह ह ग्राम जीवन भी क्या है
काशीफल कुष्मांड कहीं हैं
कहीं लौकियाँ लटक रही हैं।'

इस प्रकार की भावुकता पर लेखक ने निर्ममता से व्यंग किया है। यह नितांत आकस्मिक नहीं कि एक पिछड़े हुए देश भारतवर्ष की हालत के प्रतीक रूप में लेखक ने एक पिछड़े हुए गाँव शिवपालगंज को लिया है।

शिवपालगंज में एक छोटा-सा स्कूल है जिसके इर्द-गिर्द एक छोटी-सी राजनीति है। इस राजनीति की छोटी-छोटी दलबंदियाँ हैं, और इन दलबंदियों के चलानेवाले छोटे-छोटे

नेता और अलमबरदार हैं। इसी शिवपालगंज की टटपुँजियाँ राजनीति को कई करोड़ गुना बढ़ा दीजिए और यह हुआ 'सारे जहाँ से अच्छा हिंदोस्ताँ हमारा।' दलबंदी, कुनबापरस्ती, चारित्रिक कमीनापन, भ्रष्ट अफसरशाही, दैनिक जीवन में नैतिक अध ःपतन, और बेहया स्वार्थपरता जो सब हमारे आज के राष्ट्रीय जीवन का अंग बनते जा रहे हैं उन्हें लेखक ने पूरी तीव्रता और ईमानदारी से महसूस किया है और व्यंग के कोड़ों से हमारे बनावटी मूल्यों की चमड़ी उधेड़कर रख दी है।

उपन्यासकार के दृष्टिकोण का एक दूसरा पहलू भी है जो हमें भारतीय जीवन की कमियों के साथ-साथ उस तरह के दृष्टिकोण की कमियों की भी याद दिलाता है जिसका एक हाल ही का उदाहरण वी. एस. नाईपोल का **एरिया ऑफ़ डार्कनेस** है। नाईपोल हिंदुस्तान को एक प्रवासी भारतीय की हैसियत से बरसों बाद देखते हैं। नाईपोल पहले लेखक नहीं हैं जिन्होंने हिंदुस्तान की यह तस्वीर देखी और खींची है। मिस मेयो का हिंदुस्तान भी बहुत पुरानी चीज़ नहीं है। मिस मेयो के हिंदुस्तान पर गाँधीजी का यह कहना कि "मिस मेयो ने हिंदुस्तान की सिर्फ़ नालियाँ देखी हैं" भी बहुत पुरानी बात नहीं। श्रीलाल शुक्ल हिंदुस्तान को उन्हीं चश्मों से नहीं देखते जिनसे मिस मेयो या नाईपोल देख गए। नाईपाल और मिस मेयो विदेशी थे, उनका दृष्टिकोण एक बाहरी आदमी का दृष्टिकोण था जिसे भारत के लिए कभी भी वैसी सहानुभूति नहीं हो सकती जैसी श्रीलाल शुक्ल जैसे व्यक्ति के लिए होना लाजिम है। श्रीलाल शुक्ल के व्यंग के पीछे एक व्यथा है जो हर ऐसे भारतीय बुद्धिजीवी की व्यथा है जिसे भारत की बेहतरी में दिलचस्पी है। श्रीलाल शुक्ल के व्यंग में घृणा नहीं अंदेशा है कि कहीं वह सब जिसे हमने सैकड़ों साल की गुलामी और यातना के बाद प्राप्त किया है हमारे ही हाथों से नष्ट न हो जाए। वे स्थिति को अलग हटकर नहीं, उसका एक अंग बनकर देखते हैं। हम श्रीलाल शुक्ल के इरादों से पूरी तरह सहमत हैं फिर भी अकसर हिंदुस्तान की उस तस्वीर पर हँस पाना मुश्किल हो जाता है जिसे श्रीलाल शुक्ल चित्रित करते हैं। ज़रूर यह यथार्थ है कि नब्बे फीसदी हिंदुस्तानियों को मलमूत्र त्यागने की आधुनिक सुविधाएँ उपलब्ध नहीं हैं—और यह एक बड़े शर्म की बात है—लेकिन यह एक बड़े व्यंग की बात भी है इसे मान लेने में थोड़ा मतभेद हो सकता है। ऐसे कई स्थल हैं जहाँ इच्छा होती है कि लेखक यदि इतना अधिक यथार्थ के पीछे न पड़ता तो अच्छा होता—व्यंग के हित में बहुत अच्छा होता।

श्रीलाल शुक्ल के व्यंग की सबसे बड़ी खूबी यह है कि लेखक ने खड़ीबोली में वह बात पैदा की है जो अवधी की विशेषता समझी जाती रही है। गाँव में बोली जानेवाली अवधी के लहजे और शब्दावली में ही एक हँसोड़पन है जिसका अंदाज़ लगाना उन लोगों के लिए मुश्किल है जो उस भाषा में रमे नहीं हैं। वैसे ही जैसे ब्रजभाषा का एक अपना कवित्त भी है और मसखरापन भी जो भाषा से अलग नहीं किया जा सकता। मैं समझता हूँ हास्य-व्यंग का भी भाषा से कुछ-कुछ वैसा ही संबंध होता है जैसा कविता का। यानी ब्रजभाषा और अवधी का काव्य-माधुर्य जिस प्रकार खड़ीबोली

में लाना कठिन है वैसे ही शायद ब्रजभाषा और अवधी के हास्य-व्यंग का स्वाद खड़ीबोली में लाना और भी मुश्किल है।

राग दरबारी में बद्री पहलवान, छोटे पहलवान, लंगड़, शनीचर आदि की बातचीत कुशलता से खड़ीबोली में ही चलती है फिर भी उनके मानसिक और चारित्रिक स्तर निर्धारित करने में खड़ीबोली का स्वाभाविक शहरीपन कोई बाधा नहीं बनने पाता। खड़ीबोली की इस सामर्थ्य को इतने सहज ढंग से पेश करना अपने आपमें एक असाधारण सफलता है जो हमें प्रेमचंद की याद दिलाती है।

सच पूछा जाए तो **राग दरबारी** एक परंपरागत उपन्यास की तरह पढ़ा ही नहीं जाना चाहिए। इसमें न तो एक सुनिश्चित कथानक ही मिलेगा न उस कथानक को चलानेवाले नायक, नायिका और खलनायक ही। जैसा मैं ऊपर संकेत कर चुका हूँ इस उपन्यास की विशेषता कोई चरित्र विशेष न होकर कई चरित्रों का विशेष 'संग्रह' है। उपन्यास पढ़ते समय उपन्यासकार थैकरे का **वैनीटी फेयर** याद आता है जिसका नायक उस समय का विक्टोरियन समाज था : **राग दरबारी** का नायक आज का भारतीय समाज है। इस समाज की जो तस्वीर लेखक ने सामने रखी है उस तस्वीर में फ़ोटोग्राफर या चित्रकार की वफादारी खोजना ज़रूरी नहीं, उसमें वह सचाई है जो कार्टूनिस्ट के दृष्टिकोण में होती है। इस दृष्टिकोण से कोई भी नहीं बचा है, चाहे वह गाँव का छोटे-से-छोटा वोटर हो चाहे देश का बड़े-से-बड़ा नेता। लघु-कार्टूनों का एक बृहदाकार 'कोलाज़' जो अलग-अलग भी उतने ही चुटीले सिद्ध होते जितना अपने औपन्यासिक आकार में दूर तक मारक। एक गंभीर व्यंग-रचना के रूप में **राग दरबारी** का मन पर गहरा प्रभाव छूटता है।

1980

●●●